Le secret de Dieu

David Emton

Le secret de Dieu

ROMAN

Albin Michel

À mon fils Absalon

« Je te bénis Père,
Seigneur du ciel et de la terre,
d'avoir caché cela aux sages et aux intelligents. »

Matthieu (XI, 25)

Prologue

Bunker de la présidence.
Téhéran.
Lundi 13 septembre, 06 h 30.

– C'est cette nuit, mes frères, que tout finira…

Autour de la longue table d'obsidienne, personne n'avait réagi. Des trente dignitaires présents dans la salle de réunion nichée sous le palais présidentiel, protégée des bombes par trente mètres de béton, aucun ne cilla. Tous avaient les yeux rivés à son regard noir et froid.

– Cette nuit, le monde des trois religions finira, reprit le Président en croisant les mains devant lui.

Il contenait difficilement son exaltation. Sa voix enflait malgré lui :

– La revanche que les Anciens attendent depuis si longtemps, depuis la *Nuit maudite*, s'offre enfin à nous. Dans quelques heures, tout sera consommé…

Assis côte à côte, les chefs du renseignement, de la sécurité et de la milice, habituellement d'une impassibilité que seule surpassait leur cruauté, frémissaient en l'écoutant.

Tous lui ressemblaient : même coupe de cheveux terne, même barbe courte et soignée, même accoutrement sobre et sombre, et même chemise sans cravate, boutonnée jusqu'au col.

Tous recevaient sa parole avec ferveur.

Mais tous demeuraient muets.

Le Président se leva, passa derrière sa chaise au haut dossier de cuir noir et s'y appuya. Un sourire lugubre, que les télévisions internationales avaient rendu célèbre, déforma sa bouche. Il fixa l'un après l'autre chacun de ses fidèles, ministres, militaires et hauts fonctionnaires, qui soutinrent autant qu'ils le purent son regard incandescent.

– Seuls les initiés ont été convoqués ce matin. Seuls les purs sont ici, mes frères...

Pas un membre du clergé chiite, en effet, ne se trouvait autour de la table. Pas le moindre verset ni un seul portrait de guide spirituel ne figurait, ainsi qu'il était d'usage dans les salles officielles, sur les murs anthracite. La réunion se tenait dans les profondeurs, là où les plus cyniques peuvent enfin tomber le masque, dans une pièce sinistre que n'éclairaient que des appliques d'onyx.

De la poche de son blouson, le Président sortit une télécommande et désigna au cénacle le grand écran fixé sur le mur opposé.

– Vous allez bientôt en savoir davantage.

Un ton plus haut, il ajouta :

– Mais en ces heures qui viennent, votre premier, votre seul devoir sera d'être impitoyables !

Sa voix enfla brutalement, comme possédée :

– Il faudra chasser les dernières traces d'humanité en vous ! Quand les clameurs s'élèveront dans les ciels d'Asie, d'Europe et d'Amérique, nulle pitié en vos cœurs, redoublez de cruauté !

Les bras ouverts tel un prêcheur, il hurla alors :

– Le sacrifice de millions, de dizaines de millions d'âmes en holocauste : êtes-vous prêts à cela, mes frères ?

– Nous le sommes !

Puis ce fut le silence.

Le chef d'état-major, un solide quinquagénaire aux tempes grises et à la mâchoire déterminée, s'adressa enfin au Président :

– Quelles sont tes instructions ?

– En cas d'émeutes, vous devrez tenir le pays quelques heures, tout au plus. Ce soir, nous aurons localisé le point d'impact à Jérusalem. Nous frapperons alors les fondations de ce monde. Ensuite…

Il n'acheva pas sa phrase, engloutie par sa bouche déformée comme une faucille. Il se tourna vers le commandant de la milice et, d'un imperceptible mouvement de la tête, lui ordonna de s'exprimer.

Ce dernier s'exécuta aussitôt :

– Sur le front intérieur, nous n'avons rien à craindre. L'opposition est décapitée. Le territoire quadrillé. Ils n'opposeront pas la moindre résistance. D'ailleurs, même pendant les crises tunisienne et égyptienne, personne n'a bougé une oreille.

Approuvant d'une moue le succès de la répression, d'autant plus féroce qu'avait été grande la peur du régime lors du soulèvement populaire provoqué par le trucage des élections, le Président dirigea son regard vers le responsable de la surveillance du clergé.

Ce dernier comprit l'ordre muet et prit la parole à son tour :

– La situation est sous contrôle. Les religieux sont enfermés dans leurs mosquées. Ils désapprouvent nos méthodes mais nous imaginent encore fidèles à leur Dieu. Leurs vieilles barbes auront touché le sol avant qu'ils comprennent !

Des ricanements retentirent autour de la table noire.

– Tu devrais préciser, mon frère, que leurs barbes balayeront la poussière non parce qu'elles auront eu le temps de pousser en paix, s'esclaffa le général de division en charge de la capitale, mais parce que nous aurons bientôt fait rouler leurs têtes au sol !

Le Président se laissa emporter par un rire sardonique. Lui aussi n'en pouvait plus de faire semblant. Lui non plus ne pouvait pas attendre plus longtemps le moment où les initiés seraient libérés une fois pour toutes des serviteurs de Dieu.

Le brouhaha s'interrompit lorsque le ministre des Affaires étrangères interpella l'assemblée :

– L'Amérique croisée, mais aussi l'Europe chrétienne ou ce qu'il en reste, et la Chine, où les protestants se multiplient comme des rats, pourraient ne pas rester inactives. De leurs navires au large et de leurs satellites dans l'espace, elles nous épient.

– Et pourtant, elles ne soupçonnent pas ce qui les attend, se félicita le Président. Nos ennemis ne redoutent *que* la guerre, comment pourraient-ils imaginer ce que nous allons déchaîner ?

– Nous avons en effet la conviction, reprit le diplomate, que les puissances de l'ancien monde ne mesurent pas l'ampleur de ce qui se prépare. Il nous faut néanmoins tenir compte des conséquences de nos provocations ces dernières années. Nos menaces répétées de frappes atomiques et de génocide les ont mises sur le pied de guerre. Ne sous-estimons pas leurs forces…

Le Président scruta le visage raffiné de son ministre, un Perse de haute lignée, le seul à porter des lunettes et un costume de qualité. L'espace d'un instant, il flotta comme un parfum de disgrâce.

– Je ne peux que te donner raison, lâcha finalement le Président, au grand soulagement de l'intéressé. Leurs armes et leur technologie surpassent les nôtres. Leurs troupes ne feraient qu'une bouchée de nos soldats. La destruction du complexe Imam Ali, base de nos missiles Shahab-3, par des terroristes occidentaux, comme les ravages des virus informatiques ennemis dans nos réseaux et les assassinats de certains de nos meilleurs scientifiques nucléaires, ont clairement démontré notre vulnérabilité… Mais vous devez comprendre que mes « dérapages » relevaient d'une stratégie nécessaire. Chacun d'entre vous, ici, me connaît de longue date. Vous avez par conséquent été étonnés par mes… comment disent les médias américains ?

– … vociférations, glissa le ministre de la Propagande.

– Mes vociférations n'avaient qu'un objectif : attirer l'attention de nos semblables dispersés sur la surface de la terre. Au Moyen-Orient, pour commencer, ceux qui œuvrent par leurs attentats à la purification de cet univers pourri avaient besoin d'un signal. Mais, partout ailleurs, d'autres attendaient aussi… Voilà bientôt un siècle que nos frères dans les Ténèbres sont éparpillés, isolés, terrés dans l'attente d'une renaissance. Ils ont eu des fils, qui ont eu des fils, et tous ont été initiés, tous ont vécu dans l'espoir que la bataille finale éclaterait de leur vivant. Les crises que j'ai provoquées les ont fait affluer vers nous. En Amérique du Sud comme en Europe, ils sont désormais mobilisés. Car ils savent à présent, ils savent que les temps approchent : ce soir, mes frères, le monde sera plongé dans les flammes !

Des applaudissements firent vibrer la table, sur laquelle tous les dignitaires tapaient de la main.

– Quant aux nations qui se disent civilisées, elles constateront rapidement que leur arsenal technologique ne pourra rien face au cataclysme qui s'annonce : il ne leur restera que la prière !

Les battements de joie hargneuse reprirent de plus belle sur la table.

L'écran grésilla.

L'assemblée se tourna vers l'écran où s'affichait un message en lettres rouges :

`Connexion cryptée requise`

Comme au ralenti, le Président pointa la télécommande et appuya sur « Ok ».

Alors, ils virent.

Une image floue, grise, intermittente.

Adossée à un mur de pierres antiques, une silhouette dont on devinait les contours dans les plis d'une tunique noire se tenait là, immobile. Le visage demeurait invisible sous la capuche de tissu. Les mains étaient, elles aussi, dissimulées par de longues manches.

Un spectre semblait se dresser devant eux.

– Maître vénéré…, salua le Président en s'inclinant.

Apeurés mais galvanisés, les dignitaires l'imitèrent en signe d'allégeance.

– Mes chers frères, Jérusalem vous salue…, murmura l'apparition.

D'une voix timide, le Président s'adressa aux conjurés :

– Le Maître est sur place. La plupart d'entre vous ont déjà eu l'honneur de recevoir ses ordres…

Le responsable du programme nucléaire, livide, acquiesça silencieusement. Sur ses joues grasses, la sueur ruisselait.

– Mais nul ne mesure ce que nous lui devons vraiment. Il a traversé le temps et survécu à nos oppresseurs pour venir jusqu'à nous et nous montrer la voie. Il conduira l'épisode final. Depuis Jérusalem.

– La Ville sainte…, précisa le Maître.

Les représentants de la dictature savourèrent l'ironie du propos.

– … pour encore quelques heures seulement ! ajouta-t-il.

Tous, de nouveau, inclinèrent la tête en signe de soumission au Maître.

Puis, avec un infini respect, le Président interrogea :

– Notre homme est-il prêt à vous servir, Maître ? Est-il à vos côtés ?

– Oui, mon jeune ami, il est arrivé comme convenu. Je dois vous féliciter d'avoir su protéger son ordre ancestral, de l'avoir relevé et financé après le tremblement de terre qui en avait détruit la *base*. Grâce à vous, le savoir des siens a été préservé, et le meilleur d'entre eux est venu jusqu'à moi. Il est descendu d'Alamut pour contribuer à la prophétie.

Alamut.

Les membres de l'assemblée tressaillirent. Voilà une partie des opérations qu'ils ignoraient.

Alamut.

La « forteresse de la mort ».

Le repaire des *Assassiyoun.*

Sa seule évocation fit trembler les criminels endurcis réunis dans la salle souterraine. Une légende, avaient-ils coutume de penser. Un ordre noir évanoui depuis des siècles, éradiqué par le clergé et les sultans. Un ordre dont les membres, tels des fantômes, se glissaient partout, pouvaient atteindre n'importe quelle cible, dans les profondeurs mêmes de la terre, dans ce bunker si nécessaire, et tuer sans bruit l'homme le mieux protégé.

Alamut.

Chacun eut la même pensée : les Assassins rôdaient à nouveau parmi les mortels.

– D'Alamut, il est venu à moi et il accomplira son destin. Quand nous saurons exactement où frapper, c'est lui qui nous donnera la victoire..., poursuivit le Maître.

– La *Clé* a donc également été acheminée jusqu'à vous..., se réjouit le Président.

– Elle l'a été. Un prodige que nous devons à l'excellence de vos ingénieurs. À l'heure dite, je l'utiliserai et le monde des trois religions finira.

L'image se brouilla quelques secondes.

Les conjurés avaient tous du sang sur les mains. Ils n'avaient jamais hésité à exécuter leurs opposants, à organiser de monstrueux attentats visant des civils désarmés, à envoyer sans frémir la jeunesse de leur pays à la boucherie pendant la guerre contre l'Irak. Au sein de leurs propres familles, au sein des mosquées, leurs mains n'avaient jamais tremblé quand il avait fallu exterminer ceux qui entravaient leur sinistre dessein : parents, religieux, journalistes, quels que fussent leur âge ou leur sexe, ils n'avaient jamais reculé devant le meurtre. Mais, à cet instant, leurs gorges étaient sèches. *Ils avaient peur.* Sans doute pour la première fois de leur vie, ils avaient authentiquement peur. Et ils adoraient cela : une force redoutable marchait avec eux.

La connexion se rétablit. Le Maître réapparut. Figé et silencieux.

Le Président osa une dernière question :

– Le vieillard a-t-il parlé, Maître ? Vous a-t-il révélé où se trouvait la *Porte* ?

La figure spectrale hésita. Puis, d'une main décharnée, elle fit un mouvement de dénégation.

– Il parlera, soyez sans crainte. Mais cela ne sera pas suffisant. Jusqu'à la dernière seconde, nous devrons être vigilants. Jadis, nous avons cru tenir la victoire. Par malheur, nos adversaires eurent recours à des forces que nous n'avions pas imaginées... Nous fûmes engloutis. Cela ne doit pas se reproduire cette fois-ci. Car la *Porte* ne restera pas ignorée. Si nos ennemis s'en emparent, ils la barricaderont à jamais.

– Et s'il ne parlait pas ? s'alarma le Président.

Le Maître croisa les mains à l'intérieur de ses manches. Il se balança légèrement. Enfin, d'une voix onctueuse où perçait une invraisemblable violence, il rassura le tyran :

– Dans une autre vie, mon jeune ami, nous avons acquis une certaine expérience dans l'art de faire parler les prisonniers. En outre, une personne qui lui est plus chère que tout sera bientôt entre nos mains. Alors, croyez-moi, il nous dira ce que nous brûlons de savoir.

1

Aéroport Charles-de-Gaulle.
Paris.
Au même moment.

Une semaine au soleil !

En tirant tant bien que mal son énorme valise à roulettes – trente kilos de vêtements et de chaussures, c'était bien le minimum… – dans le hall climatisé de l'aéroport Charles-de-Gaulle, Julie Normandy songeait à l'année écoulée. Une année peuplée de dossiers poussiéreux, d'expertises monotones, de réunions sans fin et de soirées studieuses. De soirées solitaires.

Bien qu'ayant pris soin de chausser ses ballerines lamées argent, elle manqua de trébucher en consultant l'heure sur son iPhone.

Quatre heures du matin exactement. Elle était dans les temps. Mais sa valise refusait de la suivre sans zigzaguer et elle avançait péniblement à la recherche du comptoir Air France. Elle s'arrêta un instant devant la vitrine d'un magasin pour se recoiffer. À bientôt trente ans, elle était restée d'une beauté juvénile.

Et plus célibataire que jamais ! se moqua-t-elle.

De petite taille, brune, les traits fins, la bouche incarnat, le regard intelligent, elle aurait pu attirer l'attention de n'importe quel homme dans son jean moulant et son chemisier blanc. Mais le glamour de ses lunettes de soleil retenant en arrière ses cheveux noirs ne trompait que les autres.

Un garçon manqué.

Joliment sculptée, dotée d'un sourire capable de faire fondre un iceberg, elle était pourtant mal à l'aise dans son corps d'adolescente. Ses relations passionnées avec son père, qui avait résumé pour elle le genre masculin pendant des années, l'avaient fait passer sans transition de l'enfance à l'état de « rat de bibliothèque », ainsi qu'elle se décrivait. Dans quelques heures, pourtant, elle le tiendrait enlacé, et maintenant qu'elle avait enfin compris, rien ne pourrait gâcher leurs retrouvailles. Ces vacances au soleil, près de ce père adoré et rejeté, elle en avait besoin. Pour clore une année sans joie, sans un week-end, sans le moindre break. Une année penchée sur ses antiquités grecques au Louvre.

Un petit Japonais scotché à sa console Nintendo et lancé sur sa trottinette électrique la frôla, manquant de lui écraser les pieds. Sa mère chargée de paquets lui courait après en glapissant, sous le regard éteint d'un mari agrippé à son caméscope.

Elle allait reprendre sa marche quand une nuée d'hôtesses d'Emirates, légèrement voilées et lourdement maquillées, sortit de l'ascenseur dans un flot de bavardages et de rires. Elle attendit que le groupe passe pour saisir à nouveau son sac et poursuivre son chemin.

Passant du hall A au hall B, elle marqua un nouvel arrêt pour jeter un coup d'œil à son billet. Pour la dixième fois peut-être depuis sa sortie du taxi.

Elle fit tomber son badge d'accès au domaine réservé du plus grand musée du monde, sur lequel figurait une photo où elle avait l'air sévère avec ses cheveux tirés et ses fines lunettes bleu marine.

Se cambrant pour ranger le billet et le badge dans la poche revolver de son pantalon, en un geste qu'apprécièrent une poignée de voyageurs italiens, elle sourit : tant de disputes avec son père, tant d'actes de soi-disant rébellion pour finir par choisir exactement la même voie...

Et le même métier.

Si la chaleur estivale était atténuée par l'heure matinale et la climatisation, tirer son dressing ambulant l'avait mise en nage. Elle passa la main sur sa nuque en sueur et stoppa net devant le relais journaux. De Paris à sa destination, elle avait un peu plus de quatre heures de vol. Quelques revues seraient les bienvenues. Mais divertissantes. Pas celles qui faisaient son quotidien : au diable le *National Geographic*, *Arts* ou *Histoire Magazine* ; *Elle* et *Vanity Fair* feraient excellemment l'affaire.

Après avoir stabilisé son sac à la verticale, elle entra.

À quelques mètres de là, un homme d'une trentaine d'années, brun, coiffé à la romaine, l'observait depuis un moment. Ses yeux fendus ne la lâchaient pas.

Le nouvel aérogare de Paris était assez impressionnant, harnaché de métal et surmonté d'un dôme de bois. Un mélange heureux entre une architecture moderne, faite de verre et de filins d'acier, et les exigences de l'époque qui voulait qu'on accordât leur place aux matériaux naturels. L'ensemble donnait l'impression d'une ruche de science-fiction. Lumineuse et aérée.

Ses magazines en poche, Julie patientait à présent dans la longue queue qui menait au comptoir d'enregistrement. Elle avança d'un pas. Le trafic avait beau avoir diminué depuis la fin des vacances, le temps d'attente sur ce genre de vol était considérable. Il était d'abord procédé à la vérification des billets et des bagages. Puis venaient les interrogatoires.

« Tu verras, avait plaisanté son père au téléphone, le vol te semblera court en comparaison des formalités à l'aéroport. »

Son tour vint. Derrière son desk, l'hôtesse au sol fit la moue : dix kilos de surpoids. Julie tenta de jouer la solidarité féminine mais elle n'était pas douée à ce jeu-là. Elle en fut quitte pour un supplément d'une cinquantaine d'euros. Son énorme valise disparut sur le tapis roulant.

Restait le contrôle. Le moment le plus pénible. La confrontation entre un agent de sécurité sachant pertinemment avoir affaire à des touristes inoffensifs, mais contraint par le règlement de se montrer pointilleux, sinon soupçonneux, et des voyageurs exaspérés de devoir répondre trois fois de suite à des questions identiques. Et identiquement idiotes.

Un agent d'Air France s'avança vers elle, la salua et saisit le passeport qu'elle lui tendait.

– Bonjour, dit-il avec un accent antillais, madame Normandy, Julie Normandy…

– Mademoiselle.

– Ok, mademoiselle… Pourquoi allez-vous en Israël ?

La meilleure façon d'abréger l'épreuve, elle le savait, était d'être franche, directe et surtout factuelle.

– Je vais voir mon père.

– Il est israélien ?

– Non. Français. Il est installé à Tel-Aviv et travaille à Jérusalem.

– Sa profession ?

– Archéologue.

– Ok. C'est votre première visite en Israël ?

– Oui, la première.

Trois ans que son père s'y trouvait et trois ans sans aller le voir. Elle s'était trompée. Lui s'était muré dans son silence. Un malentendu, comme il en existe dans toutes les familles, mais auquel il lui fallait désormais mettre un terme.

– Votre père réside à Jérusalem ?

– Non, à Tel-Aviv. Mais il fait des recherches à Jérusalem.

– Ok. Il est israélien ?

– Non, pas plus que tout à l'heure, répondit Julie en se crispant.

– Pourquoi est-il installé là-bas ?

– Parce qu'il est ar-ché-o-logue. C'est son travail qui l'a conduit en Israël.

– Ok. Voyagez-vous pour des raisons politiques ? insista l'Antillais.

L'espace d'une seconde, Julie crut qu'elle allait exploser. Mais elle se contint. Un certain nombre de pays, régulièrement victimes d'attentats qui n'épargnaient ni femmes ni enfants, avaient décidé de pousser les contrôles de leurs visiteurs au maximum. Elle inspira. S'en souvint. Expira. Et collabora jusqu'au terme de l'interrogatoire.

Cinq bonnes minutes plus tard, passeport en main, elle s'engageait vers la zone d'embarquement, tandis que l'agent d'Air France la quittait par une bénédiction inattendue :

– Que le Seigneur vous garde…

En temps normal, la remarque l'aurait choquée, elle qui suivait jadis son père à contrecœur dans toutes les églises d'Europe. Après avoir argué de la dimension artistique de ces visites, de leur intérêt historique, il avait fini par abdiquer et, un jour, il ne lui proposa tout simplement plus de l'accompagner.

Julie ne se retourna pas mais fut prise d'un étrange sentiment. Il n'y avait pourtant chez elle pas une once de superstition : elle ne croyait en rien.

Que le Seigneur vous garde…

Était-ce une simple formule de politesse ? un avertissement ? Qu'importe : rien ni personne, pas même le bon Dieu, ne gâcherait ses vacances.

Elle secoua la tête, remit ses lunettes fumées et avança sans prendre la peine de se retourner.

Eût-elle choisi de le faire, elle aurait vu l'homme brun, grand et sec, qui tendait son passeport à l'agent de sécurité.

Sans la quitter une seconde du regard.

2

Basilique du Saint-Sépulcre.
Jérusalem.
Au même instant.

Le prêtre s'inclina vers le marbre, en prenant soin de ne pas froisser sa soutane, et y déposa un baiser. Tandis que les cloches se mettaient à sonner les matines, il se redressa et se signa avec lenteur, pénétré de l'importance de son geste et du lieu dans lequel il se trouvait : le tombeau du Christ.

Mario Tassa, trentenaire athlétique à la peau laiteuse, tenait à peine dans le mausolée édifié au cœur de l'église du Saint-Sépulcre. Pour y entrer, il fallait se baisser et l'on accédait à un espace confiné constellé de bougies et d'ex-voto, tout entier occupé par le sarcophage.

Une tombe vide, pensa-t-il en crispant sa mâchoire proéminente.

« Ce qui est vénéré ne s'y trouve pas ; ce qui est oublié s'y trouve encore... », avait dit le Pape, le jour de sa nomination pour Jérusalem.

Une tombe vide, en vérité.

Les fidèles ne pouvaient l'ignorer : Jésus étant ressuscité, il ne pouvait par définition se trouver dans cette tombe. Mais cela ne les empêchait pas d'y venir en pèlerinage et d'y adorer leur Sauveur.

Le père Tassa fut interrompu dans ses pensées par un novice, d'origine sicilienne à en juger par son accent rustique, qui se présentait devant la porte.

– Mon père… selon vos instructions…

– *Si, Luigi.* Je viens.

Il ploya son long corps souple et sortit de l'édicule. Il avait donné consigne à son assistant de venir interrompre sa méditation à la fin de l'office latin. Un autre ordre, celui des Arméniens, prendrait la suite, et assurerait la garde du Lieu saint jusqu'à ce qu'une autre congrégation les remplace.

Le père Tassa suivit Luigi d'un pas vif à travers le hall, sans un regard pour la large plaque de granit rose placée devant les portes de l'entrée monumentale, que les touristes tenaient pour la pierre de l'onction où le corps du supplicié, voilà deux mille ans, aurait été lavé par ses proches, oint de myrrhe et d'aloès, puis drapé dans un linceul.

Évidemment, il n'en était rien : Jérusalem se trouvait à l'époque vingt ou trente mètres plus bas, et le corps du rabbin crucifié n'avait donc pu être déposé sur cette dalle devant laquelle s'agenouillaient chaque jour des centaines de fidèles russes, américains ou coréens.

La vérité se trouve enfouie beaucoup plus profondément…, songea-t-il.

Il s'immobilisa d'un coup.

Il avait perçu un bruit derrière eux, venu des galeries obscures qui menaient aux chapelles souterraines. Une étoffe frôlant un mur ou une colonne. Quelque chose d'à peine audible.

Il tendit l'oreille mais rien ne se faisait entendre dans la pénombre lourde d'encens. Il mit cela sur le compte de la nervosité et continua son chemin, prenant garde au sol que des siècles de pèlerinage avaient poli et rendu glissant. Une nervosité qui ne cessait de croître, maintenant que le moment approchait.

Le bureau du père Mario Tassa était spartiate, ainsi qu'il se doit pour un religieux qui a fait vœu de dénuement. Comme il se méfiait des chemins sinueux qu'emprunte l'idolâtrie pour gagner les cœurs, il n'y avait ni gravure de la Vierge ni photo du Pape autour de lui. Un crucifix en bois d'olivier brut surplombait deux petites étagères débordantes de livres. Son plan de travail était lui aussi austère : une pile de documents à traiter sur la gauche, un pot à stylos sur la droite, et un téléphone.

Punaisée au mur, une simple mention d'*il Vangelo di Luca*.

Il se cala dans sa chaise, se recueillit brièvement et plaça le combiné devant lui. Giovanni, son secrétaire particulier, allait lui transmettre la communication d'un moment à l'autre.

Il en allait ainsi dans la maison de tous les chrétiens : chaque ordre avait son temps de garde et de prière – et accessoirement sa part des revenus touristiques – et chacun avait un secrétariat différent. La règle du statu quo, remontant au XIXe siècle, imposait à tous des horaires précis (sauf à l'Église éthiopienne, reléguée sur le toit…) et les différents rites s'épiaient réciproquement. La confiance était ici une vertu pratiquée avec parcimonie.

La douceur aussi : l'année précédente, la police avait dû intervenir afin de séparer popes et prêtres dans une cohue dont les images avaient hélas fait le tour du monde.

Cette ville nous rend tous fous…

La discorde était telle, et ce depuis toujours, que les clés de la dernière demeure du Christ avaient été placées entre des mains neutres, c'est-à-dire non chrétiennes : celles d'une vénérable famille musulmane, dont les origines se perdaient dans le passé tumultueux de la Ville sainte. La sécurité, quant à elle, était assurée par l'État, c'est-à-dire par les forces israéliennes.

Un œcuménisme qui en vaut un autre, ma foi…

Le téléphone sonna. Le front plissé par la contrariété, il attendit la seconde sonnerie pour décrocher.

– *Allora, Giovanni ?*

– Votre correspondant ne répond pas, *padre*. Ni à son domicile ni sur son *telefonino*… Je tente en vain de le joindre depuis hier afin de fixer votre rendez-vous téléphonique. Il est introuvable.

– Essaie encore. Essaie jusqu'à ce que tu le trouves.

– Bien, *padre.*

– *Grazie, Giovanni.*

Il reposa le combiné dans la pénombre où la flamme d'un cierge ondulait faiblement.

Il a disparu.

Mario se courba, découragé l'espace d'un instant, son visage angélique venant trouver refuge dans le creux de ses mains.

Et il se souvint.

Il se souvint que c'était le Saint-Père en personne qui lui avait annoncé que ce moment viendrait. Ce moment où se jouerait beaucoup plus que le sort de la chrétienté.

Il reprit le téléphone et, dès que Giovanni eut répondu, formula l'ordre qu'il avait tant redouté de devoir donner un jour :

– Appelle le secrétariat du camerlingue à Rome. Je dois parler le plus vite possible à notre Très Saint-Père…

Pourquoi l'avait-on choisi ?

Le Vatican était un lieu de pouvoir comme un autre et ceux qui le peuplaient étaient sensibles au pedigree de leurs recrues. Ses origines avaient certainement contribué à son ascension. Sa famille, issue de l'Empire austro-hongrois, était indéfectiblement au service de l'Église depuis un millénaire. Son oncle était cardinal de Vienne. Et le nouveau Pape était allemand. Ils parlaient la même langue. Mais cela n'aurait pas été suffisant.

Pas suffisant pour se retrouver ici.

Ici et maintenant.

Sa vive intelligence, tempérée par un sens aigu de la discipline et conjuguée à une érudition théologique sans faille, l'avait fait nommer très jeune secrétaire administratif de la Congrégation pour la doctrine de la foi, un corps que l'opinion publique ne connaissait que sous son appellation d'autrefois. La sainte Inquisition.

Il y avait si bien œuvré qu'un soir, alors qu'il priait dans la Cappella Niccolina sous les fresques de Fra Angelico, au terme d'une journée d'un labeur harassant, on était venu le chercher pour le mener au Saint-Père.

L'entrevue avait eu lieu dans les appartements privés du Pape. N'était présent, outre Sa Sainteté, qu'un seul homme. Un vieillard au regard ardent, au faciès raviné et à la peau parcheminée. Il n'arborait aucun signe distinctif, vêtu d'une robe de bure taupe, usée et rapiécée. Cependant, le Pape le présenta avec déférence. Comme un égal.

Ce soir-là, il fut choisi pour prendre la relève.

Ce soir-là, il devint à son tour détenteur d'un secret que depuis vingt siècles ne partageaient que deux hommes au sein de l'Église catholique : le Pape et son représentant personnel près du tombeau du Christ.

Ce soir-là, il apprit pourquoi le Vatican ne s'était jamais installé à Jérusalem et ne le ferait *jamais.*

3

Quelque part dans l'espace aérien.
Europe.
06 h 05 – G.M.T.

– Vous avez vu ? C'est l'Italie !

Julie ne fut pas vraiment surprise que son voisin de cabine, se penchant légèrement au-dessus d'elle et tendant le doigt vers le hublot, engage la conversation. Il y avait une bonne heure déjà que l'Airbus croisait vers le sud et l'homme assis à ses côtés, jetant de temps à autre un coup d'œil furtif, semblait chercher une manière de l'aborder.

Elle s'en amusait et attendait l'offensive. Elle trouva le prétexte attendrissant et plutôt comique.

– Je ne vois que des nuages sur des montagnes, répondit-elle.

Puis elle pivota pour lui faire face.

L'homme rougit un peu en se mordillant la lèvre inférieure.

Maladroit...

Quand elle l'avait vu arriver, dernier de tous les passagers à monter à bord, elle avait été d'emblée charmée par sa curieuse physionomie. Grand, svelte, en costume de lin noir et mocassins en daim portés sans chaussettes, il offrait un beau visage avec des yeux en amande qui lui donnaient un air vaguement oriental, et une coupe à la Napoléon. Ou à la César.

Elle avait aussi immédiatement remarqué ses mains fines aux doigts interminables et aux ongles soignés.

Trente-cinq ans, avait-elle évalué.

– En principe, l'étape suivante consiste à se présenter…, lui glissa-t-elle avec une froideur que démentait le pétillement de ses yeux.

– J'allais le faire… Je m'appelle Daniel. Mes amis m'appellent Dan.

– Et j'imagine que Daniel voudrait connaître mon prénom ?

Elle regretta aussitôt sa question teintée d'ironie. Les hommes sont toujours intimidés par les femmes de caractère. Plus une femme est sûre d'elle, plus elle doit rassurer par sa gentillesse. Exactement ce qu'elle ne prenait jamais le soin de faire.

– Julie. Enchantée…

– Déjà ?

Elle le gratifia cette fois d'un sourire sans réserve.

– Vous voyez, vous progressez…

Daniel toussota comme pour reprendre son élan.

– C'est votre premier voyage en Israël ?

– Oui. Et j'ai hâte d'arriver !

– Vacances ?

– Dites-moi, Dan, je pensais que l'interrogatoire, c'était *avant* de monter dans l'appareil…

Ce fut à son tour de se pincer les lèvres.

Mais enfin, ma fille, fais un effort : tu voudrais qu'il t'entreprenne sur les cotations boursières ? la dernière version de l'iPad ? le Calcio, peut-être ?

– Vacances, oui, enchaîna-t-elle. Je vais retrouver mon père à Tel-Aviv. Faire un peu de tourisme avec lui. Aller à Qumran, par exemple. Et j'espère qu'il me fera découvrir tous les secrets de Jérusalem où il passe le plus clair de son temps. Il est archéologue.

Elle replaça une mèche derrière son oreille et ajouta :

– Mais je compte bien me baigner aussi !

– La plage, c'est à Tel-Aviv, Julie… Les restaurants, les clubs, le fun aussi. Jérusalem, c'est un monde… à part. Un peu ailleurs.

Un peu *hier* aussi. Si vous avez besoin d'adresses ou de quoi que ce soit, proposa-t-il en sortant un stylo pour noter son numéro de portable, je serai à votre disposition...

– Vous habitez là-bas ?

– Non, je vis à Londres.

– Je vois, trader !

– Presque ! En fait, je suis violoniste au Royal Philharmonic.

– Impressionnant. Et si, plutôt que votre numéro, vous me donniez un autographe ?

Ils rirent de bon cœur et continuèrent un moment à bavarder, échangeant quelques taquineries comme les chatons échangent des petits coups de patte, aussi étonnés que satisfaits de leur complicité spontanée.

Puis Julie lança un jeu de questions-réponses, un jeu faussement innocent.

– Une femme indépendante, au métier aussi prestigieux que le vôtre, *turn on* ou *turn off* ? demanda-t-elle.

– Si elle est assez costaude pour me porter jusqu'à la chambre nuptiale, *turn on* ! répondit Daniel du tac au tac, la faisant pouffer. Un homme qui ne fait rien à la maison, passe ses soirées à regarder du sport à la télé et qui n'aime pas le shopping ?

– Oh ! s'exclama-t-elle avec gourmandise, *turn on* ! Et si, en plus, il ronfle, bingo !

Ils se renvoyèrent ainsi sur le ton de la plaisanterie quelques bribes de confidences, jusqu'à ce qu'un steward ondulant apporte les plateaux-repas.

Le saumon cuit à l'unilatérale servi avec de l'oseille à la crème fraîche devant eux, Daniel la gratifia d'un regard navré.

– Parler en mangeant, *turn off*...

– Ok, chacun pour soi !

Le café avalé, ils reprirent leur causerie. Mais sur un ton moins joueur. Plus proche de la confidence. Ce qui tourmentait

Julie était assez simple : à bientôt trente ans, elle voulait renouer avec un père qu'elle avait sans doute injustement tenu à distance depuis la mort de sa mère. Elle avait longtemps pensé que celle-ci, délaissée par un mari dévoué corps et âme à ses recherches archéologiques, n'avait eu d'autre choix que de retourner dans son pays natal. Elle était partie sans sa fille, confiée le plus souvent à ses grands-parents paternels, pendant que son père crapahutait dans toutes les ruines du Moyen-Orient. Un jour, sa grand-mère lui avait expliqué avec infiniment de délicatesse qu'elle ne verrait plus jamais sa maman. Son père s'était terré dans le silence et ne l'avait pas emmenée à Boston pour les funérailles. Entre eux, le malentendu et le ressentiment s'étaient établis, conduisant à une brouille sans éclat et sans cri. Vingt ans avaient passé depuis. Avec le temps, l'expérience aussi, Julie avait appris et compris nombre de choses. Elle avait pardonné. Et avait eu honte d'avoir si durement jugé l'auteur de ses jours. Elle voulait se réconcilier avec celui qui était sa seule famille.

– Une histoire banale, souffla-t-elle.

– Il n'y a pas de famille simple, croyez-moi…, la réconforta Daniel.

Il eut un soupir affecté. Mais ne trouva rien de plus à lui dire.

Un garçon qui sait écouter. Mais un garçon secret.

Il croisa les bras, appuya la tête contre le dossier et ferma les yeux.

Curieux séducteur… pensa Julie.

Fouillant dans son sac à main, elle en sortit son iPod ainsi qu'un gros casque rose aux écouteurs globuleux. La tête inclinée sur son épaule, confortablement lovée, elle lança sa *playlist* en contemplant Daniel. Ils étaient presque tête contre tête.

Presque…

Il rouvrit les yeux en reconnaissant les paroles d'une chanson des Rolling Stones.

Woo, woo, woo !
Pleased to meet you…
Hope you guess my name, oh yeah !
Ah, what's puzzling you
Is the nature of my game…
Woo, woo, woo !

Il plongea son regard dans le sien et sourit. Puis il reprit tranquillement position pour dormir, tout en fredonnant :

Pleased to meet you
Hope you guess my name…

4

Auditorium, hôtel King David.
Jérusalem.
10 h 05.

– Pourquoi parlez-vous d'« énigme », quand il existe certainement des explications scientifiques ?

Ronald Greenwood accueillit la question de la reporter allemande avec un sourire affable. À soixante ans révolus, le fonctionnaire international chargé du suivi des dossiers écologiques auprès du secrétaire général de l'ONU avait une longue habitude des conférences de presse. Après tout, les journalistes réunis dans l'auditorium étaient là pour faire leur métier. Et le motif de leur présence était sérieux : le lendemain s'ouvrirait le première Conférence régionale pour la sauvegarde et l'exploitation de la mer Morte.

– J'emploie le terme « énigme », chère madame, dans un sens disons… ludique, répondit Greenwood.

Il modula sa voix de manière à désamorcer toute animosité dans l'échange, confiant en son physique avantageux, qui ferait le reste. Son visage taillé à la serpe, une crinière argentée soigneusement peignée, des yeux cobalt aux longs cils et ses costumes *Kennedy revival* lui valaient en général une certaine indulgence.

– Mais vous avez cependant raison, madame, une énigme n'est jamais qu'une question à laquelle on n'a pas *encore* apporté de réponse rationnelle. Ou de réponse tout court, du reste… Et c'est le cas de la formation de la mer Morte. Nul n'est en mesure d'expliquer de manière satisfaisante l'origine d'une pareille... aberration.

Tout au fond, près d'un des murs lambrissés de cèdre, adossé à un guéridon imitant le style Louis XV, un journaliste japonais leva son stylo.

– Le rapport préalable remis à l'ONU par les scientifiques des universités de Tokyo et de Berkeley semble pourtant indiquer la piste sismique. Confirmez-vous ?

– Le document que vous mentionnez, répondit Greenwood, a été décisif pour convaincre les pays riverains de la mer Morte qu'ils allaient connaître un désastre écologique majeur. Semblable à la disparition de la mer d'Aral, mais en bien pire. Et comme nous sommes dans une partie du monde où la tragédie cède parfois le pas au miracle, ils ont surmonté leurs différends et accepté la tenue de cette réunion internationale, vitale pour la paix et le développement local.

Il marqua une brève pause.

– En revanche, reprit-il, les chercheurs de Berkeley et de Tokyo n'ont fait qu'avancer des hypothèses au sujet de l'apparition de la mer Morte, que nous sommes au demeurant incapables de dater avec exactitude. À titre personnel, je n'approuve pas leur théorie : comment une activité sismique aurait-elle créé une dénivellation sous le niveau de la mer de plus de quatre cents mètres – quatre cent vingt-deux, précisément – au cœur de la vallée du Jourdain et... une chaîne de montagnes un peu plus haut, au Liban ? Cela ne tient pas. Les plaques tectoniques, en se heurtant, creusent ou élèvent le relief : jamais les deux à la fois, ni dans de telles proportions, uniques sur terre !

– L'hypothèse volcanique aurait donc votre faveur ? crut comprendre l'envoyé du magazine *Nature*.

– Pas davantage : il n'y a pas trace du moindre volcan en activité dans les parages au cours de l'histoire. Le *mystère* reste donc entier, poursuivit-il en souriant à la journaliste allemande, si vous permettez que j'emploie un tel vocable... Et l'urgence, totale. Nous avons à traiter un plan d'eau gigantesque qui s'évapore à grande vitesse depuis quelques années. Les cultures riveraines, l'écosystème, l'industrie du tourisme et de la parapharmacie en dépendent fortement. Or nous ne savons pas exactement à quoi nous avons affaire : est-ce une mer résiduelle ? ou un lac ? Pourquoi son taux de salinité est-il dix fois plus élevé que celui de l'océan ? Pourquoi est-ce le point le plus bas de toute la planète ? Pourquoi toute vie y est-elle impossible : pas le moindre crustacé, pas le moindre poisson, ni algue ni corail ? De quoi cette mer est-elle *morte* ? À la suite de quel événement cataclysmique qui nous échappe ? Nous n'en savons rien. Nous sommes en présence d'un ovni.

Dans l'auditoire, l'image frappa les esprits. La salle sembla oublier un bref instant les luxueuses terrasses de pierre ocre et les jardins, où des rafraîchissements attendaient les journalistes accrédités.

La mer Morte, c'était la Bible et ses malédictions contre Sodome et Gomorrhe. Tout le monde avait appris cela.

La mer Morte, c'était les fameux manuscrits des Esséniens, dont la découverte en 1947 avait bouleversé le savoir des historiens et les certitudes des religieux.

La mer Morte, c'était un endroit maudit et béni de lumière.

Pour les archéologues comme pour les géologues, un ovni.

Le correspondant du *National Geographic* avait décidé de relancer le débat. Il se leva et, après les présentations d'usage, s'adressa au porte-parole de la conférence :

– Un ovni, cela vient de l'espace, Ron. Une météorite également. Est-ce envisageable, selon vous ?

Ronald Greenwood connaissait bien son interlocuteur. À l'accoutumée, ce Canadien d'une quarantaine d'années lui donnait plutôt du « Maître » lorsqu'ils se croisaient dans les loges où Greenwood était invité à s'exprimer en tant que figure prééminente de la franc-maçonnerie nord-américaine.

– Au stade où en sont nos connaissances, Jean-François, tout est envisageable. Mais laissez-moi vous dire que quelque chose cloche dans cette théorie : un aérolithe assez gigantesque pour laisser une empreinte de près de mille kilomètres carrés aurait impacté le sol avec une telle puissance que celui de Mexico, qui a provoqué la disparition des dinosaures, ferait figure de vulgaire ricochet de caillou sur les flots. Et puis, une telle collision façonne un cratère, s'enfonce verticalement. À moins d'imaginer un astéroïde frôlant la terre et la balafrant d'une cicatrice de soixante-dix kilomètres, avant de rebondir et de disparaître dans la galaxie, je conçois mal comment valider une telle hypothèse…

Il leva la main, mimant la gestuelle d'un prophète, et ajouta :

– Mais ce que je puis vous dire, en vérité, c'est qu'a sonné l'heure… de la pause ! Jus de fruits, sodas et autres doux breuvages vous attendent sur la terrasse ouest.

Il rendit les sourires et les salutations que lui adressèrent certains journalistes en sortant dans une joyeuse cohue, puis fit volte-face et disparut par une porte dérobée.

Une fois seul, le maître maçon extirpa de son costume milanais un smartphone.

Face à lui, dans un cadre rococo, une reproduction de la Ville sainte proclamait : « Jérusalem, ville de la Paix ».

Il grimaça en la contemplant. Puis appuya sur la touche d'un numéro en mémoire.

5

Aéroport international.
Tel-Aviv.
10 h 11.

Daniel et Julie cheminaient dans le nouvel aéroport de Tel-Aviv, dont les couloirs de verre et de roche claire semblaient ne jamais devoir finir. Ils contournèrent les baies vitrées donnant sur le hall où s'agglutinait une humanité bigarrée sur le départ pour Washington, Berlin, Hong Kong et bien d'autres destinations. Toutes les religions, tous les peuples semblaient s'être donné rendez-vous entre les hauts murs en pierre de Jérusalem avec laquelle avait été édifié l'aéroport flambant neuf.

– Souvenez-vous de ce que je vous ai dit : les contrôles frisent ici la paranoïa. Les services de sécurité ne peuvent se permettre de laisser passer un terroriste ou l'un de ses complices. Ils interrogent tout le monde de façon horripilante, étrangers comme nationaux. Je commence à vous connaître un peu, Julie, vous n'aimez pas qu'on vous marche sur les pieds. Mais, je vous en prie, ne faites pas de vagues, ok ?

– *Yes sir !* glapit-elle en singeant le salut militaire des marines.

– Répondez clairement. Même si on vous pose la même question cinq fois de suite : ce sont leurs méthodes. Vous serez probablement traitée par une jeune appelée. Évitez l'ironie. Elle est aussi embêtée que vous d'être là en cette belle matinée ensoleillée, elle préférerait siroter un *latte* en terrasse avec son amoureux…

Julie gonfla un peu les joues, l'air de dire : « Compris, inutile de me chapitrer davantage ! »

– Oh ! Et à propos de terrasse…, reprit-il, si vous voulez me joindre, je suis tous les matins au café Shine. Un des spots les plus sympas de la ville.

– Avec de charmantes serveuses, j'imagine ?

Il s'empourpra mais ne nia pas. Il n'osa pas lui dire qu'il y allait avant tout pour le chocolat au lait, préparé avec du vrai chocolat fondu directement dans un bon lait crémeux.

Pas très viril.

Au passage du premier contrôle, Daniel étant détenteur d'un passeport israélien, ils se retrouvèrent dans deux files différentes.

Cette séparation chagrina Julie. Elle fut étonnée de s'être si vite attachée à cet inconnu, dont après tout elle ne savait pas grand-chose. Mais la sensation qu'il allait lui manquer – un peu ? – ne lui était pas désagréable.

Quinze ans un jour, quinze ans toujours…

Qu'elle dût se féliciter d'être demeurée fleur bleue à un âge où tant d'hommes et de femmes n'agissent plus que par calcul ne lui traversa pas l'esprit.

Il lui adressa un petit clin d'œil alors qu'un agent inspectait son sac et qu'un autre épluchait son passeport.

Puis tout s'enchaîna sans qu'elle ait le temps de réagir.

Deux militaires arrivèrent, Uzi en bandoulière, et entourèrent Daniel, qui resta impassible. Ils lui posèrent quelques questions, le placèrent à l'écart et firent grésiller leurs talkies-walkies.

Un autre homme, plus âgé, portant oreillette, les rejoignit et prit Daniel par le bras.

Pourquoi l'emmènent-ils ?

Avant de disparaître dans une salle réservée aux contrôles

approfondis, Daniel lui murmura de loin trois mots qu'elle put lire sur ses lèvres.

Il ne paraissait nullement inquiet.

Vaguement amusé même.

« À très vite… »

6

Quartier musulman de la Vieille Ville.
Jérusalem.
Trois heures auparavant.

Les appels à la prière des muezzins montaient autour des vieux remparts, devançant le soleil qui tardait à se lever.

Ibrahim Alush restait prostré sur un vieux coffre en bois de santal, dans la pénombre d'une pièce où il entreposait ses collections d'antiquités. L'octogénaire n'avait pas fermé l'œil de la nuit, songeant à la manière dont tout cela avait commencé.

Il lui semblait à présent que toute sa vie, chaque événement qui l'avait jalonnée, devait fatalement le mener là.

Il se redressa à grand-peine, épousseta son complet chiné et vérifia l'heure à la montre de gousset qui se trouvait dans son gilet de soie fleurie.

La journée la plus pénible de son existence débutait. Mais existait-il un moyen de se soustraire à l'épreuve ?

Il sursauta.

Un choc contre la haute lucarne qui amenait un peu de clarté dans la remise.

Il se détendit. Ce n'était rien. Rien que la branche d'un vieux jujubier qu'un souffle de vent avait plaquée contre le verre poussiéreux.

Il faudra s'occuper de lui, songea-t-il.

S'approchant d'un antique miroir ottoman, il inspecta son

visage de profil, de face, puis menton levé. Une barbe blanche apparaissait sur sa face ridée. Ibrahim était connu dans tout le quartier arabe pour sa mise impeccable, ses manières affables et sa ponctualité légendaire. Pour la première fois de sa vie, il ne serait pas rasé de près. Et pour la première fois aussi, il aurait passé des heures entières à attendre sans rien faire, lui l'infatigable travailleur qui ne quittait jamais son étude pour recevoir acheteurs ou receleurs, examiner de nouvelles pièces et compléter sa vaste érudition en matière d'antiquités levantines.

Des heures entières, la bouche entrouverte, à attendre un appel qui changerait tout.

En vain.

Son téléphone dédié aux affaires « spéciales » était resté muet tout au long de cette nuit de veille.

Il quitta son reflet en pestant contre son manque de détermination et se saisit du revolver qui avait passé la nuit à ses côtés, sur le coffre de bois odorant.

Ta main ne doit pas trembler.

Tout avait commencé alors qu'il n'était qu'un enfant. Un jeune berger illettré dont l'avenir semblait tracé par la fatalité : garder les chèvres de son oncle dans la vallée du Jourdain, les faire paître là où les malheureuses trouveraient quelques brindilles comestibles dans l'étendue rocailleuse qui encerclait la mer Morte.

Un jour, en fin d'après-midi, alors que le soleil s'évanouissait derrière le massif de Qumran, il était parti à la recherche de l'une de ses pensionnaires, dont la cloche tintait loin du troupeau.

Il avait mis un long moment à la retrouver, se blessant les mains et les jambes sur les arêtes de pierre, couvert de sueur et tremblant à l'idée que son fidèle chien ne puisse tenir le reste des bêtes en son absence.

La suite, les journaux du monde entier l'avaient racontée.

Un caillou jeté dans une grotte pour déloger l'animal. Un bruit de poterie brisée. La descente périlleuse dans l'ouverture de la roche. Les jarres. La découverte des manuscrits de la mer Morte.

Et quelques mois plus tard, la guerre généralisée.

On avait retiré des centaines de documents des grottes de Qumran. Pour la plus grande part, des fragments inutilisables en l'état. Avant que les archéologues n'investissent la place, bientôt suivis par des soldats de tous bords, il était revenu avec son oncle. Ils avaient sélectionné une dizaine de rouleaux parmi les mieux conservés. Ce n'est que bien plus tard, une fois devenu un antiquaire chevronné, qu'il avait compris leur erreur : plus les manuscrits étaient intacts, plus ils étaient récents. Et moindre était leur valeur marchande.

Son oncle, un homme fruste et peu reconnaissant, ne lui avait laissé qu'une misérable portion de l'argent gagné grâce à sa découverte. Mais cela lui avait suffi pour se lancer dans la carrière, une fois qu'il eut été admis au sein de l'équipe internationale menée par le père Roland de Vaux, dont il resta le guide pendant trois ans.

Persévérant, sérieux, doté d'une mémoire hors norme, il apprit rapidement. Très rapidement. À lire et à écrire, d'abord. Puis à distinguer la merveille de la breloque. À estimer les prix. À se familiariser avec les réseaux, officiels ou non, qui faisaient commerce des vestiges du passé.

À quarante ans, il était devenu l'un des marchands les plus avisés de Jérusalem. L'un des plus riches également. Par son mariage, il avait rejoint l'une des plus anciennes et des plus respectées familles mahométanes de la cité. Les décennies suivantes, il s'était habilement tenu à l'écart des passions politiques, cultivant les amitiés de tous bords, sans distinction de nationalité ou de religion. Ibrahim Issa Alush était, de l'avis général, un homme redoutablement intelligent.

Et c'était cette intelligence, à l'œuvre dès son plus jeune âge, qui l'avait incité à cacher à tous ce qu'il avait enfoui sous sa tunique de grosse laine voilà bientôt soixante-dix ans.

La lanière de cuir brune.

Brillante, graissée à l'huile pour demeurer souple à travers les siècles.

Il ne l'avait mentionnée ni à son oncle, qui la lui aurait certainement confisquée, ni aux archéologues français, italiens et allemands qu'il avait accompagnés pendant de longs mois à la recherche de nouvelles grottes.

Il l'avait trouvée enveloppée dans une toile qui était tombée en poussière au contact de ses mains. Cela ne ressemblait à rien de ce qu'il avait pu admirer par la suite dans les musées comme chez les antiquaires les mieux fournis de Londres ou de New York.

Une toute petite chose, en réalité, enroulée sur elle-même, qu'il voulut tenir dans ses mains en ce matin d'angoisse, pour s'assurer qu'elle était toujours là.

Il s'agenouilla et roula le tapis persan aux couleurs rose et émeraude passées, vénérable et précieux comme tout ce qui se trouvait dans sa demeure. Il fit jouer une des dalles de céramique. Une cache de quelques centimètres apparut, dans laquelle il plongea la main.

Il en retira avec d'infinies précautions le paquet de toile contenant la lanière élimée. Il avait eu bien des occasions de vendre cet objet. Un attachement mystérieux l'avait empêché de s'en défaire.

Peut-être savait-il depuis le début.

Ou peut-être avait-il deviné son importance quand ses rudiments d'hébreu archaïque lui avaient permis d'en comprendre la nature.

De longues et patientes recherches avaient achevé de le

convaincre : de cet objet ignoré de tous, le sort du monde dépendrait un jour.

Annoncé par la mélopée des minarets, ce jour venait de se lever.

7

Café Shine.
Tel-Aviv.
11 h 23.

L'existence peut être douce et paisible à Tel-Aviv, sous les frondaisons des acacias et des eucalyptus dressés anarchiquement à chaque carrefour, dans chaque jardinet.

Les télévisions avaient habitué l'opinion internationale aux attentats sanglants, donnant le sentiment d'une cité en perpétuel état de siège. Mais, depuis quelques années, le calme était revenu dans la ville surnommée « New York-sur-Mer ».

Installé en plein soleil à la terrasse du Shine, Daniel regardait les passants qui vaquaient à leurs occupations.

Ici se brassaient les continents, les cultures et les styles dans une effervescence bon enfant. Au coin de la rue, il observait des jeunes blondinets faisant voler au vent leurs papillotes sur le chemin de l'école, des soldats noirs d'Éthiopie à la démarche ample, des grands-mères bavardes venues de Bagdad ou de Constantine, des Philippines courant à la messe et de jolis garçons, d'ici ou d'Amérique, juifs ou musulmans, préparant la prochaine Gay Pride.

Et partout, maîtres de la cité, des chats, assoupis, gambadant, mendiant pitance ou trônant perchés sur des murets, sous la caresse du soleil.

Le bonheur, après tout, n'est qu'un état d'esprit, pensa-t-il en portant à ses lèvres l'épais jus d'orange frais que venait de lui servir l'une des aguichantes serveuses.

Le café Shine était le lieu de rencontre de la jeunesse branchée, qui venait y prendre des breakfasts réparateurs après ses nuits agitées ou à l'amorce d'une journée de travail dans l'une des innombrables start-up, galeries d'art et boutiques de mode que comptait la ville.

Autour de lui, les clients prenaient leur petit déjeuner dans une ambiance joyeuse et embaumée par les fleurs d'oranger du jardin voisin. De jeunes parents berçaient leur poussette d'une main tout en avalant, de l'autre, leur fromage blanc au son d'avoine, soucieux de suivre leur régime protéiné. À moitié cachés derrière la carte qui offrait tous les *smoothies* imaginables, pressions de goyave au kiwi, orange à la cannelle, consommé de concombre au poivre et autres sucreries, de jeunes garçons en t-shirt moulant, sentant le frais et le gel, gloussaient de leurs plaisanteries, tandis que derrière eux deux étudiants semblaient en total désaccord.

Et un peu partout, comme le sésame sur la crème, des jeunes femmes penchées sur leur netbook parcouraient la presse *online* ou révisaient leurs cours en sirotant leur *cappuccino.*

Pour Daniel, ce serait un chocolat au lait, préparé avec des carrés de Chocoletti plongés à même le lait chaud, deux pancakes et de la ricotta saupoudrée de ciboulette.

Une légère brise faisait se mouvoir les branches des arbres entre les petits immeubles Bauhaus d'un blanc immaculé.

Soudain, des pneus crissèrent.

Un taxi freina au ras du trottoir.

Un peu surpris, les clients se tournèrent vers le véhicule. Julie en bondit, l'air affolé, cherchant Daniel du regard.

Il leva un bras en avalant une gorgée de sa boisson.

À son expression défaite et à la précipitation qu'elle mettait pour rejoindre sa table, manquant de renverser le plateau de l'une des serveuses, une grande blonde à dreadlocks, Daniel sentit que les réjouissances allaient prendre fin.

– Je vous manquais déjà ? tenta-t-il.

– Pas le temps de plaisanter. J'ai besoin de votre aide !

– Asseyez-vous et mangez d'abord un morceau. Je vous conseille le...

– J'ai besoin de vous *maintenant* !

– Mais enfin, que se passe-t-il ?

– Mon père est injoignable. Et on m'interdit d'aller dans son... Venez, je vous en prie !

Il se leva, posa sur la table un billet couvrant largement l'addition et se laissa entraîner dans le taxi, non sans bousculer la même serveuse qui le gratifia d'un nom d'oiseau.

– Tour Dizengoff, indiqua Julie au chauffeur.

– Elle est toute proche.

– Je sais, j'en viens. Mais le concierge parle mal l'anglais et refuse de me laisser accéder à l'appartement de mon père...

Daniel confirma en hébreu l'adresse et le chemin au taxi, afin que ce dernier, comprenant qu'il n'était pas un touriste, les conduise sans détour à destination.

Quelques minutes plus tard, ils réglaient la course devant le hall de la tour qui se dressait près de la place Dizengoff, au centre de la ville blanche.

C'était une tour d'une vingtaine d'étages, conçue en étoile, où chaque balcon saillait de la façade marron, lui donnant l'apparence d'un hérisson. Elle n'était pas spécialement esthétique, surtout comparée aux nouvelles constructions de l'est de la ville confiées aux architectes les plus célèbres de la planète, mais elle était bien située, à proximité de la plage, et encadrée par des centres commerciaux appréciés de la jeunesse.

Le concierge les scruta, avant de daigner appuyer sur le bouton qui ouvrait la porte vitrée donnant sur l'avenue bruyante. Julie trépignait, agrippée à son sac.

Ils parcoururent rapidement le hall étroit flanqué de quatre ascenseurs et de plantes artificielles, pour se présenter à l'accueil.

Face à eux, le retraité à l'uniforme fatigué qui gardait l'immeuble depuis son comptoir eut un petit sourire peiné en revoyant Julie.

Quand Daniel commença à lui parler, il tritura son appareil auditif.

Deux phrases en hébreu suffirent.

– C'est arrangé. Vous pouvez monter… Mais le pauvre vieux souhaite être couvert pour éviter les ennuis. Je passe un coup de fil et je vous rejoins. C'est au seizième étage, appartement B.

Tandis que Julie pénétrait dans l'ascenseur, Daniel fit lentement le tour du comptoir.

8

Lieu indéterminé.
Jérusalem.
Au même moment.

– Ainsi, cette petite sotte nous facilite la tâche…

Le Maître, dont la silhouette se découpait devant les stores en bois d'une pièce obscure, écoutait son interlocuteur avec satisfaction.

La fille de l'archéologue venait de se jeter dans la gueule du loup. Une fois entre leurs mains, elle servirait de monnaie d'échange. Et l'archéologue n'aurait plus d'autre choix que de parler : on joue volontiers au héros en risquant sa propre peau, pas celle de son enfant.

Le vieillard leur dirait bientôt ce qu'il avait découvert.

Et *où*.

– Prends-la vivante. Et si c'est impossible, n'hésite pas à la tuer. Elle ne doit pas nous échapper, tu m'entends ?

D'un geste sec, il rabattit complètement les lamelles de bois. Il avait la lumière en horreur. Dans la pénombre, il redevenait enfin lui-même.

Il se rassit à son bureau et fixa le large cendrier plat dans lequel finissaient de se consumer les débris du manuscrit sans âge arraché quelques heures plus tôt au professeur Normandy. Des cendres qui emporteraient leur secret.

– Si tu devais la supprimer, reprit-il, ne t'attarde pas trop sur elle. Je connais tes habitudes, mon ami... Coupe l'une de ses mèches et empare-toi de son passeport : cela suffira à convaincre notre *invité* que nous la détenons.

Il raccrocha d'une pression du doigt, non sans avoir murmuré un ultime ordre :

– Et ne laisse aucun témoin derrière toi. Aucun.

9

Tour Dizengoff.
Tel-Aviv.
11 h 40.

Julie était assise sur le canapé du salon. En larmes.

L'appartement était dans un désordre indescriptible : tout avait été chamboulé, renversé, dispersé. Les tiroirs avaient été projetés au sol, les dossiers répandus dans la pièce, les placards vidés de leur contenu.

En sortant de l'ascenseur, Daniel s'était retrouvé sur le palier en étoile : les appartements se situaient derrière les cabines et on ne pouvait en voir les portes. Il fit le tour de l'étage, avant de tomber sur l'appartement B, empruntant les passerelles ouvertes qui donnaient de part et d'autre sur les puits de lumière qui creusaient la tour.

La porte était entrebâillée. Il entra sans bruit et s'approcha.

Julie tressaillit à son arrivée puis baissa la tête. Sans pouvoir articuler un mot, elle brandit un portable.

– C'est son téléphone. Un vieux Nokia que je lui avais offert et dont il n'a jamais voulu changer… Il était sous le canapé.

Daniel inspecta les lieux.

Le séjour donnait sur une petite cuisine, dont le frigo et tous les placards avaient été fouillés eux aussi. La salle de bains était encore éclairée, offrant le même spectacle d'une exploration rageuse. Dans ce qui avait été la chambre, une pièce étriquée sur la gauche, les montants du lit gisaient brisés sur le matelas éventré. Son attention fut attirée par un portefeuille abandonné près de la télévision explosée.

Il contenait trois cartes de crédit et plus de huit cents dollars en liquide. Il présenta sa découverte à Julie :

– Ceux qui ont fait ça n'étaient pas motivés par l'argent... Que cherchaient-ils, Julie ?

Elle écarquilla les yeux et haussa les épaules en signe d'ignorance.

Daniel s'assit à côté d'elle et passa un bras autour de ses épaules.

– Julie, il faut me faire confiance. Et me dire...

– Vous dire quoi ?

– Votre père n'est pas un simple archéologue, n'est-ce pas ? Il s'intéresse sans doute à quelque chose d'important...

– Je ne crois pas. Je n'en sais rien.

– Écoutez-moi. Si ses papiers, son téléphone et son argent sont ici, cela signifie que ses agresseurs cherchaient autre chose. Et qu'ils l'ont peut-être enlevé.

– Enlevé ?

– Votre père savait que vous arriviez ce matin, il vous attendait et il ne vous a pourtant donné aucun signe de... vie. Il n'est pas venu à l'aéroport, n'a pas laissé de message au concierge, rien. Ils l'ont certainement emmené avec eux. Vous a-t-il dit s'il se sentait menacé ?

– Jamais... Nous avions besoin de nous retrouver, juste de nous retrouver. C'était la seule chose qui comptait. La seule chose dont nous avons parlé au téléphone.

Daniel eut un soupir de mécontentement. Il lui tendit un mouchoir.

– Je peux vous aider. Mais pour cela, j'ai besoin d'informations concrètes. Sur quoi travaillait-il ?

Elle redressa la tête, écartant ses cheveux en reniflant, et s'essuya les yeux.

– Je ne vois pas, souffla-t-elle en glissant instinctivement le portable dans la poche de son jean. Mon père est un homme doux, taciturne, sans histoires. Et sans ennemi. Non, vraiment, je n'ai aucune explication... Rien ne me vient à l'esprit.

Seize étages plus bas, au rez-de-chaussée, rien non plus ne venait à l'esprit du vieux concierge.

Affalé derrière le comptoir, il ne surveillait plus les écrans de contrôle ni l'entrée de l'immeuble. Toute son énergie était désormais consacrée à retenir le peu de vie qui lui restait et qui s'écoulait en même temps que le sang de sa gorge lacérée.

10

Hôtel King David.
Jérusalem.
11 h 45.

Ronald Greenwood fit claquer sa baguette de jonc contre la carte projetée sur l'écran, avant de lui en faire parcourir toute la longueur.

– Sur environ cent quatre-vingts kilomètres, l'aqueduc acheminera donc de l'eau de mer vers le bassin agonisant de la mer Morte. Notre souhait est que les travaux soient financés conjointement par les États riverains et la communauté internationale, qui en sera le maître d'œuvre. Cette dernière veillera, bien entendu, à ce que les ouvriers, les ingénieurs et les fournisseurs soient rigoureusement représentatifs de chaque pays intéressé à la sauvegarde de notre... ovni.

Ron détestait le langage technocratique que ses fonctions l'obligeaient à employer. Mais il fallait jouer le jeu. Et au pays des prophètes, parler en bureaucrate.

Arrivé à la fin de son exposé, il prit néanmoins une certaine liberté de ton, afin de se faire bien comprendre :

– Si la conférence échoue, ne vous y trompez pas : dans dix ans, la mer Morte devra être rebaptisée « mer Fantôme ». Un désert de sel pétrifié, comme la statue de Loth. Des rives congestionnées par des dépôts de soufre et d'asphalte. La disparition d'une frontière naturelle entre des peuples qui hésitent encore à faire la paix. Ajoutez à cela la pénurie d'eau et je n'aurai pas besoin, je crois, d'en dire plus. Triste fin, vous en conviendrez, pour la vallée qui fut, il y a plus de cent mille ans, le chemin qu'emprunta l'humanité en marche pour sortir du jardin d'Éden africain...

Dans un silence religieux, il fit signe aux jeunes hôtesses qui se tenaient près de la tribune.

– Des dossiers complets vont vous être distribués. La cérémonie d'ouverture aura lieu demain à dix-huit heures et sera suivie d'un cocktail. Le communiqué final est attendu jeudi en fin d'après-midi et une visite sera organisée pour la presse mercredi matin. Vous allez pouvoir goûter aux merveilleux bains de boue ! Et je n'ai pas besoin de vous vanter les mérites des crèmes de la mer Morte, mesdames, leur réputation a franchi les océans... Prenez tous soin de régler vos réveils : le départ aura lieu à cinq heures précises, afin d'éviter la grande chaleur.

Alors que les dossiers de presse circulaient et que les journalistes commençaient à sortir, il consulta l'écran de son mobile.

Toujours rien.

Aux correspondants qui s'approchèrent, il indiqua d'un geste qu'il les verrait plus tard. Ils s'éloignèrent, étonnés que le souriant Américain ait subitement l'air aussi préoccupé. Bien sûr, imaginèrent-ils, ce qui allait se décider dans les prochaines journées était d'une importance écologique considérable.

Mais lui, songeant à ce qui se préparait dans l'ombre, ne put s'empêcher de trouver cette conférence finalement dérisoire.

À quoi bon sauver cette mer désolée si, dès l'aube, le feu devait dévorer le monde ?

11

Tour Dizengoff.
Tel-Aviv.
Au même instant.

Une sensation glacée. Puis aussitôt, une coulée de lave le long de la moelle épinière.

Voilà exactement ce qu'éprouva Daniel lorsque le canon du revolver se ficha dans le creux de sa nuque.

Julie explorait fébrilement les monceaux de papiers, de vêtements et d'objets qui jonchaient le sol. Dos à la porte, il l'avait laissée faire, en réfléchissant. Et il n'avait rien entendu venir.

Une voix sèche, dénuée d'émotion, marquée par un accent qu'il ne sut identifier, s'éleva en anglais derrière lui :

– Bras levés. Pas un cri. Calme.

Daniel obéit docilement.

Encore accroupie au milieu des affaires de son père, Julie resta bouche bée.

– Toi ! siffla la voix.

Julie se redressa en levant lentement les bras.

L'homme, plus petit que Daniel, s'écarta d'un pas et lui indiqua de s'approcher. Son visage était enfoui dans la capuche d'un survêtement noir, noir comme son sac à dos, ses gants et ses runnings.

Julie s'avança vers lui en cherchant secours dans les yeux de Daniel.

Ce dernier, sentant l'arme pressée sur sa peau, supplia leur agresseur d'une voix plaintive :

– Ne nous faites pas de mal ! Ne...

– Silence ! cracha l'ombre.

Julie était maintenant à portée de l'homme.

– Pitié..., gémit Daniel, semblant sur le point de défaillir.

Puis tout alla très vite.

À une vitesse ahurissante, Daniel avait pivoté et chassé l'avant-bras de son agresseur, qui tira.

La porte vitrée du balcon implosa.

Dans le même mouvement, Daniel lui asséna un coup de tête et enchaîna d'un coup de pied foudroyant dans le thorax.

Sans le moindre cri, l'homme alla s'écraser contre le mur d'entrée.

Julie n'avait pas eu le temps d'esquisser un geste que Dan l'entraînait déjà vers la sortie.

D'un bond, ils franchirent la passerelle, tandis que l'homme roulant sur lui-même se mettait en position de tir.

Une première balle traversa la chevelure de Julie, faisant gicler une décharge d'adrénaline dans ses veines.

Les ascenseurs n'étaient plus qu'à deux ou trois enjambées.

Une deuxième balle ricocha contre le mur, libérant un nuage de plâtre.

Daniel appuya frénétiquement sur le bouton du premier ascenseur.

Retenu au sixième.

Une troisième détonation retentit sur le palier.

Daniel s'était jeté sur le deuxième ascenseur.

En panne.

Ils entendirent derrière le bloc des ascenseurs la course précipitée de leur agresseur faire résonner la passerelle.

Le troisième ascenseur était à l'étage.

Les portes s'ouvrirent : Daniel projeta Julie à l'intérieur. Mais au moment où elles se refermaient avec une lenteur désespérante, ils virent l'ombre devant eux.

Immobile.

Qui les visait.

Cramponné aux deux rampes de la cabine, Daniel se cabra et jaillit en avant, frappant des talons la mâchoire de l'homme, qui s'affaissa dans un râle.

Avec une souplesse féline, Daniel réintroduisit son corps dans l'ascenseur sans avoir touché terre. Les portes venaient de se clore.

– Contre le mur ! commanda-t-il tout bas.

Ils atteignaient le neuvième étage, quand un choc sourd au-dessus d'eux fit tanguer la cabine.

Daniel posa l'index sur sa bouche et de la main ordonna à Julie de demeurer collée à la paroi.

Il a forcé les portes.

Il s'est laissé glisser le long des câbles.

Il est là.

Au septième étage, ce fut un déluge de feu.

Des dizaines de projectiles criblèrent la cabine, déchiquetant la moquette synthétique.

Puis ce fut le silence.

Cinquième étage.

Daniel regarda Julie en mimant la scène.

Il recharge.

Troisième étage.

Une détonation massive défonça le plafond de métal, ouvrant un trou large comme un poing, et fit voler en éclats une partie du sol.

Deuxième étage : nouveau tir à l'arme lourde, qui élargit encore l'orifice au-dessus de leurs têtes.

La capuche noire s'approcha. L'homme les fixa un instant, puis ils entendirent un ricanement alors qu'il introduisait le canon de son arme dans la cabine, la pointant directement sur Julie.

À cette distance, il ne pouvait la manquer. Et elle n'avait aucun refuge dans l'habitacle nu.

Je suis morte ! paniqua-t-elle en se protégeant naïvement derrière ses bras.

Un choc secoua alors l'ascenseur : l'appareil, qui datait des années 70, venait brutalement de toucher le sol.

L'ombre étouffa un cri en s'écrasant contre le toit de la cabine.

Quand il les remit en joue, l'ascenseur était vide.

12

Lieu indéterminé.
Jérusalem.
Une heure plus tôt.

À mesure que les anneaux bleutés descendaient le long de son corps, le colonel Cohen observait son reflet sur la porte en métal brossé du sas.

Il venait de franchir le cap de la soixantaine. Ne participait plus depuis longtemps aux missions de terrain. Mais il contemplait, face à lui, auréolé par les vagues du scanner hologramme, un homme de taille moyenne encore vigoureux, sur lequel ni la graisse ni le relâchement n'avaient prise. Son expression était inchangée depuis son entrée dans l'armée, quatre décennies auparavant : dure, intelligente, impatiente. Ses yeux légèrement bridés et sa calvitie en faisaient le sosie du Yul Brynner des *Dix Commandements*.

« Revu et corrigé dans le style *Avatar* », maugréa-t-il en détaillant ses fines oreilles colorées de bleu.

Le scanner fit passer une nouvelle onde lumineuse et acheva le contrôle d'identification.

```
Reconnaissance optique : positive.
Reconnaissance digitale : positive.
Reconnaissance morphologique : positive.
Reconnaissance IRM : positive.
```

Le sas s'éclaira subitement d'une lumière crue, aveuglant le Colonel qui jura.

Il s'engouffra en râlant dans la salle de surveillance de son service. Un service qui n'avait pas de nom officiel ni de budget débattu au Parlement. Un service logé dans une bâtisse anonyme de la périphérie nord de Jérusalem, qui ne dépendait que du Premier ministre et bénéficiait des prototypes les plus avancés de cette Silicon Valley orientale qu'était devenu le pays.

Il contempla le plateau central, dépourvu de la moindre fenêtre, où des dizaines de jeunes engagés, tous bardés de diplômes, s'activaient sous leurs écouteurs devant de larges écrans translucides. La fine fleur de la nation, dont les parents étaient venus des quatre coins du monde – des blonds, des Eurasiens, des Nord-Africains, des métis et quelques Falachas –, une jeunesse brillante et obsédée par une certitude : la survie collective passait par la maîtrise de l'information. Du renseignement.

Tout savoir de l'ennemi.

Et de l'ami.

Chaque rangée était affectée à une mission précise. Au premier plan, on traçait le déplacement de toutes les cibles affublées d'un mouchard, les maintenant sous surveillance permanente.

Au centre, on s'affairait à l'identification et à l'interception des communications, vocales comme écrites, selon des protocoles informatiques infiniment plus performants que ceux du réseau américain Echelon.

À droite, la rangée des officiers en charge du brouillage et du parasitage des satellites des nations étrangères, lesquelles participaient sans le savoir au travail de surveillance du globe – et sur tel écran, on aurait pu toucher du doigt les ouvriers iraniens déchargeant des conteneurs sur le site nucléaire de Nantaz.

À gauche, enfin, la rangée des hackers maison. Ils gardaient le réseau, le testaient continûment, et quand ils repéraient un intrus, sabotaient à distance son matériel après l'avoir vidé de son contenu.

Au fond de la salle, séparée à mi-hauteur par une cloison de verre fumé, la plus petite des rangées. Une dizaine de postes, occupés par intermittence, aux écrans opaques.

Ma ruche, s'enorgueillit le Colonel.

C'est de ce rang d'ordinateurs dotés de processeurs herculéens qu'étaient pilotés les drones équipés de missiles et destinés à l'élimination individuelle. Toujours en vol. Toujours prêts. Quand l'ordre tombait, quelque part dans la région, sans avoir eu le temps de comprendre ce qui lui arrivait, une cible passait de vie à trépas. Ainsi allait l'art de la guerre au troisième millénaire.

Toujours bougonnant, le Colonel aperçut Mickaël Sasson, son aide de camp, en grande conversation avec l'une des lieutenants du poste d'interception Aleph.

Pas la plus moche, comme d'habitude…

Il l'interpella sèchement :

– Mike ! Approche !

Le jeune militaire, un trentenaire châtain au visage poupon qui avait l'air aussi à l'aise dans son uniforme qu'un banquier l'aurait été dans un baggy, vint promptement le rejoindre.

– Écoute-moi bien, Mike, lui intima son supérieur. Ta mission, si tu l'acceptes, et heu… crois-moi, mon garçon, tu vas l'accepter, c'est de me faire changer ce foutu système d'éclairage dans le sas. Passer d'une ambiance de spa thaïlandais à celle d'un commissariat soviétique, je n'en peux plus ! Compris ?

Mike sourit faiblement. Il travaillait avec le Colonel depuis la fin de ses études au Technion de Haïfa, près de la frontière libanaise. Il était d'un calme impavide et savait faire la différence, chez son chef, entre l'authentique colère et les emportements feints.

– Impossible, mon colonel. La maintenance ne dépend pas de notre service. Et puis, il n'y a pas de sas plus évolué au monde que celui-ci. Bon, il n'est pas parfait, je vous le concède. Mais n'est-ce pas mieux ainsi ? La perfection une fois atteinte, vient le déclin…

Le Colonel grogna, souriant malgré lui. Voilà donc ce qu'on leur apprenait, à ces petits génies : à avoir toujours raison. Il tourna les talons, longea la Ruche et prit un couloir sans fenêtres qui menait jusqu'à ses bureaux. Avant de gagner le sien, il passa la tête dans le local de sa secrétaire.

– Salut, ma belle. Des nouvelles ?

Crayon en bouche, une petite rousse au teint hâve lui fit signe que non.

Il passa son badge sur le boîtier qui commandait la porte blindée de son bureau, attendit le déclic et entra. Il défit son holster, posa son arme sur le classeur derrière sa table en formica et fit quelques pas vers la baie vitrée blindée.

Le film teinté la rendait opaque de l'extérieur mais laissait de l'intérieur voir la vallée. Le ciel était somptueux, le soleil à son zénith dorait le paysage. Une journée magnifique.

Pourquoi ne rappelle-t-il pas ?

A-t-il réussi, oui ou non ?

Il jouit un instant encore de la flaque de lumière qui l'enveloppait. Gamin, son père lui disait parfois que la lumière, c'était « quand l'air devient de l'or ».

Il soupira en s'installant à son bureau. Il observa un moment son écran éteint. Son téléphone silencieux.

Et l'horloge qui avançait inexorablement.

Il se rejeta un peu en arrière, inclinant son fauteuil et, les deux mains sur son crâne de pharaon, ferma doucement ses paupières.

Et quand viennent les ténèbres, en quoi l'air se transforme-t-il ?

13

Hôtel Savoy.
Tel-Aviv.
12 h 15.

Les questions se bousculaient dans son esprit. À présent qu'elle était en sécurité dans la chambre louée par Daniel au Savoy, près de la plage, Julie s'efforçait d'endiguer la panique qui la submergeait depuis la fusillade, tentant de mettre un semblant d'ordre dans ses idées.

Qui nous a tiré dessus ?

Pourquoi voulait-on nous abattre ?

Papa est-il encore en vie – et si oui, où se trouve-t-il ?

Assise en tailleur sur le lit king size de la chambre au design minimaliste, elle triturait fiévreusement ses lunettes, dernier vestige de sa garde-robe abandonnée dans la tour et de ses rêves de vacances insouciantes, sans prêter attention aux informations en continu de la chaîne câblée.

Daniel était sur le balcon, vérifiant qu'ils n'avaient pas été suivis. Le taxi dans lequel ils avaient bondi en sortant de la tour était reparti. La rue était calme. On n'entendait que les exclamations de vacanciers en tenue de plage qui descendaient vers le rivage et les chamailleries de deux automobilistes qui se disputaient sans conviction. Il fit glisser la porte-fenêtre et rejoignit Julie.

Elle ne pleurait plus. Mais il y avait une ombre sur son visage.

– Ça va aller ? lui demanda-t-il doucement.

– Je crois, oui. Mais…

– Mais ?

– Franchement, Dan, vous n'avez rien à me dire ?

– À ce stade, non. Je n'y vois pas plus clair que vous et…

– Je ne vous parle pas de mon père, mais de vous. Qui êtes-vous vraiment ?

Daniel eut l'air décontenancé par la question. Il hésita une seconde puis laissa tomber :

– Ce que vous savez de moi est suffisant.

– Ah non ! Ça ne me convient pas comme réponse, pas du tout ! Expliquez-moi plutôt où et comment l'exquis violoniste a appris à se battre comme dans les films de John Woo, à simuler une trouille digne de l'Actor's Studio ? D'où lui vient son expérience de la survie en ascenseur sous la mitraille ? Sa faculté à analyser la nature exacte d'un cambriolage ? Et…

– Et rien du tout ! la coupa Daniel sans agressivité. J'ai un passé. Comme tout le monde. Nous reprendrons cette conversation quand nous aurons mis la main sur les ravisseurs de votre père.

Julie se tut, sans cesser de le regarder. Puis elle revint à la charge :

– Comment vous faire confiance ?

– Julie, bon sang, je viens de vous sauver la vie !

Elle baissa la tête et murmura, cachée sous sa crinière :

– Vous faites tout de même beaucoup de mystères…

Daniel alla prendre un Sprite dans le minibar.

– Selon vous, il a été kidnappé, n'est-ce pas ? interrogea-t-elle.

– Je l'espère ! Cela signifierait qu'il est encore en vie. L'appartement était vide, pas de traces de sang, et si la police avait découvert un cadavre quelque part en ville, ajouta-t-il en pointant la télé, un bandeau « urgent » l'aurait signalé…

Des larmes coulèrent de nouveau sur le visage de la jeune

femme. Elle en serra les poings de rage, car elle était déterminée à se montrer forte. Elle était venue pour retrouver son père, non pour le perdre. Cette histoire insensée s'éclaircirait tôt ou tard. Elle devait surmonter sa peur. Se montrer à la hauteur.

Elle se laissa glisser le long du lit et attrapa le téléphone. La main de Daniel l'arrêta net.

– Que faites-vous ?

– Ce que nous aurions dû faire depuis le début : j'appelle la police.

– Nous n'appelons personne ! Surtout pas la police.

– Pourquoi donc ? cria-t-elle en se dégageant de son emprise. Vous redoutez qu'ils vous arrêtent une seconde fois ?

Daniel soupira avec lassitude.

– On ne m'a pas arrêté à l'aéroport. La preuve : je suis là. Bel et bien libre.

– Pourquoi vous ont-ils embarqué, dans ce cas ?

– Rien qui doive vous inquiéter. Je vous expliquerai… Mais pas maintenant.

Il reposa le combiné et vint la prendre par les épaules.

– Croyez-moi, ceux qui ont tenté de nous tuer sont capables de tout. Intercepter une communication ou corrompre une patrouille de flics serait pour eux un jeu d'enfant. On ne peut prendre ce risque…, dit-il en la serrant contre lui.

Elle se décrispa et s'abandonna contre son torse.

– Nous devons d'abord comprendre ce qui se passe… Votre père habitait ici mais travaillait à Jérusalem. Pourquoi, Julie ? De quoi se protégeait-il ? de qui ?

– Je n'en sais rien…, murmura-t-elle.

Il la repoussa délicatement et riva son regard au sien.

– Allons, Julie, vous devez bien savoir ce qui l'occupait ces derniers temps. Des fouilles particulières ? Des antiquités qu'auraient pu convoiter des trafiquants ?

– Non. Ce n'est pas le genre de mon père. Ni la politique

ni l'argent ne l'intéressent... C'est un homme intègre dont la seule passion est la connaissance. Jamais il n'aurait pu se retrouver mêlé à une histoire tordue.

Les mains dans les poches, Daniel s'en retourna vers la terrasse. Il réfléchit un instant.

– Alors, peut-être devons-nous nous résoudre à contacter la police. Leur lenteur, leur lourdeur vont probablement compromettre nos chances de retrouver rapidement votre père, mais si nous n'avons aucune piste...

– Si ! Nous avons cela..., rétorqua Julie en brandissant le Nokia.

– Brillant ! Nous allons pouvoir lister ses contacts. Et eux pourront certainement nous aider.

Il s'approcha d'elle tandis qu'elle pressait le bouton d'activation. Le téléphone émit une petite mélodie classique – empruntée à Borodine – et s'alluma.

– Il me demande le code d'identification...

– Vous ne le connaissez pas ?

– Non.

– Essayez sa date de naissance. C'est le moyen mnémotechnique de la plupart des gens.

Julie entra les quatre chiffres.

`Code erroné. Deux tentatives restantes.`

Elle recommença avec sa propre date d'anniversaire.

`Code erroné. Une tentative restante.`

Daniel fit la grimace.

– Si vous vous trompez encore, le téléphone sera bloqué. Et nous aussi, par la même occasion...

Elle prit une profonde inspiration. Et décida de faire confiance à son intuition. Elle entra les quatre chiffres de l'année de naissance de sa défunte mère.

L'appareil vibra.

`Code valide.`

Durant toutes ces années, elle s'était trompée. Il l'avait aimée.

Le journal d'appel indiquait que les dernières communications avaient été passées la veille. Le cambriolage et l'enlèvement éventuel s'étaient donc déroulés dans la nuit.

Pendant que je volais vers lui...

Quelques numéros revenaient de manière récurrente. Ils se concertèrent et décidèrent de les composer sur-le-champ, quand l'air de Borodine jaillit à nouveau de l'appareil. Quelqu'un appelait.

Julie décrocha :

– Allô ?

– Julie ? demanda son interlocuteur dans un français à l'accent germanique.

– Oui... Qui est à l'appareil ?

– Je suis un vieil ami de votre père, Julie. Mon nom est Rosenberg. Rabbi Rosenberg. Où vous trouvez-vous en ce moment ?

– Dans un hôtel... Quelque part..., hésita-t-elle.

– Vous avez raison d'être prudente, les lignes ne sont pas sûres. Moi aussi je me méfie du téléphone. Mais nous devons nous parler, et vite ! Je vous texte mon adresse, à Jérusalem. Prenez une voiture et venez me voir immédiatement. Je crois que Victor est en danger...

Avant de raccrocher, il ajouta d'une voix où pointait l'affolement :

– Et surtout, ma fille, ne faites confiance à personne ! Vous m'entendez : à personne !

14

Lieu indéterminé.
Jaffa.
12 h 33.

Un faux contact faisait clignoter le vieux néon presque entièrement descellé du mur, éclairant la salle de bains lépreuse à la façon d'une enseigne.

Dans la glace Art déco piquetée de rouille, l'Assassin examinait sa bouche tuméfiée. Il empoigna les rebords du lavabo de faïence, se pencha et fit un sourire répugnant. Sa gencive supérieure était ouverte à droite, sur trois centimètres, découvrant une dent fendue.

Celui qui protège la chrétienne est coriace...

Il cracha un filet de salive cramoisie qui serpenta jusqu'au siphon.

C'était un homme sans âge. Son métabolisme avait peut-être trente ans, son épiderme était clair, presque blanc, tendu sur une musculature plate. Mais l'éclat de ses prunelles couleur de vase évoquait une époque infiniment plus ancienne. Il y avait dans ces yeux-là quelque chose du reptile – et de l'automate. Un regard unissant des mondes où l'humain n'avait nulle place.

Le moment venu, il me suppliera d'abréger ses souffrances.

Comme les autres.

Comme tous les autres.

Entre les taches du vieux miroir, ses traits acérés se dessinaient au rythme du néon agonisant. Un front large donnait naissance à un nez busqué aux narines dilatées. Ses lèvres blessées frémissaient de haine. Partout sur les bras, sur ses larges pectoraux tatoués et jusqu'à la base du cou, sa peau était suturée. Des blessures sans nombre qu'on avait recousues, semblait-il, sans chercher à en diminuer l'ampleur. Des cicatrices comme des titres de service.

Il se baissa pour ramasser la bouteille de vodka et s'en rinça la bouche. Puis il se contempla de nouveau.

Et dans la glace, il vit.

Il vit avec jubilation les visages effarés des mères sur le marché, les membres déchiquetés des vendeurs de fruits et des colporteurs de thé, le regard incrédule que la petite fille posait sur ses entrailles répandues devant elle.

Bagdad.

Six mois déjà.

Six mois confiné à Alamut. Six mois à parfaire son entraînement. À répéter, répéter encore et toujours chaque détail d'une mission qui serait la plus importante jamais confiée à son ordre. Mais tous ces mois sans sentir un cou craquer sous ses phalanges, sans savourer le spectacle d'une famille pulvérisée par l'une de ses bombes ou d'une mosquée en flammes s'effondrant sur ses fidèles hurlant d'épouvante, cela avait été long, démesurément long.

La mort était son métier. Alors, afin qu'il patiente un peu, on l'avait gratifié de quelques missions en Irak et au Pakistan, où il avait été chargé de guider plusieurs groupes djihadistes. Des crétins persuadés d'œuvrer pour la cause de Dieu en détruisant un maximum de vies. C'est lui qui recrutait les candidats au martyre, les évaluait puis leur désignait une cible. Aux plus religieux, il se plaisait à ordonner un attentat suicide dans des mosquées bondées afin d'éprouver, leur susurrait-il, la sincérité de leur dévouement à Allah. Aux plus intelligents, il commandait des opérations absurdes, contre leurs propres camarades ou contre des alliés, et les expédiait à la mort avec une délectation sadique. Aux plus hésitants, il ne donnait aucune instruction. Une balle dans la tête en plein repas était tout ce qu'ils méritaient – et toujours en présence du reste du groupe qu'il fallait édifier. Ou plutôt de ses restes. Car au fil du temps, les rangs s'étaient clairsemés, les recrues expirant le plus souvent de sa propre main. Il s'était d'ailleurs rapidement lassé de ces amateurs du meurtre. Des incapables, tout juste bons à convoyer leur lot d'explosifs à l'endroit requis, avant d'être réduits en charpie. Les rares à s'être montrés à la hauteur de sa cruauté étaient incontrôlables. Non opérationnels. Des psychopathes : ils n'avaient pas choisi le Mal, c'était simplement des malades.

Lui, comme les ultimes initiés d'Alamut, avait *choisi* le Mal.

D'abord, je lui ferai enregistrer un message vidéo.

Ceux que l'Occident appelait « terroristes » ne lui inspiraient en vérité nulle terreur. Quelques ricanements tout au plus. Il leur avait appris comment multiplier les victimes et, à la mort, ajouter l'effroi. Il leur avait enseigné les méthodes les plus démentes pour ôter la vie.

Et avait fait un jour une trouvaille que le monde n'était pas près d'oublier.

Il tremblera devant la caméra.

Comme l'Américain.

Alors que l'un de ses commandos avait capturé un reporter américain, il avait eu l'idée de faire profiter l'opinion mondiale de son supplice. Après un simulacre d'interrogatoire et une confession forcée du journaliste attaché à sa chaise face au caméscope, il l'avait minutieusement égorgé.

Menton en avant, il s'avança vers son reflet et introduisit un couteau de combat dans sa bouche.

D'un mouvement sec du poignet, il déchaussa la dent que

Daniel lui avait brisée. Il la cracha sur le sol carrelé, où elle rebondit avec un bruit de bille qui résonna dans la pièce aux volets clos.

D'une traite, il reprit une longue gorgée de vodka, dont il se gargarisa. Puis, à l'aide d'un briquet de tempête, il chauffa à blanc la pointe crantée du couteau. Il se fixa en souriant et plaqua la lame sur sa gencive.

Il y eut un léger crépitement. Une odeur de chair brûlée.

La plaie était cautérisée.

Il rangea le couteau dans l'étui lacé à sa cuisse, enfila son haut de survêtement noir et récupéra sur la tablette du lavabo les clés de la moto d'Ahmed.

Ahmed, le concierge de ce petit hôtel qui avait répondu avec empressement à sa demande de visiter une chambre.

Ahmed, si content d'accueillir enfin un client étranger.

Ahmed, dont il enjamba le corps en sortant.

15

Autoroute 1.
Vers Jérusalem.
12 h 58.

Filant entre deux plaines verdoyantes écrasées de lumière, l'autoroute se liquéfiait au loin dans les brumes de chaleur. Les embouteillages de la périphérie de Tel-Aviv étaient à présent derrière eux et Julie ne prenait plus la peine de ménager l'accélérateur de la Toyota louée par Daniel, ni de cacher son exaspération en chassant de son front les gouttes de sueur.

– Je vous répète que je suis désolé, mais ils n'avaient plus de décapotable, s'efforça d'articuler calmement Daniel. Et puis, à la fin, mettez la climatisation au lieu de bouillir !

– Je hais la clim' !

– Alors, laissez-moi ouvrir la fenêtre...

– Trop de poussière !

Julie pila net pour éviter un pick-up cabossé débordant de planches de bois, de sacs de ciment et de ferraille. Elle repassa rageusement les vitesses.

– Et pas d'automatiques non plus..., ajouta Daniel en tournant la tête vers les villages alentour, agglomérés autour d'usines et de plantations.

La tension n'était guère retombée depuis l'agence Hertz, près de l'hôtel Sheraton, en bord de mer, où ils avaient loué la berline. Julie avait décidé de prendre les choses en main. Et exigé de conduire.

Après tout, il s'agissait de son père et ce petit bout de femme était vaillante. Une combattante même, cela sautait aux yeux. Mais l'angoisse conjuguée à l'absence de sommeil ne formait pas un bon cocktail : elle trépignait à l'idée de rejoindre Jérusalem.

Ils avaient remonté les voies express le long de la rivière Hayarkon qui venait se jeter dans la Méditerranée près du vieux port, avant de rejoindre la route 20 et, de là, à travers un invraisemblable enchevêtrement d'échangeurs, de zones commerciales et de tours futuristes, d'accéder à l'autoroute 1 qui traversait le pays d'ouest en est.

Un peu plus de soixante kilomètres les séparaient de la Ville sainte. Ce n'était pas excessif, mais aux heures de rush, cela voulait dire un bouchon de soixante kilomètres de véhicules avançant avec une lenteur désespérante sous une chaleur accablante. À la sortie de Tel-Aviv, la chance leur avait souri : le trafic était devenu fluide. Ils pouvaient désormais tracer.

Ils croisèrent la sortie pour l'autoroute qui, sur un axe nord-sud, partait de Haïfa, à quelques encablures du Liban, pour aller se perdre dans le désert du Néguev, aux portes de l'Égypte.

Daniel resta quelques minutes sans rien dire. Il pianotait sur son iPhone. L'extrême inquiétude que devait ressentir Julie excusait sa mauvaise humeur. D'une voix apaisante, il lui fit part du résultat de ses recherches sur le moteur Chrome :

– Le rabbin Rosenberg est considéré un peu comme un... marginal. Il n'a pas de lieu de culte. Pas d'école non plus. Les religieux refusent de le reconnaître. Il officiait jusqu'à l'année dernière dans une communauté d'Amérique du Sud. Un libéral, apparemment, qui milite pour le rapprochement entre toutes les confessions. Favorable aux mariages mixtes..., ajouta-t-il d'une voix enjouée.

Julie haussa les sourcils au-dessus de ses lunettes de soleil.

– Je veux trouver mon père, Dan, pas un mari…, répondit-elle avec un sourire involontaire.

Saisissant l'occasion de détendre l'atmosphère, Daniel rebondit aussitôt :

– Pour avoir le second, il faudra de toute façon l'accord du premier. Nos intérêts sont donc liés…

Julie secoua la tête en riant.

Gagné ! pensa-t-il.

– Au lieu de m'ennuyer avec votre conception patriarcale du mariage, Dan, reprenez le mobile de papa et tâchez de joindre l'un des numéros avec lesquels il était le plus régulièrement en contact ces derniers jours.

Presque gagné.

Daniel se pencha sur le tableau de bord pour en ôter la carte routière, qui recouvrait le portable du professeur Normandy.

– Et d'abord, je me marie sans l'autorisation de quiconque ! Et je n'ai aucune envie de me marier…, grinça Julie en piétinant l'accélérateur.

Loin d'être gagné, en fait.

Alors que Daniel allait saisir le Nokia, celui-ci, en mode silencieux, se mit à bourdonner et à patiner devant le pare-brise.

Ils échangèrent un bref regard. Daniel décrocha.

– Non…, répondit-il. Je suis avec sa fille. Vous êtes… ?

Julie écoutait tout en s'efforçant d'avaler le plus de kilomètres possible. Ils venaient de s'engager dans le long défilé rocheux conduisant à Jérusalem.

– Nous sommes en chemin, un instant…, répondit-il en mettant la main sur le micro. Ronald Greenwood. De l'ONU. Il prétend être un ami de Victor…

– Jamais entendu parler.

– Écoutez, Ronald, nous avons un problème car… Comment ? Ok. Je lui transmets.

Il reposa le mobile sur ses genoux.

– Il est au courant de la disparition de votre père. Il dit avoir des informations importantes et voudrait vous rencontrer dès notre arrivée à Jérusalem…

Le Nokia bipa.

Un sms.

– Il nous attend à quatorze heures au Rockefeller Museum, à proximité de la Vieille Ville, lut Daniel. Porte de Damas. Si nous arrivons par l'accès nord, c'est sur le chemin de notre rendez-vous avec Rosenberg. Qu'est-ce que je réponds ?

– Qu'on passe le voir. On lui consacre dix minutes avant de filer chez le rabbin.

Daniel tapa la réponse.

Les montagnes s'élevaient à présent autour d'eux, hérissées de sapins, d'acacias et de cèdres. Parfois, on apercevait les ruines d'une vieille maison de berger ou la carcasse d'un tank, vestiges de la guerre d'indépendance.

Jérusalem n'était plus très loin. Ils poursuivirent leur route dans un silence empli d'odeurs de pierre, de gasoil et de bitume.

Lourd de questions aussi.

Pourquoi redoute-t-il l'intervention de la police ? N'importe qui de sensé, dans leur situation, aurait fini par composer le numéro des forces de l'ordre. Surtout dans ce pays où elles n'étaient pas spécialement réputées pour leur inefficacité.

Que me dissimule-t-elle ? Des archéologues en Terre sainte, il devait y en avoir des centaines en ce moment même. Aucun n'était jamais kidnappé. Ni même molesté. Elle devait être au courant des activités inhabituelles du professeur Normandy. Mais elle préférait se taire.

Pourquoi se sont-ils emparés de lui à l'aéroport ? Et, par-dessus tout : pour quelle raison les autorités avaient-elles décidé de le laisser filer ?

Dans l'étuve de leur Toyota, Julie et Daniel réfléchissaient en silence.

L'autoroute montait progressivement vers les hauteurs de la Ville sainte.

À deux kilomètres de là, slalomant dans le flot grossissant des voitures et des camions, une moto noire fonçait dans leur direction.

16

Chapelle souterraine du Saint-Sépulcre.
Jérusalem.
Au même instant.

Ne pas laisser la peur s'insinuer...

Agenouillé sur les dalles de roche naturelle de la plus profonde des chapelles du Saint-Sépulcre, le père Mario Tassa priait en grelottant, les mains serrées sur son chapelet.

Il priait, récitant des psaumes qui imploraient l'aide de Dieu, dans l'antre éclairé par deux cierges vacillants.

L'endroit sentait l'humidité, l'encens et le froid.

Il priait et se remémorait les conseils de son prédécesseur en ces lieux, le vieux prêtre qui lui avait été présenté le soir de son initiation par le Saint-Père :

« À présent que tu sais, ne laisse jamais la peur gagner ton âme, mon fils, car alors tu n'offrirais plus aucune résistance aux ténèbres.

Écoute et entends : la première règle qu'il te faudra impérativement observer pour mener à bien ta mission de Gardien, c'est de conserver intacte ta foi en notre victoire finale. Quoi qu'il arrive.

Car voici : la peur est le viatique du Mal.

Elle appelle le Mal, le guide vers toi.

Et te livre à lui. »

En cette heure, pourtant, le jeune serviteur du Christ devait lutter de toute son énergie contre la terreur qui l'envahissait peu à peu.

« Aie pitié de moi, Éternel, car je suis sans force !
Guéris-moi, Éternel, car mes os sont tremblants... »

Un bruit le fit tressaillir : un petit caillou dégringolait-il la volée de marches taillées dans la roche ? Quelqu'un descendait-il depuis les niveaux supérieurs du lieu saint ?

Non.

Rien.

Le silence revint. Son imagination affolée lui jouait encore un mauvais tour.

Il pressa plus fort le chapelet jusqu'à meurtrir ses paumes au contact des billes de cèdre.

« Mon âme est toute troublée : jusque quand, Éternel ?
Délivre-moi, délivre mon âme... »

Cette fois-ci, plus de doute possible : quelqu'un venait, prenant soin d'étouffer le bruit de ses pas.

Le prêtre se releva en chancelant. Il posa son chapelet sur le vieil autel de marbre brut et s'empara de l'un des chandeliers.

Il fit un pas vers l'escalier. Le boyau était si sombre qu'aucune lumière ne parvenait d'en haut.

Une silhouette approchait.

– Qui va là ? demanda Mario d'une voix mal assurée.

Il y eut un cliquetis métallique suivi d'un ricanement.

– Allons, mon père, allons... Ne soyez pas sur le qui-vive ! ironisa une voix dans l'ombre. Que craignez-vous en un pareil endroit : Dieu ne veille-t-Il pas sur vous ?

L'homme continuait sa descente sans que le prêtre pût distinguer son visage. Il avançait avec nonchalance, sans la moindre précipitation. Dans quelques secondes, il l'aurait rejoint.

– Les visites sont interdites ici, balbutia-t-il, réalisant avec effroi qu'il n'y avait nulle autre issue.

L'homme éclata de rire tandis qu'il posait le pied sur les dernières marches.

Mario recula jusqu'à l'autel, sur lequel il appuya sa main libre.

Ibrahim Alush apparut alors dans le faible halo que projetait le cierge.

Le petit antiquaire replet s'avança encore de quelques pas en direction du prêtre. Il leva la main dans laquelle il tenait entre deux doigts un trousseau de clés. Des clés anciennes, rouillées, ouvragées à la mode orientale.

– Oublieriez-vous que moi aussi, mon père, je suis ici *chez moi* ?

17

Musée Rockefeller.
Jérusalem.
14 h 10.

Bras croisés, lèvres pincées, Greenwood s'impatientait sur le perron du musée Rockefeller.

Il avait rallié l'institution fondée par la richissime famille américaine depuis vingt minutes déjà et son chauffeur attendait, assis sur le capot, de le ramener à la conférence aussitôt après son entrevue avec Julie.

Elle sait, c'est certain...

D'un revers de la manche, le maître maçon consulta sa montre. Il disposait d'une heure en tout et pour tout. Plus tard, dans la soirée, il serait libre d'agir. Mais pour le moment, il ne pouvait se soustraire à ses obligations sans se compromettre. Il jeta un regard vers l'est où brillaient les bulbes des églises orthodoxes entourant le jardin de Gethsémani, de l'autre côté du vallon, là où le Christ avait connu la tentation du découragement, avant son arrestation par les Romains. Puis, longeant des yeux les murailles de la Vieille Ville qui lui faisaient face, il regarda vers l'ouest, guettant ses visiteurs.

Elle sait où.

À cet instant, la Toyota azur conduite par Julie déboucha par la rue Saladin. Elle s'arrêta avec quelques cahots devant le musée.

L'un des gardes du corps de Greenwood lui ouvrit la portière, tandis que ce dernier s'avançait pour la saluer.

– Julie ?

– Ronald Greenwood ?

L'élégant sexagénaire aux tempes argentées confirma d'un sourire. Il tendit ensuite la main à Daniel, qui se dégourdissait les jambes en tapant des pieds, soulevant un petit nuage poudreux.

– Et votre fiancé, je suppose...

Daniel répondit :

– En quelque sorte...

... en même temps que Julie :

– Un ami.

Ron les entraîna à l'intérieur.

– Tâchez d'accorder vos versions, mes enfants, plaisanta-t-il, vous n'êtes pas au point pour un interrogatoire croisé !

Ils passèrent le portique de contrôle, avant de pénétrer dans la cour centrale. C'était un édifice bâti en pierre ocre sur le modèle d'un monastère roman. Au-delà du bassin rectangulaire bordé de fleurs se trouvait le corps principal, au toit plat surmonté d'un dôme blanchi à la chaux. De chaque côté, des arcades offraient un peu de fraîcheur.

– J'ai préféré vous voir ici, au calme. Victor venait souvent, vous le savez...

– Je l'ignorais, répondit la fille de l'archéologue.

– Vraiment ? C'est pourtant ici que furent entreposés certains manuscrits de la mer Morte après leur découverte. Quelques pièces y sont toujours conservées. Dont une qui intéressait tout particulièrement votre père.

Il les précéda à l'intérieur du bâtiment, faisant signe à ses gardes du corps de rester sur le seuil.

– L'histoire des manuscrits demeure aujourd'hui encore mystérieuse, poursuivit-il. Pendant plusieurs décennies, les savants européens auxquels le roi de Jordanie les confia – Jérusalem était alors sous son contrôle – en interdirent l'accès à quiconque. À bien des égards, sous la conduite du père Roland de Vaux, membre éminent de l'École biblique rattachée au Saint-Office, ils se comportèrent en véritables amateurs, collant les morceaux avec du scotch, grattant certaines parties de cuir jusqu'à les abîmer définitivement. Mais le plus grave, c'est qu'avec l'accord du Vatican ils en refusèrent l'examen à la communauté internationale. Or ce que ces rouleaux racontent a une importance considérable. Notamment pour nos frères…

Ils pénétrèrent dans la grande salle du rez-de-chaussée, une bibliothèque aux dimensions impressionnantes et peu éclairée, sinon par de minuscules fenêtres taillées en meurtrières qui se détachaient autour du plafond en coupole. L'atmosphère y était paisible et fraîche comme dans une église.

– Vos frères ? interrogea Julie.

– Oui, nos frères de loge. Les maçons, répondit Greenwood.

– Quel rapport avec mon père ?

Ron la dévisagea en feignant l'étonnement.

– Voyons, Julie, votre père est l'un des nôtres. C'est un initié.

18

Vieille Ville.
Jérusalem.
Au même moment.

Courbé comme un félin, l'Assassin évalua la distance entre les deux toits.

Cinq mètres.

En prenant de l'élan, il pouvait atteindre l'autre côté de la ruelle. Il se redressa, statue noire sous le ciel limpide, et fit un tour d'horizon.

Personne.

Partout au Moyen-Orient, les toits constituent un réseau au-dessus des villes, sur lequel il est aisé de circuler. On n'y croise guère que des femmes ou des chats, vite effrayés. Mais à Jérusalem, il en va un peu différemment. Nulle corde à linge ne permettant de progresser en se dissimulant à l'abri de draps en train de sécher : la concentration de bâtiments officiels et de représentations diplomatiques offre une étendue presque nue. Il faut également tenir compte des soldats, plus nombreux à patrouiller, fusil d'assaut en main, et du passage régulier d'hélicoptères.

Pire : aux portes d'accès des toits, sur les corniches, les rebords même, des caméras et des détecteurs de mouvement sécurisent l'espace.

L'Assassin avait dû déployer toute sa ruse pour avancer jusqu'à son objectif sans être repéré. Les informations du Maître lui avaient permis de gagner un temps considérable... que les appareillages de surveillance lui avaient fait largement perdre. À chaque étape, il lui avait fallu balayer la zone du regard, vite mais sans erreur, localiser les détecteurs ou les caméras, les approcher puis les aveugler d'une onde électromagnétique le temps de franchir l'obstacle.

Il calcula qu'il ne pourrait effectuer un tel saut avec son paquetage. Il en retira son fusil de précision, puis posa le sac de matériel sur le toit. Il le récupérerait au retour.

Le soleil brûlait la ville. On était à l'heure la plus chaude de la journée. Mais l'Assassin n'en souffrait pas. Sous sa capuche de coton noir, pas une goutte de sueur n'humectait sa peau de cendre.

Neige, désert, identiques illusions.

Ce que les mortels ignoraient pour la plupart, c'est qu'il suffisait de haïr suffisamment la vie pour faire de son corps un simple instrument. Et lui n'éprouvait aucune pitié pour l'amas de chair et d'os dont il était constitué.

Il sangla l'arme sur son dos, puis recula lentement. À cinq mètres du bord, il s'immobilisa.

Il démarra en petites foulées, avant d'accélérer prodigieusement pour s'élancer dans le vide.

La seconde suivante, il roulait sur le toit du musée Rockefeller.

19

Musée Rockefeller.
Jérusalem.
14 h 16.

– Ces textes ont été collectés par les Esséniens, reprit Ronald Greenwood dans le silence du musée, une secte juive dont je dois peut-être vous dire un mot…

– Vous oubliez que je suis conservatrice au Louvre, le coupa Julie. Je connais les Esséniens.

– Département des antiquités grecques, je sais, compléta le diplomate en désignant des chaises autour de la table de lecture. Votre père ne tarit pas d'éloges sur votre carrière.

La jeune femme fut parcourue d'un frisson de fierté en s'asseyant, un frisson aussitôt parasité par l'angoisse.

Il est en vie.

Je le sais.

Je le sens.

– Ce que vous ignorez sans doute, c'est à quel point les recherches à leur sujet ont progressé ces derniers temps. Les Esséniens avaient pour la plupart déserté Jérusalem, ce qui ne manqua pas d'étonner les historiens : loin du Temple, comment pouvaient-ils adorer l'Éternel ? Les manuscrits nous ont appris qu'ils avaient découvert un secret, un secret terrible détenu jusque-là par le seul Grand Prêtre, l'ancêtre du Pape en quelque sorte, issu de la caste des Sadducéens. Il y a un peu plus de deux mille ans, les Esséniens se réfugièrent dans le désert, à Qumran, où ils fondèrent un monastère surplombant la mer Morte. Ils y vivaient reclus, partageant leur temps entre l'étude, la copie des textes sacrés et les bains rituels. Ils avaient définitivement rompu avec les religieux de la capitale, qu'ils désignent dans leurs manuscrits comme les « hommes de la Fosse »...

– De la « Fosse » ? Pourquoi ?

– Nous avons notre idée, mais... Laissez-moi poursuivre. Les Esséniens ont accueilli et formé de nombreux rabbins, dont le jeune Yéshua, que vous connaissez sous le nom de Jésus. Ils lui révélèrent sans doute leur *secret*. Il en fut profondément ébranlé, mais, après un temps, les quitta, horrifié par leur fanatisme... Leurs rouleaux nous apprennent en effet qu'ils se préparaient tout bonnement à la fin du monde, qui serait scellée par une guerre universelle entre les Fils de la Lumière, c'est-à-dire eux-mêmes, et les Fils des Ténèbres...

– Pardonnez-moi, l'interrompit Daniel, mais en quoi cela concerne-t-il la disparition du père de Julie ?

– Victor Normandy avait entamé la traduction de fragments parmi les centaines encore ignorés des chercheurs. Il avait notamment identifié un texte de première importance. Selon lui, ce rouleau dont il ne subsistait que des lambeaux détaillait la manière dont la vérité devait être enseignée aux initiés dignes de confiance.

– La vérité à quel propos ? demanda Julie.

– J'espérais l'apprendre de vous, répondit Ron en la fixant. Victor avait découvert quelque chose, j'en suis certain... Quelque chose qui aurait dû rester enfoui dans les entrailles de la terre. Malheureusement, le responsable du musée, qui est aussi l'un de nos frères, a eu la faiblesse de le laisser emporter le parchemin. J'en suis donc réduit aux spéculations. Mais je sais que certains excités seraient prêts à tout pour empêcher que ce secret ne refasse surface.

– L'intégralité des manuscrits esséniens a été rendue publique, intervint Daniel. Quel secret peuvent-ils encore recéler ?

– Vous plaisantez, je suppose ! ricana Greenwood. Le public n'a accès qu'à une infime partie de ces rouleaux. Certains sont détenus par les Israéliens. Bien national ! D'autres ont été exfiltrés vers les chambres fortes du Vatican. Quant aux musulmans, ils prétendent n'en avoir strictement aucun en leur possession. Et cette conjuration du silence semble arranger tout le monde, voyez-vous... Victor m'a indiqué ces derniers jours qu'il touchait au but. Nous devions nous voir aujourd'hui même. Il était de plus en plus fébrile. Et...

– Et ? répéta Julie, la gorge nouée.

Le diplomate soupira et passa la main sur ses cheveux.

Daniel hocha la tête avec incrédulité.

Ce type est un illuminé.

Ou bien il se joue de nous.

Greenwood redressa finalement la tête, puis sortit un téléphone à large écran sur lequel il pianota.

– Voici le dernier message de votre père, Julie. Il date d'hier matin.

Il pressa l'icône « haut-parleur » et déposa l'appareil sur la table.

Une voix diminuée, apeurée, s'éleva dans la pièce.

« Ron, je dois vous voir au plus vite. J'ai trouvé. Vous m'entendez, Ron, j'ai trouvé ! Mais le temps presse. Ils sont là ! Ce n'est plus qu'une question d'heures... Rappelez-moi de toute... »

Le message s'interrompait ainsi. Brutalement.

Ils observèrent un long silence. Puis Julie, déglutissant avec peine, reprit la parole :

– Sa voix est étrange. On dirait qu'il n'est plus lui-même.

– Pensez-vous que ce message ait été enregistré avant sa disparition... ou après ? demanda Daniel en cherchant à percer l'expression de Greenwood. Peut-être parlait-il sous la contrainte ?

– Je n'en sais rien, répondit Ron avec un air désolé. Je n'ai pas pris l'appel car j'étais en réunion de préparation pour notre conférence sur la mer Morte. Je n'ai eu de cesse de le joindre par la suite, mais sans succès. J'ai fini par comprendre que ses craintes étaient fondées. Ils l'ont pris.

– « Ils » ? Mais *qui* donc ? s'exclama Julie.

– Je… je ne saurais vous dire, balbutia-t-il.

– C'est une histoire de fous ! Mon père m'attend pour quelques jours de vacances et le voilà qui disparaît subitement, sans laisser la moindre trace ! Je découvre coup sur coup qu'il était maçon, qu'il travaillait sur un secret religieux qui le mettait en danger et…

Elle se pencha au-dessus de la table.

– Mais dites-moi, Ron, quel rapport les travaux archéologiques de mon père avaient-ils au juste avec votre ordre ?

Le maître maçon serra les mâchoires. Puis il quitta lentement sa chaise et se dirigea vers le fond de la pièce où, entre deux pans de la vieille bibliothèque de buis, était accrochée la copie d'un tableau de Nicolas Vleughels datant de la fin du XVIIe siècle. Il contempla la scène qui représentait Jésus, une verge à la main, dispersant les marchands du Temple.

Après quelques secondes, il se retourna vers ses invités.

– Tout a commencé par un meurtre, Julie… Un meurtre commis il y a des siècles et des siècles, alors que le monde n'en était qu'à l'enfance. Le roi Salomon avait reçu de Dieu l'ordre de construire le Temple où Il serait adoré. Le souverain s'adressa au maître Hiram, que la Bible nous décrit comme « rempli de sagesse, d'intelligence et de connaissance ». Les textes saints stipulent dans les moindres détails ce à quoi devait ressembler le divin sanctuaire. On raconte pourtant que Hiram s'entretint longuement avec le roi d'Israël, afin d'apprendre de sa bouche la raison, inconnue des mortels, pour laquelle le Temple devait être bâti en un lieu précis et *nulle part ailleurs.*

Alors que le chantier était proche de son terme et que, dans la partie sainte, les deux piliers Jakin et Boaz étaient érigés, un petit groupe d'ouvriers venus de Chaldée tenta d'arracher son secret à Hiram. Devant son refus de parler, ils l'assassinèrent. Salomon en fut dévasté. Il fit rechercher ses meurtriers, mais en vain : ils s'étaient pour ainsi dire évanouis. Le roi doubla la garde autour du Temple et éleva une nouvelle enceinte. La chronique raconte que sur son lit d'agonie, il était encore rongé par la crainte que l'architecte n'ait révélé le *secret* à des profanes…

Il revint près de la table. Ses yeux se fichèrent dans ceux de Julie.

– Hiram est considéré comme le père fondateur de la maçonnerie. Nous n'avons jamais été en guerre contre Dieu, vous savez… La plupart de nos frères sont du reste profondément croyants. Ils ne se sont jamais élevés que contre les abus de la hiérarchie de l'Église, jamais contre celui qu'ils nomment le Grand Architecte. Dans chaque temple, l'Orient indique l'est, en souvenir de Jérusalem. Dans chaque loge, nos frères se réunissent à l'abri des deux piliers mythiques, Jakin et Boaz. À leur initiation, les jeunes maçons sont adoubés en recevant symboliquement les trois coups fatals à Hiram : l'un à l'épaule, l'autre à la nuque, le dernier au visage. Et l'un de nos plus hauts grades, à l'obtention duquel le maçon se voit dévoiler les secrets de l'ordre, est le grade de Cohen – qui signifie *prêtre* en hébreu. Pour nous aussi, par conséquent, tout a commencé ici…

Daniel ouvrit la bouche mais se ravisa en dévisageant Julie. Elle était proprement captivée.

– Tout est lié depuis l'origine, poursuivit Greenwood. Il y a ici un secret qui nous échappe, un secret qui lie le destin de tous les hommes, chrétiens, juifs, musulmans et maçons confondus. Victor appelait cela « la petite cachotterie de Dieu ».

Quelque chose de dissimulé à l'humanité depuis l'aube des temps, quelque chose qui dépasse l'entendement…

Il ravala sa salive et se tut. Venus du passé, les souvenirs de son initiation le firent vaciller :

« Pourquoi, mon maître, ce cérémonial sinistre, cette chambre noire, ce crâne, ce testament que j'ai dû rédiger avant d'être accepté ? Ne sommes-nous pas des humanistes, fils de la Lumière ? Pourquoi l'eau saumâtre et pourquoi le soufre ?

– Certains secrets ont été perdus, avait soupiré le sage. Mais sache, mon frère, qu'il n'y a nulle lumière sans ténèbres et que nous devons perpétuer coûte que coûte le souvenir de Hiram… »

Ron s'éclaircit la voix, avant de reprendre :

– Tout ramène donc au Temple. Plus exactement au secret de sa construction. Victor avait coutume de résumer cette énigme par une succession de questions…

Comme il marquait à nouveau une pause, Julie le relança :

– Quelles questions ?

– Pourquoi l'islam considère-t-il Jérusalem comme une ville sainte ?

– Parce que le prophète Mahomet y est mort ? hasarda Daniel.

– Non. Il est décédé à La Mecque. Et il n'est venu à Jérusalem qu'en songe. Mais c'est ici, selon la *sira* – le récit de sa vie que la tradition attribue à ses compagnons –, qu'il fut élevé au ciel par l'ange Gabriel, avant de connaître l'épouvante une fois initié… sur le mont du Temple. Les musulmans avaient élu Jérusalem comme destination de leurs prières bien avant La Mecque : c'est vers le Temple qu'ils commencèrent par se prosterner. Ce choix pourrait s'expliquer, bien sûr, par le fait qu'ils vénéraient Jésus – *Issa* dans le Coran – à l'égal de Moïse et des prophètes hébreux.

– Ok. Ils ont donc suivi la voie des chrétiens, s'impatienta Daniel.

– Absolument. D'autant que l'éducation religieuse de Mahomet, avant qu'il ne fonde l'islam, fut assurée par des Arabes chrétiens, les nestoriens, et des Juifs. Mais pourquoi les chrétiens avaient-ils, eux aussi, désigné Jérusalem comme la cité de Dieu ?

– Facile ! fit Daniel avec la rapidité d'un candidat de quizz télévisé. Ils étaient tous juifs : Jésus, sa mère, les apôtres, tous... D'ailleurs, ajouta-t-il, goguenard, tous ignoraient aussi qu'ils étaient sur le point de créer une nouvelle religion, le christianisme.

– Bien vu, approuva Greenwood. Ils ne formaient au départ qu'un groupuscule parmi beaucoup d'autres en ces temps d'effervescence messianique. Pour reprendre le célèbre mot de Voltaire, Jésus est mort comme il était né et tel qu'il avait vécu : en Juif. D'où une nouvelle question : pourquoi les Hébreux ont-ils choisi Jérusalem ?

– Où cela nous mène-t-il ? s'énerva Daniel. Le père de Julie a été probablement kidnappé et nous n'avons aucune idée de l'identité de ses ravisseurs ni de l'endroit où ils le détiennent. Alors, ces discussions savantes...

– Qu'en dit la police ? questionna brusquement Greenwood.

– Nous n'avons pas prévenu la police, avoua Daniel en lorgnant Julie, qui s'abstint de tout commentaire.

– Curieux, fit Greenwood avec une mimique hypocrite. Vous allez pourtant avoir besoin d'aide.

– Nous avons quelques contacts, souffla Julie. Des amis de mon père...

– Le père Tassa, je présume ?

Julie et Daniel échangèrent un regard. Mieux valait ne pas trop en dire pour l'instant.

– En réalité, répondit ce dernier, nous n'avons que son portable et l'historique de ses appels...

– Il faut que vous parliez à ce jeune prêtre, il en sait long, insista Greenwood. Et également à Jennifer Lee, une brillante archéologue proche de votre père. Elle dirige une campagne de fouilles à Massada, la forteresse du roi Hérode sur les bords de la mer Morte. Elle y a même accompli un véritable petit… miracle, ajouta-t-il avec malice. Je vais vous communiquer leurs coordonnées. Mais, de grâce, faites appel à la police !

Un silence pesant vint leur signifier que l'entretien était terminé. Alors que le diplomate se levait, Julie chercha néanmoins à le retenir encore :

– Attendez ! Quelles étaient les autres *devinettes* de mon père ?

20

Musée Rockefeller.
Jérusalem.
Au même instant.

Depuis sa naissance, c'était une évidence, Ariel Cerf était marqué du sceau de la malchance. Il était venu au monde boiteux et la respiration courte. Et en cinquante ans, rien ne lui avait jamais souri dans la vie.

Bien sûr, il aurait pu se réjouir, en ce moment même, alors qu'il était en train de régler l'antenne de relais postée sur le toit du musée Rockefeller, d'avoir été embauché dans un établissement aussi prestigieux sur simple recommandation. Le salaire n'était pas mauvais et le travail peu contraignant. Mais l'homme à tout faire du musée ne savait que ressasser ses malheurs : on le traitait ici comme un moins que rien.

Et encore, si, une fois la journée achevée, il avait pu goûter le réconfort d'un foyer heureux ! Mais non, Rébecca, sa femme acariâtre, longtemps infidèle et dont il avait espéré qu'elle s'assagirait avec le temps, venait de le quitter.

Pour un homme plus vieux !

Il n'avait pas pu avoir de descendance et, à bien y réfléchir, il ne se trouvait aucun talent. Il n'aimait rien, ni le sport qui rapprochait les vieux enfants, ni la musique qui lui cassait les oreilles, ni le commerce de ses semblables dont la conversation l'ennuyait, et encore moins les miroirs qui lui renvoyaient un visage aux bajoues flasques et au regard morne.

La vérité, c'est qu'il vivait son existence en touriste amer.

Son malheur, pensait-il en se penchant sur la fixation de l'antenne, aveuglé par le soleil, avait commencé deux générations plus tôt, lorsque ses ancêtres – deux frères – avaient quitté l'Europe pour fuir les persécutions.

Après le génocide nazi, une plaisanterie voulait que les pessimistes aient fini à Hollywood et les optimistes à Auschwitz.

La bonne blague !

C'était oublier qu'entre le paradis et l'enfer, il existait un purgatoire.

Une branche de sa famille était venue s'établir en Terre sainte, se ruinant pour acquérir quelques arpents ingrats, sans cesse harcelée par une populace que les autorités ottomanes encourageaient dans sa haine des immigrés.

L'autre branche avait prospéré aux États-Unis, au sein d'une nation paisible et tolérante, offrant à ses rejetons la meilleure des éducations. C'est ainsi que son lointain cousin était aujourd'hui, avec Bob Kahn, célébré par la communauté scientifique comme le « père » d'Internet ! À Vinton Cerf, la gloire et la fortune – aux côtés des Jobs, Zuckenberg et Brin, fondateurs d'Apple, de Facebook et de Google… –, quand lui, Ariel Cerf, crachant ses poumons dans la chaleur de ce pays toujours menacé, était agenouillé devant une antenne rouillée dont il ne comprenait pas le fonctionnement.

Non, décidément, une telle malchance relevait de la malédiction.

En replaçant à la verticale la tige de métal chauffée à blanc par le soleil, il se félicita d'avoir coupé le courant avant de monter sur le toit. Avec la multitude des fils dédiés aux systèmes de communication et de surveillance, il n'aurait pas manqué de s'électrocuter. Déveine oblige.

Il pestait encore, quand le conseil de son défunt père résonna dans son esprit : « Ne vois pas toujours tout en noir, mon fils… Le malheur attire le malheur. Souris à la vie et la vie finira par te… »

Un bruit s'était fait entendre sur sa gauche.

Il pivota.

Personne.

Il se détendit et pesta.

Maudits chats !

Il se remit au travail mais crut aussitôt apercevoir une silhouette se faufilant sur sa droite.

En un instant, fouetté par la peur, il fut debout, la main sur son étui de revolver. Il se mordit les lèvres : il avait encore laissé l'arme dans sa loge au rez-de-chaussée…

L'instant suivant, il discerna une ombre fondant sur lui à contre-jour.

L'instant d'après, il était mort.

21

Musée Rockefeller.
Jérusalem.
14 h 27.

Greenwood reprit place à la table, l'air satisfait. Il posa ses mains à plat et adressa un sourire benoît à Julie. Son expression était sans équivoque.

Donnant-donnant.

– Bien. Allons jusqu'au bout... Mais ensuite, Julie, ce sera à vous de m'apprendre ce que je veux savoir. Je n'imagine pas que le professeur Normandy ait dissimulé ses recherches d'archéologue à sa propre fille. Je vous demande de bien y réfléchir : vous ne pouvez plus faire cavalier seul dans cette affaire. Il en va de la survie de Victor.

– On a essayé de nous tuer ce matin quand nous étions à l'appartement de papa...

– L'appartement était dévasté, enchaîna à contrecœur Daniel. Ceux qui ont fait cela n'étaient pas de simples voleurs : ils n'ont pas touché à l'argent. Ce sont des pros. L'un d'entre eux nous est tombé dessus alors que nous inspections les lieux. Nous l'avons échappé belle.

– Avez-vous pu l'identifier ? demanda Ronald.

– Son visage était dissimulé par une capuche de survêtement. Mais il avait un accent anglais curieux. Pas d'ici. Ni européen.

Ronald Greenwood expira longuement.

– Ceux qui sont à vos trousses sont des adversaires redoutables. Vous n'avez pas idée de ce dont ils sont capables. Il va falloir nous serrer les coudes, croyez-moi. Et arrêter de nous méfier les uns des autres ! Vous avez encore quelques minutes pour vous décider. Mais n'oubliez pas que Victor Normandy est aussi mon ami. Et que ses découvertes sont vitales pour mon ordre ainsi que pour l'ensemble du...

D'un geste de la main, il leur fit comprendre qu'il reviendrait plus tard sur ce sujet.

– Où en étions-nous ? Ah, oui... la chaîne qui unit les trois grandes religions. Or donc, les musulmans ont imité les chrétiens, qui eux-mêmes avaient suivi leurs prédécesseurs juifs. Ce qui ne nous éclaire guère sur le choix de ces derniers : pourquoi Jérusalem ?

– Parce que là se tenait la maison de l'Éternel, répondit mécaniquement Daniel.

– Et pourquoi le Temple fut-il érigé à cet emplacement ? Le Temple... ou plutôt les temples, devrais-je dire, puisque le second fut rebâti exactement au même endroit après que le premier eut été rasé par le conquérant babylonien Nabuchodonosor en 586 avant notre ère.

– Nous allons remonter comme ça jusqu'aux dinosaures ? soupira Daniel.

Le maître maçon joignit les mains et lui décocha un regard réprobateur.

– Je vois, Julie, que votre ami est impatient de clore notre discussion. Soit. Le temps nous est compté : allons par conséquent à l'essentiel. Le Temple, où devait reposer l'Arche d'Alliance contenant les Dix Commandements, a été élevé à un emplacement très précis. Cet endroit est le mont Moriah. Ce nom vous dit-il quelque chose ?

Julie hocha la tête en signe d'ignorance.

– C'est le lieu où, d'après les Écritures, Dieu commanda à Abraham, fondateur du monothéisme, de sacrifier son fils Isaac. Un fils que le Patriarche n'espérait plus, qu'il eut fort tardivement, nous apprend la Bible, et qu'il chérissait plus que tout. L'Éternel voulait ainsi éprouver sa foi. À l'ultime instant, alors qu'Abraham, baigné de larmes, levait le poignard du sacrifice au-dessus de son fils tremblant, l'Ange retint son bras.

Il passa la main sur son front.

– La question est donc de savoir pourquoi c'est en cet endroit que le Tout-Puissant a désiré qu'un tel sacrifice, acte d'amour inouï, soit accompli en Son nom ? Que s'est-il passé sur le mont du Temple, bien avant que l'homme n'y paraisse, pour que le Seigneur veuille ainsi le sanctifier ? Pourquoi ce lieu a-t-il pris une importance qu'aucun autre au monde – je dis bien : aucun autre ! – n'a jamais eu dans l'histoire de l'humanité ? Voilà ce que Victor pensait être sur le point de découvrir, Julie... Alors, si vous savez quelque chose, si votre père vous a fait la moindre révélation à ce sujet, martela-t-il d'une voix devenue impérieuse, c'est maintenant qu'il faut parler, ma petite ! Maintenant !

Daniel frappa la table du poing.

– Ça suffit ! Ces élucubrations ne nous aideront pas à retrouver le professeur Normandy avant que...

Il se radoucit aussi vite qu'il s'était emporté.

– Vous avez évoqué deux de ses relations. Pourriez-vous nous donner un moyen de les joindre ?

Le maître maçon resta coi.

Ainsi, ils ignorent jusqu'à l'existence de la Porte...

Quelques secondes s'écoulèrent, puis il acquiesça en silence.

Tant pis.

– Accordez-moi cinq minutes, dit-il, je reviens avec leurs coordonnées.

Daniel se rapprocha de Julie, dont le regard flottait dans le vide. Il la serra dans ses bras, tandis que Greenwood sortait.

La porte refermée, ils entendirent distinctement le bruit d'une serrure qu'on verrouillait.

22

Musée Rockefeller.
Jérusalem.
Au même moment.

La tentation était grande. Elle était légitime aussi : si le meurtre est un art, pourquoi ne pas signer ses œuvres ?

Après avoir fait rouler le cadavre du gardien derrière l'un des murets attenant au dôme blanc qui coiffait le musée, l'Assassin s'accroupit auprès de sa victime et la prit par la tête pour admirer son travail.

Sous l'effet du choc, qui avait brisé net les vertèbres, les nerfs optiques s'étaient bloqués et les yeux exorbités du malheureux regardaient dans des directions opposées. La langue, sectionnée par le claquement des mâchoires, pendait le long des bajoues couvertes de bave et de sang.

Agrippant les oreilles du trépassé, il acheva de disloquer ses vertèbres par une violente rotation. Le visage du gardien grimaçait à présent au-dessus de son dos.

À la peur, ajouter l'effroi.

Satisfait, l'Assassin se détourna et s'approcha du dôme. À travers l'une des meurtrières, il aperçut sa cible.

Elle était là, quelques mètres plus bas, blottie dans les bras de celui qui avait osé le blesser.

Ils lui avaient échappé dans l'ascenseur de la tour. Mais là, à cette distance, ils n'avaient pas la moindre chance. Dans quelques secondes, leurs têtes s'éparpilleraient sur le sol comme des pastèques trop mûres.

Il posa un genou à terre et, tel un archer, s'empara de l'arme sanglée en travers de son dos.

Un Steyr SS G9 modifié. Poignée sciée, lunette optique à visée laser, munitions customisées.

Des balles forgées sur mesure, introuvables dans les armureries, inconnues des banques de données militaires. Leur base était banale : des balles à explosion. Mais entre les mains des orfèvres d'Alamut, elles étaient devenues bien plus que des projectiles.

Des démons de métal.

Taillées de manière à vriller, une fois l'épiderme percé, elles perforaient l'organisme en suivant un mouvement giratoire, avant de libérer des milliers de particules de laiton contaminées au centre nucléaire iranien de Natanz.

Une constellation d'infimes bombes atomiques, voilà ce qui allait pulvériser ces deux chiens.

Il n'avait pu capturer la fille ?

Il n'avait pu s'occuper d'elle selon ses propres méthodes ?

Ses narines se dilatèrent sous l'effet de la haine.

D'un geste, il anéantirait son corps et le siège de son âme.

Il s'allongea et engagea lentement le canon dans l'une des ouvertures du dôme.

23

Musée Rockefeller.
Jérusalem.
14 h 35.

Daniel s'acharnait en vain sur la poignée, qui restait obstinément bloquée. Son épaule en guise de bélier, il heurta à trois reprises la porte en chêne massif, laquelle ne bougea pas d'un pouce.

Après plusieurs tentatives infructueuses, il se tourna vers Julie.

– Nous sommes coincés.

Sortie de sa torpeur, Julie explorait les recoins de la salle afin de trouver une issue. À la gauche des bibliothèques, enchâssée dans les boiseries, elle vit une porte dénuée de serrure. Elle l'ouvrit.

Un placard à balais où s'entassaient chiffons et produits ménagers.

Un peu plus loin sur la droite, sous une signalisation d'évacuation, elle aperçut une autre porte, en métal celle-ci. Longeant les rayonnages, elle passa sous le tableau où Jésus dispersait les marchands du Temple, mais arrivée face à la porte, elle dut se rendre à l'évidence : elle était verrouillée. Et blindée.

La salle des incunables, songea-t-elle.

Daniel fixait le plafond de la coupole. À une dizaine de mètres du sol, il était inatteignable : les murs n'offraient aucune prise et les fenêtres qui dispensaient une faible luminosité auraient tout juste permis à un chat de se faufiler.

Il n'y avait pas non plus d'espoir de ce côté-là.

Le piège parfait.

Il se rassirent côte à côte sur un coin de la table de lecture.

– Il ne reste que la police, conclut à regret Daniel en sortant son téléphone portable.

– Je ne comprends pas, dit Julie alors qu'il composait un numéro. Pourquoi Greenwood, qui est un ami de mon père, fait-il cela ?

– Qui vous dit qu'il ne ment pas ? Nous n'avons aucune preuve qu'il soit *vraiment* l'ami de votre père. Vous aurez remarqué qu'il n'a qu'une obsession : vous faire parler. Comme notre agresseur de ce matin, il doit penser que vous savez quelque chose, Julie. Et que vous le cachez à tout le monde...

– Vous n'allez pas vous y mettre, vous aussi ! répondit-elle en levant les yeux au ciel. Si je détenais la moindre information susceptible d'aider à retrouver mon père, je la livrerais sur-le-champ ! Tenez, je vous donne le code de ma Mastercard : ça suffira comme preuve de ma bonne foi !?

Daniel, son portable en main, fronça les sourcils.

– Il n'y a pas de réseau.

– Gardons notre calme et récapitulons. Mon père a disparu après avoir été cambriolé. Un fou furieux transforme son immeuble en gruyère en tentant de nous trucider. Un ami rabbin appelle sur son portable, tremblant comme une feuille : selon lui, mon père est en danger. Puis c'est au tour d'un autre « ami », fonctionnaire de l'ONU et franc-maçon, de nous joindre afin de nous attirer ici. Il nous relate en long et en large l'histoire du Temple de Jérusalem, avec en *guest stars* Jésus, Abraham, Mahomet et un dénommé Hiram, fondateur de la franc-maçonnerie. Puis il insiste pour que je lui fasse part de ce que mon père m'aurait confié avant d'être enlevé. Frustré, il se lève et nous enferme ici. Dans quel but : nous priver de goûter ?

– Pour nous faire mijoter, répondit Daniel. Vous devez détenir, sans peut-être même le savoir, une information qu'il veut à tout prix. Son cours magistral sur l'origine commune des religions n'est qu'un écran de fumée. Il y a autre chose là-dessous… Peut-être bien lié au Temple, après tout.

– Comment cela ?

– Depuis la renaissance de l'État d'Israël, le pouvoir des religieux n'a jamais été aussi grand que ces dernières années, expliqua Daniel. Jadis, le pays était dirigé par des laïcs, certains croyaient au collectivisme du kibboutz, d'autres au capitalisme à l'occidentale, mais tous reléguaient Dieu à la synagogue. La génération des fondateurs sortait des camps nazis, autant vous dire que la bienveillante protection de l'Éternel, ils ne tablaient pas trop dessus ! Mais le temps a passé, la population a changé. Certes, les médias montrent les Gay Pride et les filles *topless* des plages de Tel-Aviv, mais le poids démographique des religieux s'est accru au point de déstabiliser l'équilibre de la société.

– Et alors ? Ils n'en sont tout de même pas au point de former des kamikazes, eux aussi… ?

– Non, bien sûr, rien n'est plus étranger à la culture juive que ce genre de violence. Vous imaginez des mères juives ceinturant leurs bambins d'explosifs avant de les lâcher au milieu d'une foule innocente ? Même si l'une des ouailles d'un rabbin extrémiste a assassiné Rabin, en 1995, le danger ne vient pas de là, non… Le danger, Julie, c'est le *troisième* Temple.

24

Musée Rockefeller.
Jérusalem.
Au même instant.

Son corps, en apnée, n'était plus qu'une extension de sa volonté. Plus rien n'existait que sa cible, son doigt sur la détente et l'œil collé à la lunette.

L'Assassin parcourait la nuque de Julie, faisant glisser la mire rouge du laser. Il remonta jusqu'à l'oreille.

Il avait le choix.

Viser le tympan, c'était l'assurance d'emporter toute la boîte crânienne.

Viser la nuque, c'était prendre le risque infime de ne pas tuer la cible ; c'était aussi la possibilité assez réjouissante de la décapiter d'une première salve. La tête voltigeant, il pourrait la shooter d'une deuxième balle. Il n'y avait là aucune difficulté pour un tireur émérite comme lui.

L'Assassin ferma les yeux une fraction de seconde.

La mission devait primer sur le plaisir.

Le passeport de la fille était en sa possession depuis leur accrochage de la tour Dizengoff. Une fois les fugitifs disparus dans un taxi, il était remonté en trombe dans l'appartement – et, curieusement, le portier n'avait cette fois-ci émis aucune objection. Il avait éventré le sac et trouvé le document d'identité.

Ensuite le Maître l'avait informé de leur départ pour Jérusalem.

Quelques heures seulement le séparaient du moment où il devrait ouvrir la *Porte.* Il calcula qu'il n'aurait jamais le temps de leur tendre un nouveau piège et de mettre la main sur la fille de l'archéologue.

Restait donc à l'abattre.

À l'abattre sans se faire prendre.

Il ne se souciait guère de la police : se retrouver au commissariat n'aurait représenté un danger mortel que pour les fonctionnaires imprudents, ainsi qu'en avaient fait l'expérience dix-sept officiers au poste central de Bassora, en Irak, l'année précédente. Une boucherie mémorable.

Être abattu, il ne le redoutait pas davantage.

Ce qu'il ne pouvait se permettre, en revanche, c'était de perdre du temps. C'était à lui, et à lui seul, qu'il incombait d'accomplir la prophétie.

Là où il devait aller, le Maître lui-même n'aurait pu le remplacer. Et il gageait qu'aucun mortel n'aurait le cran, le moment venu, de faire ce qu'il avait à faire.

Sa décision était donc prise.

Il rouvrit les yeux.

Julie n'avait pas bougé.

Son doigt s'arrondit sur la gâchette.

25

Musée Rockefeller.
Jérusalem.
14 h 40.

Julie écarquillait les yeux en écoutant Daniel, oubliant presque qu'ils étaient dans une souricière.

– J'ai dû rater un épisode : il y a un *troisième* Temple ?

– Pas encore, Julie, pas encore !

– Eh bien alors ?

– De plus en plus de religieux exigent que l'on reconstruise le sanctuaire. Le problème, c'est qu'au moment de la colonisation musulmane, le mont du Temple a été réaménagé en esplanade où furent édifiées deux mosquées : l'une au dôme doré qui figure sur toutes les cartes postales, à la place du Saint des Saints, et l'autre, Al-Aqsa, qui commémore le voyage nocturne du prophète Mahomet.

– Et il faudrait les raser pour rebâtir le Temple…

– Ou les déplacer pierre par pierre, ainsi qu'on l'a fait partout dans le monde quand des monuments se trouvaient aux abords d'un nouveau barrage ou sur le tracé d'une autoroute. Mais rien n'est simple dans cette ville gorgée de haines. Aucun accord ne sera jamais trouvé, ce serait l'embrasement général. La guerre !

– Et donc ?

– Et donc, le gouvernement israélien comme l'Autorité palestinienne se gardent bien de déroger au statu quo en vigueur :

aux musulmans, l'esplanade ; aux juifs, le mur des Lamentations et ses souterrains...

– Ok. Je comprends mieux. Mais en quoi cela nous concerne-t-il ?

– Ronald Greenwood est citoyen américain, membre éminent des Nations unies et franc-maçon. C'est un homme de pouvoir. Il travaille vraisemblablement pour les services américains, lesquels n'ont pas envie, mais pas du tout envie, de voir la poudrière sauter à cause de quelques vieilles pierres éboulées depuis l'an 70 !

– Ronald a dit que le Temple avait été arasé au VIe siècle avant Jésus-Christ...

– Le Temple de Salomon, oui. Mais il fut relevé. Ce sont les Romains qui le détruisirent une seconde fois, au début de notre ère. Excédés par les révoltes juives et se sentant impuissants à mater ce petit peuple, ils décidèrent tout bonnement de l'effacer de la surface de la terre.

– Déjà...

– Oui, déjà. Ils démolirent le Temple, pillèrent son trésor, dont la légende veut qu'il ait servi à financer le Colisée de Rome, dispersèrent les prêtres, massacrèrent autant de Juifs qu'ils le purent – on parle d'un quart de la population passé au fil de l'épée ! – et déportèrent les élites sur tout le pourtour du Bassin méditerranéen. Dans leur rage, imitant les pharaons, ils ordonnèrent que le nom d'Israël soit effacé des mémoires et rebaptisèrent le royaume... Palestine.

– Décidément, le passé a la vie dure ici..., souffla Julie.

– On dit d'Israël que c'est un pays avec trop d'histoire pour, hélas, trop peu de géographie.

– D'après vous, mon père aurait donc fait une découverte susceptible de briser l'accord tacite entre les religions au sujet du mont du Temple ?

– C'est probable. Greenwood nous égare avec ses tirades ésotériques. Ce qui le préoccupe, c'est bien plus certainement l'aspect politique de cette affaire. J'ignore s'il est vraiment proche de votre père, mais je suis certain d'une chose...

Daniel s'interrompit.

Des bruits de pas claquèrent sur le sol dallé, derrière la porte. Un déclic précéda son ouverture.

Greenwood entra, le visage avenant, un papier à la main.

– Voici ce que je vous avais promis, leur déclara-t-il.

Daniel lui sauta dessus et l'empoigna par le col, ignorant le garde du corps qui venait à sa suite et dégainait son arme.

– Pourquoi nous avez-vous enfermés ici !?

– Tout doux, jeune homme, tout doux..., répondit le diplomate sans manifester le moindre trouble.

Il se dégagea de l'emprise de Daniel et de sa main libre fit signe à son escorte de ranger son Magnum et de les laisser seuls.

– Savez-vous à quoi sert cette petite chose ? demanda-t-il ironiquement en exhibant un badge magnétique sous le nez de Daniel. Toutes les portes du musée, y compris celle qui ouvre cette salle par laquelle on accède au sous-sol où sont conservés les trésors de la collection, sont dotées d'un système de fermeture automatique. Je sors, la porte se verrouille. Clic ! Pour entrer, je dois user de ce sésame. Re-clic. Ok ?

Confus, Daniel rebroussa chemin en marmottant des excuses.

L'air amusé par l'incident, Ronald s'adressa à Julie :

– Voici les coordonnées de Jennifer Lee et de Mario Tassa. Tâchez de les joindre au plus vite. Lee est à Massada. Je n'ai que son numéro de portable et au sommet de la forteresse, située en plein désert, le réseau n'est pas fameux...

– Ici non plus, contre-attaqua piteusement Daniel.

– C'est vrai. Un problème d'antenne émettrice, m'a-t-on dit. Cela devrait être réglé sous peu. Contactez également le père Tassa. Il était en relation permanente avec le professeur Normandy ces derniers jours. Tassa est le représentant du Pape auprès du Saint-Sépulcre.

– Manquait plus que le Pape ! fit Daniel.

– En effet, cher ami, répondit sèchement Greenwood. Vous découvrirez bien assez tôt qu'il y a encore beaucoup d'autres puissances intéressées par le sort du père de Julie. Appelez-le et rendez-vous sur place… dès que vous serez en mesure de le faire.

– Nous avons quelqu'un d'autre à voir d'abord, l'informa Julie en tendant la main pour se saisir du papier.

– Qui donc ? demanda Greenwood en éloignant légèrement la feuille où étaient inscrits les numéros de portable.

Julie garda le silence.

– Je déplore que vous ne me fassiez toujours pas confiance. Je vous laisse encore une chance. Mais pour cela vous devez me convaincre que vous collaborerez avec moi.

D'un mouvement délicat, Julie prit le document et dit d'une voix suave :

– Je n'ai rien de plus à déclarer, inspecteur…

– Une dernière fois, Julie : votre père a-t-il fait la moindre allusion à quelque chose qui ferait sens à vos yeux, maintenant que vous savez de quoi il retourne ? À quelque chose ou plus certainement à un… *endroit* ?

Julie n'eut pas le temps de répéter qu'elle n'en savait pas davantage.

Le hurlement des sirènes de police déchirait le ciel de Jérusalem.

26

Musée Rockefeller.
Jérusalem.
Au même moment.

La rage l'électrisa de part en part.

La police encerclait le bâtiment dans un vacarme assourdissant.

Il ne pouvait prendre le moindre risque d'être capturé ou tué. Ni même ralenti.

S'il tirait, ils investiraient le toit aussitôt. Et, quoiqu'il détestât les Hébreux, il ne les sous-estimait pas.

Elle lui échapperait donc une fois encore.

Cette chienne est protégée par son maudit Dieu !

L'Assassin quitta la meurtrière, roula sur le côté et démonta en un tour de main son arme, avant de la replacer dans sa poche dorsale. Puis il s'aplatit et cessa de respirer.

La mission avant tout.

Il détenait la *Clé*, et cette nuit, il allait changer la marche de l'Histoire.

27

Musée Rockefeller.
Jérusalem.
14 h 47.

Ils s'engouffrèrent à dix dans la salle, en un tourbillon qui fleurait le cuir et le sable.

Dix policiers aux apparences de militaires, dans ce pays de toute éternité en guerre, bardés de kaki, godillots claquants et matraque en main.

Le temps d'un souffle, ils s'étaient postés à distance autour de Daniel et de Julie.

Un onzième policier, plus vieux, moins athlétique aussi, entra et se dirigea vers Ronald Greenwood. Il échangea avec ce dernier quelques mots à voix basse, hocha la tête, puis jeta un regard neutre à Julie et à son compagnon. D'un geste de la main, il leur demanda de rester à leur place et d'attendre.

– C'est curieux, murmura Julie, on les dirait plus embêtés qu'autre chose.

Daniel ne prit pas la peine de répondre. Il demeurait raide, le visage fermé.

Le talkie-walkie du chef de la troupe policière grésilla. Il s'en empara, actionna le mode silencieux et écouta. Une fois la communication achevée, il consentit à s'approcher des deux jeunes gens.

– Restez assis, s'il vous plaît. Quelqu'un vient pour vous.

Julie s'effondra sur une chaise. Elle balançait entre l'accablement d'être désormais entre les mains de la police qui, si Daniel avait vu juste, les immobiliserait plusieurs heures, leur faisant perdre un temps précieux dans leurs recherches, entre l'accablement, donc, et une certaine forme de soulagement : après tout, la traque des criminels était leur métier. Ils pourraient mettre en œuvre de vastes moyens pour retrouver les ravisseurs du professeur Normandy.

Et ils étaient armés, eux.

Elle leva la tête et constata avec stupeur que Daniel avait refusé de s'asseoir. Il serrait les dents et les poings, le visage blême. Elle lui tapota le bras.

Il se pencha alors vers elle.

– Julie, je dois vous dire quelque chose…

C'est à cet instant que Mickaël, le bras droit du Colonel, pénétra à petites foulées dans les lieux et décocha un sourire ironique dans leur direction.

Il s'immobilisa devant Greenwood et le capitaine de l'équipe. Il avait l'air parfaitement décontracté dans sa tenue *casual* – jean de designer, t-shirt à l'effigie de Mandela et lunettes remontées en serre-tête. Et d'horribles Crocs jaunes aux pieds, contribution à la mode certainement la plus catastrophique du génie juif depuis les six derniers millénaires.

Après avoir écouté ce que lui chuchotait Greenwood, il donna ses instructions : les policiers quittèrent tous l'endroit en silence.

Puis Mike se dirigea vers Julie, ignorant Daniel, et d'une voix amicale s'adressa à elle dans un français impeccable :

– Désolé pour cette… manifestation de force, mademoiselle. Je suis le capitaine Sasson, Mickaël Sasson. J'imagine que vous devez être très inquiète au sujet de votre père.

– Comment savez-vous ? bredouilla Julie.

– Nous sommes sur les traces du professeur Normandy depuis sa disparition. C'est pour nous une question de sécurité nationale. Mon supérieur vous expliquera.

Il n'avait pas daigné poser le regard sur Daniel, qui restait figé.

– Je vais maintenant vous demander de m'accompagner...

– Vous nous arrêtez ? interrogea Julie.

– Non. Enfin... pour une heure, tout au plus. Nous souhaitons vous informer de quelques éléments, obtenir de vous quelques précisions... Et nous assurer que vous agirez en concertation avec nos services dans les heures qui viennent. Ce sera crucial pour retrouver votre père.

– D'accord, répondit-elle en se levant.

– Et je ne vous félicite pas ! ajouta-t-il d'un ton enjoué.

– C'est vrai, je... je suis désolée, nous aurions dû vous prévenir dès ce matin.

– C'est certain ! la réprimanda-t-il, toujours aussi détendu. Mais ce n'est pas pour cette décision-là que je vous blâme, mademoiselle...

Debout, face à Mike, Julie restait interdite.

D'un mouvement du menton, et toujours sans le regarder, il indiqua Daniel.

– ... mais plutôt pour le choix de votre compagnon. Savez-vous, Julie, que depuis ce matin vous faites équipe avec l'homme le plus redoutable du pays ?

28

Oliveraie de Gethsémani.
Jérusalem.
Vingt siècles auparavant.

La lune était pleine.

Il faisait clair comme en plein jour. Et pourtant les ténèbres investissaient la cité.

Il s'appuya d'une main sur un rocher afin de poursuivre son ascension vers les hauts jardins plantés d'oliviers, en contrefort de Jérusalem. Ses pieds étaient fatigués par les marches incessantes qu'il s'était infligées ces derniers mois. Ses mains, ses belles mains d'artisan qui avaient façonné tant de meubles et de coques de bateaux étaient écorchées et couvertes de croûtes où le sang se mêlait à la terre.

Il continua à gravir la ravine que le cours du Cédron, fleuve désormais exténué, avait jadis creusée entre le mont du Temple et les oliveraies de l'est.

L'une de ses sandales de cuir se défit quand son pied dérapa, une nouvelle fois, sur la terre sèche et friable de la colline. Il n'avait pas pris la voie la plus aisée, mais il ne pouvait emprunter les chemins habituels : les Romains étaient partout.

À mi-parcours, il aperçut Samuel, son jeune neveu, qui allait et venait au sommet entre les oliviers géants, un bâton de berger si grand en main qu'on l'aurait dit armé d'une lance.

Mon moineau, sourit l'homme dans la nuit, en redressant son long corps.

Une brise inattendue vint caresser sa chevelure poussiéreuse. Il sourit à nouveau en lui-même.

Pour cela aussi, je Te remercie, Père.

Quand il vit la haute silhouette s'agripper aux racines noueuses des arbres, Samuel poussa un pépiement de joie et courut vers l'homme.

– Oh ! Tu es là, Seigneur ! J'ai eu tellement peur : les étrangers sont partout avec leurs méchantes épées !

L'homme frotta lentement ses mains pour se défaire de la terre et des herbes mortes. Puis il passa ses doigts dans les cheveux de l'enfant, que la clarté lunaire illuminait tel un ange.

– Combien de fois t'ai-je dit de ne point me nommer ainsi ? lui dit-il d'une voix emplie de douceur.

– Mais tu sais bien, répondit Samuel, tous disent que tu es le fils de…

– Eh bien, tous se trompent ! Et tous devraient écouter davantage nos anciens : le Livre n'enseigne-t-il pas que tous les enfants d'Israël sont enfants de l'Éternel, béni soit-Il ? Il est à tous notre père, Samuel. Mais voyons, petit rusé, que caches-tu dans ta besace ?

Le visage du jeune berger s'éclaira de joie. Il plaqua d'autorité son grand bâton dans les mains de l'homme et fouilla dans sa sacoche en peau.

– J'ai des olives au piment, un gros morceau de fromage de brebis bien salé comme tu l'aimes, une miche de pain à l'huile et…

– Et ? demanda l'homme sur le ton du jeu.

– Et des figues rôties au miel !

– Grâces soient rendues à ta mère ! Viens, Samuel, allons nous asseoir sur le tronc de l'un de nos vieux frères abattu.

Les prières ne lui furent d'aucun secours : le ciel demeurait silencieux.

Il avait bien compris l'*ordre*. Il l'avait accepté.

Mais livrer l'homme qu'il aimait par-dessus tout…

Il se découvrit le visage, puis plongea les mains dans la vasque d'argile remplie d'eau pure.

C'était à lui, le disciple favori, le plus fidèle d'entre tous, qu'il revenait de sacrifier l'amour de sa vie. Son maître et seigneur.

« Notre peuple s'égare en haïssant les Romains, avait-il dit.

– Ils sont les légions du Mal, Seigneur !

– Mais pas le Mal lui-même, Judas. Ils ne sont que des hommes… Notre combat doit se porter ailleurs. Notre arme ne saurait être celle des Zélotes. Notre seule force doit être la bonté…

– Que vas-tu faire ?

– Offrir aux hommes la plus grande preuve d'amour qui soit. Te souviens-tu d'Abraham ? Il guidera mes pas. Ce soir, tu mèneras les soldats aux jardins de Gethsémani. Je vous y attendrai. »

Il médita encore un instant. Enfin, les genoux tremblants, il sortit de sa modeste maison de terre battue. Au loin, la clameur d'une fête romaine emplissait la nuit.

Il se perdit en elle.

– Dis donc ! Tu manges la croûte et me donnes toute la pâte !

– Pour t'être agréable, Seigneur…

Un froncement de sourcils lui fit aussitôt regretter d'avoir une fois nouvelle blasphémé.

– Oui, oui, je sais ! Il n'y a qu'un Seigneur et il ne foule pas le sol sous une apparence humaine…, soupira le gamin.

– Tu vois que tu retiens ce qu'on te dit, plaisanta l'homme en lui bourrant doucement les flancs. À présent, Samuel, laisse-moi te parler comme à un homme.

Le petit berger écarquilla les yeux. L'homme avala avec gourmandise une figue luisante de miel. Une fois qu'il l'eut savourée, il passa sa manche sur sa bouche, puis inspira une goulée d'air.

– L'homme que tu vois ce soir, je te le dis, tu ne le verras plus.

– Oh ! non..., commença à sangloter le petit Hébreu.

L'homme passa tendrement la main sur sa joue.

– Dans la demeure du Père, béni soit-Il, nous nous retrouverons. Tu sais ce que j'attends de toi ce soir, n'est-ce pas ?

– Oui, Sei... Heu, oui, oui !

– Bien, mon fils, dit-il en plongeant la main dans l'unique poche de sa tunique crasseuse. Tiens.

L'enfant reçut comme un trésor une lanière de cuir nouée que l'homme déposa dans ses paumes.

– Retourne chez nos frères de la mer Morte. Tu donneras cela au chef de la communauté de Qumran. À lui et à personne d'autre.

Samuel acquiesça avec le sérieux d'une estafette.

– Tu lui diras qu'ils avaient raison. Mais que notre peuple n'est pas prêt. Ou n'a plus la force, je ne sais...

Il ferma les yeux.

Quand il les rouvrit, le jeune berger pleurait en silence.

– Que va-t-il se passer ?

– Rien de grave, joli moineau... Allons ! Que t'ai-je appris ?

– À ne jamais laisser la peur entrer dans mon petit ventre.

– Sans quoi ?

– Sans quoi j'ouvre une porte aux démons ! glapit l'enfant.

– Bien, Samuel, bien... Maintenant, file ! Si tu veux parcourir la plus grande partie du chemin cette nuit, il n'y a pas un instant à perdre, ajouta-t-il en déposant un baiser sur son front. Va !

Samuel se leva et embrassa la main de l'homme.

Puis, sans se retourner, fidèle à sa promesse, il disparut dans la nuit.

Sur le mont du Temple qui faisait face aux jardins, la fête battait son plein. Le procurateur avait invité les notables romains, juifs, grecs et de bien d'autres nations à festoyer sous les colonnades érigées à la gauche du sanctuaire. Outrée de cette nouvelle profanation, la ville entière était tapie de colère dans l'obscurité. Seul le mont était illuminé. À l'autre extrémité de l'esplanade, au nord du Saint des Saints, les flambeaux de la forteresse Antonia rappelaient à tous la présence d'une garnison de soldats dont la férocité n'était plus à démontrer.

L'homme, toujours assis sur l'un des oliviers immenses et torsadés, contempla les arbres argentés qui bruissaient sous la lune.

Il avait fait son *choix*.

Comme le père de ses pères, il offrirait à la postérité un sacrifice si inouï que les générations futures ne l'oublieraient jamais.

Un nuage assombrit l'astre nocturne.

Il se releva avec une grande lassitude.

– Si Tu veux éloigner cette coupe, Père…

Entre ses jambes, une vipère – à moins que ce ne fût une jeune pousse… – sembla frémir. Il l'écrasa violemment, s'étonnant presque de son geste.

– Qu'il en soit selon Ta volonté, soupira-t-il.

Il fixa le chemin qui serpentait depuis la vallée jusqu'au domaine de Gethsémani. Nul ne venait encore.

L'attente lui était insoutenable.

Mais en lui l'amour avait terrassé la peur. Il avait fait son *choix*.

Il leva les mains pour les regarder une dernière fois. Puis les bras. Et cette peau et ces muscles dont il était constitué.

Il eut pitié de la créature qu'il était. De la créature qu'il allait sacrifier.

En rejetant toute forme de crainte, cette route ouverte au *Satan*, il allait les pousser dans les derniers retranchements de leur humanité, il le savait. Quand ils mesureraient son refus de s'incliner devant la violence – et d'y répondre par la violence… –, ils sombreraient comme tous leurs semblables dans les abîmes de la cruauté. Ils deviendraient telles des bêtes.

Il songea à Judas, qui se sacrifierait aussi à sa façon en cette nuit terrible, et les larmes vinrent troubler son regard.

Bientôt, ils le condamneraient, l'insulteraient, lui feraient une robe de leurs crachats.

Puis viendraient les coups.

Dans une trouée de sa conscience, il vit sa mère, gisant à ses pieds, maculée de son sang – un frisson parcourut son corps fourbu.

Mais ainsi en avait-il décidé.

Quand ils auraient fini de s'acharner sur lui, espérant de sa part un geste ou un mot justifiant leur débauche de violence, quand ils auraient fait de son corps, sorti du ventre de la femme, un amas de chairs meurtries, quand ils l'auraient mené au seuil de la mort de la façon la plus abjecte, alors…

Alors, il leur répondrait d'un sourire d'amour.

Alors, il leur pardonnerait.

Alors, l'Adversaire serait à nouveau défait.

29

Quartier nord.
Jérusalem.
14 h 58.

– Je vous en propose un ?

Contorsionné sur le siège du passager avant, ceinture détachée et sourire aux lèvres, Mike leur tendait un sachet de Bazooka, le chewing-gum le plus célèbre du pays.

D'un petit sourire crispé, Julie déclina l'offre. Daniel, concentré sur les embouteillages, ne répondit pas. Mickaël soupira et se retourna. Il lança un CD de Gotan Project, dont le rythme lancinant s'accorda immédiatement à la chaleur émolliente.

La voiture avançait au ralenti au carrefour du haut de la rue Saladin, près du Tombeau des Rois, non loin du prestigieux hôtel American Colony. Le chauffeur, un gradé tondu à la face de boxeur, tapotait nerveusement sur le volant.

La situation est étrange, pensa Julie.

Ils se retrouvaient contre leur gré dans cette voiture banalisée à suivre un officier israélien, qui ne leur demandait nullement leur avis et pourtant… Et pourtant, il n'était ni armé ni menaçant. Les portières de la voiture n'avaient pas été verrouillées et, plus intriguant encore, il s'était installé à l'avant sans attendre que Daniel ne fût entré dans la voiture. Sur le chemin déjà, en sortant du musée, ils avaient avancé sans être réellement encadrés – Dan et Mike, curieusement synchronisés, marchant même côte à côte sans échanger une parole. Personne ne semblait craindre leur évasion. Ni une éventuelle réaction violente.

À quoi cela rimait-il après avoir qualifié Daniel d'« homme le plus redoutable du pays » ?

Étrange...

– Vous avez tort ! Ils ont un petit goût acidulé formidable, leur lança Mike au milieu d'un concert de klaxons.

Une vieille camionnette de livraison, jadis blanche, et un imposant 4x4 Nissan écarlate se faisaient face, refusant de céder le passage, et s'affrontaient à coups de décibels, exaspérant la multitude de véhicules immobilisés.

– C'est parfaitement illégal. Je sors de cette voiture quand je veux ! lança soudain Daniel.

– Tu vires à gauche, ensuite on rentre directement, indiqua flegmatiquement Mickaël au militaire qui conduisait.

Au bout de quelques secondes, et sans décoller les yeux du pare-brise, il répondit :

– Bien sûr, tu descends quand tu veux. Tu peux même téléphoner à ton avocate. Olivia sera ravie d'avoir enfin de tes nouvelles... À titre professionnel, cela va sans dire.

Daniel haussa les épaules. Mais Julie se pencha de manière à le forcer à croiser son regard et à y lire sa réprobation.

Il l'avait sauvée dans la tour Dizengoff, soit. Mais désormais, une seule chose comptait à ses yeux : retrouver son père.

Le retrouver vite. Et vivant. Alors, les humeurs d'un musicien...

– Nous serons bientôt à destination, reprit Mike avec optimisme – les chauffeurs de la camionnette et du 4x4 en venaient aux insultes –, comme je vous l'ai promis, mademoiselle Normandy. Vous allez rencontrer le responsable de mon service de renseignement. Ce n'est pas exactement la police, pas exactement l'armée non plus... Mais ce qui arrive à votre père nécessite notre intervention. Faites-nous confiance.

– Confiance ? grinça Daniel. Si vous êtes aussi efficace qu'au volant, ça promet : dix mètres en dix minutes !

Julie lui flanqua un petit coup de coude, dont il ne tint aucun compte :

– Mais dites-moi, quand vous intervenez face aux malades du Hamas, vous envoyez le même genre de rigolos, et vous prenez toujours soin de vous annoncer avec vos sirènes d'opérette ?

Julie lui saisit le poignet.

– Un ton plus bas, Dan ! implora-t-elle.

Elle croisa le regard de Mike dans le rétroviseur. Il lui fit un bref clin d'œil, avant d'ouvrir la boîte à gants. Remuant la tête au son de *Santa Maria del Buene Ayre*, il en retira un masque de sommeil pour avion.

– L'endroit où nous allons..., commença-t-il.

– Si on y arrive un jour ! le tacla à nouveau Daniel.

– C'est un endroit qui n'est pas vraiment public, poursuivit Mike, imperturbable. Vous comprenez, mademoiselle Normandy ? demanda-t-il en lui tendant le masque bleu marine.

Elle se saisit du masque de velours, qu'elle examina avec circonspection. Autour d'eux, l'embouteillage devenait orageux : plusieurs automobilistes s'invectivaient désormais sur la chaussée.

– Tu sors, tu les calmes et tu les fais dégager, intima Mike au chauffeur, qui s'exécuta aussitôt en refermant sa portière avec fracas. Quant à vous, Julie, si vous voulez bien me faciliter la vie, mettez ce masque, s'il vous plaît... Juste pour quelques minutes.

– D'accord, mais...

Elle se tut.

Et Dan ?

Pourquoi cet homme prétendument « redoutable » allait-il conserver sa liberté de vision pendant le reste du trajet jusqu'à leur destination secrète ? Mike avait manifestement lu dans ses pensées. Alors qu'elle mettait le masque sur ses yeux, elle l'entendit préciser dans un éclat de rire :

– Dan est dispensé de bandeau : cela le gênerait pour râler… Et puis il connaît le chemin, n'est-ce pas, Dan ?

L'intéressé ne broncha pas.

Des bruits de moteurs indiquèrent à Julie que la circulation venait de redémarrer.

Le chauffeur fit claquer sa portière et remit le contact.

– Vous vous connaissez ? interrogea Julie d'une voix blanche.

– Oh oui…, soupira Mike.

– Et vous vous asticotez toujours comme ça, tous les deux ?

– Depuis trente ans, approximativement…

Dans le noir, bercée par le néo-tango, Julie réfléchit un instant.

– Depuis trente ans ?

– Mickaël est mon frère, dit Daniel. Mon frère cadet.

30

Via Dolorosa.
Jérusalem.
Au même instant.

D'un bond, Ibrahim Alush évita une première colonne de Japonais. En rangs serrés, démarche mécanique, uniformément habillés de blanc et coiffés de casquettes « I love Jésus ! », ils s'engouffrèrent dans le Saint-Sépulcre en fendant un attroupement de Russes au bord de l'extase.

Il ne put éviter la seconde marée, venue des rivages américains. Il prit de plein fouet le groupe de chrétiens évangéliques, anarchique et pourtant compact, où les mères en nage interpellaient leurs enfants démesurément grands d'une voix nasillarde, tandis que les pères, qu'ils fussent noirs, blancs ou hispaniques, levaient avec émotion les yeux vers le plafond. Vingt heures de vol, trois escales, le parcours de la Via Dolorosa à marche forcée par une température de quarante degrés à l'ombre : leur affaiblissement extrême ne faisait qu'accroître le sentiment religieux dans la pénombre des lieux.

Alush répondit avec amabilité au sourire d'une Afro-Américaine et se dégagea du flot. Il traversa le rideau de lumière et se retrouva à l'extérieur du sanctuaire, sur la petite place grouillante de touristes et de marchands arabes.

Le temps pressait.

Car nul ne savait ce que l'archéologue avait réellement découvert.

Il s'approcha d'un jeune vendeur accroupi au sol et lui tendit une pièce en échange d'un cornet de pistaches. Alors qu'il portait la première à la bouche, il vit face à lui un homme de haute stature, entièrement revêtu d'une bure de tissu noir, dont la tête était enfouie dans une profonde capuche.

La coquille de pistache éclata entre ses doigts.

La graine tomba au sol.

Le religieux fut bientôt rejoint par deux autres moines. Le trio se dirigea vers l'entrée d'un bâtiment adjacent au Saint-Sépulcre.

Des dominicains..., soupira Alush, le cœur battant la chamade.

Il piocha de nouveau dans son cornet et reprit sa marche, non sans se retourner à plusieurs reprises.

Vérifiant la présence de la boule de cuir dans sa poche, il en profita pour en extraire son portable.

Une dernière tentative.

Dans la quiétude de son bureau, le père Tassa méditait devant l'appareil en bakélite grise.

De partout, les signes affluaient.

De toute part, les Gardiens se manifestaient.

La *Porte* avait été localisée.

La course venait de commencer entre ceux qui voulaient la sceller à jamais et ceux qui brûlaient de l'entrouvrir sur ce monde de pauvres pécheurs.

Une course contre la montre.

Une course contre la mort.

Le téléphone sonna. Mario Tassa décrocha immédiatement.

– *Si, Luigi ?*

– Votre communication, *padre*.

Une légère tonalité se fit entendre dans l'écouteur. On le mettait en ligne.

– Père Tassa ?

– Oui, Votre Éminence...

– Je vous passe notre Très Saint-Père.

31

Lieu indéterminé.
Jérusalem.
15 h 15.

– Pourquoi « redoutable » ? répéta Mike en prenant une canette de Diet Coke et en tendant une autre à Julie.

Celle-ci s'en saisit et la plaqua sur son front puis contre ses joues, avant de la décapsuler. Dans les bureaux où ils se trouvaient à présent, la température était presque aussi intolérable qu'au-dehors.

– Je dois vous présenter toutes mes excuses : la plaisanterie n'était pas très fine, reconnut Mike en se posant sur un coin du bureau en mélaminé. J'aurais dû prendre en compte le stress auquel vous avez été exposée depuis votre arrivée…

Il croisa les bras et jeta un œil furtif au reste de l'open space. Des appelés en uniforme, de sexe féminin pour la plupart, s'affairaient au rez-de-chaussée de cet immeuble d'apparence banale, accaparés par les sonneries incessantes des téléphones et les tâches administratives devant leur écran d'ordinateur.

– Pour tout vous dire, à l'époque où il portait encore ses galons, Dan avait une certaine… réputation. Avec les filles, quoi… Vous me comprenez.

Julie offrait surtout une expression indifférente.

– Où est-il parti ?

– Saluer quelques collègues, répondit Mike.

Il avala une gorgée de soda, probablement pour se donner une contenance avant de livrer encore quelques confidences que n'espérait nullement son invitée :

– Redoutable, il l'était pour la concurrence, si j'ose dire ! Les filles les plus brillantes, et les plus désirables aussi, n'en pinçaient que pour lui. Oh ! Dan n'a jamais été vraiment un dragueur. Il est même plutôt maladroit dans ce genre d'exercice, mais…

Julie haussa les sourcils, cherchant du regard une échappatoire autour d'eux.

– Il les magnétisait presque toutes, reprit-il, fidèle à la calamiteuse habitude qui veut qu'une fois embourbé, un bavard s'enfonce toujours davantage. Il a en lui quelque chose qui…

– Quelle était son affectation chez vous ? le coupa Julie.

– Secret-défense ! s'esclaffa Mike. Bon… il faisait partie d'une unité d'élite. Antiterroriste. Et il était bigrement bon, l'un des tout meilleurs, comme avec les…

– Ça va aller, Mike ! Je crois que j'ai compris.

– Tenez, un jour, sur le marché Carmel, à Tel-Aviv, il a réussi à maîtriser une kamikaze d'une manière ahurissante.

– En la demandant en mariage ?

– Eh bien, peut-être ! On n'en sait trop rien. L'alerte avait été donnée par un commerçant arabe et le marché était entièrement évacué. La pauvre fille, qui devait avoir vingt ans à tout casser, était seule, tremblant de tous ses membres au milieu des étals abandonnés, la main serrée sur son détonateur. Dan s'est alors approché d'elle avec une extrême lenteur, sans jamais la lâcher des yeux. Il a laissé tomber son arme, puis son poignard d'assaut, et tout ce qui aurait pu sembler agressif – jusqu'à son micro d'intervention. Une fois parvenu devant elle, à un peu plus d'un mètre, il s'est assis en tailleur. Simplement assis. Et il lui a souri. La terroriste s'est accroupie. Et ils ont parlé comme ça, sous les visées des snipers, pendant près de dix minutes...

– Qu'est-ce qu'il lui racontait ? demanda Julie, soudain curieuse d'en savoir un peu plus.

– Mystère ! On n'a rien entendu et lui, bien sûr, n'a rien voulu dire par la suite. Mais toujours est-il qu'au bout d'un moment, la fille a fondu en larmes dans ses bras. Il a dégagé le détonateur de sa main, l'a jeté au loin, et l'a ensuite relevée pour détacher la ceinture d'explosifs attachée à son ventre.

– Qu'est-elle devenue ? Un matricule paumé dans vos prisons ?

– Elle y a fait un petit séjour, forcément. Mais pas longtemps. Une fois que nous avons eu fini d'exploiter les infos qu'elle détenait sur son réseau islamique, c'est-à-dire une fois que nous avons buté ces ordures l'une après l'autre, on l'a reformatée.

– Reformatée ?

– Nouvelle identité, nouvelle vie. Elle a été vivement incitée à reprendre ses études, puis exfiltrée vers le Canada, où elle a depuis fondé une famille et une... association d'aide aux femmes maltraitées. Je peux vous garantir que le prochain barbu qui l'approchera en l'appelant « ma sœur » passera un sale quart d'heure !

Assez satisfait de lui, Mike finit d'une traite sa canette.

Daniel entra dans le box, immédiatement suivi du Colonel, qui jeta un volumineux dossier sur le bureau. Il s'assit et déclara sans préambule :

– Bonjour, mademoiselle Normandy. Je suis le colonel Cohen. Cohen n'est pas mon vrai nom. Colonel n'est pas mon vrai grade, et mes amis m'appellent « Sam ». Vous m'appellerez colonel Cohen, compris ?

Interloquée, Julie tourna la tête vers Dan et Mike, qui souriaient imperceptiblement.

– Puisque tu m'as l'air d'excellente humeur, Mike, grinça le Colonel, tu vas en profiter pour préparer le sac de nos deux amis. Cinq minutes !

Celui-ci s'exécuta sans un mot et sortit du bureau.

– Bien. Nous surveillons votre père depuis plusieurs semaines, mademoiselle, reprit l'homme au crâne chauve en consultant sa liasse de documents. Ses recherches, a priori banales, l'ont en fait conduit vers une découverte embarrassante. Je m'explique. Il aurait… heu… localisé une… En fait, ce n'est pas très clair. Il aurait trouvé quelque chose, j'ignore quoi, hein, mais les crânes d'œuf là-haut prétendent que c'est de la dynamite. Le genre de truc qui, révélé à l'opinion internationale, prouverait… heu… des choses gênantes pour le Vatican et les musulmans.

Il marqua une pause et observa Julie.

– Le squelette de Jésus, peut-être ? tenta-t-il pour dérider la jeune femme, avant d'abandonner aussitôt ce registre. Enfin, peu importe… Vous n'êtes pas sans savoir que notre gouvernement négocie d'arrache-pied afin que l'Église catholique et son milliard de fidèles reconnaissent une fois pour toutes Jérusalem comme capitale une et indivisible d'Israël. Bon ! Sans entrer dans les secrets d'État, ça avance pas mal avec les hommes du Pape. Donc, pas d'embrouilles avec le Vatican. Quant à nos aimables voisins musulmans, nous multiplions avec eux les alliances discrètes dans l'objectif de contrecarrer les projets nucléaires iraniens. Là aussi, croyez-moi, ça progresse bien. Les Émirats du Golfe, la Jordanie, l'Égypte et plus que tout l'Arabie Saoudite, gardienne des lieux saints de La Mecque, n'ont qu'une trouille, c'est que les maboules qui croient au retour de l'Imam caché ne déclenchent l'Apocalypse et s'emparent des champs de pétrole… heu… Pékin et Washington aussi, d'ailleurs. La situation est donc simple, n'est-ce pas ?

Julie resta bouche bée.

– Ne m'interrompez pas ! Je continue. Donc… heu… voilà. Votre père, cible stratégique. Il a fait une découverte qui serait médiatiquement ingérable et compromettrait notre diplomatie secrète, laquelle est prioritaire.

Il retira une feuille du dossier et la lut :

– « Le professeur Normandy aurait été kidnappé cette nuit, à son retour de Jérusalem et alors qu'il regagnait son appartement de Tel-Aviv. Nous pensons qu'il a été enlevé par un seul individu, un professionnel, infiltré chiite du Hezbollah libanais, bénéficiant bien évidemment du soutien logistique du Hamas de Gaza. Mais nous avons tout lieu de croire qu'il est encore sur notre territoire. » Nous nous donnons vingt-quatre heures pour le retrouver et vous aurez, en liaison permanente avec Mickaël qui sera votre agent traitant, toute latitude de mouvement. Après, nous préviendrons les médias.

S'efforçant d'assimiler les explications alambiquées du Colonel, Julie répondit non sans hésitation :

– Vous voulez dire que nous allons, de notre côté, poursuivre notre enquête, Dan et moi ?

– Affirmatif. Les ravisseurs veulent mettre la main sur une information. Visiblement, votre père n'a pas eu le temps… heu… a décidé de garder le silence. Ils vont donc chercher à s'emparer de vous. Nous les coincerons à ce moment-là.

– En nous utilisant comme appât ? s'indigna Julie.

C'est Daniel qui lui répondit :

– Vous avez toujours été sous protection rapprochée. Ma présence sur le vol Air France était fortuite. Mais à l'aéroport, j'ai été informé de la situation et affecté à votre surveillance.

Julie tombait des nues.

– Vous avez donc la réponse à vos questions : pourquoi m'ont-ils arrêté ? pourquoi m'ont-ils relâché ?

– Et tout ce temps, vous m'avez menti…, manqua-t-elle de s'étouffer.

– Je ne vous ai en aucun cas menti. Souvenez-vous : j'ai refusé de répondre à certaines questions, c'est tout. Et quand Mike a débarqué avec son escouade au musée, j'étais sur le point de tout vous dire.

– Vous devez comprendre, Julie, intervint le Colonel sur un ton conciliant mais ferme, que la formule « garde du corps » ne pouvait plus fonctionner après l'épisode de la tour. Un mort de plus, cela devenait un mort de trop.

– Mais vous dites que mon père est sans doute encore en vie !

– Nous ne parlons pas du professeur, répondit Cohen, mais du retraité qui arrondissait ses fins de mois à la réception de la tour. On l'a retrouvé égorgé. Et ce n'est certainement pas le dernier cadavre qu'il faudra à terme relier à cette affaire...

Ce fut au tour de Daniel de marquer son étonnement :

– Il y a eu d'autres victimes ?

– Eh bien..., commença le Colonel, quand son portable aboya dans sa poche.

Il consulta son message, poussa un soupir et reprit :

– Faut que je fasse changer cette sonnerie, ça ne va pas du tout... Eh bien, outre le gardien de la tour Dizengoff, j'apprends qu'on vient de retrouver celui du musée Rockefeller, massacré sur le toit. Et il y a eu, ces derniers temps, beaucoup trop de décès suspects à mon goût dans la communauté scientifique que je suis chargé de... heu... suivre.

– D'autres archéologues ? demanda Julie avec effroi.

Le Colonel opina de la tête.

Il prit un nouveau feuillet.

– Le 24 août dernier, un archéologue chinois, qui avait dîné deux fois avec votre père, et dont la spécialité était les vestiges esséniens, est mort en faisant une mauvaise chute dans le massif de Qumran. Le cou brisé. Ce qui n'a pas manqué de nous surprendre, c'est que le rocher dont il est tombé culminait à un mètre cinquante.

– Mon père ne m'a jamais parlé de ce confrère chinois.

– Oui, c'est curieux un... heu... Chinois. Mais vous savez, l'Asie se convertit à une telle vitesse au christianisme – il faut dire que les évangélistes sont fortiches dans leur partie : rien qu'en Chine, il y aurait déjà près de cinquante millions de protestants ! – que nous voyons désormais arriver des dizaines de milliers de touristes asiatiques et de plus en plus de chercheurs aussi... Bref ! le 29 août, soit moins d'une semaine plus tard, c'est une géologue coréenne qui se noyait sur la rive jordanienne de la mer Morte. Dans une flaque de quarante centimètres d'eau...

Daniel avala sa salive, tandis que Julie devenait plus pâle encore.

– Et il est inutile que je vous précise qu'elle était également en rapport avec Victor Normandy, qui l'avait sollicitée afin qu'elle lui communique des informations sur la datation de sédiments prélevés sur le lac salé. Je continue ?

Julie hocha la tête.

– *Next !* Un universitaire mondialement reconnu dans le domaine de l'histoire de la Kabbale, le professeur Peter Hegel, un Allemand, est porté disparu depuis deux jours. Votre père et lui étaient en liaison permanente ces derniers temps. La semaine dernière, le 9 septembre, soit trois jours avant votre arrivée et l'enlèvement du professeur Normandy, Judith Peres, spécialiste des monnaies antiques, période dite « biblique », était retrouvée le jour même de son atterrissage de Buenos Aires dans sa chambre de l'hôtel Cinéma, à Tel-Aviv, décédée d'une crise cardiaque. Précisons qu'elle avait atteint l'âge canonique de trente-deux ans.

– Mon Dieu ! Ils l'ont certainement tué lui aussi..., s'épouvanta Julie.

– Je ne crois pas, fit Cohen. Nous pensons que votre père était au centre de toute cette histoire. Qu'il détenait la somme de toutes les informations connues de ces différents chercheurs, plus une. Une information supplémentaire qui éclaire tout, Julie. Et que vous allez nous transmettre, dans l'intérêt même de votre père.

– Je ne sais rien, répondit-elle d'une voix affaiblie, je vous le jure…

D'un rapide hochement de tête, Daniel confirma.

– Je vous crois. De toute façon, tous ceux que j'interroge ne savent jamais rien…, essaya de plaisanter le Colonel.

Devant l'échec patent de sa tentative de dédramatiser la situation, il fit signe à Mike, qui patientait deux boxes plus loin.

– Une voiture automatique vous attend au parking. Bien entendu, elle est dotée d'un émetteur afin de vous localiser à tout moment.

Et d'un micro.

32

Quartier Al-Muazmiya.
Jérusalem.
Au même moment.

Après tout, si certains croyants souhaitaient déchoir et s'empoisonner avec des drogues venues de chez les infidèles, pourquoi pas ? L'essentiel était que l'argent de ces âmes pourries n'aille pas dans les poches de l'ennemi – mieux encore : qu'il finance le djihad.

L'Assassin tendit un billet à l'adolescent squelettique avachi sur le perron. Dans les ruelles de la Vieille Ville, le quartier arabe fermait peu à peu ses échoppes.

Flottant dans son t-shirt sale et troué, le revendeur lui glissa un paquet enveloppé de papier journal et lui désigna une porte au bout du couloir. Le regard de l'Assassin, au moment où il baissait sa capuche, lui fit comprendre qu'il était inutile d'engager la conversation. Et impensable, aussi, que la moto noire ne soit plus campée sur sa béquille, à la même place, au retour du sinistre client.

L'endroit était un taudis, comme tous ceux tenus par les trafiquants affiliés aux milieux islamistes, qui s'approvisionnaient auprès des contrebandiers bédouins sillonnant la frontière égyptienne. À l'abri de la police et de leur famille, les frères qui avaient fait le choix de se détruire avec des seringues plutôt qu'en choisissant le noble destin de martyr pouvaient s'adonner à leur vice dans une relative discrétion. Mais il fallait y mettre le prix. Et ne pas être trop regardant sur l'hygiène.

L'Assassin avançait dans une pièce exiguë dépourvue d'aération, qui empestait l'urine et la sueur. Une épaisse bougie carrée finissait de se consumer sur un tabouret, seul meuble de la pièce.

Il referma la porte et déballa le paquet.

Une seringue, à l'aiguille visiblement usagée, un large élastique, une cuillère aussi… propre que l'établissement, et un sachet de poudre.

Des confiseries pour sous-homme…

Il déposa le tout près de la flamme.

Le Maître venait de parler.

Tout n'était pas perdu concernant la fille.

Le Maître connaissait exactement son parcours dans les heures prochaines.

L'Assassin eut une pulsion érotique à l'idée de la tenir enfin entre ses mains. Imaginant ses larmes, ses implorations, et bientôt le sang qui coulerait de ses tétons lacérés, il retira son sac à dos puis ôta la veste de son survêtement.

Il introduisit délicatement ses mains dans le sac pour en sortir un étui de cellulose. Un genou à terre, il le plaça devant lui et l'ouvrit avec précaution.

Elle était là, sous ses yeux.

La *Clé*.

Un rectangle fin et souple à l'éclat de platine, fixé par deux bandes adhésives transparentes.

Il écarta les bandes et contempla l'architecture de son trésor : une myriade de circuits électroniques formant presque un organisme vivant autour de la charge.

Du bout des doigts, il la leva jusqu'à ses yeux.

Petite et vicieuse comme un scorpion, jubila-t-il.

Il se redressa sans heurt, l'approcha et l'enroula autour de sa taille. Elle ne pesait presque rien sur ses flancs.

Il remit sa veste et rabattit sa capuche.

Un chef-d'œuvre technologique, fruit d'une intense coopération militaire entre la Corée du Nord, le Pakistan et son gouvernement.

Quelques centaines de grammes, à peine.

Quelques centimètres.

Et deux kilotonnes équivalent TNT.

33

Lieu indéterminé.
Jérusalem.
15 h 33.

– Et voici un peu de matériel de... heu... survie, expliqua le Colonel, au moment où Mike posait un sac de sport sur la table.

– Un Glock calibre 9 mm, trois chargeurs, deux fusées de détresse, un GPS, des jumelles, des lunettes infrarouge dernier cri..., énuméra Mike. Et quelques autres petites merveilles à la James Bond. Dan saura très bien se débrouiller avec tout ça.

Ils se levèrent tous trois. Julie, chancelante, posa la main sur l'avant-bras de Daniel.

– Ça va aller ?

– Oui, souffla-t-elle en se reprenant.

Des vacances de rêve, vraiment.

Ils parcoururent l'open space sans que personne prête attention à eux, si ce n'est une ou deux jolies gradées qui suivirent Daniel du regard. Le triomphe modeste, Mike ne pipa mot et les quitta devant l'ascenseur qui menait à l'étage de la Ruche.

Le Colonel les conduisit jusqu'à une porte qu'il ouvrit en faisant glisser son badge dans le boîtier. Après quelques mètres d'un long couloir, il salua un officier de garde, renouvela l'opération avec son pass et les fit pénétrer dans une salle éclairée de puissants néons. La violence de la lumière artificielle lui arracha un grognement. Il leur indiqua un ascenseur, sur la gauche, devant lequel se tenait un soldat longiligne et roux comme un Irlandais.

– On va vous conduire au parking, annonça le Colonel. Une Ford beige. Et l'issue 5, Dan, ok ?

– Compris, répondit ce dernier.

– Je vous souhaite bonne chance, Julie. Nous restons à vos côtés : on ne vous lâche pas d'un pouce ! D'ailleurs, ajouta-t-il maladroitement, j'ai l'intuition que les ravisseurs de votre père veulent s'emparer de vous… heu… vivante. Donc, a priori, seul Dan court un réel danger.

Sur ce, sans esquisser la moindre salutation, il tourna les talons et s'éloigna.

Le soldat entra avec eux dans l'ascenseur souterrain et les mena jusqu'au véhicule.

Une fois que Daniel eut introduit la clé de contact, le grand rouquin leur répéta la consigne :

– Issue 5.

La voiture se dégagea lentement, fit un demi-tour, dépassa la sortie principale du parking.

– Il y a plusieurs issues ? demanda Julie.

– Oui. L'issue 5 nous fait sortir assez loin du bâtiment pour que nous semions d'éventuels curieux. Et elle nous rapproche aussi de la Vieille Ville, ce qui arrangera nos affaires.

Daniel ralentit devant une rampe surmontée du chiffre indiqué.

– En route…

Julie prit dans sa poche le portable de son père.

– Je contacte le curé dont nous a parlé Greenwood.

– *Yes Sœur !* répondit Daniel au moment où ils franchissaient la porte du parking, débouchant dans une rue bordée de maisons de pierre aux teintes de miel et aux jardins luxuriants. Vous êtes désormais aux commandes, Julie. Et tentez par la même occasion de joindre la femme de Massada.

– Dans combien de temps serons-nous chez l'ami de mon père ?

– C'est moi qui conduis, sourit-il. Dans dix minutes, grand maximum.

Au sommet de son immeuble, les épaules rentrées, le Colonel écoutait, le récepteur de sa ligne sécurisée plaqué à l'oreille.

– C'est fait, informa-t-il son interlocuteur

– …

– Les laisser filer seuls dans la nature n'était pas mon option favorite : j'espère que tu sais ce que tu fais.

– …

– Peut-être bien… Mais encore faudrait-il qu'elle sache *où* !

Il raccrocha rageusement.

Dehors, des nuages difformes cachaient le soleil, précipitant l'heure du crépuscule.

Il n'y avait plus, dans l'air, nulle trace de lumière.

34

Nouvelle Porte.
Jérusalem.
15 h 56.

La circulation autour de la Vieille Ville devenait plus dense de minute en minute. Commerçants et fonctionnaires commençaient à quitter leur travail et prenaient le chemin des banlieues résidentielles. Mais Daniel avait tenu promesse : il manœuvra si habilement qu'en une dizaine de minutes à peine, ils furent aux abords de la Nouvelle Porte. Trouver une place pour la voiture fut une tâche autrement plus ardue : les emplacements étaient rares, les véhicules stationnés étaient garés de façon anarchique et, entre les bus municipaux, les déplacements des piétons comme des charrettes achevaient de plonger le quartier dans un chaos vibrionnant.

Juste au sortir de la rampe longeant les remparts avec la grâce d'une autoroute, et avant de rejoindre la large voie vers le nord qui défigurait la cité sainte, Daniel trouva son bonheur : un minivan démarrait du coin d'une impasse, libérant une place inespérée.

La Ford garée, il sortit et ouvrit le coffre.

À l'intérieur du véhicule, Julie venait de laisser un message à Jennifer Lee, et s'entretenait à présent avec le père Tassa.

Daniel revint et s'adressa à elle par la vitre restée ouverte :

– *Let's go* ?

Levant la paume de la main, elle lui fit signe de patienter.

– Très bien. Je pense que nous vous aurons rejoint d'ici une petite demi-heure...

Après les salutations d'usage, elle raccrocha.

– La consœur de mon père à Massada est toujours sur messagerie. Je lui ai expédié un petit mot annonçant notre venue ce soir. Quant au prêtre que nous a indiqué Greenwood, il nous attend au Saint-Sépulcre dès que nous en aurons fini avec Rosenberg.

– Parfait. Allons-y.

– Mais je me pose une question, dit-elle en quittant son siège. Pourquoi le Colonel ne s'est-il pas soucié de ce que nous comptions faire ? Et surtout des connaissances de mon père que nous allions rencontrer ?

Daniel répondit du tac au tac :

– Réponse n° 1 : il a confiance en notre tandem. Réponse n° 2 : il est déjà au courant. J'en conclus que, dans les deux cas, il approuve.

– Ah bon..., dit Julie en refermant la portière. Vous laissez le sac dans le coffre ?

Daniel écarta le pan de sa veste de lin, découvrant un revolver passé dans sa ceinture.

– J'ai pris le strict nécessaire.

Le braiement d'un âne les fit se retourner. Un vieillard en djellaba grise, l'air éteint et le keffieh froissé, passa devant eux sur sa monture claudicante.

Ils firent quelques pas en direction de l'angle des remparts, à la droite desquels apparaissait la Nouvelle Porte, une petite ouverture de style médiéval percée en 1898 afin de permettre un accès direct au quartier chrétien qui avait reçu, cette année-là, la visite de l'empereur allemand Guillaume II. Ils se rapprochèrent ensuite du carrefour et, dès que la circulation frénétique le permit, ils traversèrent.

– C'est ici, fit Daniel en désignant un bâtiment hideux des années 60.

Julie le prit par la manche.

– Mettons-nous d'accord : je ne crois pas judicieux d'affoler ce vieux rabbin avec tout ce que nous avons entendu ces dernières heures. Les secrets du Christ, des francs-maçons, un conflit régional sur le point d'éclater à cause de la reconstruction du Temple, les arcanes de la diplomatie secrète israélienne : cela fait beaucoup sur les épaules de mon pauvre père...

Daniel acquiesça.

Julie insista :

– On ne mentionne pas non plus l'épisode du tueur.

Daniel approuva à nouveau, avant de reprendre sa marche.

Julie le retint encore.

– Le mieux serait que l'on en dise le moins possible. Et même rien du tout. Si le rabbin est en mesure de nous apprendre quoi que ce soit d'utile, tant mieux. Sinon, on ne s'éternise pas.

– Vos instructions seront scrupuleusement respectées, belle étrangère, répondit Daniel d'un ton suave. Vous l'aurez remarqué : je sais bloquer l'information quand c'est nécessaire...

Julie lui tira la langue et le suivit.

Devant l'entrée de l'immeuble, deux hommes en complet marine faisaient le guet.

– De toute façon, ajouta Daniel à mi-voix, tout ce que nous avons de tangible à ce stade, c'est une bonne nouvelle et une mauvaise nouvelle.

Les cerbères, deux Slaves à la carrure de lutteurs, tournèrent le regard vers eux.

– La bonne nouvelle, c'est que nous sommes désormais épaulés par les services secrets les plus performants du monde, ajouta-t-il juste avant de se présenter aux gardes.

La mauvaise, c'est que tout le monde nous ment.

35

Bureau du rabbin Rosenberg.
Jérusalem.
16 h 02.

Au troisième et dernier étage de l'immeuble d'aluminium et de béton, Daniel et Julie patientaient dans une minuscule salle d'attente pauvrement meublée. Cinq chaises bon marché, une table basse dépourvue de publications religieuses ou même de magazines, une horloge arrêtée indiquant 7 h 06 et un triste poster aux couleurs passées représentant les Alpes – les Alpes autrichiennes, pouvait-on déduire du drapeau aux bandes rouge-blanc-rouge au bas de la photo.

À droite, la porte par laquelle ils étaient entrés donnait sur le palier. Face à eux, une autre, capitonnée, à double battant, ouvrait probablement sur le bureau du rabbin.

– Ah, ah… du nouveau ? dit soudain Julie en portant la main à son jean.

Elle se cambra pour saisir le portable du professeur Normandy et croisa le regard que Daniel venait de poser sur ses reins. Elle s'empourpra un peu et consulta l'écran.

Un sms.

Elle en chuchota le contenu :

Ici Mr. Alush, ami de votre estimé père.
Quelque chose pour vous.
Rdv possible Al-Muazmiya ce jour ?

– C'est ahurissant le nombre d'amis qu'a votre père, maugréa Daniel.

– J'accepte ?

– Au point où nous en sommes... Ne manque plus qu'une invitation de l'ambassadeur du Brésil, et notre carnet de bal sera complet.

Julia tapa une réponse succincte. Ils passeraient dans l'heure. Prière de texter en retour l'adresse du rendez-vous.

Celui des deux blonds qui n'était pas redescendu surveiller le hall apparut dans l'entrebâillement de la double porte et du menton les invita à entrer.

Il referma la porte derrière eux. De l'absence de bruits de pas, Daniel déduisit que le mastodonte demeurerait à l'étage pendant l'entrevue.

La pièce, d'une trentaine de mètres carrés, était basse de plafond, décorée de façon assez impersonnelle et fort mal éclairée. Les murs étaient autant de bibliothèques en contreplaqué, chargées de livres reliés à usage décoratif. Derrière un bureau rangé au cordeau, un vieillard drapé de noir gardait le silence.

Julie et Daniel hésitaient sur l'attitude à adopter.

Le vieillard chétif, qui avait allègrement passé les quatre-vingts ans, leva péniblement les avant-bras pour les faire venir à lui. Julie avança et l'entendit la saluer d'une voix d'outre-tombe :

– La chère Julie dont m'a tant parlé Victor...

Il eut un pauvre sourire et ajouta :

– Venez à moi, mon enfant. Je suis presque impotent.

Julie passa derrière le bureau, un meuble lourd en bois brun, et fut surprise quand le vieil homme la pressa contre lui et la baisa au front. Puis, tout en gardant ses mains dans les siennes, il lui demanda d'une voix frêle :

– Avons-nous des nouvelles de papa, de bonnes nouvelles ?

– Non, aucune, murmura Julie, comprenant aussitôt que leur seul objectif serait désormais de quitter les lieux au plus vite en s'efforçant de ne pas angoisser outre mesure leur hôte.

– Et nous avons là votre ami…

– Daniel, fit-elle.

– Quel beau prénom ! s'exclama le rabbin sans parvenir à hausser la voix. Qui signifie « Dieu m'a jugé… ». Asseyez-vous, je vous prie. Je ne vous offre rien à boire, nous sommes mal pourvus.

Daniel et Julie prirent place face au bureau dans les deux fauteuils usés jusqu'à la trame, tandis que le vieillard se penchait vers eux en croisant ses mains diaphanes et fripées. Il émanait quelque chose d'infiniment las de son visage strié de rides. Ses rares cheveux blancs étaient coiffés en arrière, à la mode d'avant-guerre, et ses sourcils broussailleux tombaient sur des yeux gris et laiteux. Daniel nota qu'il ne portait pas de kippa, la calotte traditionnelle des Juifs.

– Je redoute un grand malheur, commença le maître des lieux. Victor explorait une piste historique qui ne pouvait que déplaire à certains fanatiques de ce pays…

– Quelle piste, mon père ? demanda Julie en provoquant l'hilarité de Daniel et une quinte de toux amusée du rabbin. Oh ! je suis désolée, je…

– Ne le soyez pas, mon enfant, sourit le vieil homme. Nous sommes de la même famille, après tout. Jésus-Christ n'était-il pas hébreu tout autant que votre… ami ?

Julie fut soulagée que ce Juif-là eût, lui aussi, le sens de l'humour.

– Oui, les hommes ont la mémoire courte, poursuivit-il d'une voix si faible que ses visiteurs durent tendre l'oreille. Jésus était un rabbin. Et le Pape lui-même porte une kippa, tout comme ses cardinaux, voyez-vous…

– Contrairement à vous…, fit remarquer Daniel avec une amabilité feinte.

Le rabbin Rosenberg tourna la tête vers Daniel et le scruta avec des yeux d'une vivacité qui démentait soudain son âge. Un chérubin passa dans la pièce.

– Bah ! Le folklore, moi, vous savez..., consentit-il finalement à répondre en tempérant son regard. Ce qui compte, ce sont les valeurs, Daniel, les valeurs.

Revenant à Julie, il poursuivit :

– Je suppose que vous avez alerté les autorités au sujet du professeur Normandy.

– Oui.

– Vous avez bien fait. Je n'ai pour ma part aucune idée de ce qui lui est arrivé, mais je sais bien *qui* ses recherches gênaient. Il m'avait confié avoir localisé un site archéologique de grande importance. Une tombe sainte, la crypte de l'Arche, le Puits des Âmes, ou quelque chose dans ce style...

– Le Puits des Âmes ?

– Une pure légende. L'endroit où, selon les rabbins mystiques, les âmes des défunts seraient triées avant de plonger vers le Shéol, c'est-à-dire l'enfer, ou de s'élever vers Dieu. Mais qu'importe... Vous savez comment sont les gens ici : prêts à s'entretuer pour deux morceaux de pierre à la datation incertaine.

Tout en le ménageant, Julie coupa court :

– La police m'a déjà posé la question. Hélas, je ne sais strictement rien.

– Des événements notables depuis votre arrivée ? interrogea encore le rabbin en enchevêtrant ses doigts.

– Non, mentit-elle. À part notre visite au *poste de police*, rien.

Le vieillard s'affaissa un peu plus sur son fauteuil. Il avait l'air perplexe. Il ferma les yeux pour réfléchir.

Au bout d'une minute, d'une très longue minute, ils crurent qu'il s'était assoupi.

– Venez, Dan, je crois que nous allons laisser...

Le visage fripé du rabbin fut subitement éclairé par deux billes argentées. Il ne s'était pas endormi.

– Vous êtes aussi belle que s'en félicitait votre père, Julie, et vos traits ont la même expression de bonté que j'admirais chez mon ami, murmura le rabbin. Aussi, je vais vous révéler quelque chose. Quelque chose de très important. Pouvons-nous parler en... amis ? demanda-t-il en fixant Daniel.

– Absolument, le rassura-t-elle.

– Ce que je vais vous dire, mon enfant, peut vous aider. Mais aussi vous exposer à certains dangers. Peut-être l'âge affaiblit-il mon bon sens, je ne sais pas... Mais je dois auparavant m'assurer – comment dire ? – eh bien, que vous avez également reçu de votre père son intelligence.

Il avait insisté avec gêne sur le dernier mot.

Julie resta impassible.

– Nous allons donc évaluer votre jugeote.

Impatiente de laisser le vieil homme retourner à sa sieste, Julie écarta les bras en signe d'acceptation.

Finissons-en...

Il observa un bref silence, puis, après avoir longuement soupiré, interrogea la jeune femme :

– Où trouve-t-on des Juifs à toute heure du jour et de la nuit, Julie, et ce quels que soient le pays et l'époque ?

Accablé, Daniel baissa la tête et s'abstint de tout commentaire par politesse.

– Chez eux ? répondit Julie.

Le rabbin sourit.

– Pas mal. Mais j'ai précisé : à toute heure du jour et de la nuit. Or il faut bien quitter son domicile pour travailler, conduire les enfants à l'école, faire ses courses... Alors, Julie : *où* ?

– Dans les synagogues ? tenta-t-elle en fixant le cadran de la petite horloge posée à l'angle du bureau, elle aussi immobilisée à 7 h 06.

Le rabbin fit non de la tête.

– Il n'y a pas de dortoir ni de réfectoire dans nos temples, à ce que je sache.

– Je ne vois pas, admit-elle.

– Dans les banques, bien sûr ! répondit Daniel avec une once d'animosité.

– Oh ! Dan…, s'indigna faiblement Julie.

– Spirituelle, cette réponse ! s'amusa le vieillard en se penchant un peu vers eux. Allons, faites un effort de déduction, Julie : où trouve-t-on des Juifs en tout temps, sous le soleil ou sous la lune ?

Le pauvre homme doit être à moitié gâteux, s'attrista-t-elle.

Mais elle ne voulut pas le chagriner. Peut-être détenait-il vraiment une information à même de hâter le sauvetage de Victor Normandy ?

Elle fit le vide dans son esprit. Et pensa très fort à son père. Chassant l'angoisse présente et se remémorant leurs promenades au temps de son adolescence, leurs fous rires, ses interminables exposés sur les églises où il l'entraînait, elle…

La Vierge Marie !

Les apôtres…

Jésus enfant.

Jésus crucifié.

– Dans les églises ! triompha-t-elle. Partout dans le monde, qu'elles soient ouvertes aux fidèles ou fermées pour la nuit, qu'elles soient en ruine ou bondées de croyants, les églises sont remplies de Juifs !

Satisfait, le rabbin se recula dans son fauteuil.

– Vous êtes d'une rare perspicacité, ma fille…, la complimenta-t-il en caressant un curieux presse-papiers dont la vue fit sursauter Daniel. C'est exact : dans les églises – où il arriva et où il arrive encore, hélas, que des antisémites viennent se recueillir – les Juifs sont partout sur les murs…

36

Alush's Antiques Store.
Jérusalem.
Au même instant.

Assis à son somptueux bureau turc en marqueterie de bois de rose et de nacre, le téléphone vissé à l'oreille, Ibrahim Alush n'en menait pas large.

– J'en conviens, mais...

Son interlocuteur ne décolérait pas, ce qui le contraignit à écarter le combiné de son tympan.

Attendant que l'orage passe, il sirota encore un peu de thé dans une tasse d'un service anglais d'un prix exorbitant.

Il essaya de l'amadouer :

– Cher ami et cher maître, je comprends...

La voix, à l'autre bout du fil, était toujours aussi véhémente.

– Pour commencer, rien n'est fait ! se défendit-il avec énergie. Ils ne sont pas encore venus. Ensuite, si tu estimes trop périlleux que je leur remette le...

À sa grande surprise, son interlocuteur marqua une pause, acceptant enfin de le laisser s'expliquer.

– J'aviserai lorsqu'ils seront là. Il va sans dire que si la fille se décide à me dire *où* nous devons porter nos recherches, je ne mentionnerai pas le... ma foi, ce que tu sais.

La voix s'emporta de nouveau.

Exaspéré, Alush serra son petit poing grassouillet et haussa le ton à son tour :

– Dois-je te rappeler que nous courons les mêmes risques ? Dans les heures qui viennent, nous triompherons ensemble. Ou bien…

Il acheva dans un murmure :

– Ou bien nous péririons ensemble.

Silence.

Enhardi, Ibrahim Alush poursuivit :

– Je tiendrai le plus grand compte de ton avertissement, sois-en certain. Sitôt leur visite terminée, je te rappelle. Tu as ma parole, cher maître.

La communication achevée, Alush s'aperçut que depuis quelques secondes déjà ses lèvres enserraient une tasse vide.

Il secoua la tête. Une telle pression finirait par lui faire perdre tous ses moyens.

Il prit son oignon dans la poche de son gilet.

D'ici quelques minutes, ses obligés dans le quartier lui signaleraient l'arrivée de Julie et de Daniel.

Il pencha la théière de porcelaine rose aux motifs liberty et fit couler un peu de son breuvage favori dans la tasse.

Il était pensif.

Son ami le Maître avait raison.

Il était sur le point de jouer son va-tout.

37

Bureau du rabbin Rosenberg.
Jérusalem.
16 h 12.

– L'Église, le Temple…, murmura encore le vieux rabbin. Certaines âmes égarées par les préjugés les ont dans leur cœur séparés. Absurde ! Tant de temps perdu, tant d'intolérance et de persécutions… Mais d'autres, hélas, ont compris la nature profonde de ces liens : quiconque veut détruire l'un doit détruire l'autre. Frapper les Juifs pour abattre la chrétienté, les Fils des Ténèbres ne s'y sont pas trompés…

– Ainsi, les porteurs de la croix gammée…, compléta Daniel en pointant du doigt le presse-papiers que Rosenberg faisait rouler dans sa main décharnée.

Le vieillard suspendit son geste. Il saisit l'objet et le présenta à ses invités.

Un *svastika*, la sinistre croix gammée des fidèles d'Adolf Hitler. Forgée dans l'acier, épaisse et menaçante.

– C'est un souvenir. Pour ne jamais oublier, mes enfants…

Il baissa la tête et, une fois encore, laissa ses yeux se clore. Puis il parla. Il parla d'une voix venue d'ailleurs. *D'hier.*

– En ces temps, les hommes avaient prêté allégeance à Satan, et « Satan se dressa contre Israël »…

Chroniques, 21-1, identifia machinalement Daniel.

– En ces temps, les serviteurs de Dieu étaient désemparés, sans voix ni espoir, alors que le démon avait pris les rênes de la première d'entre les nations. C'était une guerre contre Dieu. Une révolte contre son monde. Ne pas saisir la dimension religieuse de l'entreprise nazie, c'est se condamner à n'y rien comprendre. C'est demeurer aveugle à ce qui s'est passé. « Le diable marche avec nous » : voilà ce que Hitler proclamait aux initiés de son Ordre noir, aux élites de la S.S., aux organisateurs de la solution finale...

Il cligna des yeux.

– Après la guerre, je suis parti rejoindre un cousin en Argentine, loin de l'Europe et de ses charniers... Je me suis ensuite installé en Uruguay, où j'ai achevé mes études théologiques. Je m'y suis occupé d'une petite communauté. Et là-bas, je suis parvenu à oublier. Enfin presque... Les années passèrent, paisibles et sans relief. Un jour, au milieu des années 70, je fis la connaissance d'un homme âgé. Il était dans l'import-export de machines-outils. Un individu charmant... d'origine allemande. Peu à peu, nous nous liâmes d'amitié et ce que je devinais, il finit un soir par me le dire. Son passé le tourmentait. Il était rongé par les remords. Quelques mois après s'être confié à moi, il entra en agonie. Je lui ai tenu la main jusqu'au bout, car il n'avait ni femme ni enfant. Seulement des relations issues de la guerre, exilées comme lui en Amérique du Sud et qu'il ne voulait plus voir.

La croix gammée fit un bruit mat en retombant sur le sous-main de cuir du bureau.

– J'ai gardé cela en souvenir de lui. Quelle ironie..., conclut-il d'une voix faiblissante.

Il se fit dans la pièce un silence pesant.

En accélérant devant l'immeuble, un poids lourd, sans doute chargé d'une cargaison de métaux, provoqua un vacarme de convoi ferroviaire.

Le temps d'une brève sensation, les murs s'évanouirent autour d'eux, laissant place à un paysage de nuit.

Des rails écrasés par des wagons de marchandises.
Des sapins gris, une neige impure.
Des mains agrippées au barreaux des fenêtres du train.
Des yeux fiévreux.
Un convoi.

– Je suis revenu ici il y a quelque temps, après une longue, une très longue absence, reprit le rabbin pour dissiper le malaise ambiant. L'accueil n'a pas été celui que j'espérais, mais enfin...

Julie écoutait distraitement. Partir sans délai, et sans froisser le rabbin : telle était son unique préoccupation. Le temps filait et elle devait par conséquent lui arracher au plus vite l'information promise.

– Je suis assez mal vu par les autorités religieuses, se lamenta Rosenberg avant que Julie n'ait pu articuler le moindre mot. Je suis partisan de la modernisation du culte, d'un rapprochement avec nos cousins catholiques et même, c'est vous dire, favorable à ce que l'on lève une bonne fois pour toutes l'anathème sur les homosexuels... Nous sommes tous des créatures du Seigneur, n'est-ce pas ?

Daniel et Julie approuvèrent poliment.

– Et j'aggrave mon cas, mes enfants, en étant pacifiste ! Je fais partie de ces religieux qui pensent que la création de l'État d'Israël était une erreur...

– Parfait ! Vos scrupules vous honorent, décida de l'interrompre Daniel. Mais si vous voulez bien nous excuser, nous allons devoir prendre congé.

– Non, Dan, attendez, intervint Julie. Rabbin Rosenberg, vous m'avez dit que...

– Oui, oui... J'y viens. Victor a déniché un... *endroit.* J'aimerais être plus précis, mais je ne le puis. Ce « lieu », appelons-le ainsi, révèle des choses si troublantes qu'elles seraient à même de déstabiliser les intérêts de nombreuses puissances de ce monde. Sa portée historique serait dévastatrice. Le professeur Normandy l'avait baptisé le « mensonge de Dieu ».

– Et où ce « lieu » se trouve-t-il ?

– Vous n'en avez pas une petite idée, Julie ? demanda-t-il en bâillant.

– Pas la moindre…

– Dommage. Oh oui, vraiment do…

Ses paupières se refermèrent.

Il s'était endormi pour de bon.

Daniel et Julie l'observèrent encore un instant, puis sortirent sans bruit. Dans la salle d'attente, le Russe les attendait et les escorta jusqu'à la rue.

Ils avaient perdu leur temps chez le rabbin.

Un temps précieux.

Pourtant, quelque chose intriguait Julie.

Ronald Greenwood, le maître maçon, n'avait-il pas déjà attribué à son père une expression semblable ? Quelque chose comme « une cachotterie de Dieu ».

Or voici qu'elle était revenue sur les lèvres du vieil homme.

Plus prononcée.

Plus inquiétante encore.

Le mensonge de Dieu ?

38

Forteresse de Massada.
Mer Morte.
Une heure auparavant.

La main en visière, Jennifer Lee scrutait l'horizon.

Au nord et à l'est, une plaine de boue et de sel craquelait sous le soleil déclinant. Mètre après mètre, le massif rocheux qui bordait l'ouest de la mer Morte déroulait son ombre sur la vallée lunaire.

Jennifer Lee fit pivoter son corps finement musclé et offrit son visage au couchant. Dans la lumière rasante, ses yeux bridés ne cillèrent pas.

D'un bond, elle descendit du muret et parcourut les quelques pièces qui constituaient les restes de la garnison royale – des vestiges, à dire vrai, sauvés pendant des siècles du pillage grâce à la difficulté extrême qu'il y avait à gravir les quatre cents mètres de dénivellation. Elle s'arrêta dans l'une des salles, où l'équipe internationale qui conduisait la campagne de fouilles avait dressé son campement, pour enfiler une veste à manches longues sur son débardeur blanc et accrocher une gourde à son short.

– Professeur ! Ça y est, on les a ! cria Ilan, l'étudiant qui œuvrait sous les ordres de la belle quadragénaire, en trottant vers elle les bras encombrés d'un gros sac de jute brun.

Il se planta devant elle, l'air extatique, trempé de sueur, et lui fit admirer les dattes qui débordaient du sac.

– Regardez comme elles ont l'air appétissantes !

– Ce n'est pas un constat scientifique, répondit l'archéologue sur le ton de la réprimande.

Avant d'ajouter dans un petit rire :

– Notre devoir est de les goûter selon le protocole scientifique, Ilan !

Les autres membres de l'équipe, qui émergeaient péniblement de leur sieste – institution obligatoire l'après-midi dans cette région où la pluie est une anomalie et l'air frais une légende –, accoururent à leurs côtés, suivis des ouvriers et des terrassiers. Une vingtaine de personnes entouraient à présent le jeune homme, qui fit une distribution générale.

– On les déguste tous ensemble ! ordonna Lee.

Quand chacun fut doté, elle donna le signal. Tous engloutirent le fruit avec avidité et échangèrent des regards émerveillés.

– Délicieuses..., commenta Jennifer. Vraiment délicieuses ! Ilan, tu féliciteras l'équipe au sol. Ils ont fait un travail incroyable dans le verger !

L'équipe au sol désignait ceux d'« en bas », car une fois installés sur la montagne, les résidents du plateau de Massada avaient tôt fait de ne plus se considérer tout à fait sur terre. Ils tâchaient d'endurer les journées accablantes et les nuits glaciales. Quant au verger, il s'agissait d'une initiative de la brillante universitaire à son arrivée en Terre sainte, bien avant que ne lui fussent confiées les clés de la forteresse de Hérode.

C'était voilà bientôt cinq ans.

Après des fouilles près de Tibériade, dans le nord, puis à Megiddo dans la plaine centrale d'Israël, là où les Évangiles situent la bataille de la Fin des Temps, la jeune prodige de l'université de Pennsylvanie avait été invitée par ses confrères à admirer la restauration des parties privées de la résidence royale de Massada, ainsi que des entrepôts dont les murs avaient été relevés et marqués tout du long d'un trait de charbon indiquant l'endroit où la pierre d'origine rejoignait l'ajout moderne.

Jennifer Lee ne dérogeait en aucune circonstance à la rigueur scientifique. Mais sa profonde attirance pour les sites bibliques, nourrie d'une foi chevillée au corps, lui conférait une énergie inépuisable que peu de ses collègues pouvaient égaler. Et cette visite, programmée pour durer quelques heures, s'était éternisée plusieurs jours.

L'épisode tragique de la chute de Massada, célèbre dans le monde entier, n'était pas ce qui la captivait le plus en ces lieux. Bien sûr, la résistance des derniers Zélotes, retranchés dans l'ancien palais et repoussant les assauts des légions romaines, avait marqué son imagination.

Un siège de sept mois, la faim, la soif, l'angoisse de familles entières refusant le joug de l'Empire. Et puis, l'idée diabolique des envahisseurs : bâtir une rampe d'accès, et la faire construire par des prisonniers hébreux, afin que les insurgés ne puissent empêcher les travaux en les tuant de flèches ou de cailloux.

Et au final, l'assaut des légionnaires.

La découverte de ruines silencieuses, fumantes, jonchées de cadavres.

Des cadavres par centaines : plutôt que de se rendre, plutôt que d'accepter l'esclavage, les Hébreux s'étaient suicidés en masse.

Non. Ce qui excitait par-dessus tout Jennifer Lee était d'arriver à percer le mystère de Massada. C'est-à-dire le *lieu* choisi pour sa construction.

À l'évidence, la place était impossible à prendre par les armes si elle était défendue par des troupes aguerries et convenablement ravitaillées. Le choix originel était donc sensé.

À un détail près : la forteresse inexpugnable ne contrôlait rien. Strictement rien.

De ses remparts, on envisageait la vallée, et aucun mouvement, militaire ou marchand, ne pouvait certes lui échapper. Mais le temps de dévaler ses flancs abrupts, il aurait été difficile de rattraper quiconque remontait vers Jérusalem. Aussi, l'intuition de Jennifer était que la montagne avait été investie à d'autres fins.

Pour se protéger des révoltes de la populace ? Ce n'était pas impensable, en ces temps de soulèvements récurrents : si les Juifs n'avaient pas inventé la démocratie, ils détestaient de toutes leurs fibres la tyrannie, et la dynastie des Hérode l'avait appris à ses dépens.

Le professeur Lee nourrissait une autre hypothèse. Beaucoup plus incroyable. Mais, en l'absence de découvertes archéologiques probantes, elle avait gardé le silence sur la question. Jusqu'au jour où son chemin avait croisé celui de son aîné dans l'art de faire parler le passé : Victor Normandy.

Ce jour-là, après une longue conversation, la joie fit bondir son cœur devant la validation de son hypothèse.

Joie de courte durée.

Car l'effroi en fut *aussi* la conséquence logique.

– Tu les préviens que je descendrai mercredi, précisa Jennifer à son jeune assistant qui s'apprêtait à repartir. Mais pour l'après-midi seulement. Le site sera à nouveau accessible aux touristes dans quinze jours, nous devons mettre les bouchées doubles si nous voulons avoir fini d'ici là.

– Ok. De toute façon, je serai de retour après le crépuscule avec un ouvrier. Il fera moins chaud et on pourra commencer à installer le relais.

– Et envoyer des sms à nos *sweethearts*, n'est-ce pas ?

Ilan ne contesta pas. Comme tous les autres, il serait soulagé de n'être plus coupé du monde. Massada était un décor somptueux. Mais peuplé de fantômes. Un site unique au monde, classé par l'Unesco en 2001. Mais qui n'avait connu que la guerre, la folie et la mort. Un lien permanent avec le monde des vivants serait apprécié de tous, ici.

La scientifique traîna le sac de dattes jusqu'à l'intérieur. Une fois assise sur son lit de camp, elle en reprit une, qu'elle mangea avec délectation. L'équipe du « verger » – une serre de haute technologie – avait décidément dépassé toutes ses espérances.

Lors de sa première venue, elle avait remarqué au fond d'une jarre des noyaux de dattes pétrifiés dans les dépôts de sable. Elle eut une idée que ses confrères, qui n'avaient d'égards que pour les *choses mortes*, n'auraient jamais eue.

Les replanter.

Les faire croître.

Et savourer les mêmes fruits que les tout derniers habitants de la forteresse.

Dégustant lentement la pulpe du fruit deux fois millénaire, elle s'approcha de l'une des fenêtres qui donnaient sur la vallée de sel et de soufre.

Elle passa devant la stèle exhumée la veille. Un sceau de Salomon – ou étoile de David – formé d'un triangle blanc tourné vers le ciel et d'un autre, noir, pointé vers le sol.

Les mains crispées sur le parapet, elle se pencha vers le vide : face à elle, l'étendue sans vie que les Anciens appelaient le lac Asphaltique flottait comme une énigme.

Les questions étaient toujours les mêmes, qui lui vrillaient l'esprit.

De qui avait-on cherché à se protéger ici, à Massada ?

Qui était-on venu y surveiller, de jour et de nuit ?

Face à elle, il n'y avait que la mer Morte, grise, immobile, qui formait l'endroit le plus bas de la planète.

Le plus éloigné du Ciel, aussi.

39

Nouvelle Porte.
Jérusalem.
16 h 40.

Une fois franchie l'arcade de la Nouvelle Porte, Julie et Daniel se frayèrent tant bien que mal un chemin dans la foule. Des grappes de touristes et de pèlerins emplissaient la Vieille Ville, nez en l'air, cherchant des traces miraculeuses sur les antiques façades, chinaient les magasins à souvenirs, ou bien tournaient en rond, désorientés, égarés loin de leur groupe. La cohue était telle que sans jouer des coudes on ne pouvait guère progresser dans l'étroite voie que rétrécissaient encore les marchandises étalées jusque sur le trottoir et les larges sacs de graines et d'épices posés devant les commerces.

L'air était sec, embaumant le cumin et les petits pains que des colporteurs proposaient sur leurs paniers, et bruissait d'une rumeur où le brouhaha des négociations se mêlait aux prières lointaines.

Arrivé à un angle, Daniel pointa la ruelle de gauche qui filait vers l'est, pour se fondre dans la Via Dolorosa.

– Par là.

– Dan, on peut s'arrêter cinq minutes ? Je n'ai rien mangé depuis hier, dit Julie devant un petit café où de vieux messieurs jouaient au backgammon en buvant du thé à la menthe, sous des reproductions de La Mecque et des versets du Coran.

– Volontiers, répondit-il en la précédant pour jeter un œil à l'intérieur.

Le café ressemblait à ceux de tous les pays du Levant : des néons hésitants, quelques tables en plastique, des chaises dépareillées et, derrière le comptoir, le patron, un rondouillard moustachu qui chassait les mouches avec son torchon, convaincu par avance de l'inanité de ses efforts. Il leur adressa un sourire de bienvenue.

– Que voulez-vous, mes amis ? s'enquit-il en anglais.

– La carte, répondit Daniel en hébreu.

Julie nota un léger raidissement chez le restaurateur. En un tour de main, il déposa néanmoins sur la table une feuille plastifiée.

– Dites donc, vous pourriez être moins lapidaire, dit-elle à Dan à voix basse.

– Vous me faites confiance ? fit-il. Je veux dire : pour notre collation ?

Elle opina. Daniel passa commande :

– Deux pitas, une assiette de houmous, une salade tomates et oignons, un citron coupé en quatre et deux Fanta orange, s'il vous plaît..., articula-t-il exagérément.

– Dan, nous ne sommes pas en uniforme, là ! Je vous ai déjà trouvé un peu rude chez ce pauvre vieux rabbin...

Daniel haussa les épaules.

– Vous savez à quel genre de mouvement appartient probablement ce « pauvre vieux » ?

– C'est un libéral qui...

– Non ! s'emporta Daniel alors que le patron déposait deux canettes de Fanta perlant de fraîcheur. Je l'imagine très bien dans les rangs de Natourei Karta ou de cinglés du même acabit !

– *Natura* quoi ?

– Natourei Karta : c'est un groupuscule de déséquilibrés

déguisés en rabbins – enfin, quand ça les arrange ! – et qui vont de Damas à Téhéran baiser les babouches de tous les dictateurs du coin en proclamant qu'ils récusent la création de l'État d'Israël par l'ONU en 1948. Et vous savez pour quelle raison ? Seul le Messie étant censé relever le royaume, tant qu'il n'est pas venu, les Juifs doivent donc restés privés de foyer national. Et si dans leur errance, sans refuge ni frontières, ils subissent pogroms et persécutions, tant pis ! Telle est la volonté de l'Éternel !

– Je ne savais pas…

– Eh bien, maintenant vous savez, lâcha-t-il en décapsulant nerveusement son Fanta. Il y a moins de Juifs dans le monde que de musulmans dans la seule banlieue ouest du Caire : alors les prétendus rabbins qui estiment urgent de débiner leur petit pays, je ne les tiens pas dans une très haute estime ! Et autre chose encore, Julie : ici, nous ne sommes pas attablés au Café de la Paix, place de l'Opéra, à Paris. Nous sommes à Jérusalem. Ma manière de parler et de faire, je vous demanderais donc de la juger avec un peu plus de recul.

Julie leva la paume des mains en signe d'armistice. Les plats disposés devant eux, ils les attaquèrent avec une bonne humeur vite retrouvée.

Quelques bouchées plus tard, Julie l'interrogea, les lèvres luisantes de houmous.

– Vous partagez l'optimisme du colonel Cohen ?

– Sur le fait que votre père soit encore en vie ?

– Oui…

– Certain ! Que veulent ses kidnappeurs ? Une information. L'ont-ils ? Non. Donc ils le garderont en vie encore quelques heures pour le faire chanter, puisqu'il refuse de parler.

Encore quelques heures ?

Un frisson parcourut la jeune femme. Le bien-être que venait de lui procurer cette pause s'était subitement estompé.

– Comment comptent-ils exercer un chantage sur lui ? reprit-elle en affermissant sa voix.

Daniel reposa sa boisson et fixa sa compagne.

– En mettant la main sur vous. En vous conduisant à lui. En le menaçant de vous torturer s'il s'obstine à ne pas leur révéler ce qu'ils veulent savoir. Et croyez-moi, j'en ai vu des choses avant de quitter ce pays, avant d'oublier l'armée et de ne plus me consacrer qu'au violon… Mais la plus horrible d'entre toutes, c'est une mère et/ou un père qui réalise que des terroristes vont tuer son enfant sous ses yeux. Le plus courageux des parents ne peut supporter ça. Leur calcul est donc le bon : s'ils vous attrapent, le professeur Normandy parlera plus sûrement que si on lui arrachait les ongles un à un avec une pince rouillée…

Julie chassa la vision d'une grimace. Elle était épouvantée à la perspective de devoir à la fois traquer les ravisseurs de son père *et* leur échapper.

D'être tour à tour la chasseresse et la proie.

De vraies vacances…

Mais celle qui, hier encore, était un rat de bibliothèque timoré, voilà que la Terre sainte la métamorphosait progressivement. C'était dit : jamais plus elle ne céderait à la panique. Pas maintenant. Pas ici. Celui qui lui avait donné la vie, elle allait la lui sauver. Quel qu'en soit le prix.

Elle serra les dents.

– Ce qui me rend perplexe, tout de même, c'est la multiplication des pistes qui se présentent devant nous. Selon les uns, Victor a été capturé pour des raisons politiques, selon les autres, pour des raisons religieuses, ou encore pour d'incompréhensibles raisons liées à un trésor archéologique…

– Un *lieu* archéologique, la corrigea Daniel en déposant un billet sur la table.

– J'ai aussi la fâcheuse impression que tous nos interlocuteurs se soucient moins de la sécurité de mon père que de m'arracher la localisation de cet « endroit » mystérieux.

– Sans blague ? ironisa Daniel en se levant. C'est l'évidence, Julie : ils jouent tous leur carte. Amis, faux amis, presque amis : ils crèvent d'envie de savoir. Bienvenue au Moyen-Orient !

– Mais de savoir quoi, enfin ? Ce pays est sillonné depuis des millénaires, chaque endroit est connu et porte même plusieurs noms ! Il a été envahi, conquis, reconquis par à peu près tout le monde, des Arabes aux croisés, des Britanniques aux Turcs : quel lopin de terre peut-il encore rester inconnu des cartographes ? Et je ne vous parle pas des dizaines de satellites qui passent au-dessus de nos têtes en ce moment même…

Daniel haussa les épaules.

– C'est assez déroutant, en effet, lâcha-t-il en bousculant deux touristes français râlant sur le plan de la ville qu'ils tenaient à l'envers. Prions pour que le père Tassa nous en apprenne un peu plus.

Dirigeant leurs pas vers le Saint-Sépulcre, ils se noyèrent dans le flot de la Via Dolorosa.

Sans payer, un homme abandonna le thé auquel il n'avait pas touché et quitta le fond du café voisin, faisant craquer les vertèbres de son cou sous la capuche sombre de son survêtement.

40

Place du Saint-Sépulcre.
Jérusalem.
16 h 51.

La minuscule place du Saint-Sépulcre était noire de monde. On parvenait à peine à voir la base des bâtiments de pierre ocre que le soleil couchant rougissait, tant il y avait de pèlerins assis par terre et sur les marches des édifices.

Daniel désigna à Julie l'angle gauche de la place : au pied d'une tour de style romain, deux ogives encadraient les portes du lieu saint – l'une était murée. À l'étage supérieur, comme un écho architectural, deux grandes fenêtres étaient elles aussi surmontées d'ogives de pierre de Jérusalem. Coiffant discrètement l'édifice, deux dômes bleu-gris d'inspiration byzantine surplombaient la placette.

– Regardez, Dan, fit Julie en levant le nez, c'est curieux. Cette échelle fixée sur la façade, au-dessus de la porte murée, à quoi peut-elle bien servir ?

Daniel scannait la foule, sur ses gardes, et n'entendit pas la question.

À leur droite, juché sur un petit escalier conduisant à un portique soutenu par de lourdes colonnades et ouvert au jour par des baies grillagées, se tenait un fort bel homme en soutane, grand et blond, qui conversait avec un pope ventru, la barbe en broussaille. Son regard et celui de Julie se croisèrent.

Il lui sourit et quitta le prêtre orthodoxe en lui tapotant l'épaule.

– Ne me dites pas que c'est votre genre ? grinça Daniel.

Julie le dévisagea tandis que le père Tassa s'approchait, la main tendue.

Jaloux ?

– Julie Normandy ! devina le prêtre en se fendant d'un sourire.

– Elle-même, répondit Daniel en passant le bras autour des épaules de la jeune femme.

Après s'être délicatement dégagée, Julie fit les présentations :

– Mon père, je vous présente Daniel, qui m'accompagne. Daniel, Mario Tassa.

– Enchanté, déclara le prêtre en les entraînant vers l'entrée du sanctuaire. Venez, nous serons plus au calme à l'intérieur. J'étais du reste en train de négocier avec le représentant de l'Église grecque pour que vous puissiez entrer…

– Ils ferment ?

– Non. Mais vous savez, ici rien n'est simple. Chaque culte chrétien a son tour de garde et on ne plaisante pas avec les prérogatives des uns et des autres. Les ordres se mélangent comme l'architecture : un peu romane, un peu gothique, un peu byzantine, un peu médiévale… Et pour couronner le tout, la sécurité est assurée par les Israéliens et les clés, toutes symboliques je vous rassure, sont depuis l'époque du sultan kurde Saladin entre les mains d'une vieille lignée musulmane.

– L'union sacrée, en somme ! plaisanta Daniel.

– Mais si tous collaborent, l'union sacrée contre quoi ? demanda Julie sur le même ton.

Le prêtre s'immobilisa. Son visage venait de perdre l'air détendu qu'il s'était composé à leur arrivée.

– Contre quoi… ou contre qui ? crut-elle l'entendre murmurer dans la rumeur de la foule.

À l'entrée, ils retrouvèrent le moine grec qui les salua

chaleureusement, les mains croisées sur son aimable panse, la barbe constellée de miettes.

Julie fut surprise par l'atmosphère du Sépulcre.

Il y faisait sombre, en l'absence de vitraux, et dans l'air flottait une odeur de moisi. Des nuées de fidèles marchaient en tous sens, caméscope au poing, ne semblant respecter aucun itinéraire – ici, une Portugaise pleurait à chaudes larmes sous sa mantille ; là, une bande de touristes australiens en tongs prenaient la pose ; et partout on se bousculait mollement entre les chandeliers et les encensoirs, en prenant garde de ne pas heurter dans la pénombre un pilier ou un angle de mur. Elle n'imaginait pas ainsi l'église la plus sacrée de toute la chrétienté : étouffante, tordue, presque sinistre.

– Nous allons descendre dans l'une des chapelles souterraines, interdite au public, et qui intéressait tout particulièrement votre père, expliqua Tassa alors que, fendant les rangs des visiteurs, ils passaient devant un rocher dans une vitrine de verre.

– Qu'est-ce que c'est, mon père ? demanda Julie.

– Officiellement ? Le Rocher du Crâne.

– Du... crâne ?

– Le *Golgotha*, là où Jésus aurait expiré sur la croix.

Tendant la tête au-dessus des pèlerins, Daniel examina le rocher, qui semblait enduit de plâtre verni. Il ne fut pas plus convaincu que le père Tassa par l'authenticité du gros morceau de pierre sous cloche.

Ils franchirent un cordon, puis, parvenus devant un renfoncement ceint de boiseries, ils descendirent une volée de marches. Une lourde grille aux gonds pris par la rouille barrait le chemin.

– Le professeur Normandy était obnubilé par cette grotte, souffla Mario en se débattant avec la serrure dans laquelle il venait d'introduire une clé longue comme un avant-bras. Mais il se trompait. Ce n'est pas *ici*...

La grille céda et pivota en crissant.

– Venez, commanda-t-il en allumant une lampe de poche. Et, de grâce, faites attention aux marches !

L'escalier, taillé à même la roche, évoquait plus celui, étroit et tortueux, d'un château fort que celui d'une église. Les marches, usées en leur centre par des siècles d'allées et venues, étaient humides et glissantes. Ils avançaient à tâtons, l'un derrière l'autre, s'appuyant avec précaution aux murs suintants.

– Je me posais une question, mon père...

– Oui ?

– Pourquoi a-t-on fixé une échelle sur la façade du Saint-Sépulcre ? Elle est inaccessible et ne mène nulle part...

Mario Tassa marqua une pause dans la descente.

– Quand nous serons parvenus en bas, dit-il, je vous en dirai sur cette étrange échelle un peu plus.

Un peu plus, mais certainement pas la vérité...

41

Chapelle copte de Saint-Michel.
Jérusalem.
Au même moment.

Accentuant la pression sur le cordon de chanvre, l'Assassin était partagé entre le fou rire et le courroux.

Il y avait parfois des exécutions ridicules.

Les yeux révulsés, râlant et gesticulant, le vieux moine égyptien avait planté ses ongles dans les phalanges de son agresseur dans l'espoir de lui faire lâcher prise.

Évidemment, si le religieux avait assisté, une vingtaine d'années auparavant, aux sessions de formation d'Alamut et vu la plus féroce des jeunes recrues de l'Ordre étreindre les taurillons, les contraignant à s'incliner par la seule puissance de ses bras graciles, avant de les étrangler dans le silence stupéfait de l'arène, jamais il n'aurait pris la peine de se débattre. Il serait passé directement à ses dernières prières.

– Mais cesse donc de frétiller comme une anguille, homme de Dieu ! finit par cracher l'Assassin dans l'oreille de sa victime suffocante. Tu passes ta vie en prières imbéciles à l'idée de rejoindre ton Créateur, et moi...

Appuyant son genou entre les omoplates du malheureux, il exerça une pression brutale vers l'avant tout en tirant, en sens inverse, le cordon de la tunique avec lequel il l'étranglait.

– ... et moi, j'accélère l'heure de votre rencontre !

Le cou craqua avec un bruit de planche vermoulue.

Le copte tomba comme une poupée de chiffon sur le sol en tomettes.

Une volée de cloches sonna derrière la cloison, faisant vibrer les murs de la chapelle.

De l'autre côté du bâtiment, les fidèles se précipitaient pour assister à l'office des vêpres.

Camouflé sous la bure subtilisée au cadavre, qu'il venait de dissimuler dans l'un des placards de la remise, l'Assassin ouvrit calmement la porte de bois sculptée qui menait au sanctuaire.

Une jeune Philippine passa devant lui et lui sourit en inclinant la tête.

D'un signe de la main, il la bénit.

Puis, d'un pas rapide, le visage dans l'ombre de sa capuche, il se faufila parmi les pèlerins du Saint-Sépulcre.

42

Saint-Sépulcre. Chapelle souterraine.
Jérusalem.
16 h 59.

Le père Tassa, agenouillé devant l'autel, tête contre la pierre, finissait de psalmodier.

Une main sur la cuisse, il se redressa et se signa.

– Amen.

– Amen, répéta Daniel.

Julie fut agréablement surprise par ce qu'elle perçut comme une manifestation de courtoisie.

Mario posa la paume sur son épaule.

– *Amen* est un mot hébreu, à l'origine…

– Un acronyme, précisa Daniel. La réunion des premières lettres de trois mots hébreux.

– Qui signifient ? demanda la jeune femme.

Daniel jeta un œil à sa montre.

– Je crois que ce n'est ni le lieu ni l'heure… Mon père, si vous nous disiez ce que cet endroit a de si particulier aux yeux du professeur Normandy ?

– Victor a réorienté depuis plusieurs mois ses recherches archéologiques dans une direction plus… hum ! disons, religieuse.

– Religieuse ?

– Il a acquis la conviction que ce que racontent les textes bibliques contient davantage qu'un simple fond de vérité historique. Y compris les passages les plus délicats à croire pour un scientifique. La Genèse, l'Exode, les miracles de Jésus... Il me questionne sans cesse sur ces thèmes afin de les confronter aux connaissances avérées. Nos conversations ont progressivement débouché sur un point qu'il tient pour, je le cite, « invraisemblable ».

– Lequel ? interrogea Julie.

– Eh bien, ce serait assez long à résumer, mais...

Le prêtre hésitait à poursuivre.

– Mais ? insista Julie.

– Votre père ne croit pas à la *sainteté* de Jérusalem.

– Comment cela ? s'étonna-t-elle.

– Historien de formation, il trouve dans le passé de la ville trop de violence, trop de déraison pour la considérer comme une cité bénie de Dieu. À dire vrai, il n'est pas loin de la tenir pour *maudite*.

– Maudite ? Mais en quoi ?

– Le professeur Normandy, répondit Tassa en choisissant ses mots, estime que Dieu a caché quelque chose aux hommes au sujet de Jérusalem.

Julie frissonna.

Caché...

Cachotterie.

Mensonge.

– Tout cela est un peu savant pour moi, qui n'entends rien à la théologie, intervint Daniel. Plus concrètement : le professeur cherchait un « lieu », n'est-ce pas ? Quelle est la nature de ce lieu ? Et où se trouve-t-il ?

– Son emplacement m'est inconnu, je vous l'assure, répondit de bonne foi le père Tassa. Victor est obnubilé par les grottes, les souterrains, les tunnels... La chapelle où nous sommes, il l'a explorée en tous sens, pendant des nuits entières, manquant de déclencher des incidents avec les autres religieux. Il n'a rien trouvé.

– Mais à la fin, allez-vous nous dire ce qu'il cherchait ? s'échauffa Daniel. Un homme a été enlevé, mon père, et cet homme compte parmi vos amis, si je ne m'abuse… Alors, assez de mystères ! Une bonne fois pour toutes : que cherchait Victor Normandy ?

Le jeune religieux s'adossa à l'autel et ferma les paupières une seconde.

Aidez-moi, Père !

Ne laissez pas la peur desceller mes lèvres.

Ce serait les envoyer à la mort.

– Je n'étais pas exactement dans la confidence…, bredouilla-t-il.

Il mentait.

Et mal…

Parce que tout son être y répugnait.

– Venez, Julie, nous avons mieux à faire ailleurs, dit sèchement Daniel.

– Un instant…, murmura le prêtre. Victor est venu deux fois en compagnie de l'un de ses confrères. Un dénommé Hegel, Peter Hegel.

– L'universitaire allemand ?

– Oui, c'est ça.

– Il est porté disparu depuis plus de quarante-huit heures, lui dit Julie. Je doute donc qu'il nous soit d'une grande utilité.

– Lui aussi ! déplora Tassa. Peut-être s'est-il mis *à l'abri* ?

– Mais à l'abri de quoi ? de qui ? Qu'est-ce qui se passe dans cette ville ?

Le représentant du Pape ne répondit rien. Ses lèvres bougeaient comme s'il récitait une prière inaudible.

Il serra les poings.

– Il est des choses que j'ai interdiction de révéler. Mais je vais vous aider. Peter Hegel est un spécialiste de la Kabbale, c'est-à-dire la science des interprétations de la Bible. C'est un érudit, un homme sérieux, pas l'un de ces farfelus qui font dire aux textes saints tout et son contraire. Début août, votre père m'a informé que Hegel, installé en Israël depuis 1989, avait déniché une pièce qui passe pour une légende dans le milieu de l'archéologie : une *scytale* de l'époque messianique.

– Une… quoi ? fit Daniel.

– Une scytale, ou bâton de Plutarque, expliqua Julie, qui avait déjà eu maintes occasions d'étudier l'objet au Louvre. Un morceau de pierre ou de bois taillé avec minutie qui permettait, si l'on enroulait autour de lui la lanière de cuir qui lui correspondait, de déchiffrer le texte codé rédigé sur celle-ci. Les scytales ont été mises au point à Sparte pour acheminer les messages secrets. Or la légende veut que l'une de ces scytales ait été utilisée par le Christ la nuit de son arrestation, poursuivit le prêtre dont les mains tremblaient. Un manuscrit trouvé à Qumran mentionne la lanière de cuir où aurait été gravé un texte qui devait décider du sort de Jérusalem… et des hommes.

– Mais pourquoi Jésus aurait-il eu recours à un instrument grec ? demanda Julie.

– La Judée était depuis longtemps soumise à l'influence hellène. En faisant le choix d'un instrument de cryptage étranger, on s'assurait que les bandits de grand chemin ou les Zélotes, qui quadrillaient le pays, ne comprendraient pas le message du parchemin. Or donc, Hegel aurait eu en sa possession cet outil de décryptage, ce qui réjouissait au plus haut point votre père. Il prétend que, muni de la scytale et du texte rédigé par Jésus, il est possible de trouver… eh bien, de trouver l'endroit qu'il cherche fiévreusement. À l'en croire, lui et son confrère allemand détiennent enfin « l'ordinateur pouvant lire le disque ».

Ils restèrent songeurs quelques secondes. Daniel, revenu près de l'escalier, consultait avec ostentation sa montre.

– Quand bien même tout cela aurait un sens, je ne vois pas

comment cela nous aidera à retrouver mon père, répondit Julie d'un ton abattu.

– Il faudrait joindre Hegel, mais il ne répond plus au téléphone, alors..., soupira le prêtre.

– Vous avez son numéro ? intervint Daniel.

– Oui, bien sûr.

– Donnez-le-moi, nous allons nous débrouiller.

Mario Tassa sortit de sa soutane un petit calepin de moleskine rouge et dicta le numéro à Daniel, qui l'enregistra sur son portable.

– Merci, mon père. Nous devons partir maintenant.

– Je vous raccompagne.

Ils gravirent l'escalier. Arrivée à la lourde grille, tandis que le prêtre réintroduisait la clé, Julie l'interrogea de nouveau :

– Et cette échelle ?

– Ah oui ! J'allais oublier...

Il ferma la porte à double tour.

– Afin d'éviter que les divers ordres chrétiens qui ont la garde de la tombe de Jésus ne se déchirent – et, hélas ! ils le font à la moindre occasion –, une règle a été instaurée en 1852. Un statu quo qui réglemente scrupuleusement les horaires de chacun, leurs missions, leurs droits et ainsi de suite. Au moment de l'accord œcuménique, des travaux étaient en cours. Pour symboliser le statu quo, c'est-à-dire la volonté de chacun de renoncer aux affrontements fratricides en ne remettant plus le moindre détail en cause, on laissa donc symboliquement cette échelle sur la façade.

– Eh bien ! Le lieu où repose le Christ n'est pas de tout... repos, plaisanta sombrement Julie.

Le visage du père Tassa se ferma. Il baissa la tête.

– Je vous souhaite bonne chance, Julie, dit-il. En cas de besoin, n'hésitez pas.

Ils se serrèrent la main.

Daniel et Julie regagnaient la partie centrale du Sépulcre quand Mario les rattrapa dans l'allée.

– Une chose encore..., dit-il, essoufflé.

– Oui, mon père ?

– Regardez mieux la façade...

Sur cette parole énigmatique, il rebroussa chemin au milieu des touristes qui investissaient la galerie à présent que les vêpres étaient achevées. Insensibles à l'émotion de la foule devant les fresques murales et les plafonds byzantins, Daniel et Julie se précipitèrent dehors.

Une fois la placette traversée, ils se retournèrent et détaillèrent la façade du Saint-Sépulcre.

– Vous voyez quelque chose de particulier ? demanda Julie.

– Pas vraiment...

Le soleil avait disparu et les chapelles qui bordaient la place semblaient uniformément lisses et grises. Les fenêtres de l'étage supérieur étaient à présent éclairées par des candélabres, reléguant l'échelle dans l'ombre. Sur le toit du sanctuaire, accoudé au plus petit des dômes de zinc, un prêtre éthiopien observait les touristes.

– Si ! Regardez ! cria soudain Julie.

Daniel fit un effort de concentration.

En vain.

– Je ne vois rien...

– Les portes, Dan, les portes !

À l'entrée de la dernière demeure du Christ se dressaient en effet deux portes majestueuses.

L'une ouvrait le passage aux croyants.

L'autre était *murée.*

43

Via Dolorosa.
Jérusalem.
17 h 11.

Daniel régla les cornets en papier journal et laissa la monnaie au gamin, auquel il trouvait une bonne bouille.

À deux mètres de lui, encerclée d'Italiens qui négociaient une des icônes exposées sur les marches d'un magasin de souvenirs, Julie était en conversation téléphonique avec Ibrahim Alush. Elle informait l'antiquaire de leur retard probable en picorant des amandes grillées.

La chose faite, elle revint vers Daniel.

– On y va à pied ?

– On récupère d'abord la voiture. On essayera de la garer un peu plus haut, vers l'est, près de la porte de Damas. Le quartier d'Al-Muazmiya est derrière le mont du Temple, côté musulman. Je préférerais que nous ne soyons pas trop loin du véhicule, au cas où…

Julie acquiesça et lui emboîta le pas.

La Vieille Ville se coulait dans la nuit. L'air, déjà un peu moins lourd, portait des odeurs de cuisson et de terre. Les premières étoiles apparaissaient. Dans les districts juif et musulman, magasins et bureaux étaient clos. Seuls les Arabes chrétiens, majoritaires autour du Saint-Sépulcre, maintenaient ouverts leurs commerces, pour la plus grande satisfaction des touristes et des flâneurs.

– Nous allons essayer d'en savoir un peu plus sur ce Hegel, dit Daniel alors qu'ils arrivaient en vue de la Nouvelle Porte.

– Comment ?

– Laissez-moi faire.

Sous le portique dédié au Kaiser, une patrouille de soldats vérifiaient les papiers de colporteurs. L'un d'eux, en djellaba jaune, le visage bistre et grêlé, prenait le ciel à témoin en poussant des cris aigus : ses beignets allaient refroidir et le restaurant de l'American Colony, auquel il devait les livrer, ne les accepterait plus. Impassible, une soldate vérifiait son identité par radio.

Julie allait faire une remarque, mais elle s'en abstint : elle se sentit brusquement très européenne, loin des réalités d'un pays marqué dans sa chair par les attentats à répétition. Des bus scolaires pulvérisés et des boîtes de nuit réduites en cendres chaque semaine, voilà qui aurait rendu paranoïaque jusqu'à la police canadienne.

Sans prêter la moindre attention à l'attroupement qui prenait fait et cause pour le livreur, Daniel avançait, téléphone en main.

– Mike ? C'est moi…

Ils franchirent les remparts. La voiture n'était plus qu'à une centaine de mètres.

– Je cherche un certain Peter Hegel. Oui, l'universitaire dont nous a parlé le Colonel…

Julie se cramponna à lui, évitant un scooter qui se faufilait entre les piétons.

– J'ai son numéro de portable. Tu peux le localiser ? Alors, note…

Au sein de la Ruche, l'ordinateur de Tamar, la responsable du poste Aleph, ronronnait en faisant tourner les données.

– Les trois dernières communications datent d'il y a deux jours, l'informa la jolie brune.

– Mais encore ? fit Mickaël.

– Uniquement des appels sortants. Émis depuis Jérusalem nord-ouest, dit-elle en effleurant l'écran de son ongle verni aux couleurs de la Jamaïque. Autour de ce relais, ici, tu vois ?

– Précision ?

– Cent mètres.

– J'ai besoin d'une localisation dans un rayon de dix mètres, Tamar. Combien de temps ?

– En prenant le risque d'abîmer le travail de ma manucure, vingt secondes. Sinon, une minute ou deux...

Mike lui fit un clin d'œil.

– Tout travail mérite respect. Je patienterai.

Il composa le numéro de son frère.

– Bingo ! Ces nouvelles machines sont vraiment des monstres ! s'exclama alors Tamar. Voici le relevé satellite...

D'un mouvement chassant de l'index et du pouce, elle zooma sur un pâté de maisons.

– Le dernier appel a été passé à l'intérieur de cet immeuble. Là.

Une fenêtre s'ouvrit, avec la description et les coordonnées du bâtiment.

– C'est bizarre ton truc, Mike...

– Pourquoi, ma belle ? demanda-t-il en se penchant sur l'écran.

– Parce que c'est un...

– Un quoi ?

– Un asile de fous.

44

Centre psychiatrique.
Jérusalem.
17 h 46.

La crise avait éclaté sans que rien l'annonce. Subitement, sur la voie Rabin, Julie avait mis ses lunettes de soleil avec fébrilité. Quelques secondes plus tard, ses nerfs lâchaient.

Un rire nerveux la secoua, entrecoupé de larmes.

– Vous voulez qu'on s'arrête ? proposa Daniel.

Partagée entre l'hilarité et la détresse, elle répondit d'une voix hachée :

– Non ! On continue. C'est juste mon système qui procède à une petite… mise à jour.

Daniel accéléra vers leur destination, laissant sur son flanc sud la Knesset, le parlement israélien, et un peu plus bas encore, ceinturé de bois, le Musée biblique.

– En même temps, renifla Julie en se mouchant, il y a une certaine logique : une histoire de fous qui nous conduit tout droit à un hôpital psychiatrique…

Daniel sourit sans détourner la tête de la route. Ce qui l'inquiétait davantage que cette nouvelle et déroutante piste, c'était la confidence que Mickaël avait profité de son appel pour lui glisser : les recherches patinaient.

Rien.

– Nous arrivons, Julie.

L'entrée de Kfar Shaul – littéralement, le village de Saul – était semblable à celle de nombre de bourgades encerclant la Ville sainte. De petites maisons coquettes et uniformes, des bâtiments de deux ou trois étages en pierre brute et claire, et partout des arbres, obsession nationale.

Plusieurs panneaux les guidèrent sans difficulté devant l'établissement médical. Daniel gara la Ford à cheval sur le trottoir, sous la protection d'un sapin.

– Vous allez tenir le coup, Julie ?

– N'accordez pas trop d'importance aux larmes féminines, jeune homme, ronchonna-t-elle. Ce n'est qu'une manière de réguler le stress, bien plus sophistiquée que la vôtre...

Le directeur du Centre psychiatrique les attendait devant la barrière de l'hôpital en compagnie d'un surveillant. La soixantaine sportive, le cheveu souple et encore brun, il ressemblait à un ancien champion de tennis. Il les salua avec empressement :

– Vous avez été annoncés en haut lieu, je suis donc ravi de vous recevoir ! Je suis le docteur Einstein.

– Comme le... ? commença Julie.

– Aucun rapport, répondit aussitôt le médecin avec un sourire lassé. Simple homonymie.

La barrière franchie, il les fit passer devant la guérite de sécurité et les mena jusqu'à l'entrée principale d'un immeuble grisâtre aux lignes fonctionnelles.

– J'imagine que vous savez où vous vous trouvez ?

– Vaguement..., dit Daniel.

– Au Paradis, à en croire le nombre de prophètes que nous avons ici, plaisanta Einstein. Le Centre de Kfar Shaul soigne les patients atteints du « syndrome de Jérusalem ».

– C'est-à-dire ? demanda Julie en entrant à sa suite dans le hall que n'éclairaient que des veilleuses.

– Le syndrome de Jérusalem a été identifié dans les années 70, expliqua le directeur sans ralentir le pas. Il affecte essentiellement des touristes, toujours des croyants, parfois sans aucun antécédent psychiatrique. Des heures et des heures de vol dans un charter, la canicule et la déshydratation à l'arrivée, puis enfin la déception de découvrir que Jérusalem ne ressemble guère à la cité céleste fantasmée dans les églises du Minnesota, et boum ! Le choc émotionnel est terrible, et d'autant plus intense que l'organisme est à bout. Nous avons donc...

Telle un spectre, une femme aux cheveux blancs, en blouse de papier beige, se dressa devant eux. Paraissant dévorée par l'anxiété, elle prit les mains du docteur Einstein.

– Avez-vous vu mon fils ?

– Oui, Marie. Il est sorti quelques minutes, il va revenir. Mais vous devriez être dans votre lit, comment êtes-vous...

– Je passe à travers les murs, docteur.

– Bien sûr, j'oubliais... Allez vous coucher sans crainte, votre fils sera de retour sous peu.

– Oh ! Merci, docteur... J'ai si peur, si peur que les Romains ne lui fassent du mal..., gémit-elle tandis qu'un infirmier l'entraînait avec douceur dans le couloir.

– Elle est... folle ? demanda Julie à voix basse.

– C'est relatif, répondit Einstein. La plupart de nos patients ne restent ici que quelques jours. Nous ne les bousculons pas. Ni traitements lourds ni douches glacées : nous préférons accompagner leur épisode délirant.

Il ouvrit une porte vitrée qui donnait sur un jardin où le jour tirait sa révérence. Des pelouses galeuses, des massifs mal entretenus, un plan d'eau à sec (il en allait de la sécurité des pensionnaires qui se prenaient pour Moïse) entouré de quelques bancs en plastique.

– Votre ami se trouve dans l'un des bungalows du fond, venez.

Près d'un bosquet, un vieil homme discutait âprement la restitution de son cheval avec un surveillant bâti comme une armoire à glace. Daniel et Julie se retinrent de pouffer quand ils entendirent l'infirmier :

– Oui, Mahomet, il te sera rendu à l'aube. Promis. Mais il faut te reposer maintenant, ô Prophète…

– Bon, d'accord, répondit le vieillard chétif d'une voix enfantine. Je vais faire dodo, alors…

Quand ils furent à une distance raisonnable, le docteur Einstein leur détailla le cas :

– Karim est un Jordanien absolument charmant. Mais il lui arrive, tous les trois ou quatre ans, d'oublier sa casquette lorsqu'il prie en plein soleil sur l'esplanade des Mosquées. Il vient alors faire un petit séjour ici : nous le remettons sur pied, puis il s'en retourne dans sa famille. En ayant oublié ce qui lui est arrivé… Voilà, c'est ici.

C'était une maisonnée sans étage, faite d'un ciment terne que n'égayaient guère des fenestrons grillagés.

– Anéanti par le décalage entre leur ferveur religieuse et ce qu'ils découvrent de la réalité, nos patients génèrent un mécanisme compensatoire. Puisque Dieu ou la Vierge ne se manifestent pas, eh bien ils imaginent qu'ils leur parlent dans… dans « leur tête », comme ils disent. Ou mieux : qu'ils s'incarnent en eux. On assiste alors à une désintégration de leur personnalité. Les crises durent en moyenne une semaine. Dans la plupart des cas, nos invités guérissent parfaitement. Ni séquelles ni rechute. Il arrive même qu'ils ne gardent pas le moindre souvenir de leur… accident. Et quand ils s'en souviennent, ils sont plutôt honteux et préfèrent ne plus jamais aborder le sujet. Votre ami est au plus fort de sa crise mystique.

– Dites-moi, glissa Daniel, si le Messie, je veux dire : le vrai, s'il revenait à Jérusalem ?

Fourrant les mains dans ses poches, Einstein, qui avait parfaitement compris le sens de la question, se retourna vivement vers le jeune homme.

– Il serait certainement embarqué par une ambulance et amené ici. Mais il ne faut pas plaisanter avec ce syndrome. Il n'est pas à prendre à la légère. David Koresh, cela vous évoque-t-il quelque chose ?

– Bien sûr, fit Julie. La secte de Wako.

– Exact. Koresh a été placé chez nous en observation avant de rentrer au Texas. Nous le pensions rétabli. Erreur. Grave erreur. Lui et les fidèles de la secte qu'il avait fondée dans un village nommé... Palestine se sont par la suite barricadés dans une ferme proche de Wako. Et vous savez comment tout cela a fini, n'est-ce pas ?

Julie se tut. Comme Daniel, elle avait en mémoire les images de CNN. L'hystérie apocalyptique. L'assaut du FBI. La fusillade. Des dizaines de morts. Femmes, enfants, vieillards.

– Ménagez-le, dit le docteur tout en donnant ordre au surveillant qui les escortait d'ouvrir la porte métallisée. Et tenez-vous sur vos gardes.

Après un rapide coup d'œil au judas, l'infirmier entra le premier, obscurcissant leur champ de vision de sa silhouette colossale. D'une voix caverneuse mais cordiale, ils l'entendirent interpeller quelqu'un à l'intérieur :

– Jésus, tu as de la visite...

45

Neue Reichskanzlei.
Berlin.
28 novembre 1941.

– Je suis heureux !

Adolf Hitler pénétra dans son bureau en faisant violemment claquer sa cravache sur l'une de ses bottes de cuir. Le coup résonna comme une formidable gifle dans la vaste pièce aux murs lambrissés.

Ses invités sursautèrent d'autant plus que les deux S.S. en faction tendirent au même instant le bras en aboyant un furieux « *Heil Hitler !* » et que les battants de la monumentale porte se refermèrent dans un grondement de tonnerre, sous le regard sévère de l'aigle géant qui la surplombait.

Accoutumé au cérémonial martial du régime nazi, le ministre des Affaires étrangères, Ribbentrop, n'en tressaillit pas moins. Bien sûr, il méprisait les diplomates occidentaux, mais ô combien leurs manières civilisées lui convenaient mieux !

Face à lui, dans deux bergères rapportées du pillage de Versailles, ancienne capitale d'une France mise à genoux, les invités du Führer étaient tétanisés.

Le Grand Mufti de Jérusalem en robe noire et turban blanc se leva, précédé de son aide de camp, un très jeune Allemand d'un blond hyperboréen, qui bondit sur ses pieds et poussa à son tour le cri qui terrorisait l'Europe entière :

– *Heil Hitler !*

Le Reichsführer s'approcha vivement d'eux, plantant ses yeux cernés et déments dans les leurs.

– Je suis heureux de votre présence, répéta-t-il au religieux en lui tendant une main moite.

– L'honneur est immense pour moi, murmura le Mufti, dont le visage encore jeune exprimait joie et fierté.

– Portons un toast à notre alliance ! s'exclama Hitler en prenant place.

Après avoir échangé quelques banalités sur le séjour du leader musulman dans la capitale allemande, ils en vinrent au vif du sujet : la guerre.

Un officier sélectionné par Himmler, le maître de la toute-puissante S.S., entra avec un plateau chargé de verres et de boissons.

– Eau gazeuse et jus de fruits : le Führer ne boit pas d'alcool ! commenta Ribbentrop.

Puis, tournant la tête vers le Mufti, il ajouta d'un air complice :

– Comme les vrais croyants...

Le religieux eut un sourire approbateur en caressant sa barbe poivre et sel. À ses côtés, l'adolescent demeurait raide comme une lame.

Adolf Hitler jeta un rapide coup d'œil à Ribbentrop, dont il appréciait la rouerie. Flatter cet Arabe, et le flatter avec succès, quel talent !

Si son invité avait eu la moindre idée du mépris haineux que le Führer éprouvait à son endroit, ses cheveux auraient soulevé d'horreur son turban. Comment pouvait-il ignorer que pour le régime nazi, les Arabes comme les Juifs, les Africains comme les Slaves n'étaient rien d'autre qu'une abomination raciale dont il faudrait nettoyer la terre, une engeance de sous-hommes qui ne méritaient de vivre qu'aussi longtemps que le Reich aurait besoin de leurs services d'esclaves ?

– Nous sommes sur le point de lever un nouveau corps

d'armée en Bosnie, où nos fidèles brûlent de rejoindre le combat contre les communistes et les Juifs, déclara le dignitaire palestinien. Hier au soir, après une retraite aux flambeaux, j'ai donné ma bénédiction aux trois premières divisions S.S. formées de musulmans : « Handschar », « Kama » et « Skandebeg ». Ils nettoieront les Balkans de ses Juifs. Et très bientôt, je l'espère, nous pourrons contribuer davantage encore à l'effort de guerre du Reich : en Égypte, en Irak, en Syrie, quand l'influence anglosaxonne sera suffisamment affaiblie, de nombreux soldats revêtiront avec fierté l'uniforme national-socialiste.

L'adolescent traduisit sans délai.

– Vous ne manquerez ni de matériel ni d'instructeurs, assura le Führer. Vous connaissez ma profonde estime pour votre conception révolutionnaire de l'islam. Vous allez régénérer la religion du Prophète !

Il brandit son verre, une décoction de légumes aux reflets boueux.

– À tous égards, reprit Hitler, votre soif de pureté, votre orgueil et votre tempérament guerrier font de vous des alliés de qualité. Longue vie à notre alliance et mort aux judéobolchéviques !

– Et aux Anglo-Saxons ! ajouta le Mufti en levant son orangeade.

Les rafraîchissements bus, Ribbentrop se leva et attira l'attention du visiteur sur les cartes d'état-major accrochées entre les hautes fenêtres, près de l'imposant globe de stuc centré sur l'Allemagne.

Europe, Méditerranée : partout le Reich étendait les frontières de sa domination. Le monde était dévoré par une lèpre noire dont la progression semblait irrésistible.

– Nos troupes sont aux portes de Leningrad et de Moscou, indiqua du doigt Ribbentrop, deux villes qui tomberont dans les prochaines semaines. Le Kremlin sera bientôt transformé en zoo, destination naturelle pour ce repaire de Tartares à têtes de Juifs.

Hitler fit claquer avec jubilation sa cravache contre le fauteuil.

– Courant 1942, nous nous emparerons de Stalingrad, la clé du Caucase et de ses réserves pétrolières : nous ne ferons qu'une bouchée de ce qu'il y restera de l'armée Rouge...

La main sur sa fine barbe, le Mufti, à qui l'adolescent traduisait à l'oreille les propos du diplomate, manifesta son admiration en hochant plusieurs fois la tête.

– Au sud, le général Rommel a pris pied en Afrique du Nord depuis février. À l'heure où je vous parle, l'Afrikakorps livre une bataille décisive contre les Alliés dans le désert libyen. Une fois les Anglais écrasés à El-Alamein, ce dont nous ne doutons plus, le verrou égyptien sautera. La route de Jérusalem sera ouverte.

Le visage déformé par une joie mauvaise, le Führer infligea encore un coup au fauteuil. Puis, se rappelant à sa dignité de Chancelier, il remit sa mèche en place.

– Et vous tiendrez enfin la Ville sainte ! s'enthousiasma le Mufti de Jérusalem.

Hitler et son ministre échangèrent un regard entendu.

– À ce sujet, Grand Mufti, j'aimerais maintenant m'entretenir avec vous. En tête à tête.

La jeune aide de camp sauta sur ses pieds, claqua des talons et jappa, bras tendu :

– À vos ordres, *mein Führer* !

Ribbentrop fit signe aux S.S. en faction de sortir avec lui. Le jeune interprète fit mouvement avec eux.

– Un instant, mon jeune ami, l'arrêta Hitler de sa voix rauque.

D'un geste du bras, il l'entraîna vers son bureau, à une quinzaine de mètres. Il marchait péniblement, la main droite crispée derrière le dos.

– Vous êtes, m'a-t-on dit, le chef des Jeunesses hitlériennes de Jérusalem ?

– *Ja, mein Führer !* Les Anglais et les Juifs nous harcèlent mais nous tenons bon. Nous accueillerons les troupes de la Wehrmacht à leur arrivée pour nettoyer la ville !

– Bien, mon garçon, bien…, fit Hitler en contournant sa table de travail. Mais ce n'est pas l'armée régulière qui pénétrera la première dans Jérusalem. Un détachement spécial de la S.S., que prépare depuis des mois Himmler, investira la ville dès notre victoire. Il y a quelque chose, là-bas, que nous devons… faire. Quelque chose qui nous permettra de nous lancer contre l'Amérique avec l'assurance d'être invincibles.

Il déplaça nerveusement quelques dossiers, la main droite agitée de spasmes. Puis il saisit un objet.

Il revint devant l'adolescent harnaché de noir et lui tendit le présent.

– Quoi qu'il arrive, murmura-t-il en lui pinçant le lobe de l'oreille, n'oublie jamais que c'est à Jérusalem, à la fin des temps, que tout se jouera…

Demeuré seul avec lui, Hitler observait le visage du Mufti se décomposer à mesure que ce dernier prenait connaissance de la note qu'il lui avait donnée.

Une simple feuille, rédigée en arabe.

Une note préparée à son intention par l'Ahnenerbe, le service « scientifique » du Reich, chargé de récupérer derrière les lignes de front toutes les reliques religieuses d'Europe – et bientôt de la planète entière.

Une note dont chaque mot transpirait l'occultisme et envahissait l'esprit du dignitaire comme un chant maléfique.

Quand il releva ses yeux ahuris sur le Führer, celui-ci éclata de rire.

Un rire sans joie ni bonté.

46

Centre psychiatrique.
Jérusalem.
18 h 02.

La scène leur explosa à la face : ils étaient bel et bien dans l'antre d'un fou.

Éclairée par une violente ampoule sous un abat-jour de métal, la pièce était d'un vert amande un peu passé jusqu'à hauteur d'homme ; l'autre moitié des murs ainsi que le plafond étaient de la même couleur que le linoléum au sol : blanc cassé.

Il flottait une odeur de Javel et d'éther.

Ce ne fut pourtant pas l'austérité des lieux qui frappa les nouveaux venus, mais l'atmosphère démentielle qui y régnait.

Partout autour d'eux, dans chaque recoin de la pièce, toutes les surfaces étaient entaillées, mutilées, scarifiées. Partout, en une répétition hypnotique, la même griffure lacérait l'espace :

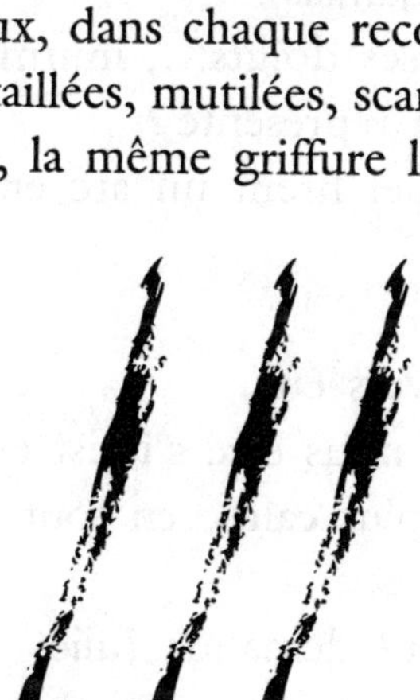

Le docteur Einstein se racla la gorge.

– Alors, mon cher... Jésus, dit-il en se tournant vers Peter Hegel, qui était assis sur son lit, les yeux dans le vide. Vous avez encore abîmé votre *demeure*. Ce n'est pas très gentil, ça.

L'homme décharné, qui semblait momifié par l'âge, n'eut aucune réaction. Sa peau cireuse était aussi froissée que la combinaison de papier gris, sans lacet ni bouton, qui lui tenait lieu de vêtement.

Julie eut des sueurs froides en pensant que ce pauvre hère, dont l'esprit et le corps ne semblaient déjà plus de ce monde, avait été le plus proche et dernier compagnon de son père.

L'infirmier mit un genou à terre et, à l'aide d'une petite lampe, procéda à un examen oculaire. Figé, sa tête d'oiseau déplumé en avant, Hegel se laissait faire, crispant sur la couverture couleur caramel ses ongles cassés.

Julie rejoignit Daniel sous l'un des fenestrons. Il passait la main sur les encoches faites dans le ciment.

Que pouvaient signifier ces traits, cette procession obsessionnelle de traits ? Pourquoi étaient-ils groupés par trois ? Pourquoi le pattern ne variait-il jamais ?

– Il a fait cela avec ses doigts..., murmura Daniel.

– Qu'est-ce que cela représente ?

Les sourcils de Daniel firent un arc en même temps que sa bouche.

– Aucune idée.

Einstein fit un pas vers eux.

– Notre infirmier va nous dire s'il est en état de converser. Il était mieux ce matin, plus calme en tout cas qu'à son arrivée il y a deux jours.

– Qui l'a conduit ici ? demanda Julie.

– Personne, souffla le docteur. Et c'est bien la première fois dans ma carrière que je vois cela : un patient qui vient réclamer son internement, le plus posément du monde.

Il tourna brièvement la tête vers Hegel.

– Encore que « posément » ne soit pas le terme idoine. Il était particulièrement fébrile et présentait quelques symptômes de paranoïa. Mais il n'était pas « fou » au sens où on l'entend habituellement. Il avait conservé toutes ses facultés intellectuelles. J'en veux pour preuve qu'après avoir été éconduit à l'accueil de notre institution, où on lui avait donné une liste de psychiatres des environs, il a exigé de me voir et a fait un tel scandale qu'il a fini par obtenir gain de cause.

– État moyen, monsieur le directeur, moyen..., diagnostiqua l'infirmier en se relevant. Il n'est pas vraiment *avec* nous.

– Ok, Gad. Restez ici, s'il vous plaît, répondit Einstein. Je n'ai tout d'abord pas été convaincu, reprit-il à l'attention de Daniel et de Julie, toujours à voix basse mais en accélérant le débit. Pas convaincu par ses propos décousus sur sa mission divine, la lutte contre le Mal, les ténèbres qui enveloppaient Jérusalem et ainsi de suite. Cela ressemblait beaucoup trop au discours convenu qu'un psychiatre s'attend à trouver dans la bouche d'un déséquilibré. Il l'a compris et, devant mon incrédulité, il s'est aussitôt adapté : il a dès lors prétendu être Jésus, revenu en personne sur terre pour annoncer la fin des temps. Je n'étais pas dupe et j'ai persisté dans mon refus : l'orienter vers un psychiatre me semblait nettement plus approprié. Il a eu l'air déçu et apeuré. Et puis, sans crier gare, il s'est brutalement projeté contre un mur en y plantant frénétiquement ses ongles. Et avant d'être maîtrisé, il a gravé... eh bien ! ce que vous voyez partout ici.

– Qu'est-ce que c'est ? Un dessin ? Un symbole ? interrogea Daniel sans quitter du regard le vieillard, toujours aussi inexpressif.

Le psychiatre exprima son ignorance en dodelinant de la tête, deux doigts occupés à triturer ses épais sourcils.

– Avait-il avec lui des documents, des archives, quelque chose d'inhabituel ? reprit Daniel.

– Non. Juste ses...

Le scientifique n'acheva pas sa phrase.

Dans son dos, la voix de Peter Hegel s'était élevée.

Une voix spectrale.

– Ils sont là.

Julie se précipita vers lui et s'agenouilla en lui prenant la main.

– Savez-vous où est mon père ?

Le vieil homme, dont le regard n'avait pas dévié, replongea dans le silence. L'infirmier se tenait à proximité, prêt à intervenir.

– Où « les » trouve-t-on, Peter ? Qui « les » dirige ? le pressa-t-elle en cherchant à établir un contact visuel.

Aucune réponse.

– Qui « les » dirige ? Répondez, je vous en prie, insista-t-elle. Quel est le nom de leur *ordre* ?

La tunique de papier frissonna. Peter Hegel planta alors ses yeux fatigués et fiévreux dans ceux de Julie. Un rictus parcourut ses lèvres gercées.

– Ils n'ont pas besoin d'ordre, ils n'en ont jamais eu besoin. Cela fait des siècles que nous commettons la même erreur. Le chaos est leur élément...

Puis son regard décrocha, perdu de nouveau dans ses visions.

Julie conserva sa main dans la sienne, réfléchissant au moyen de renouer le dialogue : un être dans cet état émotionnel était pareil à une bombe. Un geste brusque, précipité, un mot de trop, et tout serait perdu.

Quittant le fond de la pièce, ce fut Daniel qui prit l'initiative :

– Peter, une question toute logique : s'« ils » n'ont pas besoin de s'organiser, comment font-« ils » pour agir ?

Hegel tourna ses yeux vers le jeune homme, cligna puis ferma les paupières. Muré en lui-même, il prit quelques secondes avant de répondre :

– La noirceur de leur âme leur suffit à se trouver. À s'accorder. La plupart du temps, ils agissent seuls. Partout où le vol, le viol et le meurtre permettent de détruire leur prochain, ils sont là. Partout où le mensonge, la corruption, la trahison contribuent à souiller l'âme humaine, on les trouve encore. Et quand l'un des leurs s'élève, alors ils affluent et grouillent au sommet des États et des armées.

Appuyé au mur, le directeur fit un geste sans équivoque à l'attention de l'infirmier.

Préparez une injection !

Daniel essaya de cacher son scepticisme à Julie, qui l'interrogeait muettement. La journée avait été jusqu'à présent gaspillée, sans qu'ils aient pu débusquer la moindre piste sérieuse, le moindre indice concluant, et à cet instant, dans la cellule de Peter Hegel, jadis professeur émérite de l'université de Iéna et présentement interné, leurs chances de secourir à temps Victor Normandy ne progressaient pas vraiment.

Il se massa la naissance du nez, passa la main sur son visage. Ils étaient encore en train de perdre leur temps ici, un temps précieux, un temps qui ne cessait de s'écouler du mauvais côté du sablier.

Inexorablement.

Daniel vint se placer près de Julie, face à « Jésus », sur l'épaule duquel il plaça une main aux doigts longs et puissants.

Les petits yeux effrayés réapparurent.

– Peter, votre ami Victor Normandy est en danger. Vous le savez, n'est-ce pas ?

L'Allemand ne cilla pas.

– Alors, aidez-nous, Peter, aidez-nous à le sauver, bon Dieu !

Le regard du vieillard sembla flotter un instant. Daniel en profita pour accentuer la pression de ses doigts sur la clavicule de l'universitaire.

– Où sont les *Fils des Ténèbres*, Peter, où ? articula-t-il fermement.

Les lèvres frémissantes, Julie guettait la réponse de Hegel.

L'infirmier, les muscles bandés, la seringue hypodermique chargée de sédatif au poing, tâchait de se faire oublier.

Adossé au mur, sa fine silhouette courbée, Einstein retenait sa respiration.

– Ils étaient là quand Pilate a fermé son cœur aux suppliques du peuple de Jérusalem, murmura Hegel. Ils étaient là, revêtus de peaux, lorsque les hordes d'Attila pénétrèrent au cœur de la chrétienté. Ils étaient là, depuis le début, aux côtés de Iossif Vissarionovitch Djougachvili : ils l'avaient repéré, ils l'ont protégé jusqu'au bout...

Daniel retira sa main avec un soupir rageur.

Allons bon ! pensa-t-il. *Djougachvili, c'est-à-dire Staline.*

Que venait faire ici l'ogre soviétique qui avait tenu dans sa poigne de fer un tiers de l'humanité et envoyé à la mort des dizaines de millions d'êtres humains ?

La cause était entendue.

Peine perdue...

Le vieil Allemand s'anima soudain. Ses mains moulinaient l'air, cherchant à chasser une présence invisible.

– Ils étaient là, dans le sérail, lourds d'or et de fiel, quand les Ottomans entreprirent d'exterminer le plus ancien peuple de la chrétienté...

Les Arméniens.

Sa voix devint haletante.

– Ils étaient là, à la brasserie de Munich, au procès, et ils étaient là encore pour sortir Hitler de prison. Lui aussi, ils l'avaient repéré, ils avaient senti sa soif de destruction, et ils l'ont servi fidèlement, ces chiens de l'enfer, après qu'il leur eut révélé son désir d'anéantir le peuple du Seigneur... Ils ont toujours été là.

– Mais qui, Peter, qui ? le secoua Daniel.

Halluciné, le vieillard fit mine de se lever, mais retomba sur le sommier.

– J'ai vu leur avènement, sanglota-t-il. Dans mon propre pays. Je les ai vus parader, étincelants et invincibles. Ils reviennent... Ils sont là !

Daniel et Julie échangèrent un regard effaré.

Ils s'apprêtaient à partir quand, dans un mouvement dont on l'aurait cru incapable, Hegel sauta sur Julie, qui poussa un cri de frayeur.

Ils roulèrent au sol.

En un éclair, l'infirmier s'était emparé des bras squelettiques de l'Allemand et l'avait arraché sans ménagement de Julie, à laquelle Hegel eut tout juste le temps de glisser à l'oreille :

– Le Temple...

Avec des gestes rapides et précis, jouant de sa musculature, l'infirmier immobilisa son patient. Puis, dressant la seringue, il lui commanda de se calmer d'une voix apaisante.

Reprenant son souffle, Julie accepta les bras que Daniel lui offrait en refuge.

Le docteur Einstein s'approcha, l'air consterné.

– Venez.

Les voyant sur le point de sortir, Hegel releva la tête en tentant faiblement de se dégager de l'étreinte de la blouse blanche.

– Ce n'est pas ici ma demeure, docteur ! gémit-il, tandis que l'infirmier, qui le maintenait toujours fermement au sol, lui enfonçait l'aiguille dans l'avant-bras.

– Ma demeure est en enfer !

Le contenu de la seringue naviguait à présent dans les veines du vieil homme. L'engourdissement le gagnait, ses sens s'éteignaient. La dose avait été surpuissante pour cet organisme si âgé. Ses yeux se révulsèrent.

47

Quartier du Parlement.
Jérusalem.
18 h 18.

Quelques minutes après avoir quitté Kfar Shaul et dépassé les bâtiments du Traffic Police Department, Daniel et Julie longèrent une petite zone industrielle sur le chemin du retour vers Jérusalem.

Il faisait nuit. Des parfums d'épicéa et d'eucalyptus se mêlaient à l'odeur du cuir dans l'habitacle de la voiture.

À l'approche de l'entrelacs de routes qui annonçait la partie « politique » de la capitale, là où se dressaient le Parlement, la Cour suprême et le ministère des Affaires étrangères, Daniel rompit le silence :

– Ce ne sont peut-être pas des symboles ni des dessins, après tout…

Julie, qui avait basculé la tête en arrière et réfléchissait les yeux fermés, répondit sans bouger :

– La décoration dans la suite de *Herr* Jésus ?

– Oui. Ces trois signes, on peut les considérer comme des lettres. Des lettres hébraïques. En l'occurrence, des *vav*.

– C'est un peu honteux vu ma profession, mais je ne connais pas l'alphabet hébreu, dit Julie.

– Vous ne pouvez pas avoir toutes les qualités.

– Dan, aux faits.

– La lettre *vav* se trace comme un *i* majuscule, en écriture cursive, ou comme un *l* dans l'alphabet latin. Un bâtonnet, quoi.

– Et il correspond à quelle lettre ?

– Plus ou moins au *v*...

– Comment ça, « plus ou moins » ?

– L'hébreu est une langue très ancienne, c'est même la plus ancienne encore parlée aujourd'hui. Mais elle est restée un peu... archaïque. Sa formation remonte aux époques orales. Pour schématiser, il faut connaître un mot avant de pouvoir le lire, car les voyelles ne sont pas indiquées.

Ils étaient à présent en vue du Parlement et du massif forestier qui les séparait de la Vieille Ville.

– Par exemple, expliqua-t-il malicieusement, si j'écris « six », soit « sx », vous pourriez tout aussi bien lire...

– Dan ! Aux faits, de grâce !

– J'ai bien fait de ne pas enseigner, rouspéta-t-il. Avec des étudiantes comme vous...

– Vous auriez eu quelques ennuis avec les parents, je confirme. Donc ?

– Eh bien, ce dont Hegel a recouvert ses murs, ce sont peut-être des *vav*. Le hic, c'est que le mot ainsi tracé – *vav, vav, vav* – ne veut absolument rien dire. Le *vav* se prononce indifféremment *v, va, vo, vou*, etc. Je ne connais aucun vocable en hébreu qui s'orthographie ainsi.

– En hébreu ancien ? suggéra Julie.

– Peut-être.

– En attendant, je vais prévenir ce monsieur Alush que notre « petit » retard est devenu un « gros » retard...

Tout en pianotant sur son mobile, elle ajouta :

– Ah ! j'oubliais, Peter a murmuré deux mots en se jetant sur moi. Vous devinez ?

– *Fiat lux* ?

– Non. « Le Temple. »

La Ford pila net.

D'une embardée, Daniel l'engagea sur le bas-côté puis fit demi-tour.

– On fait fausse route. Depuis le début.

– Mais vous m'avez dit que l'adresse de l'antiquaire était située dans la Vieille Ville…

– Il ne s'agit pas de cela, Julie. Le Temple ! Quelles que soient les explications données par nos interlocuteurs, qu'ils soient fous à lier ou sains d'esprit, il est toujours question du Temple de Jérusalem.

– Et ?

– Je vais vous montrer quelque chose. Cela nous prendra un quart d'heure au grand maximum.

– Mais…

– Textez à Alush que notre « gros » retard sera « énorme ».

Des deux côtés de la voie, les arbres formaient un rideau de verdure sombre, les isolant du vacarme de la circulation.

– Où va-t-on ? demanda Julie en scrutant l'obscurité.

– Au sanctuaire du Livre. Le Musée biblique fait nocturne deux fois par semaine.

– Que va-t-on y voir ?

Daniel ne répondit pas immédiatement.

Il prit un rond-point, puis une petite allée en pente. Devant eux, éclairé d'une lumière cuivrée, apparut le toit blanc du musée sculpté sur le modèle du couvercle des jarres de Qumran.

– Le violon, c'est comme la lutte contre le terrorisme, reprit Daniel. Il y faut de la précision, de la concentration et de l'entraînement. Mais, plus que tout, il faut entrer dans l'esprit des… compositeurs. Se mettre à leur place.

– Soit, bâilla Julie, qui entamait sa deuxième journée sans sommeil.

– Le Temple revient dans chacune de nos conversations. Ce n'est pas une simple coïncidence. Aussi je pense nécessaire de lui rendre une petite visite…

Le gravier du parking crissa sous les pneus de leur véhicule.
– Une visite à qui ?
– Au Temple.
– Mais il n'existe plus !
– En êtes-vous si certaine ? rétorqua Daniel en se garant.

48

Centre nucléaire de Natanz.
Province d'Isfahan, Iran.
Deux mois et quatre jours plus tôt.

Le Maître marchait lentement à ses côtés, méconnaissable sous sa toque d'astrakan. Derrière ses épaisses lunettes noires, le Président devinait son regard de feu, enregistrant chaque détail.

– Nous allons à présent descendre, Vos Excellences, annonça avec obséquiosité le directeur du Centre nucléaire, un homme de taille moyenne, presque dégarni, dont le teint n'avait jamais été aussi verdâtre qu'en ce début de soirée.

Quand ils furent tous trois dans la cabine, escortés de deux pasdarans, membres de la garde d'élite, le directeur ficha dans la serrure de l'ascenseur une clé de laiton reliée à sa ceinture par une chaîne.

Dans l'immense salle des centrifugeuses qu'ils quittaient, ingénieurs et ouvriers se remettaient à l'ouvrage, sous la surveillance des membres de la brigade Al-Hadid, chargée des sites stratégiques au sein des pasdarans. Un champ sans fin de bulbes d'acier rutilants s'étendait sur près d'un hectare.

Le directeur fut pris de palpitations : sa clé était bloquée.

– Bien sûr, fit-il remarquer pour gagner quelques secondes, à chacune des visites des inspecteurs de l'Agence internationale pour l'énergie atomique, un pan de béton armé coulisse et dissimule l'unique accès à...

La clé ne tournait toujours pas.

Une heure auparavant, il jubilait à l'idée de cette visite. La satisfaction du dictateur serait telle que sa promotion était garantie – gouverneur, peut-être ? À présent, il se voyait sous une capuche noire, pendu dans un stade de la banlieue de Téhéran.

– Qu'attendez-vous ? siffla le Président sans desserrer les dents.

Au grand soulagement du directeur, la clé se décida à fonctionner. Sans la moindre secousse, l'ascenseur plongea dans les entrailles de la terre.

Le Centre nucléaire de Natanz était connu des Occidentaux. À dire vrai, en cas d'intervention, il constituait même l'une des toutes premières cibles qu'ils se promettaient de détruire de leurs bombes perforantes.

Le régime l'avait édifié dans la province d'Isfahan, au cœur de l'Iran, à équidistance des frontières afghane et irakienne, où les troupes américaines étaient installées, et du golfe Persique, où leurs vaisseaux croisaient, missiles orientés vers le nord.

En cas de frappe, le site serait l'un des derniers touchés. Quant à une opération commando, nécessitant de s'introduire au plus profond du pays, elle s'avérerait suicidaire.

Dans le cadre d'interminables négociations, scandées de crises puis de reprises des pourparlers, plusieurs missions de l'AIEA avaient déjà visité Natanz à trois reprises. On les avait laissées compter et recompter les centrifugeuses suspectées de servir à la préparation d'uranium enrichi à vocation militaire – et non énergétique, ainsi que le prétendait le régime.

Mais ce n'était qu'une diversion.

Tandis que la communauté internationale et le gouvernement iranien polémiquaient interminablement sur l'utilisation finale du combustible traité dans le Centre, un autre niveau d'installations avait été aménagé.

À trois cents mètres sous le site officiel.

À la fin du siècle précédent, au hasard d'un sondage destiné à évaluer les risques sismiques, une cavité naturelle aux dimensions inattendues avait été découverte. Et patiemment aménagée. Nul, pas même les Américains et les Israéliens, n'en soupçonnait l'existence.

Si bien que, tandis que les inspecteurs présentaient aux médias comme un succès le résultat de leurs investigations à Natanz, un autre complexe atomique, sous leurs pieds, poursuivait jour et nuit la quête du feu nucléaire.

À sa prise de pouvoir, le Président avait dégagé les lignes de financement afin d'accélérer les travaux. Et trouvé une idée machiavélique pour le protéger : Qom.

Dans les environs de Qom, la cité sainte des chiites, un peu plus au nord, un second centre confidentiel, à vocation ouvertement militaire, avait été édifié dans un secret presque absolu.

Presque.

Ainsi, par un curieux concours de circonstances, son existence avait fini par filtrer et fut révélée à l'opinion internationale lors du sommet du G20 de Pittsburgh, en 2009. Le scandale fut considérable et le régime fit mine d'en être affecté.

En réalité, le Président et son premier cercle s'en frottèrent les mains. Si les Alliés, avec l'aval de la Chine et de la Russie, s'avisaient de frapper Qom, ils profaneraient un lieu sacré et contraindraient tous les mollahs récalcitrants à faire bloc avec le dictateur. Mieux encore : dans les ruines des bombardements, la fine fleur de l'establishment religieux, hostile au Président, trouverait son tombeau.

Et rien n'empêcherait qu'à Natanz, dans le silence des profondeurs, soit mise au point l'arme absolue.

L'ascenseur déposa ses passagers sans cahots. Les portes coulissèrent avec un bruissement feutré.

Une caverne de trente mètres de hauteur sur deux cent cinquante de longueur apparut devant eux, éclairée comme un aéroport de nuit, où s'activaient d'innombrables combinaisons couleur aluminium. Plusieurs édifices en préfabriqué, séparés par de véritables champs de centrifugeuses miniaturisées, étaient reliés entre eux par de larges bandes d'asphalte où circulaient véhicules de chantier et de transport. Au fond de la caverne, un gigantesque cylindre de métal était clôturé de grillage. Et entouré d'hommes en armes.

S'accompagnant du bras, le Président présenta le centre secret :

– Voici notre tanière, Maître...

Le visiteur goûta l'expression. En d'autres temps, en d'autres lieux, il avait connu une autre *tanière.*

Dans les forêts de Germanie.

La tanière du Loup.

Il chassa le souvenir de son esprit. Il était au terme de son existence et ne pouvait accorder la moindre place à la nostalgie. Bientôt, ce que lui et les siens attendaient depuis la *Nuit maudite* allait enfin advenir.

– Où est la *Clé* ?

– Dans la chambre forte, sur le côté du réacteur nucléaire à eau lourde, répondit le directeur en pointant du doigt le cylindre herculéen dressé à l'extrémité de la caverne.

Ils traversèrent la plate-forme sous le regard craintif des ingénieurs, qui les saluèrent avec déférence.

– Notre réacteur est quatre-vingts fois plus puissant que celui de Bouchehr sur lequel se focalisent les Occidentaux, reprit le directeur.

Ils approchaient d'un bâtiment blanc de la taille d'un pavillon, reposant sur des blocs de ciment.

– L'uranium enrichi ici est comparable à celui produit par les Russes et les Français, ajouta-t-il fièrement.

Les deux plantons en faction saluèrent et s'écartèrent pour les laisser entrer dans le bureau sécurisé du directeur.

À l'intérieur, sur une table en fer, une maquette les attendait. Une maquette de Jérusalem.

– La cité de Dieu, fit le Président dans un feulement.

Les pasdarans déplièrent des chaises en plastique sur lesquelles les deux illustres visiteurs prirent place. Puis, d'un geste méprisant, le dictateur les congédia.

Un coude sur la table, le Maître caressa de la main les murailles de la Vieille Ville, s'arrêtant sur le dôme en or de la mosquée du Temple.

– Ampleur de la destruction ? demanda-t-il au directeur.

– La puissance de l'engin que nous avons mis au point est évaluée à deux kilotonnes équivalent TNT et…

– Fais simple, frère ! coupa le Président. Combien de fois Hiroshima ?

Une fraction de seconde, le directeur revit le stade de Téhéran au petit matin.

– Environ… dix fois moins.

Le Président fit la grimace.

– C'est faible.

– Ce sera amplement suffisant, corrigea le Maître en faisant crisser son ongle le long du mur des Lamentations. Suffisant pour…

Il se ravisa.

Quel était le degré d'initiation du directeur ? Il l'ignorait.

Il s'appuya au dossier de la chaise.

– Pouvons-nous *la* voir ?

Sur un signe du Président, le directeur obtempéra. Il fit le tour de la maquette et s'approcha d'une armoire blindée dans le coin gauche de la pièce. En posant sa paume sur l'écran de reconnaissance digitale, il eut une nouvelle bouffée d'angoisse.

Trois, deux, un…

Un déclic se fit entendre.

Demain, seules des femmes adultères et des fans de rock se balanceraient au bout d'une corde dans le stade de football.

Il se pencha presque entièrement dans le coffre-fort et se releva, tenant un plateau à fond de velours rouge. Le front en nage, il vint le déposer devant le Président et son invité.

– La voici, murmura-t-il.

Les deux hommes observèrent l'étui translucide.

– Le revêtement est conforme au cahier des charges : résistant aux chocs et à la transpiration. Il suffira de la nouer autour de la taille du frère désigné.

– Et pour l'actionner ? demanda le Président en se retenant de la toucher.

– Au centre du mécanisme électronique, expliqua le directeur, se trouvent deux interrupteurs, un noir et un vert. En les pressant suivant le code préprogrammé – noir, vert, vert, noir –, on actionne la charge. Elle explosera dans les dix secondes.

– Est-il facile de la... désamorcer ? interrogea le Maître sans la quitter du regard.

– C'est son point faible. Un simple cutter suffirait à découper le système de mise à feu autour de la charge. Mais à ce degré de miniaturisation, et pour la rendre transportable à flanc d'homme, il était impossible de procéder autrement.

Ils restèrent un moment songeurs.

Puis le Président appela.

Les deux pasdarans entrèrent aussitôt.

– Vous avez prévu un étui ? demanda-t-il au directeur.

– Bien sûr, Excellence ! répondit ce dernier, qui sentait la perspective de sa promotion se rapprocher à nouveau. Un étui synthétique absorbant les radiations, ce qui rendra son contenu presque indécelable.

– Judicieux, approuva le Maître.

Gouverneur d'Isfahan ! jubila le directeur. Ou peut-être même ministre...

Les pasdarans emportèrent le précieux chargement vers le convoi présidentiel.

– Nous nous quittons ici, annonça le Président au responsable du centre nucléaire. Je suis satisfait de vous. Très satisfait.

Il lui serra chaleureusement la main. Le directeur se rengorgea avec retenue.

Puis vint le tour du Maître.

– L'histoire retiendra votre nom, mon ami, dit-il en le saluant cordialement. Je vous félicite.

Le directeur les regarda s'éloigner vers l'ascenseur. Il ne put contenir un tremblement de joie.

Ministre...

Quand les portes de l'ascenseur se furent refermées sur eux, le Maître se retourna vers le Président.

– Cet homme en sait beaucoup, déplora-t-il. Beaucoup trop.

Le Président le rassura :

– Son arrestation est programmée : il sera pendu demain. Pour espionnage.

49

Musée biblique.
Jérusalem.
18 h 37.

Daniel fit le tour de la voiture, ouvrit la portière de Julie et lui tendit la main. Elle l'accepta.

Le musée du Livre dessinait une longue bande blanche où se fondaient la pierre brute et les matériaux high-tech.

Sur leur droite, les guichets étaient pris d'assaut par les touristes et les groupes scolaires.

– Par ici, dit Daniel. Nous allons utiliser l'entrée du personnel pour gagner du temps.

Ils s'écartèrent des badauds et se dirigèrent vers un accès vitré, situé plus à droite, au milieu de l'enceinte.

Le gardien sortit de sa casemate et leur indiqua d'un geste autoritaire les guichets où l'on vendait les tickets.

– Pas trop pénibles, les nocturnes, Ilan ? demanda Daniel en continuant de s'approcher main dans la main avec Julie.

– Oh, Dan ! s'exclama le gardien, un petit gabarit d'origine éthiopienne qui avait servi sous les ordres du violoniste dans une autre vie. *Ma nichma ?*

– Super ! Dis-moi, je voudrais montrer à ma fiancée la maquette, mais nous sommes pressés : on a un dîner et on est déjà méchamment à la bourre…

– J'ai pas le droit en principe, sourit l'homme. Surtout depuis le cambriolage…

– Le cambriolage ?

– Ouais, avant-hier. En pleine nuit. On a surpris un intrus au milieu de la maquette. Encore un dingue ! Enfin, j'imagine : le mec s'est carapaté par les jardins d'art moderne Billy Rose.

– Qu'est-ce qu'il a volé ? s'enquit Daniel.

– Oh, rien ! Il n'a pas eu le temps : on est des pros ! Mais bon… La hiérarchie nous a à l'œil, quoi. Alors, discrétion, les amoureux, hein !

Sans plus un mot, il alla ouvrir l'accès réservé au personnel du musée. Le couple s'y engouffra aussitôt.

– Je te revaudrai ça ! lui souffla Daniel.

– Qui me parle ? plaisanta l'Éthiopien en refermant derrière eux. Je n'ai vu personne, moi…

Au milieu des jardins éclairés par la lumière tamisée des spots s'élevait le Sanctuaire du Livre. À l'angle de l'édifice, Daniel poussa une porte en verre fumé et entraîna Julie dans un couloir obscur. Quelques mètres plus loin, ils débouchèrent dans une salle ronde aux allures de vaisseau spatial. Au centre, partant du sol, un pylône de bois représentant le manche d'un rouleau de manuscrit pointait vers le sommet de la coupole cannelée, d'où tombait une clarté surnaturelle.

– Les manuscrits de la mer Morte ! s'exclama Julie en découvrant partout autour d'elle de vieux parchemins exposés dans les vitrines.

– Des reproductions, corrigea Daniel. Et encore, celles des manuscrits les plus… neutres. Mais il y a mieux : suivez-moi.

À contre-courant des touristes, ils se dirigèrent à vive allure vers l'entrée officielle. Au passage, dans l'une des salles attenantes, Daniel indiqua un vieux grimoire sous verre.

– Le manuscrit du Nuremberg, l'un des plus vieux textes juifs… Ironique, non ?

– Pourquoi ?

– Enfin, Julie ! la gronda-t-il en prenant pied sur la cour de pierre, sans lui lâcher la main. Nuremberg : la ville des congrès nazis, des parades S.S., des lois racistes de 1935…

– Oui, bien sûr, se souvint la conservatrice du Louvre.

Daniel la fit pivoter sur elle-même.

– Que voyez-vous ?

Se détachant dans la nuit, le dôme immaculé du Sanctuaire paraissait sur le point de décoller vers les étoiles.

– Un dôme blanc.

– Et ici ? demanda-t-il encore en la tournant du côté opposé, où jaillissait de l'obscurité un monolithe noir.

– On dirait… on dirait la pierre noire de *2001, l'Odyssée de l'espace.*

– Et savez-vous ce qu'elle symbolise ? Ce qu'on a gravé dessus ?

– *Nope.*

– Des extraits du rouleau de la Guerre.

– Le texte des illuminés de la mer Morte ?

– Des Esséniens, parfaitement ! Le dôme blanc figure les Fils de la Lumière et le monolithe noir…

– … les Fils des Ténèbres, murmura-t-elle.

– Oui, Julie. Des Ténèbres.

– On n'en sort pas…

– Vous ne croyez pas si bien dire ! Suivez-moi.

Un chemin dallé les mena sur l'esplanade du musée.

Tout d'abord, Julie ne comprit pas pourquoi une multitude de curieux s'agglutinaient. Des enfants couraient en tous sens, s'interpellant avec enthousiasme. Des vieux religieux, l'habit noir, les papillotes au vent, méditaient gravement. Des escouades d'Américains, avec force *« Oh ! my gosh ! »*, se prenaient à témoin du miracle auquel ils assistaient.

Daniel désigna un talus.

– Nous serons mieux ici.

Une fois perchée, Julie comprit la ferveur de la foule de touristes.

Sous ses yeux, intacte et majestueuse, rajeunie de deux mille ans, Jérusalem s'offrait à la vue telle qu'aux temps bibliques.

Prise dans les faisceaux lumineux, une maquette de plusieurs centaines de mètres carrés ressuscitait la Ville sainte avec un luxe de détails saisissant. Chaque maison avait sa porte, chaque ruelle ses pavés ou son chemin de terre, et chaque édifice ses décorations.

Au premier plan, encadré par la forteresse Antonia, repaire des forces d'occupation romaines, et la vallée poudreuse du Cédron, le mont du Temple surgissait du passé.

– Ainsi donc, le voici enfin, ce fameux Temple..., dit-elle.

– Oui. Et nous allons nous efforcer de comprendre pourquoi il intéresse tant...

– ... ceux qui ont enlevé papa.

Ils sautèrent du petit promontoire et s'approchèrent de la rampe d'acier qui encerclait la maquette géante.

Le Temple était ceint de hautes murailles. Un vaste terre-plein s'étendait à sa droite et à sa gauche. Là se tenaient jadis la foule, les scribes, les prédicateurs. Et les marchands.

Au centre, derrière des murs à créneaux flanqués de tourelles carrées, le Saint des Saints, taillé dans le marbre et hérissé d'or, aimantait tous les regards.

C'est en son cœur, derrière le Tabernacle, qu'avait été déposée l'Arche d'Alliance, coffre de bois précieux surmonté de chérubins en or massif que nul mortel n'était autorisé à toucher. Sous peine d'être foudroyé.

Julie laissa son esprit vagabonder.

Que pouvaient-ils tous trouver là de si fascinant – juifs, chrétiens, musulmans, maçons et militaires réunis ?

Elle eut beau faire un effort d'imagination, elle ne voyait rien d'autre qu'un monument. Assez impressionnant, assurément, émouvant même pour qui prêtait foi à cette belle légende qu'était la Bible. Mais à part cela ?

Elle se pencha vers Daniel. Les coudes sur la rampe, il plissait les yeux en se mordillant la lèvre inférieure.

– À quoi pensez-vous ?

– Je n'avais jamais prêté attention à l'architecture du Temple, répondit-il. En fait, la disposition générale est assez troublante.

Collant son épaule à celle de Daniel, elle murmura :

– Éclairez-moi, professeur…

– Les deux piliers majestueux, pour commencer, expliqua-t-il avec le plus grand sérieux. Ceux mentionnés par Greenwood, l'ami maçon de votre père.

– En effet…

– La première cour, juste devant le Saint des Saints, examinez-la…

– Elle est cruciforme.

– Oui, elle dessine une croix : le symbole des chrétiens. Et le volume du Sanctuaire de l'Arche lui-même : imaginez-le plus sombre. Plaqué de lave ou de granit.

– La *Kaaba* des musulmans ! devina Julie.

– La pierre noire de La Mecque, oui. Laquelle, au Jour dernier, doit s'élever dans les nuées pour s'envoler vers Jérusalem.

– Ne manquent plus que les bouddhistes !

– Oh ! en creusant un peu, je suis certain qu'on trouverait quelque chose, s'amusa Daniel. N'oubliez pas qu'Abraham venait d'Asie, et que nul ne sait exactement où Jésus disparut quelques années durant pour recevoir son enseignement mystique…

– Bon, concrètement, Dan, que peut-on en déduire sur les ravisseurs de Victor ? Sur leurs croyances, leurs objectifs et, par-dessus tout, sur leur identité ?

Il haussa les épaules.

– On retourne à la voiture, Julie.

Ils empruntèrent cette fois-ci la sortie destinée aux touristes et obliquèrent vers le parking.

En passant sa ceinture, Julie consulta sa montre.

– Il est tard. L'antiquaire doit s'impatienter.

– Un sms le rassurera. Nous y serons dans quelques minutes, fit Daniel en démarrant.

– J'aurais dû rappeler le père Tassa. Il est tard maintenant, mais...

– Mais il n'a pas tout dit, c'est évident, approuva le violoniste. La prochaine fois, on le bousculera un peu plus. Il m'a l'air d'en savoir davantage qu'il ne veut bien l'avouer.

– J'aurais dû insister, râla Julie en se calant sur son siège, tandis que les phares de la Ford trouaient la nuit devant eux. J'aurais vraiment dû...

50

Oui, sans doute Julie aurait-elle dû appeler le père Tassa quand il en était encore temps – et ainsi chercher à forcer le secret scellé dans son cœur, ce qu'elle n'avait pas fait au Saint-Sépulcre. Peut-être aurait-elle dû également s'étonner de sa réponse si vague au sujet de la mystérieuse échelle sur la façade.

Le doute ne l'avait-il donc pas effleurée ?

Si cette antique échelle n'avait été abandonnée là que pour marquer la volonté commune des Églises d'Orient de ne plus rien modifier une fois les travaux achevés, pourquoi leur choix ne s'était-il pas porté sur une pierre de touche ? pourquoi n'avaient-elles pas plutôt entrepris de graver les termes du statu quo sur une stèle ?

Plus encore, Julie aurait dû songer à l'emplacement de cette échelle, devant laquelle des millions de touristes passent sans jamais lui prêter la moindre attention : pourquoi l'avait-on placée précisément au-dessus de la porte *murée* ?

Car c'était une autre question que, dans sa précipitation, elle avait oublié de poser au prêtre : pourquoi avait-on muré l'une des deux portes, quand celle donnant accès au Saint-Sépulcre permettait à peine au peuple des fidèles de pénétrer dans la dernière demeure du Christ ?

Ces énigmes, voilà bien des jours qu'elles n'en étaient plus pour Victor Normandy.

Mais sa fille, elle, n'avait rien vu.

Rien compris.

Si seulement elle avait poussé dans ses retranchements le représentant du Pape, peut-être aurait-elle été amenée, une fois dans son bureau, à l'interroger sur la présence au mur de ce papier jauni, ce papier sur lequel une encre violette, une encre d'un autre âge, avait tracé une référence à l'Évangile de Luc.

Luc, 10 : 18.

C'est certain, Julie aurait dû rappeler le prêtre plus tôt. Beaucoup plus tôt.

Car pour l'heure, le père Mario Tassa gît les bras en croix sur un autel dans les profondeurs du Saint-Sépulcre.

Ses cheveux blonds défaits, sa tête renversée et sa bouche désespérément ouverte, comme s'il voulait boire l'immensité du ciel.

51

Alush's Antiques Store.
Jérusalem.
19 h 01.

– Du thé ?

Engoncé dans les coussins bariolés de son *diwan*, Ibrahim Alush tentait tant bien que mal de garder une certaine contenance face à ses invités, qui s'étaient affalés dans le moelleux divan en face de lui.

Daniel maintenait ses bras croisés, observant la caverne d'Ali Baba qui servait de séjour à l'antiquaire. Tableaux, icônes, ferronneries, sabres, amulettes, vasques, statuettes, tapis : la montagne de merveilles avait fait disparaître jusqu'aux murs et au plancher.

– Pourquoi pas ? répondit Julie, les traits tirés.

– Un peu de thé, alors ! fit mine de se réjouir Alush. Le Juif, la chrétienne et le musulman : quelle belle réunion !

Détournant le visage, il cria un ordre à un serviteur invisible.

– Avec un peu de thé chinois, la grande famille humaine sera au complet ! gloussa-t-il.

– Je ne voudrais pas être indélicate, dit Julie, mais notre temps est compté. Nous partons pour Massada cette nuit et...

– Et vous n'avez pas de temps à perdre en salamalecs, coupa Alush dont la face venait de perdre toute aménité pour se creuser de rides inquiètes. Où en êtes-vous au sujet de l'enlèvement du professeur Normandy ?

– Un instant ! intervint Daniel. Comment êtes-vous au courant de sa disparition ? Les médias n'en ont rien dit.

– Jérusalem est une si petite ville, sourit amèrement l'antiquaire. Mais parons au plus pressé : êtes-vous armés ?

– Oui, répondit Daniel sans hésiter. Et plutôt lourdement.

– Bien. Si vous êtes équipés, cela n'en sera que mieux… Savez-vous pourquoi votre père a été kidnappé, Julie ?

Cette dernière lutta contre une sensation de découragement. Encore et toujours les mêmes questions. Dans un instant, il lui demanderait inévitablement si elle savait ce que l'archéologue avait « trouvé ».

Et où…

Elle déglutit et décida néanmoins de satisfaire la curiosité de son interlocuteur :

– Les hypothèses les plus saugrenues nous ont été soumises, mais à vous parler franchement, non, je n'en sais rien.

– Peut-être a-t-il découvert quelque chose ? Un *endroit* ?

Nous y voilà, soupira-t-elle intérieurement.

– À l'évidence, éluda Alush, si vous saviez « quoi », et surtout « où », nous ne serions pas là à attendre ce satané thé… qui doit venir à dos d'escargot !

Il cria de nouveau en arabe.

Aiguillonnée par la fatigue, Julie fit le choix de la franchise :

– Depuis ce matin, nous avons entendu les histoires les plus invraisemblables au sujet des recherches – ou des trouvailles, je ne sais… – de mon père. Et on a tenté de nous tuer.

– Mais, vous, ils vous ont ratés, qu'Allah en soit remercié.

Daniel se pencha en avant, les mains sur ses genoux, et dit d'une voix métallique :

– Vous m'avez l'air bien informé pour un commerçant…

Alush soutint son regard. Puis il lui répondit d'un ton monocorde :

– Combien d'infortunés sont-ils déjà tombés dans cette guerre ? Il y en aura d'autres, hélas...

– Vous voulez parler de la guerre israélo-arabe ? s'étonna Julie.

– Oh non ! répondit le vénérable antiquaire. Cette guerre-là est jeune, elle n'est que l'écume des choses.

– De quelle guerre, dans ce cas ?

Alush fixa le bout de ses souliers anglais. *Savile Row, London.*

– Une guerre commencée voilà plusieurs siècles, murmura-t-il. Ou plusieurs millénaires, selon votre conception du temps.

Sans dissimuler leur incrédulité, Julie et Daniel se regardèrent. *Nouvelles sornettes en perspective...*

Il leur faudrait bien, pourtant, comprendre l'univers mental dans lequel évoluaient les protagonistes de cette histoire. Et donc, pour l'heure, jouer le jeu.

– La guerre entre la Lumière et les Ténèbres, risqua Daniel.

– Ne me prenez pas pour un ahuri, jeune homme ! lança Alush avec une moue vexée.

Interrompant la conversation par le claquement de ses babouches, un domestique en djellaba couleur abricot entra dans la pièce et déposa un plateau oriental en argent entre les deux divans. Il ôta le couvercle du sucrier et tourna l'anse de la théière vers son maître. Puis il s'éclipsa sans que personne eût songé à le remercier.

Alush fit le service.

Il n'échappa pas à ses visiteurs, lorsqu'il tendit une tasse de porcelaine à Julie, que ses mains étaient mal assurées. À la limite du tremblement.

– Je pourrais vous dire que Victor a fait une découverte très embarrassante pour les Palestiniens. Une preuve définitive de la présence des Juifs sur cette terre bien avant tous... les autres.

Il versa du thé dans la tasse de Daniel.

– Mais vous ne me croiriez pas, conclut-il. Et vous auriez raison : de nos jours, on n'enlève plus les gens pour cela.

– Alors quoi ? fit Daniel en le fusillant du regard. A-t-il mis la main sur une relique qui intéresserait des trafiquants d'antiquités ?

Le vieillard éclata de rire.

– Non ! La relique la plus précieuse, dans cette affaire, c'est moi qui la détiens, cher ami. Or vous le voyez, mes mains ne sont pas entravées, mes yeux sont dépourvus de bandeau et nous ne prenons pas le thé dans une cave, vous l'aurez noté.

– Jouons cartes sur table, trancha Julie. Vous savez ce que cherchait mon père. Pourquoi nous le cacher ?

– Mais il n'est nullement dans mes intentions de vous le cacher. Je vais même, ainsi que je vous l'annonçais dans mon message, vous remettre un petit quelque chose qui changera radicalement la donne dans la course que vous menez pour retrouver Victor.

– Amen ! lâcha Daniel.

De la stupéfaction passa dans le regard du vieil antiquaire.

– C'est le mot, oui…, bredouilla-t-il.

52

Golgotha.
Jérusalem.
An 33.

Des nuages lourds de foudre tourmentaient le ciel, un ciel mauve qui virait au noir.

À la neuvième heure, la terre avait tremblé, secouant la ville et les hautes murailles du Temple, effrayant les oiseaux dans les champs et dans les vignes.

Puis l'orage éclata.

Les éclairs déchirèrent la voûte céleste.

– *Qui es ?* grogna le légionnaire en tendant sa lance vers l'homme qui remontait la colline sous les trombes d'eau.

– *Yossef Haramathi*, répondit ce dernier en s'arrêtant à distance du Romain.

La pluie noyait ses larmes, mais l'on voyait que son visage d'à peine quarante ans était ravagé par la fatigue et le chagrin. Il était vêtu avec soin, sans ostentation. Il répéta son nom en grec, en criant pour être entendu dans le déluge :

– Joseph d'Arimathie !

Le légionnaire pencha sa face de goret pour l'examiner. Il avait l'air d'un marchand, comme il en apercevait régulièrement sur le parvis du Temple depuis les chemins de ronde de la forteresse Antonia. Ce n'était pas l'un de ces va-nu-pieds qui grouillaient en Judée dans le sillage d'illuminés ou, pis, des Zélotes.

Joseph fit encore un pas, présentant la paume de ses mains.

– J'ai autorisation et ne porte aucune arme.

Le Romain plissa ses vilains petits yeux, puis lui fit signe de passer.

Si cela n'avait tenu qu'à lui, ce n'est pas seulement ce Yehoshua de malheur qu'on aurait crucifié en ce jour, mais l'ensemble de ce maudit peuple qui refusait de reconnaître la souveraineté de l'Empire sur leur misérable bande de sable.

Joseph d'Arimathie progressait en évitant les coulées de boue.

Au sommet du rocher en forme de crâne, où la tradition voulait que les restes d'Adam aient été ensevelis, se dressaient trois croix noires. Sur chacune d'elles, un cadavre exsangue, asphyxié, dont la tête baissée disparaissait dans la chevelure.

Un petit groupe se lamentait au pied de la croix du milieu.

Apercevant Joseph, Maria Magdalena se leva en retroussant sa tunique maculée de glaise et vint à sa rencontre. Elle était livide.

Il lui prit les mains.

– Tout est consommé à présent…

Elle ferma les yeux et inclina la tête.

– Dis à Jean d'emmener Marie, chuchota-t-il. Je sors de chez Claudia Procula : nous aurons le corps.

Maria Magdalena lui serra nerveusement les mains.

– Claudia a convaincu son époux, ajouta-t-il, la voix brisée. Pilate a donné ses ordres et j'ai demandé à mes gens de préparer ma sépulture de famille. Nous y trouverons les huiles et les herbes pour l'onction.

La femme redressa son visage.

– Tu as entendu la colère de l'Éternel ? demanda-t-elle.

– Ce n'était pas Sa colère, répondit Joseph en contemplant le ciel dévasté. Vois comme Il pleure…

– Pourtant, la terre a semblé secouée de Son courroux…

Il se tourna et regarda le Temple, dont le mur d'enceinte avait été fissuré par la secousse.

– Ce n'était pas Lui, Maria, murmura-t-il en la prenant dans ses bras. C'était l'Autre.

53

Alush's Antiques Store.
Jérusalem.
19 h 36.

– Chez nous, on dit « Amin », observa Ibrahim Alush.

– Je l'ignorais, avoua Julie. Chrétiens, juifs et musulmans finissent donc leurs prières de la même manière…

– Les Asiatiques n'en sont pas très loin non plus avec leur « Aum », ajouta l'antiquaire, l'œil pétillant. Peu de gens réalisent que la grande famille humaine s'adresse donc au Créateur en prononçant les mêmes trois lettres.

– Quatre, objecta Julie, tout en se demandant pourquoi elle s'embarquait dans un tel échange.

– Non, trois, rectifia Daniel. « Amen » est un acronyme venu de l'hébreu ancien et qui signifie…

– « Ainsi soit-il » ! fit-elle.

– Pas exactement, répondit Alush en resservant un peu de thé noir.

– C'est l'usage à travers les siècles qui lui a donné ce sens, reprit Daniel, mais à l'origine, sa signification était différente. Très différente.

Julie serra la tasse chaude entre ses mains. La fatigue et l'angoisse de savoir son père en danger lui glaçaient les os.

– « Amen », expliqua Dan, s'orthographie *aleph*, *mem*, *noun*.

Soit, pour faire court : A, M, N. Ce sont les premières lettres des trois mots rituels : *Adonaï Melekh Ne'eman*.

– Ce qui veut dire ? demanda-t-elle en sirotant son breuvage.

– Littéralement ? « Seigneur Roi Fiable. » On peut le traduire par « Le Seigneur est le roi en qui nous plaçons notre confiance ».

La jeune femme reposa sa tasse sur le grand plateau d'argent, saisit du bout des doigts un morceau de sucre de canne et le croqua.

– C'est curieux, on dirait une formule contractuelle.

Alush sourit en tapotant son ventre.

– C'est exactement de cela qu'il s'agit. Un serment d'allégeance à un suzerain, dans une guerre qui fait rage et où il faut choisir son camp.

– Je ne suis plus..., déplora-t-elle.

– Qu'importe pour l'instant, esquiva l'antiquaire en se levant avec peine. Avant la fin, vous y verrez plus clair. Mais sur le chemin qui vous attend, Julie, vous serez seule...

Il adressa un regard conciliant à Daniel, une manière de lui dire : *sans vous offenser*.

– Je dois vous remettre quelque chose, n'est-ce pas ?

Elle opina doucement.

Il se dirigea vers la porte en moucharabieh qui donnait sur son étude, mais s'arrêta sur le seuil.

– Daniel, profitez de ma brève absence pour enseigner à notre amie l'origine de Jérusalem.

Il agita sa main grassouillette avec malice.

– Je veux parler du mot, bien évidemment...

Daniel fit craquer ses articulations en passant les mains derrière sa nuque. Frigorifiée, Julie se massait les bras avec lassitude.

– J'espère que cette visite-là nous fera avancer, soupira-t-elle.

Daniel hocha la tête et s'étira. La fatigue commençait à se faire sentir pour lui aussi.

– Alors ? demanda-t-elle.

– Alors quoi ?

– L'étymologie de « Jérusalem », professeur...

Daniel se frotta les mains avant de se lancer :

– La question est débattue par les historiens et les religieux. Personne n'est vraiment d'accord. En hébreu, *yerushalayim* pose un sérieux problème d'interprétation. On peut y voir la conjonction des verbes *yaresh* et *yarash*, auquel cas le terme signifierait : « Il prit », « posséda », « hérita ». Mais certains érudits, notamment les plus mystiques, tiennent pour une autre interprétation : ils font dériver « Jérusalem » de *yarah*, qui veut dire : « Il jeta. »

– « Il jeta » ? Mais *qui* jeta *quoi* ?

– Ça, c'est une question qui tarabuste votre père ! déclara Alush en repassant dans la pièce, un petit paquet de soie moirée en main. « Jérusalem » peut également faire référence à « Ur », la ville qui vit naître Abraham, et à *shalom*, la « paix » en hébreu, ajouta-t-il en se laissant choir sur le divan. Mais, entre nous, la « ville de la paix » pour une cité qui n'a jamais rien connu d'autre que la guerre depuis sa fondation, ce serait plutôt cocasse...

D'un geste, il désigna un gros ouvrage au sommet d'une pile, près de la table basse.

– Un Anglais, du nom de Montefiore, vient de publier une « biographie » de Jérusalem, et sa thèse n'en est pas moins déroutante : selon lui, le nom de la ville se traduirait par « l'étoile du matin ».

Il plaça le paquet entouré de soie sur ses genoux.

– Savez-vous qui je suis, Daniel ? interrogea-t-il avec une certaine solennité.

Ce dernier attendit la réponse sans bouger un seul trait de son visage.

– Par alliance, j'appartiens à une fort ancienne famille de Jérusalem. Des Juifs probablement, convertis au christianisme au début de notre ère, puis à l'islam au moment de l'hégire. Cette lignée m'a sans doute rendu un peu plus, disons, tolérant, ou philosophe, que la moyenne des gens ici.

Julie cherchait à deviner ce qui se cachait sous l'étoffe.

– Quand Saladin reprit Jérusalem aux Francs, il donna sa protection aux chrétiens de la ville. Enfin, aux chrétiens autochtones, car ceux venus dans les fourgons des croisés furent traités comme l'avaient été les musulmans à l'arrivée des fidèles du Christ…

Il passa son pouce comme une lame sur sa gorge en roulant des yeux.

– Bref ! Les temps changeaient. Aussi, afin d'asseoir son pouvoir, Saladin confia à une honorable famille musulmane les clés du lieu le plus sacré de la chrétienté : le Saint-Sépulcre.

Il prit entre ses mains l'enveloppe de soie et la tendit à Julie.

– Et cette famille, c'était la mienne.

– Vous… vous me donnez les clés du Sépulcre ? hésita-t-elle.

L'antiquaire toussota en souriant.

– Je n'en ai pas le droit. Je suis le Gardien de ces clés symboliques comme avant moi les aïeux de ma femme, et comme le sera un jour mon neveu, puisque Allah n'a pas désiré me donner de fils… Tenez.

La jeune femme prit le paquet.

– Qu'est-ce que c'est ? l'interrogea-t-elle avant de déplier le précieux tissu.

– Un message pour vous.

– Un message de mon père ?

– Non, Julie. C'est un message un peu plus… ancien, laissé voilà presque deux mille ans, chuchota le vieillard en fixant les mains de la Française qui ouvrait le petit paquet.

Et, alors qu'elle contemplait une lanière de vieux cuir au milieu de l'étoffe, il murmura :

– Un message laissé par le Christ.

54

Centre psychiatrique.
Jérusalem.
Au même instant.

La foi, dit-on, déplace les montagnes.

Mais que dire de la perte de cette même foi ? Du désespoir absolu, de la plongée sans retour dans l'abîme du néant ?

Le docteur Einstein avait la gorge nouée. Les infirmiers autour de lui attendaient ses instructions.

Comment avait-il pu, dans son état, si peu de temps après une telle injection de sédatifs ?

À la dernière pesée, son patient atteignait à peine quarante-cinq kilos. Chaque repas était une épreuve : le vieillard avalait difficilement, et son seul effort, qui consistait à se lever pour la toilette, épuisait ses dernières forces. Pourtant, il avait entrepris de déchirer ses draps, des draps que l'institution choisissait en textile robuste, il les avait solidement noués, puis avait réussi à se hisser sur sa chaise.

On pouvait deviner l'énergie qu'il lui avait ensuite fallu déployer.

Peter Hegel flottait dans le vide, pendu à l'abat-jour de métal.

Avant de faire le choix funeste du suicide, il s'était horriblement mutilé la main et le front.

On apercevait, imprimées dans ses chairs ridées, identiques à celles qu'il avait partout tracées dans sa cellule, trois balafres encore suitantes.

55

Alush's Antiques Store.
Jérusalem.
19 h 44.

Julie ne put dissimuler son étonnement. Et, d'une certaine manière, sa déception : une lanière de cuir ancien reposait sur la soie.

Elle interrogea du regard Ibrahim Alush en passant le paquet à Daniel, qui s'était collé à elle.

De ses longs doigts délicats, il déroula la bande de cuir, sur laquelle avaient été gravées neuf lettres en hébreu. Le rédacteur, à en juger par les entailles faites dans la peau, avait utilisé un couteau ou un objet tranchant.

ם ד ד י ש ק ק ש ה

Daniel releva les yeux et, sur un ton goguenard, lança à destination de l'antiquaire :

– Nos ennemis peuvent en effet trembler : une formule magique !

Le vieil homme mit ses pouces dans les poches de son élégant gilet, l'air mécontent.

– Ne sous-estimez pas les forces qui sont à l'œuvre autour de vous, rétorqua-t-il. Vous évoluez encore dans le cadre de la raison, Daniel, mais il se peut que bientôt, bien plus tôt que vous ne l'imaginez, vos dernières certitudes volent en éclats...

Julie calma le jeu :

– Que dit cette formule ?

– Ce n'est pas une formule ! s'emporta Alush. Daniel, lisez donc, au lieu de faire le mauvais esprit.

Le violoniste lut et relut l'inscription.

– Cela ne veut strictement rien dire, finit-il par déclarer.

– En l'état, non, confirma le vieil homme en se balançant. Et c'est bien le problème.

– Ce serait un... code ? proposa Julie.

– Exactement. Lisez, Daniel, lisez, s'il vous plaît.

– Ok. Alors...

Il hésita encore.

– *Me-de-di-sek-ke-sha*... Mais ce n'est pas vraisemblable : la première lettre est un *mem sophite* et devrait donc, l'hébreu se lisant de droite à gauche, se trouver en fin de phrase.

Il posa le doigt sur le dernier caractère, sorte de rectangle surmonté d'une vague dirigée vers la gauche.

ם

– Certaines lettres de l'alphabet se transforment quand elles achèvent un mot : ainsi par exemple, le N, le M – notre *mem*, donc... – ou le K. Elles deviennent des consonnes « sophites » ou finales.

– Conclusion ?

– Conclusion : ce n'est pas un Juif qui a écrit...

– Il y a une autre possibilité, intervint Alush.

– Laquelle ? demanda Julie.

– Les lettres ne sont pas dans l'ordre, comprit Daniel.

L'antiquaire approuva d'un dodelinement satisfait.

– Il suffit donc d'essayer toutes les combinaisons possibles pour le décrypter, suggéra la jeune femme.

– Oh ! nous avons essayé dans tous les sens, confia Alush. Avec des consonnes qui peuvent muer en fonction de voyelles invisibles, cela donne des dizaines de milliers de possibilités… N'y pensez pas.

– *Anyway !* lâcha Julie, que la fatigue et le désarroi commençaient à rendre irritable. Que nous y parvenions ou non, en quoi cela nous conduira-t-il à mon père ?

– À Victor, pas directement, concéda le vieillard d'une voix sombre. Mais au terme de votre périple, Julie, très probablement. Et ce que vous allez entreprendre décidera de notre destin à tous.

Daniel et Julie furent saisis par les paroles énigmatiques de l'antiquaire. De deux choses l'une, pensèrent-ils de concert : soit tous les habitants de la ville des trois religions avaient perdu la raison, soit…

Soit l'univers vacillait autour d'eux.

– Nous ferons ce qu'il faudra pour sauver le professeur Normandy, reprit Daniel, sans plus être tout à fait certain d'employer le registre de l'hypocrisie.

– Alors, retrouvez l'autre partie du puzzle ! martela Alush avec une énergie soudaine. Et retrouvez-la au plus vite ! Chaque heure perdue nous rapproche de la…

Il stoppa net.

L'avenir n'appartenait plus qu'à la jeune Française. Lui, au soir de sa vie, avait joué son rôle. C'en était fini.

– Du puzzle…, réfléchit Daniel.

Julie se leva d'un bond.

– La scytale ! s'exclama-t-elle. Souvenez-vous, Dan : tout à l'heure, le père Tassa nous a confié que mon père avait mis la main sur l'« ordinateur » permettant de lire le « disque ».

– Et vous détenez à présent le « disque », dit Alush en se levant à son tour. Vous n'avez plus un instant à perdre.

Tirant Daniel du sofa, Julie poursuivit son explication :

– En enroulant notre lanière de cuir autour de la scytale taillée à cet effet, nous pourrons en décoder le texte !

Le cœur du vieil homme se gonfla d'espoir.

Julie se campa devant lui. C'était à présent la détermination qui la faisait frissonner. Une détermination naïve, inentamable, absolue.

– Je vais me battre, Ibrahim. Qui que soient ceux qui détiennent papa, ils apprendront ce qu'il en coûte de... de...

L'antiquaire lui caressa la joue avec une fierté toute paternelle.

– De défier une véritable petite lionne ! murmura-t-il.

Piqué au vif, Daniel manifesta sa mauvaise humeur :

– Désolé d'interrompre ce moment de communion, mais une fois décrypté, que nous révélera ce morceau de peau ?

– Où se trouve l'endroit si important aux yeux de Victor et de ses ravisseurs, répondit Alush sans quitter Julie du regard.

Et alors, nous interviendrons.

56

Bureaux du rabbin Rosenberg.
Jérusalem.
Au même moment.

Pleurait-il ?

Priait-il ?

Quiconque aurait pénétré dans son bureau à cet instant aurait été bien en peine de le dire.

Dissimulé derrière ses mains, son visage tremblait. Il murmurait, s'efforçait d'oublier Jérusalem à l'heure où tous s'attablaient dans l'insouciance, persuadés que demain le soleil se lèverait encore.

Un à un, les Gardiens tombaient.

Le monde était au bord du précipice : la bataille finale venait de commencer. Ainsi donc, l'an 1945 de notre ère n'avait pas marqué la fin de la confrontation, mais un répit.

Un simple répit.

Rosenberg reposa ses mains sur la lourde table.

Étincelant et acéré, le *svastika* d'acier semblait vibrer d'une puissance maléfique sous ses yeux.

Des larmes coulèrent sur les joues ridées du vieux rabbin.

Ils étaient de retour.

57

Quartier musulman.
Jérusalem.
19 h 59.

Dieu que Julie faisait plaisir à voir !

Attablée en compagnie de Daniel dans un boui-boui où le domestique d'Alush les avait conduits avant qu'ils ne reprennent la route, elle dévorait avec entrain des petits pains croustillants farcis à la menthe et à la viande de mouton.

Daniel s'était contenté d'une pita avec un peu de fromage salé et la regardait avec attendrissement.

La lionne reconstitue ses forces, se réjouit-il.

Julie goba une olive, reprit une gorgée de Sprite, puis se jeta sur l'une des boulettes de bœuf qui patientaient dans un fond d'huile pimentée.

– J'ai un peu honte, dit-elle soudain, la bouche pleine.

– De quoi ?

Elle essuya ses lèvres avec une serviette en papier et avala une autre boulette. Elle cherchait ses mots.

– Eh bien, s'il n'y avait pas le sort de mon père en jeu, je... je trouverais presque cette histoire excitante !

Daniel leva le bras pour commander un thé.

– Vous ne devriez pas avoir honte : la passion est mère de toutes choses. Dans l'unité antiterroriste où j'opérais, les meilleurs éléments étaient toujours ceux qui finissaient par se prendre au jeu. Un jeu terrible, horrible, tragique parfois, mais un jeu tout de même...

Le serveur déposa un verre décoré devant lui et y versa du thé à la menthe.

– Galvanisée par l'enjeu, vous n'en serez que plus performante, ajouta-t-il avant de porter le verre à ses lèvres.

La jeune femme médita la remarque sans cesser de manger. Elle jeta son dévolu sur un morceau de fromage roulé dans une galette aux bords roussis par la cuisson.

– Pourquoi avez-vous quitté l'armée, Dan ?

– Je ne servais pas dans l'armée.

– Oui, enfin... vous faisiez la guerre.

Daniel soupira.

– « Si tu regardes trop longtemps l'abîme, l'abîme finit par regarder en toi... »

Elle posa sur lui un regard admiratif. Une fois de plus.

– Ce n'est pas de moi, précisa-t-il. C'est de Nietzsche.

– Mais il y a un réel talent à sélectionner les citations les plus éloquentes et à les ressortir à propos, très cher, gloussa-t-elle en ôtant une miette de sa lèvre.

Daniel parut apprécier le compliment. Il touilla de l'index les pignons qui flottaient dans son verre.

– Alors ?

– Alors quoi ?

– Pour quelle raison avez-vous abandonné l'uniforme ?

– Je n'étais que très rarement en tenue militaire...

– Oh, ça va !

– Je suis parti pour échapper au piège. Quand vous tapez dans la fourmilière, des tas de gens en sortent : des criminels, des innocents, des paumés, des infortunés... Mais en matière de lutte contre le terrorisme, il faut agir comme l'éclair. Sans toujours faire le détail. Alors, même en vous bornant à traquer d'authentiques salauds, des fanatiques prêts à utiliser femmes et enfants comme boucliers – ou, pire, comme détonateurs –, vous devez encore apprendre à penser comme eux, à deviner leurs mouvements, à devenir leur semblable…

Julie fit une boule de sa serviette en papier et la laissa choir dans l'assiette.

– Je comprends. Mais la paix viendra.

– Oui, Julie. Dans mille ans…

– Pessimiste ! susurra-t-elle pour détendre l'atmosphère.

Raté.

Le visage de Daniel demeurait crispé.

– Les fanatiques d'en face ne nous laissent pas le choix : leur programme officiel n'est pas seulement de nous battre, mais de nous exterminer jusqu'au dernier. Consultez les sites du Hamas ou du Hezbollah : ils ne s'en cachent pas ! Oh, bien sûr, devant *vos* caméras, ils se lamentent après la paix… Mais loin de *vos* micros, ils se gargarisent d'idées carrément nazies !

Il marqua une pause pour retrouver son calme.

– Croyez-moi, soupira-t-il enfin, s'ils nous subjuguaient, notre sort ne serait pas celui des habitants des Territoires.

Nouveau silence.

– Mais plutôt celui des Arméniens…

Il éclata de rire malgré lui.

– Ou des Juifs en général !

La tête renversée, il secoua son verre au-dessus de sa bouche pour faire descendre les pignons jusqu'à ses lèvres.

– Alors, un beau jour, j'ai décidé de m'extraire du piège. Je n'ai pas vocation à tuer mon prochain, ni l'intention de sombrer dans la tartufferie en devenant un « repenti », l'un de ces « pacifistes » pour qui seuls les vilains Occidentaux, en l'occurrence les Israéliens, portent toute la responsabilité de cet interminable conflit. D'ailleurs, s'ils ont gain de cause, ces abrutis seront les premiers égorgés par les nouveaux maîtres du pays.

Il reposa doucement le verre, histoire de bien montrer qu'il ne s'échauffait nullement.

– J'ai refusé ce piège – trahir ou devenir comme mes ennemis – et j'ai décidé de partir à Londres, pour y vivre de la musique. J'étudie le violon depuis l'âge de quatre ans. J'ai eu ici plusieurs prix. Presque autant que de décorations pour actes de bravoure. En deux ans, je me suis fait connaître en Angleterre et j'ai passé plusieurs auditions. Un jour, la chance m'a souri : un remplacement au Philharmonic. Ils ont trouvé que j'étais meilleur que le violoniste indisponible, moins cher aussi, et ils m'ont gardé. Voilà.

Des éclats de voix retentirent devant le café.

Un individu d'une vingtaine d'années, maigre comme un sarment et la peau grêlée d'acné, le front ceint d'un foulard vert, prenait à partie un serveur en tendant un poing vengeur vers Daniel et Julie.

– Encore un excité qui voudrait que « son » quartier ne soit pas pollué par la présence d'infidèles, ricana Daniel.

L'excité n'eut guère le temps de poursuivre sa diatribe. Des quatre coins de la ruelle, des Arabes apparurent, le maîtrisèrent sans ménagement et l'expulsèrent avec force menaces.

C'est à ce moment-là qu'Ibrahim Alush fit son apparition.

Il distribua des ordres et l'attroupement lui obéit, comme s'il régentait les lieux.

L'octogénaire tira une chaise jusqu'à leur table et s'assit à leurs côtés.

– Avez-vous bien dîné, mes enfants ?

Ils firent signe que oui.

– J'ai des nouvelles. Et elles ne sont pas fameuses...

Il demanda un café à la cannelle.

– On a retrouvé le père Tassa mort. Assassiné.

Julie hoqueta de stupeur.

– Mais il y a pire encore, ajouta l'antiquaire d'une voix cassée. Peter Hegel, que je cherchais en vain à joindre depuis avant-hier, a mis fin à ses jours. Il s'est pendu.

Et « l'ordinateur », omit-il d'ajouter, c'était lui, Julie.

58

Route n° 1.
Judée-Samarie.
20 h 20.

Moins de trois heures les séparaient de Massada. Devant eux, la route filait vers la frontière jordanienne, puis, en amont de la mer Morte, prenait la direction du sud. Circulation minimum. Quelques véhicules militaires somnolaient sur les bas-côtés.

Julie s'était assoupie, tournée vers la vitre, la joue sur l'épaule.

La Ford fonçait entre les collines de terre stérile sous l'éclairage bleuté des réverbères. Le soleil s'était couché depuis longtemps déjà, après avoir incendié le paysage qui en conservait une teinte cramoisie. Irréelle. Une trouée sans vie ni habitations sous les étoiles froides. Pas un arbre, pas un animal. Les seuls arpents de terre pelée qui avaient découragé l'entêtement national à faire reverdir la Terre promise.

Un décor d'après la Bombe.

Aux abords de la vallée qui s'ouvrait sur le lac salé, Daniel dut s'arrêter à un check-point.

Une soldate s'approcha, torche vissée au casque.

Il ouvrit sa vitre, coupa ostensiblement le contact, lui tendit son passeport et prononça quelques mots.

La soldate, une généreuse brune au teint de pruneau, s'attarda sur ses mains, son visage eut une moue engageante, puis elle retourna d'un pas nonchalant vers ses collègues. L'officier radio, un grand échalas avec des lunettes à double foyer, abandonna à regret sa partie d'échecs et actionna son poste pour vérifier ce que venait de lui apporter sa subalterne.

Deux minutes plus tard, la soldate revint à la portière.

– Tu peux y aller, fit-elle en lui rendant son document d'identité.

Elle se pencha pour éclairer Julie, qui apparemment dormait.

– Ta copine ?

– Oui.

– Chanceuse..., fit-elle en s'écartant.

Daniel redémarra.

– Votre frère m'avait prévenue que vous étiez un don Juan..., fit Julie sans ouvrir les yeux. Impressionnant.

La remarque était-elle flatteuse ? Ou valait-elle condamnation ? Daniel s'abstint de toute réponse.

Trois kilomètres plus loin, il tourna sur la droite et ralentit.

– La mer Morte, annonça-t-il.

Devant eux, scintillant sous la lune, l'étendue de sel emplissait l'horizon nocturne. Au-delà du rond-point fait de rochers amoncelés, la route amorçait sa descente vers le lieu le plus bas de toute la planète.

La jeune femme se redressa, réprima un bâillement et s'étira langoureusement.

– Ainsi, je suis votre « copine » ? demanda-t-elle d'une voix engourdie.

– Tout le monde a le droit de rêver, non ?

Julie colla le bout de son nez sur la vitre afin que Daniel ne perçoive pas son sourire.

Vous voyez, vous progressez...

Non, songea-t-elle avec un petit pincement au cœur, le bel inconnu rencontré dans l'avion ne *progressait* pas : il avait toujours su y faire avec les femmes.

Au loin, sur l'autre rive de la mer Morte, quelques lumières floues signalaient des villages.

– La Jordanie, indiqua Daniel.

– Qumran est encore loin ?

– Nous passerons devant dans une dizaine de minutes. Mais la visite, ce sera pour une autre fois.

Julie soupira. Ses paupières étaient lourdes.

– Dormez, lui dit-il à voix basse.

Elle se tortilla sur son siège, entravée par sa ceinture, sans trouver la bonne position.

Le regard fixé sur la route, Daniel fit s'incliner son siège.

– Et détachez votre ceinture, vous ne craignez rien.

La chose faite, Julie se lova en chien de fusil. Et sombra presque aussitôt dans le sommeil.

Tout le monde a le droit de rêver...

59

Salons de l'hôtel King David.
Jérusalem.
Deux heures plus tôt.

C'était sans doute l'effet conjugué des confortables moquettes et des panneaux lisses de chêne décorés à la feuille d'or. Mais comme dans toutes les réceptions de ce genre, le bruit des conversations semblait se fondre dans les tintements des verres et des cristaux des lustres proches des portes-fenêtres donnant sur la terrasse.

Sans avoir écouté un traître mot de ce qu'il venait de lui dire, Ronald Greenwood approuva d'un air pénétré le délégué jordanien.

– Loin de mon gouvernement l'idée de soupçonner la partie israélienne, poursuivit le Jordanien en reprenant une coupe sur le plateau que présentait un serveur en livrée. Mais enfin, il faudra que l'organisme ad hoc s'assure que les intermédiaires et les fournisseurs représentent fidèlement les intérêts en présence, n'est-ce pas…

– Il va sans dire, l'assura Greenwood en laissant son regard planer sur les invités en tenue de soirée.

Il enviait leur insouciance, leurs rires, leurs bavardages.

Et les méprisait.

Il eut envie de hurler à ces femmes couvertes de bijoux, à ces hommes gonflés de leur importance fugace, que bientôt ils connaîtraient le règne de la peur.

Qu'un âge sombre s'annonçait cette nuit même.

Mais, comme toujours, il se retint.

Il était seul, à l'instar de ses semblables.

Dans les deux camps qui s'affrontaient en ces heures décisives, ils étaient, tous, irrémédiablement seuls. Invisibles, insoupçonnés, silencieux.

– Car, enfin, il suffirait de procéder à quelques montages financiers offshore pour rendre tout ce magnifique chantier de canal vers la mer Morte parfaitement opaque, reprit le délégué. Ce ne serait pas tolérable, n'est-ce pas ?

– Certes pas, répondit l'Américain avec conviction.

– D'autant, ajouta à voix basse le Jordanien, qu'en termes d'ingénierie financière, de sociétés écrans, de filiales dans les paradis fiscaux, de faux-nez et autres subtilités juridiques, hein, *ils* sont maîtres en la matière, n'est-ce pas ?

Greenwood considéra son interlocuteur, un brave homme aux cheveux laqués, à la mine joviale et satisfaite dans son habit noir. Il décida d'ignorer sa remarque douteuse et, mettant fin à la conversation d'un sourire cordial, hocha la tête comme s'il promettait de suivre personnellement la question.

Il s'approcha du buffet où deux journalistes européennes, drapées de Lanvin ou de Gucci, picoraient des petits-fours en prenant soin de ne pas tacher leur robe. Absorbé par ses pensées, le sexagénaire prit un canapé au saumon.

Une alarme retentit dans son esprit.

Le maître maçon ne sut dire pourquoi, mais il sentit une présence.

Fendant l'assistance de son regard cobalt, il chercha.

Il ne fut pas long à trouver.

Près de la terrasse, le fixant avec intensité, en costume froissé et sans cravate, le colonel Cohen levait son verre de bourbon dans sa direction.

60

Complexe hôtelier de Massada.
Mer Morte.
23 h 23.

– Je suis son assistant, rétorqua d'un ton pincé l'étudiant rondouillard que l'on venait de tirer du lit. Elle ne m'a pas informé de votre visite.

En se frottant les yeux derrière le comptoir de la réception, le veilleur de nuit de l'hôtel de Massada suivait avec fatalisme l'échange. L'établissement, une longue bâtisse moderne et modeste dans un style néo-désertique, recevait surtout des colonies de vacances et des militaires.

Daniel prit une expression menaçante, fit un pas en avant et décocha au jeune Ilan une saccade de mots en hébreu.

Le jeune universitaire rejeta son buste en arrière, comme s'il redoutait un enchaînement gauche-droite, mais ne se démonta pas :

– De toute façon, vous ne pouvez pas la voir maintenant. C'est impossible.

– Réveillez-la, c'est urgent, fit Daniel avec colère. Ou sinon...

– Sinon, quoi ? fit Ilan d'une voix plaintive. Jennifer est au sommet de la forteresse. Le téléphérique est en réparation et ne sera opérationnel que dans quinze jours. Il faut attendre demain.

Julie vint se placer entre les deux mâles.

– Pouvez-vous la joindre, s'il vous plaît ? demanda-t-elle avec diplomatie.

– Non, désolé, il n'y a pas de réseau là-haut. J'ai moi-même supervisé l'installation d'un nouveau relais en fin de journée, mais il ne sera pas...

– ... opérationnel avant quinze jours ? le coupa Daniel.

– Avant demain soir, précisa l'étudiant avec agacement. Alors, inutile de vous énerver contre moi.

– Ok, répondit Julie. Mais peut-être pouvons-nous accéder au sommet par le chemin à flanc de montagne ?

Il s'écarta et consulta l'heure sur son mobile.

– Le soleil se lèvera dans quelques heures, reprit-il en détaillant ses visiteurs, dont l'absence de bagages et l'état des vêtements ne lui inspiraient guère confiance. Prenez une chambre, on vous fera un tarif étudiants, et demain j'informerai Jennifer de votre présence.

– On ne peut pas attendre demain, reprit Daniel en serrant les mâchoires. Mademoiselle, qui est conservatrice au Louvre, est venue spécialement pour rencontrer le professeur Lee. Donc, nous allons monter. Maintenant.

Levant le menton, il ajouta :

– À pied, s'il le faut.

– Vous travaillez au Louvre ? s'étonna Ilan. Je suis vraiment étonné qu'elle ne m'ait rien dit de votre arrivée...

Il était clair qu'il ne les croyait pas.

– Mademoiselle Normandy, dit Daniel avec hargne, pourriez-vous montrer votre carte à ce monsieur, je vous prie ?

L'esprit trop ensommeillé pour réfléchir, Julie obtempéra et sortit de sa poche revolver son badge professionnel. Elle le présenta à l'assistant de Jennifer Lee, en le lui plaçant sous le nez, ainsi qu'elle l'avait vu faire aux agents du FBI dans les séries télévisées.

– Julie Normandy, bredouilla Ilan. Vous êtes apparentée à…

– Victor Normandy est mon père. Et c'est à son sujet que nous souhaiterions voir votre patronne. La voir au plus vite.

Ilan eut l'air contrarié. Il jeta un œil au veilleur, puis revint à eux.

– Écoutez, fit-il d'un air navré, je ne peux vraiment rien faire ce soir. La pente qui conduit à Massada est dangereuse. En plus d'un endroit, on côtoie le vide. C'est beaucoup trop risqué de nuit, je vous l'assure.

Julie rangea sa carte. À dire vrai, elle ne se voyait pas entamer l'escalade de ce demi-kilomètre de roches en pleine nuit.

– Les gardes ne vous laisseront de toute façon jamais passer, ajouta l'étudiant. Même si j'insistais.

Pour ne pas perdre la face, Daniel se détourna et inspira longuement.

– Il est presque minuit et le jour se lève tôt ici. Profitez d'un bon lit quelques heures, le temps de vous remettre d'aplomb, proposa-t-il en regardant les cernes de Julie.

Ils réfléchirent en silence. Leurs chances de forcer le barrage de sécurité et de parvenir au sommet étaient minces.

– Un petit dodo et une bonne douche, négocia encore Ilan, et je vous réveille avant l'aurore. Ok ?

– C'est-à-dire ? demanda la jeune femme.

– Aux environs de quatre heures du matin. Ensuite, nous montons illico.

– D'accord.

Soulagé, Ilan retourna à la réception, échangea quelques phrases avec le veilleur et prit les clés d'une chambre.

Poussant une porte à hublot, il les invita à le suivre dans le dédale de couloirs carrelés de l'hôtel.

La chambre était minuscule et ressemblait davantage aux logements offerts par les auberges de jeunesse qu'à un véritable hôtel. Les lits et le mobilier étaient spartiates et, seul luxe, une bouilloire flanquée de quelques sachets de café était posée sur la table de nuit gauche. Mais cela importait peu à la clientèle habituelle : tout au long de l'année, la résidence accueillait des étudiants et les nouvelles promotions de militaires. Tous venaient se recueillir au sommet de Massada, en souvenir de leurs ancêtres qui avaient préféré la mort à l'asservissement.

Là, sous un soleil de plomb, les nouveaux officiers de l'armée de l'air prêtaient serment : Massada ne retomberait jamais en mains hostiles.

Daniel se traîna jusqu'à la petite entrée pour pendre à une patère de plastique le chiffon qui avait été sa veste de lin noir. Il s'efforça de ne pas regarder vers la salle de bains, derrière lui, où Julie prenait sa douche.

Pourtant, en revenant vers les lits jumeaux, il ne put s'empêcher de s'immobiliser devant une ombre qui ondulait sur le mur.

Par un jeu de miroirs, l'éclairage projetait sur le crépi blanc du couloir la silhouette dénudée de Julie.

Belle, il l'avait trouvée d'emblée.

Une fille à séduire.

Il avait par la suite découvert une femme pleine de finesse, d'intelligence et de caractère.

Une femme à aimer.

Et à présent, tandis que le corps menu et délicieusement sculpté de la jeune femme se dessinait en ombre chinoise sur le mur, il la trouvait furieusement désirable.

L'image disparut.

Puis réapparut.

Il passa le doigt le long du mur, caressant l'ombre de son épaule, l'ombre de ses flancs, descendant jusqu'à l'ombre de...

– Hum !

Il se retourna, le rouge au front.

Enroulée dans une serviette-éponge blanche, les cheveux en bataille, Julie le fixait droit dans les yeux.

61

Complexe hôtelier de Massada.
Mer Morte.
23 h 40.

Le désert, la nuit : convient-il d'imaginer une paisible étendue de sable encore chaud, où il ferait bon s'endormir sous un ciel piqueté d'étoiles ?

Non…

Le désert, la nuit, ce n'est pas cela.

Quand les ténèbres viennent chasser la fournaise, l'œil humain n'y trouve nulle consolation, car au soleil aveuglant succède bientôt l'obscurité absolue. L'horizon s'estompe et se rapproche, oppressant comme les murs d'une pièce rétrécissant sans fin.

La nuit, dans le désert, règne le bruit.

Une armée de créatures grouillent dès le crépuscule et s'activent dans le noir. Ici, un insecte sectionne une brindille dans un craquement funeste ; là, un serpent avance, laissant imaginer la traîne d'un tapis ensorcelé ; le pas de l'animal le plus leste rend soudain le vacarme d'une charge infernale, et le vent lugubre, imprévisible, vient siffler à l'orient, gémir à l'occident, et glacer l'étendue sans vie.

Les aboiements redoublèrent.

Le chef des Bédouins jaillit de sa casemate et interrogea du regard la sentinelle postée sur la terrasse de l'hôtel. Accroupie sur le rebord, étrangère à toute sensation de vertige, celle-ci secoua la tête.

Personne en vue.

Le Bédouin fit alors quelques pas entre les rochers, face au lac de sel, et scruta la nuit. Tous les cent mètres, l'un de ses hommes montait la garde, fusil en main. Aucun ne manquait à l'appel.

C'était la deuxième fois que les chiens hurlaient à la mort. Ils n'étaient pourtant pas prompts à s'affoler ; qu'un de leurs congénères errants ou qu'un chacal monté du Néguev s'aventurât sur leur territoire et ils lui réglaient son compte sans daigner donner l'alerte.

Cette nuit, quelque chose les affolait.

Les aboiements reprirent sporadiquement.

Le Bédouin ferma les yeux et tendit l'oreille. Il sentit le désert, écouta son murmure, guettant l'intrus.

Lui et les siens étaient au service de l'État israélien depuis deux générations. Par appât du gain, par opportunisme aussi – les puissants étaient bénis par Allah –, mais plus que tout par haine des sédentaires. Persécutés pendant plusieurs siècles par les Arabes, les Bédouins avaient pris leur revanche quand Israël avait resurgi des sables en 1948. Sans hésitation, ceux de son clan avaient choisi leur camp, et accepté une mission – défendre l'approche de Massada – dont ils s'acquittaient comme d'un devoir sacré. La forteresse légendaire des Juifs était ainsi gardée par des musulmans du désert et, en vingt ans, pas un terroriste n'avait réussi à déjouer leur vigilance.

Pas un.

Il rouvrit les paupières. Les chiens s'étaient tus.

Peut-être avaient-ils eu une querelle entre eux ? Il écarta aussitôt cette hypothèse de son esprit : ils étaient trop bien dressés pour cela et connaissaient le châtiment qui les attendait s'ils venaient à se prendre à la gorge les uns les autres.

Le Bédouin avança d'une foulée et siffla les gardes – que chacun rappelle près de lui sa bête.

Haletants, les chiens surgirent d'un peu partout et vinrent docilement se ranger près de leurs maîtres.

Le sien ne parut pas.

Il siffla encore.

Rien.

Le berger allemand n'était pas coutumier de ce genre de disparition. Seïf était un chef de meute. Plus qu'un animal, un automate, dévoué à son maître qui l'avait arraché à sa portée et nourri de sa propre main. Le chien aimait et craignait le Bédouin. Jamais il ne se serait éloigné pour aller gambader au-delà de la zone de sécurité.

Il appela encore, en vain.

– Seïf !

Pas de réponse.

L'instinct du Bédouin lui hurlait la présence d'un danger que ses sens démentaient. Nul rôdeur à la ronde. Quelque chose d'inhabituel, pourtant, planait dans l'air.

Il fit quelques enjambées encore, s'éloignant davantage de l'édifice dont la masse sombre semblait faire corps avec la montagne.

Il cria le nom de son chien dans la nuit.

Toujours rien.

Il allait remonter quand, sur sa gauche, au pied d'un roc en forme de conque, il aperçut une ombre.

En s'approchant, il reconnut le pelage d'un chien. C'était Seïf.

Il s'agenouilla pour prendre l'animal dans ses bras.

Le Bédouin eut un haut-le-cœur : le chien avait été étranglé, et le fixait, les yeux écarquillés de terreur.

62

Lieu indéterminé.
Jérusalem.
Deux heures plus tôt.

– Ils se dirigent vers Massada, mon jeune ami.

Tout en parlant, le Maître observait avec mépris le corps ligoté du professeur Normandy, gisant sur la terre battue.

– Massada, répéta-t-il en plaquant un peu plus l'appareil sur sa bouche.

Dans la cave, la communication était médiocre et il tenait à s'assurer que son interlocuteur ait compris son nouvel ordre de mission.

– La forteresse des Juifs, c'est bien cela, confirma-t-il. La fille détient une lanière de cuir. Elle entrera bientôt en possession d'un autre objet, quelque chose ressemblant à un bâton octogonal de courte taille. Trouve-les, prends-les.

Il rabattit le clapet de son portable. Point n'avait été besoin d'énoncer le dernier ordre, logique entre tous.

Et tue-les.

Le Maître se pencha sur le visage tuméfié du vieil archéologue.

– Tu finiras par parler, dit-il d'une voix fielleuse.

Victor Normandy remua les lèvres, sans pouvoir prononcer un son. Le Maître approcha l'oreille de sa bouche.

Le Français souleva péniblement la tête, comme prêt à se confesser. Et lui cracha à la face.

Sans se départir de son calme, le Maître se redressa et sortit un mouchoir pour essuyer la souillure. Puis il éclata de rire. Un rire mauvais.

– Vous les Français, vous êtes vraiment tous les mêmes. Si déraisonnables. J'ai vu mes aînés à l'œuvre, sais-tu ? Les individus de ton espèce, nous savons comment les briser. Ah ! vous les Français, vous finissez toujours par parler... Et par trahir.

Pris d'une rage impuissante, Victor Normandy essayait de se dégager de ses liens. Mais il put à peine remuer.

Le Maître ricana et contourna le prisonnier. Il fixa ses pieds nus.

– Tôt ou tard, tu me diras *où*...

D'un coup de talon, il lui brisa un orteil. Le hurlement du professeur s'étrangla dans sa gorge.

Remontant l'escalier de la cave, le Maître se retourna une dernière fois.

– Au fait, Victor, demanda-t-il d'un ton naïf, où est-Il ton Dieu, ce soir ? Où est-Il, ce Dieu qui avait promis de vous protéger et qui n'a cessé de vous mentir ?

Les quelques marches gravies, et alors qu'il s'apprêtait à refermer la porte blindée, il ajouta :

– Quand je pense qu'Il vous a menti depuis le début, Victor, depuis le début... Pourquoi ne vous a-t-Il jamais révélé la vérité sur nos origines ?

La porte claqua.

De plus en plus rapprochées, des vagues de nostalgie déferlaient sur lui. Des pans entiers du passé resurgissaient. Des souvenirs hideux et glorieux, qui se dressaient entre lui et la réalité.

C'était le printemps, d'après le calendrier des hommes, mais l'hiver dans le ciel chargé de particules noires et grises.

L'hiver du Reich.

Berlin n'était plus en flammes, plus en ruines. Berlin était en cendres. Frappé par la colère divine.

Le Maître se revit, jeune et souple, le cheveu blond coupé ras, le ventre plat et des éclairs dans les yeux.

La barricade.

Avril 1945.

Autour de lui, d'autres gamins, bazooka de fortune sur l'épaule. Les restes de l'unité des Loups-Garous de la capitale. Les *Werewolf*, brigades d'adolescents et d'enfants qui n'auraient jamais le temps de porter l'uniforme, et que Heinrich Himmler avait chargées de retarder l'avancée des Russes.

Aucun de ses camarades n'avait survécu au premier engagement. Les Rouges n'avaient pas fait le détail.

Il se revit, la veille, au milieu de jeunes recrues, dans la cour de la nouvelle chancellerie déjà presque entièrement détruite, Adolf Hitler les passant en revue. Leur pinçant le lobe de l'oreille de sa main tremblante. Leur distribuant des breloques de fer-blanc en guise de médailles.

Des années plus tard, il avait découvert dans une revue la photo qui immortalisait la scène et qui, bientôt, figurerait dans tous les manuels scolaires pour illustrer la cruauté d'un régime qui n'épargnait pas même ses enfants. Lui, cinquième en partant de la droite, souriait, l'air goguenard, la tête tournée vers le Führer.

Le régime s'effondrait. La rumeur d'armes dévastatrices s'était répandue parmi les dignitaires nazis, pris de panique. Il se disait que dans le désert du Mojave, des sorciers juifs avaient maîtrisé le feu nucléaire. L'Allemagne devait impérativement capituler, avant d'être ramenée à l'âge de pierre par les Américains. Lui s'en moquait : qu'importaient les Allemands ? Puisqu'ils avaient failli, estimait-il à l'instar de Hitler et du Maître de l'époque, qu'ils périssent ! Au diable, l'Allemagne !

Ce serait *cendres* contre *cendres*.

Champignon nucléaire contre fours crématoires.

Après tout, c'étaient eux, les Fils des Ténèbres, qui avaient déclaré la guerre à la Création.

Et ils allaient la perdre.

Mais d'autres batailles viendraient, il le savait déjà.

Un flot d'adrénaline submergea le corps du Maître revenu dans son bureau. Au crépuscule de sa vie, il tenait enfin sa revanche.

Cette nuit, le monde des trois religions allait finir.

63

Forteresse de Massada.
Mer Morte.
Mardi 14 septembre – 04 h 55.

Des cernes d'un gris lavande soulignaient ses yeux en amande, au coin desquels affleuraient des rides discrètes. Mais même ainsi, au lever, sa beauté était flagrante, qui proclamait sa résistance au temps.

Jennifer Lee serra chaleureusement la main que lui tendait Julie.

– C'est fou comme vous ressemblez à Victor ! dit-elle en souriant.

Julie fut touchée du compliment.

– Je vous présente Daniel, mon ami… et ange gardien, enchaîna la Française.

– Enchantée, Daniel. La grimpette n'a pas été trop dure ?

– J'ai connu des réveils plus faciles, concéda-t-il.

Lee le regarda et sourit à nouveau. Elle avait hérité de ses ancêtres un visage impassible mais plein de délicatesse, sur lequel ne se lisaient que des esquisses d'expressions.

– Venez avec moi, fit-elle en congédiant Ilan d'un clin d'œil.

Ils marchèrent à sa suite le long du camp, jusqu'à l'extrémité ouest. L'équipe finissait à peine sa nuit et le plateau était encore désert. Dans leur dos, une ligne rougeoyante colorait le rivage jordanien, annonçant l'aurore.

Elle se posta devant le parapet qui bordait le site et inspira l'air du petit matin. Dans quelques heures, il deviendrait irrespirable.

– Savez-vous ce que c'est, Daniel ? demanda-t-elle en pointant le doigt vers le creux du canyon, là où une avancée de terre s'élevait sur le flanc occidental de la montagne.

– La rampe, répondit-il laconiquement.

Jennifer fit volte-face.

– Oui, la rampe. La rampe que les Romains firent construire à leurs prisonniers voilà vingt siècles. La Xe légion, conduite par le général Flavius Silva, assiégeait Massada depuis sept longs mois. En vain. Retranchés derrière les hauts remparts de l'époque, épais de quatre mètres, qui couraient sur près de deux kilomètres de circonférence, bien dotés en grain, en vin, en légumes secs et en bétail, alimentés par leurs citernes qui filtraient l'eau de pluie, les insurgés étaient inébranlables. Rome commençait à s'impatienter. Silva essaya de s'emparer de la forteresse par tous les moyens – attaques nocturnes, catapultes, travaux de terrassement pour hisser ses soldats... –, mais tous échouèrent. Il essaya le feu, sans davantage de succès : la partie en bois des murailles à peine enflammée, un vent tourbillonnant rabattit les flammes vers le camp romain, détruisant plusieurs machines de guerre et semant l'épouvante. Dans sa fureur, il en vint alors à exécuter des otages sous les murs : Éléazar, le chef de la résistance, lui fit répondre qu'un Juif ne cédait jamais au chantage et que, pour prix de son crime, l'Éternel rayerait son empire de la surface de la terre. Les Romains eurent alors une idée démoniaque : contraindre leurs captifs hébreux, femmes et enfants inclus, à bâtir une rampe de terre et de cailloux jusqu'au sommet. Les assiégés, quand ils réalisèrent que c'étaient leurs compatriotes qui œuvraient sous la menace, ne purent se résoudre à empêcher les travaux en les tuant de leurs projectiles. La suite, vous la connaissez, j'imagine...

– Quand ils mirent le pied dans la *Massada* – qui signifie « forteresse » en hébreu –, les Romains ne trouvèrent que des cadavres, acheva Daniel. Leurs adversaires avaient préféré se donner la mort et avaient incendié tous les bâtiments. Tous, à l'exception des entrepôts à grain, encore pleins. Une façon de proclamer à la face de l'Histoire que sans la ruse indigne des légionnaires, le siège aurait pu durer éternellement...

Un bref silence s'installa entre eux. Puis Jennifer prit Julie par le bras et l'entraîna vers le campement.

– J'espère que vous aimez les dattes, fit-elle. C'est le seul breakfast que nous avons à proposer ici.

Tout en grignotant un fruit, Jennifer interrogeait du regard Julie, assise à côté d'elle sur le lit de camp.

– C'est à peine croyable, elles sont succulentes, admira cette dernière. Un vrai miracle !

– Je n'en ai eu que l'idée, répondit Jennifer Lee. C'est aux agronomes, dans la vallée, que revient tout le mérite. Mais nous n'en sommes pas peu fiers : déguster des fruits vieux de deux mille ans, c'est assez *cool*, non ?

Julie frotta ses mains poisseuses sur son pantalon. Ses yeux croisèrent ceux de Daniel.

– Nous avons de gros soucis, Jennifer, commença la jeune femme. Mon père a été kidnappé hier et...

Elle réfléchit un instant, observant le visage immobile de son interlocutrice, puis décida de reprendre l'histoire depuis le début.

Depuis son arrivée à l'aéroport, la disparition de son père et la découverte de l'appartement cambriolé. Elle raconta en détail l'épisode du tueur dans la tour et leur fuite vers Jérusalem dans l'espoir d'y trouver des indices pouvant les mener jusqu'à Victor Normandy.

Elle mentionna leurs rencontres et le climat étrange qui, peu à peu, avait entouré leurs recherches. Ronald Greenwood, tout d'abord, qui leur avait laissé entendre que le professeur Normandy s'intéressait de trop près au Temple. Puis le Colonel qui, après les avoir briefés et équipés, les avait laissés filer dans l'espoir qu'ils jouent le rôle d'appât et permettent l'arrestation des ravisseurs – afin, disait-il, d'éviter une crise diplomatique de grande ampleur.

Voyant Dan, assis par terre en tailleur, bouillir à cette seule évocation, elle ne s'attarda pas sur leur entretien avec le vieux rabbin ni sur ses insinuations selon lesquelles des extrémistes juifs auraient pu vouloir escamoter les découvertes de son père.

Elle poursuivit, sans cesser de déguster ses dattes, par leur visite du Saint-Sépulcre et par le comportement déroutant du père Tassa. Ce dernier avait semblé brûler de leur dire quelque chose, mais avait tout autant donné l'impression d'être terrorisé. Puis il y avait eu la visite à Kfar Shaul et la crise de Peter Hegel, qui...

– Peter est dans un asile ? l'interrompit Jennifer Lee, devenue livide.

– C'est-à-dire..., bredouilla Julie.

– À mon avis, Peter s'y était réfugié, intervint Daniel. Il devait penser qu'on ne le trouverait jamais dans un établissement psychiatrique. Il avait peur, lui aussi. Mais de qui ? et de quoi ? Mystère...

– C'est Hegel qui m'a amenée ici, leur confia Jennifer. Il faisait partie du groupe de scientifiques de toutes disciplines venus à Massada pour relancer les fouilles. Je lui dois beaucoup. Comment va-t-il ?

Julie baissa les yeux, mais Daniel n'esquiva pas la question :

– Il s'est suicidé hier.

Lee s'affaissa contre le mur, sans un mot.

– Et Mario Tassa a été assassiné, asséna Daniel. Hier également.

Pour cacher son émoi, l'archéologue se leva d'un bond et se mit à arpenter la pièce.

Julie chassa un chat de sa gorge. Il lui restait encore à mentionner Ibrahim Alush et le message venu du fond des âges qu'il lui avait confié. Elle n'en eut pas le loisir.

– Hegel et votre père ont creusé trop profond, dit soudain Jennifer d'une voix cassée. Il y a dans les entrailles de la terre des choses qui n'auraient pas dû être réveillées.

S'appuyant au mur, elle chancela légèrement en passant la main sur son visage.

– Je sais, cela semble… fou. Mais aucun de ceux que vous avez croisés n'a perdu la raison, Julie, reprit-elle. Ce qui se trame autour de nous dépasse l'entendement. Ceux qui savent hésitent à parler, tout simplement de crainte de voir s'éloigner leurs rares alliés.

– Vous serez par conséquent celle qui nous révélera enfin le fin mot de cette histoire, fit Daniel en se relevant.

– Non, murmura-t-elle. Vous serez seuls. Jusqu'à la fin.

Daniel leva les yeux au ciel.

Quand cesseraient-ils tous de parler par énigmes ? L'un d'entre eux ne pouvait-il donc pas se décider, une bonne fois pour toutes, à se confier ?

– Jennifer, dites-nous au moins de quoi Hegel, Tassa et mon père avaient tellement peur, supplia Julie. *Qui* cherchaient-ils à fuir ?

Ils restèrent pétrifiés par les deux syllabes qu'articula l'archéologue.

Se pouvait-il qu'ils aient correctement compris ?

Daniel se leva, l'air médusé. Julie resta assise un instant encore, bouche bée.

Mais le doute n'était plus permis.

Ils avaient tous deux parfaitement entendu.

Satan.

64

La Ruche. Lieu indéterminé.
Jérusalem.
05 h 10.

– Un engin nucléaire miniaturisé a été introduit sur le territoire il y a moins de quarante-huit heures par des services étrangers, annonça sans préambule le colonel Cohen à son équipe.

Dans la Ruche, une vingtaine des membres de son staff étaient réunis autour de lui et l'écoutaient avec gravité. Il allait leur confier l'une des missions les plus importantes de leur jeune carrière au service de la sécurité nationale. Bien sûr, il ne leur dirait pas tout.

– Nous ignorons le profil du porteur, son itinéraire et sa cible, ajouta-t-il. Aussi, les enfants, je vous demande de faire tourner vos méninges de petits génies plus vite encore que vos superordinateurs.

– Délai estimé de la mise à feu ? demanda un officier grand et mince, aux traits anguleux, qui ressemblait à s'y méprendre à Adrien Brody.

Le Colonel quitta le coin du bureau du poste Beth où il s'était assis et répondit en massant son crâne chauve – signe d'anxiété chez lui.

– Dans quelques heures. Sinon, jamais nos ennemis n'auraient pris le risque d'une telle infiltration. L'arme pourrait tomber aux mains du Hamas ou d'un... heu... groupe quelconque incontrôlable.

Mickaël se pencha sur le côté d'un écran qui le séparait du reste du groupe et interrogea à son tour :

– Cibles potentielles ?

– Notre taupe au sein de la Vevak, les services iraniens, n'a pas été en mesure de nous transmettre cette information, dit le Colonel avec regret. Visiblement, l'opération est pilotée depuis le sommet de l'État et l'appareil militaire tenu complètement à l'écart.

– On peut a priori exclure Haïfa, suggéra la responsable du poste Aleph en tapotant ses ongles manucurés aux couleurs de la Jamaïque sur son clavier.

Son supérieur se tourna vers elle.

– Motif ?

– Une explosion à Haïfa pourrait impacter le Sud-Liban, région colonisée par les chiites pro-iraniens, analysa-t-elle. Par ailleurs, c'est la ville avec la plus forte concentration de musulmans. Une cible dont la destruction ne serait pas populaire dans le monde arabe.

Le Colonel eut une moue dubitative.

– En suivant cette logique, intervint le clone de Brody, nous pouvons également exclure de notre zone de recherche le Néguev, qu'une explosion nucléaire ne désertifierait pas davantage...

– Et Jérusalem, ajouta Mike.

– Tu es bien catégorique..., grommela le Colonel.

– C'est une ville sainte pour les trois religions : la dictature iranienne ne prendrait pas un tel risque, insista le jeune officier.

À cet instant, le Colonel aurait pu faire le choix de leur révéler l'intégralité de ce qu'il savait. Mais il ne le fit pas. En ces heures sombres, lui comme tous ses semblables, amis ou ennemis, étaient seuls.

Et devaient agir seuls.

Le commun des mortels n'avait pas à savoir.

Il reprit :

– Autre info : il s'agit probablement d'un individu agissant en solo. Peu ou pas de soutien logistique. Les consignes sont claires : dès sa localisation, on l'abat. Par tous les... heu... moyens. Tous. Les dégâts collatéraux, y compris civils, sont déjà intégrés par les politiques, conclut-il en pointant le pouce vers le haut. Alors, les enfants, action !

Chacun retourna rapidement à son poste, tandis que le Colonel faisait signe à Mickaël de le suivre. Une fois dans son bureau, il ferma derrière eux et, sans prendre la peine de s'asseoir, l'interrogea :

– Ont-ils passé la nuit à Massada ?

– Oui. Ils sont actuellement en haut. Avec Lee.

– Parfait. Il n'y a plus de temps à perdre : on les intercepte.

– Mais vous aviez dit...

– *Sheket !* fit le Colonel. Silence !

Il regarda sa montre.

– J'ignore si le temps qui nous reste se compte en heures ou seulement en minutes. Mais il est bien plus tard que je ne l'imaginais, Mike. Trouve-les.

Avec une raideur toute militaire, Mickaël obtempéra d'un mouvement de menton, puis se retourna pour sortir.

– Une dernière chose, Mike : dis aux autres de ne pas exclure Jérusalem dans la traque de notre kamikaze nucléaire.

D'une voix nerveuse, il répéta l'instruction :

– Jérusalem. Zone du Temple.

65

Forteresse de Massada.
Mer Morte.
05 h 27.

Effondrée sur une chaise de toile pliante, Jennifer Lee semblait perdue dans la contemplation du liseré tracé au charbon sur le mur. La marque entre les ruines d'origine de l'entrepôt et la partie relevée lors des restaurations.

La limite entre *hier* et *maintenant*.

À ses pieds, reposait la stèle antique qui avait fait basculer sa vie et celle de ses amis, aujourd'hui morts ou disparus, la stèle sans âge où deux triangles, l'un noir, l'autre blanc, s'affrontaient depuis des millénaires.

Daniel entra dans la pièce en pierre brute percée d'une fenêtre unique, où paraissaient les premiers feux du jour.

– Qu'allons-nous faire à présent ? chuchota-t-il, encore sous le coup des dernières paroles de l'archéologue.

Cette dernière demeura muette.

Julie pénétra à son tour dans la pièce, le visage défait. La nuit de repos avait été balayée par leur échange. Elle avisa la stèle.

– C'est une étoile de David ? demanda-t-elle.

Jennifer fut brutalement arrachée à ses pensées. Elle se redressa et croisa les mains.

– Un sceau de Salomon, fit-elle. Nous avons exhumé cette

pierre en juillet. Elle était enfouie sous un lit de sable et de galets, au fond de la citerne nord.

Elle se leva et vint s'accroupir devant la stèle.

– Peter et Victor sont aussitôt venus l'examiner, poursuivit-elle. Car elle est sans pareille.

– En quoi ? interrogea Julie, intriguée par l'intérêt que son père avait pu porter à cette gravure.

– Les couleurs, jugea Daniel. Je n'en ai jamais vu de telles : un triangle noir descendant à la rencontre d'un triangle blanc...

L'archéologue approuva en secouant faiblement la tête.

– Je ne suis pas férue de symbolique, dit Julie, mais si ma mémoire est bonne, le triangle dont la pointe est tournée vers le haut représente l'homme et celui orienté vers le bas, Dieu. C'est bien la signification religieuse de cette étoile, n'est-ce pas ?

– En principe, oui..., expliqua Daniel. Mais partout où vous trouverez un tel symbole, les deux triangles sont de la même couleur. Parfois blancs, parfois bleus ou même noirs, mais jamais dissemblables.

Ils observèrent en silence la lourde pierre.

– D'après Hegel, souffla Jennifer Lee, le triangle noir ne figure pas Dieu. Ce n'est pas le symbole de Dieu venant aux hommes, mais celui d'une... chute.

Daniel sursauta.

– D'une chute ? Mais laquelle ?

Lee demeura coite.

– Voulez-vous dire par là, enchaîna-t-il, que les deux triangles ne se complètent pas mais s'opposent ?

– C'était la conclusion de Peter et de votre père.

Daniel se pencha et passa l'index dans le sillon teinté de rouge.

– La chute de l'Adversaire, murmura-t-il.

L'archéologue ferma les yeux. Elle eut un imperceptible tressaillement au souvenir de Hegel. Et au sujet de ce qui s'annonçait désormais.

– Mais il y a encore plus déroutant, reprit-elle. La datation que nous avons effectuée au carbone 14...

– Eh bien ? interrogea Daniel.

– La stèle remonterait aux environs du deuxième millénaire avant Jésus-Christ...

– C'est impossible ! objecta-t-il. À cette époque, les Hébreux n'étaient pas encore en Terre promise, le Temple n'avait pas été bâti et le judaïsme n'était pas codifié...

– Elle remonte en effet à des temps d'avant nos religions, confirma Lee.

Daniel regardait Jennifer d'un air perplexe. Incrédule, Julie se gratta la tempe.

– Quelles sont vos conclusions ? lui demanda-t-elle.

– Hegel était féru de Kabbale, vous le savez sans doute. Pour lui, et pour votre père aussi, la Bible ne dit pas tout. Il y aurait au cœur de notre foi un secret. Un secret caché depuis le commencement. Un secret que Dieu n'a pas voulu révéler à l'humanité...

– Le père Tassa, au Saint-Sépulcre, a dit quelque chose de la sorte, se remémora Julie. Et Greenwood aussi.

Elle réfléchit en détaillant les deux triangles en guerre.

– Comment Peter interprétait-il ce dessin ?

– Selon lui, cette gravure d'avant le monothéisme dévoilait la vraie mission des croyants.

– C'est-à-dire ?

– Dieu a voulu la religion, a élu Jérusalem et a imposé le Temple non pas pour que les hommes servent Sa gloire, mais...

Elle retint son souffle. Venue du dehors, une lumière intense rougissait la pièce.

– Mais pour faire barrage.

– Barrage à quoi ? s'exclama Julie.

Ce fut à Daniel, dont l'esprit s'éclaira soudain, de lui apporter la réponse :

– Barrage au Mal, Julie. Barrage au Diable et à ses adorateurs.

Il se releva et la prit par les épaules.

– Voilà pourquoi on a tué Tassa, dit-il. Voilà pourquoi Hegel s'est suicidé et pourquoi votre père a été enlevé...

– Quelle raison avait-on de lui en vouloir ? s'affola Julie, qui perdait pied.

Autour d'eux, les murs de pierre étaient devenus écarlates, comme gorgés de sang et de feu.

– Parce qu'ils avaient découvert le *secret de Dieu*, murmura-t-il. Et ce secret, Julie, c'est que Jérusalem n'est pas une ville sainte, mais un champ de bataille.

66

Forteresse de Massada.
Mer Morte.
An 73.

– Il y a longtemps, mes frères, que nous avons résolu de n'être asservis ni aux Romains ni à personne, sauf à Dieu, qui est le seul vrai, le seul juste maître des hommes…

Les yeux ardents, tous les hommes de la forteresse écoutaient leur chef, Éléazar, dans un silence que rien ne venait troubler.

Les travaux des Romains étaient en passe d'être achevés. Le lendemain, la nuit prochaine peut-être, les soldats de l'Empire donneraient l'assaut.

À vingt contre un.

– Voici donc venu le jour, reprit le Sicaire de sa voix de stentor qui portait jusqu'au bout du plateau où des femmes donnaient le sein à leur enfant à l'ombre des entrepôts. Le jour où nous prouverons cette résolution par des actes. Mes frères, ne nous déshonorons pas, nous qui sommes maintenant exposés à des châtiments inexorables accompagnant la servitude, si les Romains nous tiennent vivants entre leurs mains.

Devant lui campaient des hommes dont aucun n'avait jamais démérité dans la résistance à Rome. Certains avaient déjà des cheveux blancs ; d'autres n'avaient point encore de barbe ; tous étaient des braves.

La fierté de mon peuple, pensa-t-il.

Mais ce qu'il allait exiger d'eux dépassait les bornes du courage humain. Un zéphyr souleva sa chevelure. Il reprit son exhortation :

– Nous fûmes les premiers à nous révolter contre les armées du Mal et nous sommes les derniers à leur faire encore la guerre. Je vous le dis : nous avons reçu de Dieu cette grâce de pouvoir aujourd'hui mourir noblement, en hommes libres, tandis que d'autres n'ont pas eu cette faveur. Avant la prochaine aurore, Massada tombera…

Un murmure de rage parcourut les rangs des Hébreux. La défaite, ils ne pouvaient l'accepter. Ils la savaient pourtant imminente.

– Mais il nous reste, mes frères, la liberté de choisir une noble mort que nous partagerons avec nos amis les plus chers. Car les ennemis, qui souhaitent ardemment nous saisir vivants, ne peuvent s'opposer à la décision que nous allons prendre ; de même, nous ne pouvons leur arracher la victoire dans un combat. Peut-être était-ce là le dessein de Dieu, et la condamnation dont Il a frappé Son peuple ; car s'Il nous était resté propice, ou si du moins Sa colère eût été modérée, Il n'aurait pas laissé se consommer la perte d'un si grand nombre d'hommes ; Il n'aurait pas abandonné la plus sainte de Ses villes à l'incendie et à la sape des ennemis.

À l'évocation du sort de Jérusalem, rasée aux fondations trois ans plus tôt, et de son Temple que les prêtres avaient lâchement abandonné aux envahisseurs, la colère redoubla dans l'assemblée. Une poignée des hommes présents, ceux qui savaient, furent saisis par la honte. Leur ardeur au combat, depuis la destruction du Saint des Saints, avait été d'autant plus grande qu'ils avaient à expier le sentiment d'avoir trahi.

Trahi leur mission.

Trahi le Tout-Puissant.

– Avons-nous donc espéré, seuls de tous les Juifs, échapper à notre perte en sauvant la liberté ? poursuivit Éléazar un ton plus bas. Comme si nous n'étions pas coupables envers Dieu, comme si nous n'avions participé à aucune iniquité. Mais voyez comment Dieu confond notre vaine attente en faisant fondre sur nous des malheurs qui passent nos espérances. Car nous n'avons pas même trouvé notre salut dans la force naturelle de cette place imprenable, et, bien que possédant des vivres en abondance, une multitude d'armes et tous les autres approvisionnements en quantité, c'est manifestement Dieu Lui-même qui nous a ravi tout espoir de nous sauver. Payons donc de nous-mêmes la peine de notre faute, non pas aux Romains, nos ennemis pleins de haine, mais à Dieu !

Fendant les rangs de la foule, une fillette et le bouc après lequel elle courait vinrent s'immobiliser devant le muret où se tenait Éléazar.

Tous les hommes comprirent le présage.

– Le sacrifice ultime ! cria d'une voix poignante le chef sicaire. Que nos femmes meurent sans subir d'outrages ! Que nos enfants meurent sans connaître la servitude ! Après les avoir tués, nous nous rendrons les uns aux autres un généreux office, en conservant la liberté qui sera notre noble linceul. Mais d'abord, détruisons par le feu nos richesses et la forteresse ! Les Romains, je le sais bien, seront affligés de n'être pas les maîtres de nos personnes et d'être frustrés de tout gain. Laissons seulement les vivres ; ceux-ci témoigneront pour les morts que ce n'est pas la disette qui nous a vaincus, mais que, fidèles à notre résolution première, nous avons préféré la mort à la servitude !

Une clameur s'éleva.

Ainsi donc, ils acceptaient leur destin.

Éléazar se tut. Tout était dit.

En descendant de son estrade de pierre, il donna ses ultimes instructions à ses seconds :

– Nous agirons quand le grand luminaire aura disparu. Commencez par le bétail.

Puis il avisa Samuel, père de Sarah, Hanna, Josué et Benjamin, qui se présentait à lui tandis que les hommes se dispersaient. Jadis berger, Samuel avait rejoint le domaine de Qumran, plus au nord sur le rivage de la mer Morte, voilà bien longtemps. Il y avait accueilli et ravitaillé, avec la bénédiction des Esséniens, les Zélotes venus s'y réfugier entre deux embuscades contre les occupants. C'est là qu'Éléazar lui avait donné sa confiance.

De Samuel, on disait qu'il ne connaissait ni la peur ni le découragement. Il faisait la guerre sans haine. Mais sans relâche.

Hélas, peu après la mise à sac et la destruction de la Ville sainte, les Romains avaient poussé jusqu'au massif de Qumran.

Le sanctuaire essénien n'était plus aujourd'hui qu'un tas de cailloux laissé fumant par l'ennemi, qui avait pris soin de s'assurer que les cadavres des religieux désarmés fussent privés de sépulture. Les oiseaux de proie avaient fait leur sinistre besogne, pour la plus grande humiliation des Juifs, qui ne souffraient pas d'abandonner leurs morts sans avoir béni leur trépas et préparé leur dépouille au passage dans l'au-delà.

– Où en êtes-vous ? demanda Éléazar.

– La citerne nord a été vidée. Nous la tapissons de sable, puis nous ajouterons un lit de galets et nous reverserons l'eau.

– Ils ne *la* trouveront pas ?

– Non, Éléazar, ils ne la trouveront pas.

Il puisa en lui la force d'espérer encore.

– Quand l'Éternel aura décidé de la résurrection d'Israël, alors la stèle trouvera son chemin vers de nouvelles mains. Et les fils de nos fils pourront reprendre le combat contre les Fils des Ténèbres…

– Amen, murmura Éléazar.

– Amen, répondit Samuel.

À l'occident, le soleil s'évanouissait derrière les montagnes brûlées.

Un jour, un jour lointain, Samuel n'en doutait pas, quelqu'un trouverait la stèle. Et comprendrait.

Alors, leur sacrifice n'aurait pas été vain.

Mais ce qu'il ne pouvait deviner, les chemins de la volonté divine étant impénétrables, c'est qu'il faudrait aux siens attendre longtemps pour cela.

Fort longtemps.

Vingt siècles.

67

Forteresse de Massada.
Mer Morte.
05 h 39.

Une fois écartés les fragments de mosaïque, les loupes et les ustensiles qui jonchaient la table de la salle d'étude, l'archéologue étala la lanière de cuir huilée et l'observa avec minutie.

Elle aboutit rapidement au constat qu'avait fait auparavant Daniel, lorsqu'ils étaient en compagnie d'Ibrahim Alush.

– Le message est codé. En tout cas, les lettres sont en désordre : voyez la première lettre, un *mem sophite*, il devrait être en fin de phrase, ou à tout le moins à la fin d'un mot. Ce qui n'est pas le cas ici.

– L'antiquaire qui nous l'a remise a évoqué une scytale permettant de déchiffrer le texte, dit Julie, les deux coudes sur la table, le menton dans les mains.

– Le bâton de Plutarque, acquiesça Jennifer. Vous l'avez ?

Julie fit non de la tête.

– Mais d'après les informations que nous avons glanées, expliqua Daniel, le professeur Normandy et votre ami Hegel détenaient cet instrument. Au Saint-Sépulcre, le père Tassa, avant de nous quitter, a prononcé ces mots : « Victor et son confrère allemand détiennent l'ordinateur avec lequel on peut lire le disque. »

Lee fit glisser de son nez les lunettes qui oscillèrent brièvement au bout de leur cordelette. Elle semblait partagée entre le chagrin et une forme d'amusement.

– Cela ne m'étonne pas, c'est typiquement une formule de Peter, ça..., fit-elle. Habituellement, on recourt à des mots anciens pour décrire de nouvelles technologies. Les informaticiens parlent ainsi d'une clé USB pour désigner un morceau de plastique et de métal entourant un circuit électronique, ou bien d'un disque dur pour une plaque qui n'a rien à voir avec un discobole ou un 33 tours. Mais employer des vocables modernes pour nommer des choses antiques, ce n'est pas banal...

– Eh bien, il faut croire que dans leur esprit les siècles avaient moins d'importance que pour nous, remarqua Daniel. Le « disque », c'est bien entendu la lanière de cuir, et l'« ordinateur », le bâton de Pluton.

– De Plutarque, rectifia Julie avec un petit sourire.

– C'est ce que j'ai dit, protesta Daniel en piquant un fard.

– À en juger par le tracé des lettres, enchaîna Jennifer sans prêter attention à la mauvaise foi du jeune homme, je pencherais pour une rédaction datant du Iᵉʳ siècle de notre ère.

– Alush l'attribue au..., hésita Julie. Au Christ en personne.

– Ah ! Le fameux testament de Yéshua..., murmura l'Américano-Coréenne.

– Ce serait donc possible ?

– Je n'ai aucune autorité en la matière. Les Évangiles n'en disent rien. Mais il existe une ancienne légende, colportée par les apocryphes, selon laquelle Jésus aurait laissé un texte fort court. Nous pensons savoir pourquoi il a accepté d'être arrêté alors qu'il pouvait fuir : il voulait donner au monde une leçon éclatante, lui prouver que nul, même sous la torture, même accablé par la pire des injustices et la haine la plus totale, n'était condamné à se conduire en bête, et qu'il y avait, en chacun de nous, un fragment divin qui ne demandait qu'à être éveillé.

– Voilà pourquoi vous, les chrétiens, dites qu'en mourant il a vaincu le Diable, dit Daniel.

– Pourquoi « nous » ? rétorqua Lee. Dois-je vous rappeler que Jésus-Christ observait le shabbat et mangeait casher ?

Daniel se le tint pour dit : en matière de religion, la meilleure chose qu'il avait à faire était encore de se taire.

– Les historiens comme les exégètes en sont venus également à réévaluer le rôle de Judas, reprit-elle. Son suicide immédiat n'aurait pas été un châtiment divin mais la marque du désespoir, après avoir obéi à son maître et accepté de le dénoncer, lui, fidèle parmi les fidèles...

– Comment savoir ce que signifie cette succession de lettres ? demanda Julie.

– Sans la scytale, cela me semble difficile, répondit Jennifer, écartant les bras en signe d'impuissance. Il faut donc que vous la retrouviez, et que vous retrouviez la bonne, car à chaque scytale correspond un texte et un seul. Je ne vois pas d'autre moyen...

– Le hic, soupira Daniel, c'est que la scytale était soit entre les mains de Hegel, qui est mort, soit entre celles du professeur...

Il crut judicieux de n'en pas dire davantage.

– Les effets personnels de Hegel ! suggéra Julie. Il faut téléphoner à l'asile !

– Le docteur Einstein nous a certifié qu'il n'avait avec lui aucun objet particulier, l'interrompit Daniel.

– La scytale peut aisément passer inaperçue aux yeux d'un profane, insista Julie. Appelons-le tout de suite afin de vérifier !

– Il n'y a pas de réseau ici, objecta Jennifer Lee, douchant l'enthousiasme de la Française. Il vous faudra redescendre d'abord.

Elle roula la lanière de cuir et la tendit à Julie.

– Mais peut-être que ni Peter ni Victor ne possédaient la scytale taillée pour ce rouleau, suggéra-t-elle. N'oubliez pas que la spécialité de Hegel était la Kabbale et la guématrie : là réside peut-être la solution.

Les deux jeunes gens eurent la même réaction :

– La… quoi ?

– La guématrie, répéta Jennifer. Une ancienne technique d'interprétation de la Bible que pratiquaient les sages, et qui a été quelque peu ridiculisée ces dernières années par des auteurs en mal de succès. Vous avez certainement entendu parler de ces ouvrages loufoques dont le public raffole : *La Bible dévoilée*, *Les Secrets des Écritures enfin révélés*, etc. Mais derrière ces balivernes dignes de Nostradamus, il y a un fond qu'il ne faut pas négliger. Les anciens croyaient en effet que les textes avaient une signification littéraire et une autre, disons, mathématique. En grec, « guématrie » veut du reste dire « géométrie ». De tout temps, on a ainsi considéré que la Bible avait plusieurs niveaux d'interprétation, du plus simple, le sens littéral, au plus hermétique, le *Sod* – ou « secret », en hébreu.

Le secret de Dieu, songea Julie.

Son secret, sa cachotterie ou son mensonge.

– Le *Sod* serait le plus difficile à pénétrer, le plus inaccessible des quatre niveaux du *Pardès* – terme qui nous a donné le mot Paradis… À l'aide de la guématrie, estimaient les érudits, on pouvait accéder au plus près de la parole authentique du Très-Haut.

D'une manière assez incongrue, après cet exposé, l'archéologue ne put s'empêcher de se signer.

– Excusez-moi, plaisanta-t-elle, un réflexe de petite fille…

Julie fourra la boule de cuir dans son jean et lui rendit son sourire. Réfléchissant à ce que venait de proposer Jennifer, elle entrevit une difficulté de taille :

– En quoi la guématrie consiste-t-elle exactement ? Parce que, comme vous l'imaginez, ni Dan ni moi n'avons la formation requise pour manier une telle… science.

– La règle de base n'est pas compliquée : chaque lettre de l'alphabet hébreu se voit attribuer une valeur chiffrée.

Elle détacha une feuille de papier jaune de son bloc-notes et griffonna quelques exemples dessus.

– Regardez, c'est très simple : la première lettre, *Aleph*, vaut 1, la seconde, *Beth*, vaut 2, et ainsi de suite…

א	*Aleph*	*1*
ב	*Beth*	*2*
ג	*Gimel*	*3*

– Plutôt enfantin comme codage, constata Julie.

– Oui et non, car les lettres finales ont des valeurs particulières, ce sont des centaines ; et selon l'agencement des mots que forment les lettres, on n'additionne pas exactement les chiffres de la même manière. Le nombre de possibilités est donc presque infini.

– Si les Juifs aimaient autre chose que les casse-tête, cela se saurait depuis le temps, ironisa Daniel.

– Mais ils ne compteraient pas pour la moitié des prix Nobel non plus, plaisanta en retour Jennifer.

Un court instant, Julie eut l'air découragé. Chaque avancée dans leur quête ouvrait le passage vers une nouvelle énigme, et chaque énigme conduisait à un nouveau mystère. En viendraient-ils jamais à bout ?

– Pour tester les différentes combinaisons découlant de ces neuf lettres, il nous faudrait longtemps ? demanda-t-elle, les yeux rivés à la stèle.

– Je n'en ai pas la moindre idée, avoua Lee. Il faudrait commencer par consulter une table de guématrie complète. Et il n'y en a pas ici. Dans une bibliothèque, sans doute…

– Nous trouverons ça à Jérusalem, indiqua Daniel. Et nous en profiterons pour aller jeter un œil aux affaires de Hegel.

– Ok. En route ! s'exclama Julie en se redressant énergiquement.

Dehors, ils furent cueillis par une atmosphère étouffante. Jennifer les accompagna jusqu'à la sortie du site et les confia à Ilan. Avec une certaine réserve, l'archéologue déposa en se penchant un baiser sur la joue de la jeune femme.

– Vous allez y arriver, Julie, lui chuchota-t-elle. Ne laissez pas le doute vous miner.

Julie réprima un sanglot de reconnaissance et l'embrassa à son tour.

Daniel n'eut droit qu'à une poignée de main, mais accompagnée d'un regard qui en disait long sur la confiance qu'elle plaçait en lui.

Tandis qu'ils entamaient leur descente, précédés par l'étudiant qui respirait avec difficulté, la chemise floquée de sueur, Julie repensa au vieil universitaire allemand.

À l'épouvante qui s'était emparée de lui.

Au hurlement qu'il avait poussé dans sa cellule.

Elle l'entendit résonner dans ses oreilles :

En enfer !

68

Oasis d'Ein Gedi.
Mer Morte.
06 h 40.

– Alors… *eurêka* ?

Vérifiant le principe d'Archimède, Julie flottait les yeux fermés, en faisant la planche.

Elle s'était d'abord fait prier, puis, la plage étant déserte à cette heure matinale, elle avait finalement accepté de se baigner en petite tenue. Portée par l'eau épaisse de la mer Morte, elle se laissait à présent dériver en méditant. La plaie qu'elle s'était faite au mollet en glissant lors de la descente de Massada ne la picotait déjà presque plus. Daniel avait eu raison d'insister et les brochures publicitaires disaient vrai : l'eau du lac, saturée de sels et de minéraux, pouvait cautériser n'importe quelle blessure. En la brûlant.

D'un mouvement brusque, elle chercha à se rétablir et but la tasse.

Daniel explosa de rire. Et, bien malgré lui, but la tasse à son tour. Une sensation âcre et gluante envahit sa bouche. Il avait l'impression, tout comme sa compagne, que ses yeux allaient sortir de leurs orbites. Ce ne serait que passager.

Ils regagnèrent la rive de galets en maugréant tous deux.

– Oui… *eurêka !* répéta Julie. C'est parfaitement ça : *eurêka !* Je crois que je viens de comprendre.

Elle cracha avec autant de distinction que possible sa salive gorgée de sel.

– Ça va aller, poulette ? l'interrogea Daniel en lui passant la main dans le dos.

– Ça ira, poulet ! décocha-t-elle en le fusillant du regard. Retournons à la voiture, que je vous soumette mon idée.

Au bout d'une centaine de mètres le long d'une route bordée de palmiers, ils parvinrent à leur véhicule. Daniel alla au coffre et prit le sac d'équipement, qu'il jeta sur la banquette arrière.

Au moment où il allait s'asseoir au volant, son portable bipa. Un sms lapidaire de Mickaël s'afficha sur l'écran :

Branche détecteur.
Arrivons.

Daniel s'exécuta sans marquer le moindre étonnement. Et sans en rien dire à Julie, laquelle était accaparée par l'examen de sa plaie, miraculeusement refermée. Il se pencha, attrapa le sac et en sortit un boîtier cerclé de caoutchouc. Il l'approcha du tableau de bord et l'aimant intégré fit le reste : le boîtier se colla avec un bruit de succion sur une partie métallisée du revêtement de la voiture. Puis, d'une pression du doigt sur l'interface, il alluma l'appareil.

– Je tiens d'abord à préciser, commença Julie, un œil sur le détecteur, que je ne prête aucune *foi* – elle buta sur le mot – à tout ce que nous entendons depuis hier matin en matière de religion. Ce sont des légendes, voilà tout.

Daniel approuva d'une mimique exagérée.

– Oh oui, quoi que vous en pensiez, ce ne sont que des légendes ! Le Diable, la malédiction du Temple, le testament du Christ, Hiram, Abraham et consorts n'existent pas plus que le bon Dieu, ajouta-t-elle d'un ton pincé.

La mimique de Daniel se prolongea en un rire contenu. Il ne voulait surtout pas la vexer : les athées se montraient en général aussi sourcilleux sur leurs dogmes que les croyants.

Il mit le contact.

– Sur l'autre bord du lac, dit-il en tendant le doigt devant Julie, s'élevaient jadis Sodome et Gomorrhe. Selon la légende, bien sûr...

– Les cités punies pour leur comportement déviant ? ironisa-t-elle.

– Enfin ça, c'est la version Hollywood. En réalité, les habitants de ces villes avaient probablement provoqué la colère de Dieu par leurs cultes païens. Une certaine tradition soutient qu'elles furent édifiées sur les rivages de la mer Morte en hommage à Satan, dont elles se voulaient les capitales.

Julie laissa son regard flotter sur l'horizon, cherchant à imaginer les cités maudites. Elle se souvint de son catéchisme, de la punition céleste, de la statue de Loth.

Et de son père.

– Quoi qu'il en soit, reprit-elle énergiquement, je passe ma vie à étudier les antiquités grecques au Louvre et je ne sous-estime certes pas l'importance des croyances religieuses pour les hommes qui y adhèrent. Zeus, Hadès et Poséidon étaient des réalités pour les habitants d'Athènes, mais ces mythes n'ont pas empêché le triomphe de Socrate, de la médecine ou de la cartographie. C'est cela qui importe à mes yeux : ce que les légendes recouvrent.

– Aux faits, Julie, de grâce : aux faits ! la taquina Daniel.

– Mais j'y viens ! Pour en revenir à nos démons, tout cela me semble relever de la démence. Mais une chose décide de tout : c'est que, de Lee à Hegel, de Tassa à mon père en passant par Rosenberg et Greenwood, des êtres aussi différents, mais tous fort intelligents, semblent plus ou moins croire à...

– À quoi ?

– À l'existence d'une guerre manichéenne entre le Bien et le Mal, dont le Temple serait l'enjeu, et au milieu de laquelle nous aurions été jetés sans l'avoir demandé.

Depuis leur départ de l'oasis, ils n'avaient croisé qu'un camion chargé de sacs de céréales. Daniel appuya encore sur l'accélérateur et mit la climatisation. Il constata avec satisfaction que Julie, qui avait suivi sa main du regard, ne rechignait pas à l'arrivée d'un peu d'air frais. À vrai dire, elle était surtout consternée par l'état lamentable dans lequel se trouvaient ses ballerines Repetto.

– C'est sensiblement ce que je vous disais lorsque nous avons visité la maquette de Jérusalem au musée du Livre…

– Vous aviez raison, nous devons nous mettre à leur place. C'est ainsi, et seulement ainsi, que nous y verrons enfin plus clair.

– Pour l'instant, nous arrivons surtout en vue de Qumran. Regardez, au loin, l'avancée rocheuse. C'est là.

– Et c'est en procédant de la sorte, reprit Julie penchée vers le pare-brise pour apercevoir le piton, en réfléchissant comme si je croyais à toutes ces fariboles, que j'ai trouvé *la* réponse.

– La réponse à quelle question ? demanda Daniel.

– Quel est l'endroit que tous désirent ardemment découvrir, et où il se trouve…

– Vous m'épatez !

Le ciel était limpide. Qumran n'était plus qu'à quelques kilomètres. Julie sortit ses lunettes de la boîte à gants et les mit délicatement sur son nez.

– Je ne sais pas si vous le méritez, susurra-t-elle avec une moue de star.

– Oh ! Julie, s'il vous plaît, supplia Daniel d'une voix enfantine. Dites-moi ! Je vous suivrais au bout du monde !

– Au bout du monde ? Hum… Pas mal. Mais inutile. Passez-moi votre smartphone.

Il prit son mobile et le lui donna.

– Pour l'heure, vous vous contenterez de m'accompagner *sous* le monde, dit-elle en activant le navigateur Internet du téléphone.

Daniel leva un sourcil.

Sous le monde ?

– Une petite promenade avec moi *en enfer*, ajouta-t-elle en ouvrant Google, ça vous dirait ?

69

Prison de Landsberg.
Bavière, Allemagne.
6 juin 1925.

– La croix teutonique a la faveur de nos militants, objecta Hitler, les yeux fixés sur le chemin de ronde qui passait devant les barreaux de sa cellule.

Il se retourna et, croisant le regard de son visiteur, regretta son audace.

On l'avait prévenu : celui qui viendrait à lui ce soir-là n'était pas l'un de ces banquiers ni l'un de ces nobles auxquels il imposait si facilement sa volonté de puissance, par un savant dosage de charisme et de mauvaises manières. Le visiteur était d'une autre trempe.

Immobile, appuyé sur sa canne, une cape de soie noire le couvrait – une cape que les gardes n'avaient pas osé lui demander de retirer.

Les fondateurs du Parti, ses financiers occultes et les membres de sociétés secrètes ne l'évoquaient qu'à voix basse.

Et l'appelaient *le Maître.*

– Je ne suis néanmoins pas opposé à votre idée, dit enfin le prisonnier en lissant sa cravate marron, qui lui donnait, avec sa raie sagement gominée et son petit col de chemise amidonné, un air de garçon de café.

– Cela est bien, fit l'homme en noir.

Adolf Hitler contempla à nouveau la gravure que lui avait donnée son visiteur.

– Ne négligez pas la magie noire, murmura ce dernier. Elle vous servira plus que vous ne pouvez en rêver… Adoptez ce symbole : il ralliera nos frères et l'or ne vous manquera plus pour accomplir votre destinée.

L'apprenti dictateur se souvint de ses premières parades à Munich sous l'étendard frappé de la croix gammée. Les passants étaient magnétisés par la roue maléfique. Ses troupes, en défilant, disaient ressentir la présence de forces invisibles.

– Certains de nos camarades l'utilisent déjà, dit-il. Notamment ceux venus de la Société de Thulé…

– Des rêveurs, grinça le Maître. Imposez-la à l'ensemble du Parti.

– Je ferai selon votre volonté, mais…

– Mais quoi ? s'impatienta le visiteur.

– Le maréchal s'y oppose, ainsi que la plupart des militaires qui nous ont rejoints. Ils préfèrent la croix teutonique. Ils la trouvent plus… allemande.

Le Maître fit un pas vers Hitler.

– Ludendorff est un idiot. Lui et ses semblables seront bientôt balayés, comme le monde qui les vit naître.

– J'ai moi-même eu recours quelquefois au *svastika* depuis deux ans et j'en sens fort bien la puissance occulte, mais je ne peux ignorer la répugnance de notre vieille garde à utiliser un symbole païen.

Il s'approcha encore. Hitler baissa les yeux.

– Veux-tu le pouvoir ? l'interrogea-t-il d'une voix sifflante. Le pouvoir absolu sur les hommes et les bêtes de la terre ? Veux-tu être l'archange qui portera le fer et le feu sur ce monde dégénéré ? Veux-tu en finir avec la juiverie ?

– Oui ! rugit Hitler.

– Alors, fais du *svastika* l'emblème de ton armée.

Le Maître se détourna et vint se placer devant la fenêtre.

– Tu écriras dans *Mein Kampf* que c'était ton choix, dit-il encore, les deux mains appuyées sur le pommeau de sa canne. Et tu prendras garde que tes hommes tracent convenablement notre symbole sur vos oriflammes et vos écussons d'uniforme. Notre *svastika* doit impérativement être orienté vers la gauche – tu entends ! – et incliné en arrière, faute de quoi il ne serait qu'un gribouillage asiatique. Et nous ne ferons pas marcher nos légions sous l'étendard bouddhiste de la vie, n'est-ce pas ? Souviens-toi : vers la gauche et le bas. Le signe de la destruction.

Hitler réalisa que le passage au tutoiement avait encore accentué l'ascendant que le vieil homme exerçait sur lui. Mais tel était le prix à payer pour celui qui brûlait d'accéder au pouvoir et de répandre la dévastation.

– Je dois encore croupir ici cinq années, fit-il observer en roulant la gravure entre ses mains moites.

– Tu sortiras sous peu, dit calmement le visiteur. J'en fais mon affaire. En attendant, finis de dicter ton livre à cet imbécile de Hess et tiens-toi prêt. Les temps approchent.

Les pas des gardiens résonnèrent dans le couloir. L'entrevue touchait à sa fin.

Le Maître se dirigea vers la porte, sur laquelle il tapa deux coups rapides. Hitler s'approcha et, après l'avoir discrètement essuyée sur son pantalon, lui tendit la main.

– Je ne vous décevrai pas...

– Nous avons senti en toi une haine sans mesure, répondit l'homme en noir en retenant sa main dans la sienne. C'est pour cela que nous t'avons élu.

Un cliquetis se fit entendre dans la serrure.

– Et n'oublie pas, répéta le Maître en sortant : Le *svastika* doit être *inversé.*

Un long moment encore, Adolf Hitler resta, fasciné, à contempler le dessin où un astre noir semblait chuter dans une mer de sang.

70

Route 90.
Mer Morte.
07 h 10.

Un convoi militaire descendant vers le sud croisa leur route à un kilomètre du site de Qumran.

Daniel ralentit puis se déporta sur la bande d'urgence pour laisser passer les mastodontes. Escortés d'automitrailleuses et de blindés légers, une dizaine de chars Merkava MK4 firent trembler l'asphalte.

– Ils partent en manœuvre ? demanda Julie.

– Ou ils en reviennent, répondit Daniel en suivant du regard le convoi.

À califourchon sur le flanc de l'un des chars, une soldate, cheveux au vent, leur fit un signe du pouce.

– Voilà, la page web est chargée, dit Julie. Écoutez un peu cela…

Daniel coupa le moteur, détacha sa ceinture et, ignorant le fracas des chars, reporta toute son attention vers sa compagne.

– Le *Guei Hinnom*, lut Julie, est une vallée « étroite et profonde située au sud de Jérusalem », mentionnée depuis la période biblique comme une terre d'infamie.

D'un roulement du doigt, elle fit défiler la fiche du site Wikipedia.

– Ladite vallée « est associée de longue date à des cultes

idolâtres, dont le plus infâme inclut la pratique d'infanticides rituels dans le feu. Convertie ensuite en dépotoir dont la pestilence émane à des lieues à la ronde, elle acquiert dans la littérature juive ultérieure, tant apocalyptique que rabbinique et chrétienne, une dimension métaphorique, devenant un lieu de terribles souffrances, puis la demeure après la mort pour les pécheurs. Elle fut également réputée pour être le lieu de réclusion des lépreux et des pestiférés ».

Elle releva la tête, les yeux brillants.

– Édifiant, non ?

– Cela fait drôlement envie : c'est là que vous m'emmenez, poulette ?

– Si vous êtes sage, poulet !

Julie soupira.

– Dan ?

– Oui ?

– On arrête avec ces noms de basse-cour ?

D'une œillade quelque peu théâtrale, Daniel donna son accord.

– Concernant votre vallée riante, je suis prêt à vous suivre, même si, en l'occurrence... je ne vous suis plus du tout. De quoi est-il question ?

– De *Guei Hinnom*, répondit Julie. Vous avez vu *Ben Hur* ?

– Le film américain avec Charlton Heston ?

– Oui. Vous vous souvenez de la scène où le héros part à la recherche de sa mère et de sa sœur, frappées par la lèpre, et finit par les retrouver dans des cavernes aux environs de Jérusalem ?

– Je n'ai retenu que les courses de chars.

– Ça, les garçons, dès qu'il y a des scènes de sport...

– Si vous en veniez au but, mademoiselle Normandy..., rétorqua aimablement Daniel.

– Eh bien, Ben Hur est descendu dans la vallée de *Guei Hinnom*.

– Et ?

– Je ne maîtrise pas l'hébreu, mais je parle couramment le grec ancien. *Guei Hinnom* en grec, la langue dans laquelle nous est parvenue la Bible, se dit « Géhenne ».

Daniel mobilisa ses souvenirs. Il connaissait l'expression « subir la géhenne », qui signifiait connaître…

– L'Enfer ! dit-il en frappant sur le volant.

– Exact ! Et maintenant, qu'a crié Hegel au moment de notre départ de l'asile ?

– « Ma demeure est en Enfer ! »

Julie lui rendit son téléphone.

Le dernier véhicule militaire, un blindé léger, la tourelle dirigée vers l'arrière, venait de les dépasser.

– La Géhenne, également surnommée Abadon, le Puits du Carnage et le « Shéol », l'enfer chez les Juifs, ajouta-t-elle. Si Peter n'avait pas la scytale avec lui au centre psychiatrique, alors il y a fort à parier qu'il l'aura cachée quelque part en Enfer. Au sens propre.

Daniel savait ce qu'il lui restait à faire. Il empoigna son mobile et appuya sur l'icône illustrée d'une photo de son frère tirant la langue.

Ce dernier décrocha immédiatement.

– Tout va ?

– Parfait jusque-là, répondit Daniel. J'ai besoin de deux infos.

– Je t'écoute.

– Primo, demande à tes services de joindre l'hôpital de Kfar Shaul, où le contact vers lequel le Colonel nous a aiguillés, Peter Hegel, s'est pendu la nuit dernière. Fais-toi donner la liste de ses effets personnels. Dans le détail. S'ils trouvent quoi que ce soit ressemblant à un bâton de bois, de métal ou de pierre, long environ comme un avant-bras, dépêche quelqu'un pour le récupérer sans délai.

Mickaël donna des instructions sur-le-champ.

– C'est fait. Deuxième information requise ?

– Texte-moi l'adresse du domicile du même Hegel, s'il te plaît.

– Ok. Tu reçois ça dans à peu près…

Mike éloigna à nouveau l'appareil et s'adressa à quelqu'un près de lui dans la Ruche.

– À peu près… maintenant !

Une petite enveloppe bleutée clignota sur l'écran de Daniel.

– Merci, frérot…

Il raccrocha pour lire le sms.

– Bravo, Julie ! s'exclama-t-il en faisant tourner le moteur. Le dénommé Peter Hegel, installé en Israël depuis 1989, y a acquis une maison en 1999. Et devinez où ? Au sud de Jérusalem, près de l'ancienne ligne de démarcation, exactement là où la Bible situait jadis votre Enfer… On y va illico ! fit-il en redémarrant dans un nuage de poussière.

La tête en arrière, Julie savourait cette première victoire.

Ils reprenaient la main.

Et touchaient peut-être enfin au but.

La route était libre, le ciel était bleu, à peine strié par un minuscule nuage en forme de panache.

71

Demeure de Longwood.
Sainte-Hélène.
13 mars 1821.

Un coup de tonnerre éclata au moment où il allait frapper à la porte de la chambre. La tempête bouleversait le jardin qu'il venait de traverser et la pluie battait les vitres avec violence. Il contempla la nuit déchaînée, rassemblant son courage.

Le poing suspendu devant le panneau en bois africain de l'imposante porte anglaise, il hésita encore.

– Entrez ! fit une voix impérieuse mais affaiblie.

Le général Montholon sursauta.

Le diable d'homme ! songea-t-il.

Celui qui l'attendait derrière le seuil l'aurait surpris jusqu'au bout – surpris, émerveillé, bousculé, et tour à tour fait et défait, décoré et rabaissé, choyé et humilié. Sa capote aubergine ruisselante d'eau de pluie, Montholon poussa la porte, qui émit un grincement sinistre, et pénétra dans la chambre de l'Empereur.

– Sire, salua-t-il en s'inclinant.

– Vous êtes aussi... discret... qu'un éléphant, toussa ce dernier, vautré dans un fauteuil, le visage à moitié enfoui dans un mouchoir maculé de sang et d'humeurs.

– Sa Majesté voudra y voir un hommage à Hannibal, répondit Montholon avec malice, avant de refermer la porte.

– Comment va votre femme ? demanda fielleusement l'homme bouffi par la maladie.

Le général s'efforça d'ignorer cette nouvelle humiliation :

– Votre Majesté le sait certainement, qui sait tout.

– Elle se fait rare…, soupira le malade au teint olivâtre, avant d'être pris d'une nouvelle quinte.

Par pudeur, Montholon détourna le regard.

La chambre de l'Empereur était dépourvue de tout faste, ainsi que l'avaient voulu les Anglais. Une petite table en acajou sans relief, comme on devait en trouver des milliers dans la City ; des fenêtres calfeutrées d'un tissu de vieille fille ; un triste lit, presque un lit d'enfant, chimère étrange entre le baldaquin français d'où retombaient des rideaux en soie émeraude, et la couche d'un militaire en fer forgé ; sur la gauche, près du fauteuil, un petit guéridon, sur lequel se trouvaient un verre vide, un carafon d'eau, une bougie à la flamme vacillante ; et sur les murs, de la toile couleur de miel rehaussée d'étoiles bleu marine, quelques peintures champêtres qui ne disaient rien de l'épopée qui s'achevait ici.

La crise passée, l'Empereur déchu reprit la parole. Sans cesser de fixer le général de ses yeux fiévreux, il désigna l'une des fenêtres d'une main grasse et nécrosée :

– Un temps digne de *la bella Italia*, n'est-ce pas ?

– Il aura semblé agréable à nos vainqueurs, répondit Montholon, qui n'avait été invité ni à s'asseoir ni à ôter son vêtement trempé.

– Nos vainqueurs ? s'amusa l'Empereur, le regard subitement éclairé d'une lueur belliqueuse. Le vainqueur est celui seul qui demeure dans les mémoires. L'Anglais passera, et moi, j'ai égalé Alexandre et fait oublier César.

Montholon approuva respectueusement, tout en ouvrant son porte-documents.

– Nous sommes coincés entre l'Afrique et l'Eldorado, reprit le reclus, et pourtant, tout ici est anglais. Longwood, sir Hudson Lowe, ce mobilier de petit-bourgeois, et jusqu'au climat...

Le général avança d'un pas hésitant et, avec déférence, lui présenta une liasse de feuillets.

– Ce que je vous avais demandé.

– Cela même, Sire.

Le malade saisit les quelques feuilles et les parcourut rapidement. Puis sa main retomba avec lassitude sur ses genoux gonflés.

– Voilà plusieurs jours que je les réclame à Las Cases, qui prétend ne plus les retrouver. Se doute-t-il ?

– Je ne le crois pas, Votre Majesté. Je les lui ai subtilisés ce soir alors qu'il était attablé.

– Il est singulier, au demeurant, que de mes Mémoires que je lui dicte ainsi qu'à un secrétaire, il se considère déjà comme le dépositaire. Je ne suis pas encore mort, me semble-t-il. Pas encore...

Une brusque toux lui déchira la gorge.

– Vous êtes-vous assuré qu'il n'en avait point encore fait copie ?

– Je puis vous le garantir, Sire.

L'Empereur pivota avec difficulté et plaça les feuillets au-dessus de la bougie. Le vélin commença à roussir, puis se recroquevilla sous la morsure de la flamme. Celui qui avait régné sur l'Europe regarda la liasse soustraite à ses futurs Mémoires brûler devant ses yeux.

– Non, Montholon, dit-il sourdement, les vainqueurs ne peuvent être connus qu'à la fin de la guerre, et celle qui me préoccupe est si loin de connaître son dénouement...

Il lâcha les documents presque consumés, qui s'éparpillèrent à ses pieds.

Au coin de l'un des fragments, on pouvait encore lire quelques mots :

Le 14 d'avril de l'an 1799,
Nazareth, en Terre sainte...

72

Route 90.
Mer Morte.
07 h 24.

L'instinct est mauvais guide mais bon gardien.

Daniel n'avait pas eu à réfléchir : son cerveau reptilien prit les commandes et décida d'une violente embardée.

Le panache de fumée, dans le ciel, était devenu une traînée, et la traînée une trace de missile.

La voiture explosa.

73

Quel dommage...

Si près de ces ruines que Julie souhaitait ardemment visiter depuis son arrivée en Terre sainte. Oh, bien sûr, Victor Normandy n'aurait pas été présent à ses côtés pour jouer, comme à son habitude, les tendres mystagogues. Mais avait-elle seulement encore l'espoir de revoir son père vivant ?

Quel dommage, vraiment : si proche de l'ancien monastère essénien. Un monastère à l'écart du monde où, pourtant, s'est décidé le destin du christianisme.

N'eût été ce missile sol-sol – tiré par un Panzerfaust-3, pour notre information –, Julie et son ami auraient roulé paisiblement quelques centaines de mètres encore, empruntant la route qui monte vers le piton.

Là, au premier sommet, sur l'une de ces collines si typiques de Qumran avec leur silhouette de meringues sableuses, ils auraient garé la Ford au milieu d'un parking vide, le site n'ouvrant qu'à neuf heures.

Inévitablement, Julie aurait râlé devant les portes fermées de la cafétéria, tandis que Daniel, pragmatique comme toujours, l'aurait tirée par la manche jusqu'au distributeur automatique de boissons, planté à côté des guichets en plein air.

Le breuvage avalé – trop amer ? trop sucré ? –, elle l'aurait suivi, sautant d'un bond par-dessus les tourniquets du musée, vers les vestiges esséniens.

Sa première réaction, bien sûr, aurait été teintée de déception à la vue de cette terrasse poudreuse et brune, d'où ne surgissaient ni les arêtes des pyramides ni les courbes du Colisée. Qumran n'était plus qu'un éboulis de pierres, rassemblées sur une surface à peine plus grande qu'une fermette, et il fallait avoir bien de l'imagination, ou bien du savoir, pour distinguer l'endroit où se tenaient jadis les bassins rituels, les cuisines et les latrines. Mais puisque le parcours était dûment fléché, qu'à chaque pas une pancarte expliquait et reconstituait la vie de la communauté, il n'y aurait eu qu'à se laisser guider comme nombre de touristes pour découvrir la légendaire confrérie des Esséniens.

Les Esséniens, des fanatiques attendant fiévreusement la fin du monde ?

Cela, ce sont les textes qu'on leur prête aujourd'hui qui le prétendent...

Car, en vérité, séjournaient ici des hommes sans nulle arme ni moyen de défense. Ils n'avaient que de l'argile à façonner pour leurs besoins quotidiens, des parchemins et un peu d'encre artisanale. Ils vivaient dans ces pièces sombres et fraîches où l'air était sec et parfumé de cuir, de terre et parfois de myrrhe.

Leurs jours passaient, tous semblables, et tous partagés entre les prières, les ablutions auxquelles ils attachaient une importance scrupuleuse, et l'étude. Les plus doués étaient assignés à la copie des textes sacrés de leur peuple – celui d'Abraham, de Moïse, de Jésus et de Marie. Ils soupaient ensemble, célébraient le shabbat ensemble, travaillaient et dormaient ensemble, privés de femmes et de toutes les richesses matérielles de l'existence.

Ils redoutaient le cataclysme ? Certes. Mais leur donnerions-nous tort, nous qui connaissons la suite des événements ? La Ville sainte en décombres, le Temple profané, pillé de ses objets de culte, démonté pierre à pierre ; et, par un petit matin comme celui-ci, l'arrivée des Romains. Un carnage sans nom.

En réalité, nul à ce jour ne connaît le secret des Esséniens. Furent-ils les formateurs du jeune rabbin Jésus ? Possible. Les textes retrouvés dans les grottes au flanc de leur repaire étaient-ils, plutôt que les restes de bibliothèques sacrées de la capitale, leur œuvre originale ? Probable. Quant à savoir, sous ce soleil implacable, au milieu de ce plateau balayé par la poussière, entre une mer morte et des montagnes stériles, si les Esséniens détenaient un secret engageant l'avenir de l'humanité…

Mais qu'importait tout cela pour Julie, désormais ?

74

Espace aérien militaire.
Mer Morte.
07 h 28.

– *Hit !*

Casques sur les oreilles, Mickaël et le Colonel tressaillirent en même temps quand le copilote lâcha l'information.

La trouée déserte menant à la mer Morte défilait à vive allure sous leur hélicoptère Apache.

Ils avaient décollé depuis quelques minutes, survolant, à l'approche de la Vieille Ville, le musée Rockefeller et l'esplanade du Temple, où le Dôme du Rocher, vu du ciel, avait l'air d'un œil d'or, puis les labyrinthes du quartier arménien et la porte de Sion, avant d'obliquer à l'est.

– Dégâts ? cria le Colonel pour se faire entendre sous les pales de l'appareil.

Le copilote en charge de la liaison radio tourna la main, les cinq doigts joints en l'air, à la manière orientale, afin de lui demander de patienter.

Mickaël guettait avec angoisse les réactions qu'il pourrait lire sur le visage de l'officier. Il blêmit en voyant ses épaules s'affaisser.

– Capteur et micro H.S., leur apprit-il dans le circuit interne.

Le Colonel serra le poing et cria de nouveau :

– La Ford ?

L'hélicoptère s'inclina, rasant les collines, et fila vers le sud-est où apparaissait la vallée de sel irisée par la lumière.

Le copilote hésita, jetant un regard désolé vers Mickaël. Puis il écarta les paumes des mains d'un geste sec.

– Boum ! mima-t-il, l'air navré, sous le vacarme des hélices.

75

Forteresse Antonia.
Jérusalem.
An 70.

– Lâche-le donc..., dit sans hausser la voix le légat de Rome, qui était apparu entre les voiles de lin flottant parmi les colonnes de la galerie.

Titus, fils de l'empereur Vespasien et légat de Judée, s'arrêta à une coudée des deux hommes. Par la manche de sa tunique blanche, il saisit le plus grand, un sexagénaire sec au teint de brique et à la barbe de neige, et l'incita d'un regard apaisant à lâcher le général romain qu'il tenait à la gorge.

– Lâche-le donc, Pinhas, fil de Samuel, répéta-t-il, car tu sais mieux que moi que cela n'en vaut pas la peine...

L'Hébreu détourna du militaire ses yeux étincelants et desserra son étreinte. Le général, qui n'avait pas esquissé le moindre geste de défense bien que plus jeune et plus vigoureux, reprit son souffle sans prononcer une parole.

– Laisse-nous, Tibère, ordonna le légat d'un ton toujours parfaitement calme.

Le général inclina la tête et disparut entre les colonnes de la forteresse Antonia.

– Je sais ta colère, Grand Prêtre..., reprit Titus en invitant l'Hébreu à le suivre à l'intérieur de la galerie, d'un geste amical.

Au-dehors, une nuit paisible, la première depuis des mois de siège, était descendue sur Jérusalem.

– Cet homme est le fils d'un chacal, pesta le Grand Prêtre en mettant ses pas dans ceux du légat.

– Oh ! il est bien pis que cela, ton renégat..., dit Titus en lui offrant un siège. Il a trahi les siens en Égypte, massacré des milliers d'entre eux – d'entre *vous* ! – pour le compte de Néron, et à présent, le voilà qui lance ses cavaliers à l'assaut de votre cité sainte...

Deux esclaves nubiens apportèrent des vasques d'argent dans lesquelles ils se rincèrent les mains. Quand ils furent de nouveau seuls, le Romain reprit la parole avec toujours autant d'aménité :

– J'aurais dû prendre garde à ce que tu ne croises pas celui qui a rallié Rome et renié ton Dieu. Je te prie d'oublier cet incident. Tu sais que, depuis deux ans, tous mes efforts ont consisté à négocier avec les représentants de ton peuple, que je ne hais point : n'est-ce pas l'un d'entre vous qui annonça jadis à mon père sa gloire imminente ?

– Cela, je ne l'ignore point, Titus Flavius...

– Mais vos chefs sont ivres de sang et n'écoutent pas la voix de la raison. Comment trouver un accord avec ces Sicaires et ces Zélotes, alors qu'ils s'égorgent les uns les autres ?

– Je ne suis pas venu te parler de la guerre, répondit le Grand Prêtre, car je la sais perdue.

– Je loue ta sagesse, fils de Samuel. Les derniers résistants, en effet, ne tiendront plus longtemps l'esplanade de votre Temple. Quel est donc le sujet dont tu voulais m'entretenir ?

– Je suis venu négocier.

Le légat eut une imperceptible hésitation. Il ne portait ni arme ni cuirasse afin de ne pas offenser son illustre visiteur et avait relégué sa garde aux extrémités de la galerie supérieure. Si le Grand Prêtre, que nul n'avait fouillé, avait été lui aussi gagné par le fanatisme, il lui aurait suffi d'un instant pour planter son poignard dans la poitrine de celui que Rome avait désigné pour écraser la Judée.

– Négocier ?

À l'orient, une clameur éclata sous les remparts, quelque part dans la vallée du Cédron. Une ultime tentative des assiégés, probablement, que les légionnaires écraseraient sans pitié ni prisonniers, comme toutes les précédentes depuis le début du siège.

– Tu connais le respect que j'ai pour ton intelligence et ton intégrité, poursuivit Titus à mi-voix, un œil sur les mains que le prêtre remuait nerveusement. Aussi ne t'étonnerai-je point, me semble-t-il, en te disant qu'il n'y a plus rien à négocier. Il est hélas trop tard pour cela. Vos armées ont agi en dépit de tout bon sens et mon père réclame désormais leur anéantissement...

Le Grand Prêtre hocha lentement la tête.

– Je viens t'offrir les richesses du Temple, souffla-t-il.

Le fils de l'empereur considéra le religieux en silence. Puis, après un moment de réflexion, il répondit, sans la moindre nuance de supériorité dans la voix :

– Rome ne me pardonnerait pas de négocier quelque chose qui, à la prochaine lune, sera entièrement à nous. Peux-tu le comprendre ?

– Détrompe-toi. Tes soldats pourront saisir une partie de nos trésors, mais l'essentiel est déjà en sûreté.

Titus joignit les mains et soupira. Son visage aux traits empâtés exprimait une bonne volonté mâtinée d'accablement.

– La Fortune plus que le mérite régit ce monde, Pinhas. Dans d'autres circonstances, tu aurais pu être mon vainqueur, aussi souhaiterais-je ne pas t'accabler. L'office du butin ne relève pas de mes soins, mais de Marcus Cassius qui a déjà, avec l'aide des prêtres capturés, dressé l'inventaire de ce qui se trouve dans le Saint des Saints. Et si, comme je l'aurais fait à votre place, vous avez pris la précaution de soustraire les plus précieux de vos trésors, il vous aura fallu de la main-d'œuvre pour cela. Celui qui rendra compte à l'empereur du butin, Cassius, un homme sans délicatesse, je te prie de le croire, trouvera les hommes qui ont participé à la dissimulation des richesses du Temple. Et il les fera parler.

Un air frais soulevait les voiles de lin entre les colonnes. Le prêtre réfléchit encore un instant en replaçant les plis de sa tunique sacerdotale.

– Ce que je viens t'offrir dépasse de loin ce que tu imagines, dit-il enfin.

– Imagines-tu pouvoir m'acheter ?

– Je viens sauver ton Empire. Le sauver de la colère de l'Éternel.

Le légat demeura impassible. Mais il eut une pensée navrée : ainsi donc, même le plus sage des Hébreux s'avérait incapable de prendre la mesure du désastre. Rome allait vaincre et ces esprits égarés par le souffle du désert brandissaient encore leurs imprécations, alors même que leurs ventres criaient famine et que leurs rangs étaient décimés.

La vision de Bérénice, la noble et belle Juive dont la beauté autant que l'esprit l'avaient frappé, traversa son esprit. Il soupira encore.

Puisque ainsi en avait décidé la Fortune ! Ce peuple indocile, plutôt que de composer avec un empire dont nul ne doutait qu'il durerait toujours, avait choisi son destin. Et ce destin était la destruction. Dans une génération, qui se soucierait encore des Hébreux ?

Sans détourner son regard franc de celui du prêtre, il pensa aux ordres parvenus de Rome la veille, qui s'étalaient sur sa table, à quelques mètres d'eux.

– Qu'offres-tu ? interrogea-t-il avec lassitude.

– Plus d'or que tu ne l'espères ! Ainsi que l'*éphod*, mon pectoral aux douze pierres précieuses, et notre grand chandelier sacré, la *menora*, que nous ne ferons pas fondre, comme nous le projetions. Tu pourras ainsi l'offrir en triomphe à ton retour à Rome…

– Que demandes-tu ?

– Du sable, du mortier… et une journée de sursis.

Titus tira son siège jusqu'au prêtre. Leurs genoux se touchaient à présent. Il tenta d'exprimer avec ses yeux ce qu'il lui était interdit de dire. Puis il murmura :

– J'ai des ordres, fils de Samuel…

– Je le sais, Titus Flavius, répondit le Grand Prêtre avec amertume.

Il posa une main décharnée sur la jambe du Romain.

– Tu as reçu voici deux jours l'instruction de raser aux fondations notre cité une fois que tu l'auras prise…

– Hier.

– Vos courriers seraient-ils moins rapides que nos espions ? trouva la force de plaisanter l'Hébreu.

Le légat lui rendit son pauvre sourire.

– Et de détruire notre Temple avant d'effacer le nom même d'Israël des cartes, ajouta Pinhas d'une voix sourde en accentuant la pression de sa main.

– Qu'attends-tu de moi, qui ne peux désobéir à Rome ?

– Du sable et du mortier, je te l'ai dit. Nous en manquons. Et une journée encore. Après cela, je te livrerai le mont et tes soldats pourront accomplir leur funeste ouvrage. Tu auras l'or du Temple, le peuple de Rome se prosternera devant toi et tu pourras financer de nouveaux monuments dans ta capitale pavoisée.

Titus plaça à son tour sa main sur celle de Pinhas Ben Samuel.

– Que veux-tu faire ? demanda-t-il de façon presque inaudible.

Le Grand Prêtre médita longuement sa réponse. Il ferma les yeux et prononça ces mots que Titus, devenu empereur, ne devait jamais oublier :

– Nul mortel ne doit connaître le véritable secret du Temple : je vais donc le sceller jusqu'à notre retour. Voici pourquoi…

76

Massif de Qumran.
Vallée de la mer Morte.
07 h 29.

Une clarté intense et apaisante enveloppait à présent Daniel. Il ne ressentait plus ni douleur ni peur.

C'était le silence absolu.

Je suis mort, songea-t-il.

Puis il sourit, son odorat reconnaissant les parfums de nitrate et d'hélium brûlés, et il fut gagné par une sorte de fou rire.

Il se dégagea de l'airbag libéré par le choc, passa la main sous le coussin blanc et actionna l'évent pour le dégonfler. Il fit de même avec ceux surgis du montant de la portière, des rideaux latéraux et de la colonne de direction.

Instantanément, le cocon protecteur qui de toute part le recouvrait se résorba pour se réduire à quelques enveloppes flasques. Il se pencha alors vers Julie, qui remuait faiblement la tête entre les airbags du flanc passager, et la libéra à son tour.

Il eut le cœur dilaté de joie en constatant qu'elle aussi était indemne. Il lui caressait la joue quand, l'air ahuri, elle redressa le visage, où tenaient encore les derniers morceaux de ses lunettes.

L'instinct est mauvais guide mais bon gardien : Daniel n'avait pas eu à réfléchir.

Quand le détecteur avait émis un signal strident, les réflexes du militaire avaient pris le dessus. D'un geste vif, il avait tourné le volant vers la gauche, face aux montagnes de Qumran, éloignant la voiture de l'axe qui longeait la mer Morte.

En une même seconde, l'alarme avait retenti, Daniel avait violemment braqué et la roquette avait pénétré l'habitacle par la vitre arrière avant de ressortir par le pare-brise et de s'en aller pulvériser les rochers.

La puissance du choc avait soulevé la Ford et l'avait projetée hors de la route. Puis, après quelques tonneaux, elle s'était immobilisée, fumante et tordue comme un jouet en fer-blanc.

Daniel défit sa ceinture puis celle de Julie.

– Venez !

Il l'aida à s'extraire de l'habitacle en passant devant le volant, la portière côté passager n'étant plus qu'une feuille de tôle froissée. Une branche de lunettes en main, Julie sortit en titubant. Daniel s'engouffra à nouveau dans la voiture afin d'y prendre leur sac d'équipement. Penché sur la banquette arrière, il jeta un œil à travers les débris de la vitre arrière.

Son sang se glaça.

Dévalant du flanc de la montagne, à trois cents mètres d'eux, un homme vêtu de noir fonçait dans leur direction, sa capuche sombre rabattue sur la tête.

Daniel saisit le sac encore ouvert, en en laissant échapper malgré lui le contenu, et s'extirpa de la voiture.

– Qu'est-ce qui nous a…, commença Julie d'une voix engourdie.

– Suivez-moi ! hurla Daniel en l'empoignant.

Ils coururent vers le massif et entamèrent son escalade. Leurs pieds dérapèrent à plusieurs reprises sur la terre sèche et les cailloux auxquels ils s'agrippaient avec peine. D'une main ferme, Daniel tirait la jeune femme à sa suite.

Lancé à leur poursuite, l'Assassin progressait rapidement. Dans quelques secondes, il serait sur eux. Jamais ils n'auraient le temps de gagner le site archéologique et d'y trouver de l'aide.

– Les grottes ! ordonna-t-il.

Le soleil commençait à cogner et les contusions dues aux chocs à endolorir leurs membres. Mais il n'y avait pas d'alternative. À mi-hauteur, et alors qu'il pouvait presque détailler la silhouette du tueur arrivé au pied de la montagne rocheuse, Daniel vida le sac – un automatique, des lunettes thermiques, le reste était perdu… – et le jeta dans le vide.

Julie poussa un cri quand elle aperçut l'Assassin qui attaquait la paroi à la manière d'une mygale. Mais la colère l'emporta sur la peur. Et si, dans l'effort, ses poumons meurtris le lui avaient permis, elle aurait rugi sa détermination.

Sa détermination à ne jamais devenir une proie.

Elle s'élança avec rage, dépassa Daniel et prit pied sur la première hauteur, située juste en deçà du monastère essénien.

– Par ici ! cria-t-elle en indiquant les poches d'ombre que le soleil dessinait à l'entrée des cavernes.

Ils cavalèrent à découvert jusqu'à l'une d'elles et s'y engouffrèrent. Profitant de cet instant de répit, haletants et baignés de sueur, ils reprirent leurs esprits.

– Notre ami de la tour ? demanda Julie.

– Lui-même…

Une odeur fétide emplit leurs narines : des déjections animales macéraient ici depuis toujours, dans un air lourd et vicié qui n'avait jamais connu la lumière. Il ne semblait pas y avoir d'issue.

Ils étaient dans un cul-de-sac.

Daniel chaussa les lunettes de vision nocturne. La caverne n'était pas grande mais il découvrit avec soulagement, à l'autre extrémité de la grotte, plusieurs renfoncements qui ouvraient sur des passages naturels. Trois boyaux partaient au centre et deux à gauche.

Le réseau de galeries de Qumran.

Un enchevêtrement de couloirs, de passages et de salles qui, depuis leur découverte accidentelle en 1947, avaient été parcourus en tous sens par les archéologues, les touristes et autres chasseurs de trésor. Mais dont ni lui ni Julie n'avaient le plan.

Un labyrinthe.

Des pas crissèrent au-dehors sur le sable.

Ils sursautèrent.

Il est là.

Daniel vérifia machinalement que le pistolet automatique était chargé et que la sécurité était relevée, puis le plaça d'autorité dans les mains tremblantes de Julie.

– On se sépare, chuchota-t-il à toute vitesse. Trouvez une cache et pas un bruit. S'il approche, vous tirez. Videz le chargeur !

Elle eut un regard angoissé à l'idée de se retrouver sans son ange gardien. Il lui baisa le front et murmura :

– Ça va aller, ma petite lionne… Je m'occupe de lui.

Sans un mot, ils filèrent chacun dans l'un des conduits et disparurent dans l'obscurité.

Équipé des lunettes high-tech, Daniel progressait sans difficulté, comme si le dédale avait été illuminé.

En se retournant sur les quelques mètres qu'il venait de parcourir dans la galerie de pierre sèche, il constata que les lunettes étaient bien plus sophistiquées que celles habituellement utilisées par l'armée. Les services du Colonel les avaient grandement perfectionnées. Il pouvait non seulement voir dans le noir…

Mais aussi dans le *passé.*

77

Massif de Qumran.
Vallée de la mer Morte.
Deux minutes auparavant.

Ceux qui aiment donner la mort le savent : il y a les vrais chasseurs et les plaisantins.

Les plaisantins aiment les frissons mais pas le danger, et on les retrouve bien souvent, ventrus et cravatés, dans les chasses bourgeoises où des animaux sous sédatifs sont lâchés à portée de tir ; dans cette parodie, les tueurs comme les proies souillent de leur ridicule l'indicible beauté du meurtre.

Les chasseurs, les vrais, aiment par-dessus tout la traque, la bête qui se dérobe, qui ruse et résiste ; au moment de lui ôter la vie, la jouissance est alors portée à son comble.

Après plusieurs échecs, ce moment était finalement advenu et l'Assassin le savourait en démontant son fusil lance-roquettes.

Les deux fugitifs étaient morts, leur voiture pliée en deux contre le flanc de la montagne – mieux : elle n'avait pas pris feu. Il pourrait donc récupérer ce qu'avait exigé le Maître.

Soudain, l'Assassin resta pétrifié.

Pour la toute première fois de son existence saturée de dangers et d'adrénaline, il se sentit vaciller.

De la carcasse fumante du véhicule fauché par son missile, il vit sortir Daniel et à sa suite, chancelante, Julie.

L'Assassin servait Celui qui était puissant, mais eux, ces chiens, étaient à l'évidence protégés par Celui qui n'aimait que les faibles.

Le Dieu des femmes, des enfants, des malades, des fragiles.

Un torrent de haine le submergea. Il lâcha son paquetage, défit la sangle de son couteau et s'élança vers eux.

En dix secondes de sprint, il rattrapa son retard et fut au pied de Qumran. Avec une agilité surnaturelle, il gravit la paroi et parvint sur le plateau où ses proies venaient de fuir.

Il fit tourner le manche de son arme dans sa paume.

Il allait les finir *à l'ancienne.*

À la main.

Il avança lentement, examinant les traces qu'avaient laissées Daniel et Julie sur le sol poudreux, et localisa sans peine la cavité dans laquelle ils croyaient avoir trouvé leur salut.

Il ricana.

Imbéciles !

Ainsi donc, ils pensaient se réfugier dans les ténèbres. Et placer leur confiance dans la nuit éternelle des profondeurs…

L'Assassin arriva devant l'ouverture de la grotte où le soleil, brutalement avalé par l'ombre, connaissait la fin de son règne.

Imbéciles…

Le prêtre Mario Tassa, lui aussi, s'était cru protégé par l'obscurité. Dans la chapelle souterraine du Saint-Sépulcre, il avait soufflé les cierges qui éclairaient son ultime prière.

Avait-il espéré échapper ainsi à son destin ? C'était ignorer les sens prodigieusement développés de l'Assassin, son ouïe et son odorat supérieurs encore à ceux des bêtes fauves – c'était ignorer ce que, là-haut, jadis, par la torture et l'exercice, on avait appris à ses yeux.

Bénissant ses maîtres d'Alamut, l'Assassin nyctalope pénétra dans la grotte.

78

Grottes de Qumran.
Mer Morte.
07 h 36.

Daniel pouvait voir dans le passé : ses lunettes de vision nocturne, équipées de capteurs thermiques, relevaient les traces les plus infimes de chaleur que tout organisme vivant laisse en suspens dans l'air, comme de la buée sur une vitre le temps qu'elle s'évapore.

Derrière lui, une succession de silhouettes se dessinaient, allant du bleu nuit au rouge, en passant par toutes les nuances du mauve, retraçant son parcours dans la galerie de Qumran.

Il arriva bientôt à la croisée de plusieurs couloirs taillés dans la roche. Il n'avait pas la moindre idée du chemin à emprunter. Il prit au hasard l'un d'eux puis, après une dizaine de mètres à suivre le boyau, il s'arrêta là où les parois formaient un renfoncement de taille humaine. Après s'être blotti dans l'anfractuosité, il suspendit sa respiration et écouta.

Un calme sinistre régnait dans les galeries.

Si l'Assassin s'était déjà aventuré dans le dédale, alors il avançait tel un fantôme : sans bruit ni souffle. Mais peut-être attendait-il quelque part, en embuscade, de les surprendre ?

Daniel ne bougea pas.

Où Julie pouvait-elle être à cet instant ?

Il l'imagina, recroquevillée dans l'obscurité, affolée, brandissant son arme en tous sens.

Il ferma les paupières et inspira profondément. Puis il se remit en mouvement avec d'infinies précautions, scrutant le sol afin de ne pas se trahir en posant le pied sur un sarment ou un morceau d'argile.

Après quelques minutes à déambuler furtivement, il dut admettre l'évidence : son stratagème avait échoué. Leur poursuivant ne se manifestait pas, et les rôles de la proie et du gibier n'avaient pas été inversés.

Le seul point positif de la situation était que Julie semblait hors de danger pour un temps encore.

Le problème, c'est que si l'Assassin ne l'avait pas encore découverte, Daniel l'avait perdue. Et, à tourner en rond sans plan ni boussole dans ce labyrinthe suffocant, à respirer un air nauséabond, chargé de poussière, Julie et lui ne tarderaient pas à être asphyxiés.

Et à se signaler au tueur.

Il marcha encore quelques instants, avant de déboucher sur une chambre basse, d'où rayonnaient plusieurs galeries. Il s'avança et l'inspecta. Au sol gisaient des restes de poteries mélangées à de grosses pierres.

Il allait rebrousser chemin quand il y eut un craquement.

Juste sur sa gauche.

Une brindille sèche. Ou une plaque de…

Il scruta les ténèbres.

Rien.

Il se retourna brusquement.

Personne.

Mais à un bras de distance, en rouge sang, se dressait l'empreinte thermique d'un corps en mouvement rapide.

Celui de l'Assassin, qui s'était tenu là, à quelques centimètres de lui.

Approximativement, deux secondes plus tôt.

79

Nazareth.
Terre sainte.
14 avril 1799.

– Qu'en penses-tu, Juif ?

La question, posée d'une voix martiale à peine adoucie par un reste d'accent italien, avait claqué comme un ordre. Le jeune général, les mains dans le dos, piaffait devant les pans de sa tente.

– Allons, dis-moi !

Assis sur un tabouret militaire, le vieil Hébreu replaça sa calotte d'une main décharnée, tout en parcourant à nouveau le projet de déclaration que venait de lui soumettre le commandant en chef des armées de la République en Afrique et en Asie. L'œil charbonneux et la crinière de jais tombant sur ses épaules étroites, Bonaparte s'irritait du manque d'enthousiasme de son visiteur.

« Israélites, nation unique que les conquêtes et la tyrannie ont pu, pendant des milliers d'années, priver de leur terre ancestrale, mais ni de leur nom ni de leur existence nationale !

« Les observateurs attentifs et impartiaux du destin des nations se sont rendu compte de la justesse des prédictions des grands prophètes qui, à la veille de la destruction de Sion, ont prédit que les enfants du Seigneur reviendraient dans leur patrie avec des chansons et dans la joie, et que les soupirs s'en iraient à jamais ! »

Le vieillard leva un regard dubitatif sur ce fringant général qui, à l'instar de ses compatriotes, vivait depuis les débuts de la Révolution dans un état d'exaltation assez déroutant pour le reste du genre humain. Il hocha la tête. Puis, sans un mot, il reprit sa lecture en marmonnant :

« Debout dans la joie, les exilés !

« Cette guerre sans exemple dans toute l'histoire a été engagée pour sa propre défense par une nation, de qui les terres héréditaires étaient considérées par ses ennemis comme une proie offerte à dépecer. Maintenant, cette nation se venge de deux mille ans d'ignominie.

« La Providence m'a envoyé ici avec une jeune armée, guidée par la justice et accompagnée par la victoire. Mon quartier général est à Nazareth et dans quelques jours je serai à Damas, dont la proximité n'est plus à craindre pour la cité de David ! La Grande Nation, qui ne trafique pas les hommes et les pays tels ceux qui ont vendu vos ancêtres à tous les peuples, ne vous appelle pas à conquérir votre patrimoine. Non, elle vous demande de prendre seulement ce qu'elle a déjà conquis avec son appui et son autorisation, de rester maîtres de cette terre et de la garder malgré tous les adversaires.

« Levez-vous ! Montrez que toute la puissance de vos oppresseurs n'a pu anéantir le courage des descendants de ces héros qui auraient fait honneur à Sparte et à Rome. Montrez que deux mille ans d'esclavage n'ont pas réussi à étouffer ce courage !

« Hâtez-vous ! C'est le moment, qui ne reviendra peut-être pas d'ici mille ans, de réclamer la restauration de vos droits civiques, de votre place parmi les peuples du monde ! »

D'un geste las, le visiteur reposa le manuscrit sur la table couverte de cartes d'état-major, de courriers et de notes.

– Alors ? Parleras-tu, à la fin ?

– Lyrique…, fit laconiquement le vieil homme. Mais inutile. Ce n'est pas ce que nous te demandons.

Bonaparte demeura bouche bée.

Devant la tente, des cavaliers trépignant sur leurs montures attendaient les ordres destinés à Junot, le vainqueur des Turcs, qui comptait pousser l'avantage jusqu'en Syrie.

Le général les ignora encore un instant.

– Inutile ? fulmina-t-il. Le poids des ans aurait-il obscurci ton esprit, fils de Salomon ? Je viens t'offrir la terre de tes ancêtres !

– Ce n'est pas ce que nous t'avons demandé, insista l'Hébreu d'une voix affable, sans détourner ses yeux fatigués des prunelles de braise du général.

Le jeune Corse traversa la tente d'un pas vif pour venir se planter devant son visiteur.

– Sais-tu, Juif, qu'à mon retour en France, j'émanciperai tes frères et relèverai du tombeau de l'Histoire votre antique conseil, le Sanhédrin ?

– Oui, oui… Tu l'as déjà annoncé aux miens, il y a deux ans, à Ancône, répondit le vieillard, et de cela nous te serons reconnaissants… quand la chose sera faite. Mais ce n'est pas ce que nous te demandons aujourd'hui.

Bonaparte tapa du pied sur le sol en terre battue. Il maudit un instant ce peuple à la nuque roide : toujours à réfléchir, à discuter, à négocier ! Les mahométans, en Égypte, quelques mois auparavant, avaient accueilli avec davantage de ferveur sa conversion théâtrale à l'islam. Il éprouvait à l'endroit des descendants d'Abraham une obscure fascination, faite d'agacement et d'admiration. Et puis, il y avait ces souvenirs de famille, le secret de ses origines, là-bas, en Italie…

– Dans quelques jours, martela-t-il, je prendrai Jérusalem et je pourrai vous en restituer les clés. Comprends-tu cela ?

– Ton génie et ta valeur te rendent insupportable tout refus : ce sera là ta force et ta faiblesse, répliqua doucement le vieil Hébreu.

– *Basta !* Que veux-tu ?

– Jérusalem ne doit pas connaître une nouvelle guerre. Épargne-la. Porte tes armes au nord, où Saint-Jean-d'Acre est encore aux mains du Turc. Mais n'amène pas la guerre dans la cité sainte…

– Quoi ! tempêta Bonaparte. Es-tu l'interprète de tes frères opprimés par l'Ottoman ou bien l'agent de ce dernier, prêt à trahir ton peuple contre…

– Contre trente deniers ? acheva le Juif dans un soupir accablé.

Le général français se mordit les lèvres. Les antiques préjugés étaient si prompts à revenir dans un cœur courroucé ! Il posa une fesse sur sa table de camp, croisa les bras et maintint son regard fiché dans celui du vieillard.

– Tu auras le peu d'or dont nous disposons, reprit ce dernier. De Tyr à Tibériade, si tel est ton désir, nos hommes aideront et guideront ta troupe. Nous avons vu se lever à l'occident votre République comme une aube pleine de promesses. Mais les temps ne sont pas encore venus de notre retour…

Il se leva en vacillant. Bonaparte le soutint du bras.

– Il y a à Jérusalem des forces qui se repaissent de la folie des hommes, poursuivit-il faiblement. Si tu y amènes le feu et le fer, tu les raviveras, elles s'y déchaîneront et nous ne pourrons longtemps les contenir.

Ils étaient maintenant presque face contre face, profils semblables au nez d'aigle et à la peau olivâtre.

S'adressant au Futur, le Passé reprit la parole en un murmure impérieux :

– Aussi, nous te supplions, toi qui dois régner bientôt sur l'univers ainsi qu'il est écrit, nous te supplions de ne pas prendre la Ville sainte…

Après un court silence, il répéta sa supplique d'une voix profonde qui fit frémir le futur Empereur :

– Fuis Jérusalem, Bonaparte !

80

Grottes de Qumran.
Mer Morte.
07 h 41.

Raidir son corps jusqu'à le rendre semblable à la pierre de la montagne, elle le pouvait – à condition d'en maîtriser les tremblements.

Retenir son souffle, le rendre inaudible, maigre filet exhalé avec crainte, elle le pouvait – au prix d'un violent effort imposé à ses poumons oppressés.

Mais calmer les battements de son cœur affolé, Julie ne le pouvait pas. Il cognait contre ses côtes tel un marteau sans feutrine sur un gong de cuivre, résonnant bruyamment dans son esprit – et il lui semblait que tout l'édifice des cavernes en renvoyait l'écho pour mieux la trahir.

Autour d'elle, l'obscurité et le silence élevaient une antichambre au néant.

À la mort.

Elle pressentait sa fin proche, et la panique faisait chavirer sa raison.

Où était Daniel ?

Et où était l'Assassin ?

Trempée d'une sueur devenue glacée, Julie grelottait, les mains crispées sur son pistolet automatique. Aurait-elle seulement le temps d'y recourir si le tueur fondait sur elle ?

Il avait assassiné le père Tassa, le gardien du musée Rockefeller, plusieurs archéologues étrangers – et combien d'autres encore ?

Il avait inspiré une peur telle à Peter Hegel que celui-ci avait préféré se pendre plutôt que de tomber à sa merci.

Il sillonnait un pays en état de siège, la police et les services secrets à ses trousses, et pourtant nul ne semblait en mesure d'arrêter sa course funeste.

Accroupie dans les ténèbres, elle repensa aux dernières heures, à ce qu'elle avait vécu et enduré depuis le début de ses *vacances*.

Là, dans le noir, sur l'écran aveugle de ses paupières, les légendes prenaient vie.

Abraham, père des croyants, Salomon, roi des Hébreux, et Hiram, fondateur de la franc-maçonnerie, dissimulant avec la même fièvre un *secret* ineffable sur ordre du Tout-Puissant.

Jésus léguant un message aux âges futurs avant de se sacrifier – et son tombeau aux mains de chrétiens fratricides, protégé par les Juifs mais dont les clés avaient été confiées aux musulmans, un tombeau qui n'abritait nulle dépouille et hurlait la vérité à une humanité sourde à l'évidence.

Et à présent, surgi de nulle part, un ordre secret, un ordre noir, était à sa poursuite, semait la mort et complotait afin de s'emparer du Temple, de le détruire ou bien de le sceller pour toujours.

Elle eut un frisson qui fit remonter un flot de bile dans sa gorge : planant au-dessus de cette invraisemblable histoire, il y avait encore l'ombre de l'Adversaire.

Satan.

Tous, depuis le début, l'avaient évoqué à mots couverts. Jennifer Lee l'avait nommé.

Hegel, dans son désarroi, le voyait déjà à l'œuvre.

Satan ?

Jamais, en cet instant, perdue et apeurée, Julie ne fut plus proche de croire aux légendes de son enfance. D'une main tremblante, elle vérifia la présence de la lanière de cuir dans sa poche et songea à son père. Elle serra les mâchoires.

Non.

Elle n'allait pas finir dans ce boyau abandonné et puant, égorgée comme une agnelle.

Non, pas ici.

Et pas maintenant.

Elle se cramponna à son arme, mobilisant toute sa détermination, et se releva en chancelant.

Non, le jour n'était pas venu.

Une vague de pure terreur balaya son épiderme : on avait bougé à quelques mètres d'elle.

Le hurlement déchira les tympans de Daniel :

– *Dan !*

Répercuté et amplifié par le réseau de galeries souterraines, le cri poussé par la jeune femme pouvait venir de n'importe où.

Avant même qu'il ne puisse décider de prendre telle ou telle direction, une détonation retentit.

Une seule.

Daniel se mit à courir, droit devant lui, submergé par l'affolement et la colère. Il n'avait pas su la protéger. Il avait pris la décision folle de se séparer d'elle dans le dédale, alors que le danger était à son comble.

Quelle erreur !

Il bifurqua à droite, haletant, puis à gauche, puis à droite encore, cavalant avec l'énergie du désespoir.

Et il se figea.

Deux nouvelles détonations.

Coup sur coup.

Deux tirs pour achever sa victime.

Des manières de professionnel.

Il accéléra dans la nuit, en hurlant.

81

Grande loge de Memphis.
Washington.
13 mars 1968.

– Pourquoi ce cérémonial sinistre ? demanda le jeune initié. Pourquoi cette chambre noire, ce crâne, et pourquoi ce testament que j'ai dû rédiger avant d'être accepté ? Ne sommes-nous pas des humanistes, Fils de la Lumière ? Pourquoi l'eau saumâtre et pourquoi le soufre ?

– Certains secrets ont été perdus, avait soupiré derrière son bureau en acajou le maître maçon, un sexagénaire dodu au visage plein de bonté, boudiné dans un complet de tweed gris égayé d'un nœud papillon vermillon. Mais sache, mon frère, qu'il n'y a nulle lumière sans ténèbres et que nous devons perpétuer coûte que coûte le souvenir de Hiram…

Ronald Greenwood parcourut du regard la pièce où le recevait Jeff Kidman, maître de l'ordre qu'il venait de rejoindre.

De hautes et claires bibliothèques de merisier, des toiles d'artistes contemporains et, montant la garde sur les rayonnages, une collection de statuettes du monde entier. Enchâssées derrière de lourdes tentures de couleur taupe, les fenêtres à croisillons laissaient à peine filtrer les bruits de la circulation de la capitale américaine, qu'assourdissait encore l'épaisse moquette sablée.

Les lieux sentaient le cuir vieilli et le bois précieux.

Le sage se pencha et ouvrit une cave à cigares sur le couvercle de laquelle le symbole maçonnique – un compas et une équerre de laiton – brillait sous la lueur d'un lustre de Murano.

– Un havane, cher frère ? proposa-t-il avec gourmandise.

Greenwood ne se fit pas prier.

Kidman lui tendit un *robusto*.

– Partagas, annonça-t-il. Idéal pour te remettre de tes émotions ! Tu sais, nous avons tous, chacun à notre tour, été bigrement secoués lors de notre initiation. Ce n'est pas une cérémonie anodine. L'impétrant doit mourir à son ancienne vie et renaître symboliquement...

L'air songeur, Greenwood fit rouler le cigare entre ses doigts.

– As-tu fait ton choix ? demanda le vieil homme.

– Quel choix, maître ?

Le maçon eut un sourire espiègle.

– Eh bien... sur la manière de préparer ton havane !

Ronald Greenwood resta interdit.

– Sache pour commencer, reprit son aîné, que tu peux apprécier ta petite merveille cubaine en la fumant à froid. Avant même de l'allumer, tète le cigare et tu en dégusteras toutes les saveurs. Bois, épices, café... Ton souffle, aspirant l'air au travers du conduit encore sec, portera à ton palais tous les arômes que le feu révélera ensuite. Mais avant...

Il ménagea son effet.

– Mais avant, tu dois décider de la découpe.

Comme la majorité des frères, Jeff Kidman avait la réputation d'être un bon vivant. Dans l'art de cultiver toutes les joies de l'existence, il était passé maître aussi. Ronald conservait encore un souvenir ému des agapes qui avaient suivi sa réception dans la confrérie.

– Tu peux décoller la pastille qui couvre le haut du cigare à la façon d'un lord, expliqua Kidman avec jubilation. Du bout des doigts, à l'aide d'une guillotine ou de ciseaux prévus à cet effet. Une section nette et élégante, et le havane est à toi...

Il mima le geste sans décapiter le havane.

– Ou bien alors, à la cubaine... d'un coup de dents !

Greenwood se mit à rire.

– Que me suggérez-vous ? répliqua-t-il, avant de se reprendre devant la mimique désapprobatrice de Kidman : Que me suggères-*tu* ?

– Ma préférence va à la manière jacobine, glousse le maître. Ma famille vient d'Europe de l'Est et nous avons toujours eu la plus grande admiration pour la Grande Nation... Ah ! quelle époque !

Il leva les yeux au plafond, contempla un rêve et, après un temps, revint à son sujet :

– Tu places le cigare dans la guillotine, la tête avancée d'un demi-centimètre, tu dis : *« Citoyen Capet ? – Yeah ? – Have a nice day ! »*, et tu la sectionnes franchement !

Le jeune Greenwood éclata de rire. Et l'imita. En silence, tous deux braisèrent leur havane, plaçant la flamme de l'allumette légèrement sous le pied du cigare jusqu'à le porter à l'incandescence.

Au milieu des volutes, songeurs, ils échangèrent un regard fraternel.

Il se passa de longues minutes avant que Kidman ne reprenne la parole :

– « La plus grande malice du Diable, déclama-t-il, est de faire croire qu'il n'existe pas. »

Il suivit de l'œil l'une de ses bouffées qui s'élevait tel un nuage, prenant le plafond pour un ciel d'aventure.

– Baudelaire, murmura le maître. Tes questions relatives à nos rites, qui sont peu ou prou les mêmes dans toutes les loges et sur tous les continents, ne manquent pas de pertinence. Beaucoup n'y voient qu'un folklore passé de mode... Ils ont tort.

Il déposa délicatement la cendre de son cigare contre le bord du cendrier de faïence chinoise.

– Oui, ils ont tort. Nos rites sont des messages. L'eau, le soufre, le crâne, la chambre noire, la mort... Ce ne sont pas là des symboles destinés à épater les nouveaux venus, mais des rappels qui ont vocation à l'édifier. Et à le préparer.

– Le préparer à quoi ?

– À la guerre qu'il devra mener, une guerre qui a débuté voici plusieurs millénaires, mon frère, une guerre contre les Ténèbres...

Greenwood écoutait avec avidité. Ce qui allait suivre, il le pressentait depuis toujours. C'était même la raison qui l'avait poussé, lui le croyant en rupture avec son Église baptiste, à rejoindre les rangs de la franc-maçonnerie.

– Une guerre qui nous ramène à l'Orient, à Jérusalem, ajouta le sexagénaire. Qui nous ramène à Hiram et au Temple de Salomon.

– Une guerre entre les mauvais penchants de l'homme et sa raison ?

– Bien sûr. Mais...

Kidman abandonna son havane dans le cendrier. Son visage était devenu plus grave. Il se raidit imperceptiblement et se cala dans son Chesterfield.

– Mais tu comprendras l'enjeu de notre engagement avec le temps, au fil de ton initiation.

Il croisa les mains et fixa Greenwood.

– Nous ne partageons pas exactement la même origine religieuse, Ron, n'est-ce pas ?

– Cela n'a pas la moindre importance à mes yeux, objecta calmement le jeune homme.

– Je le sais. Les rapports produits par les frères qui t'ont parrainé sont éloquents : tu es un élément d'élite. Tu iras loin, et tu iras haut, car ton âme est pure et déterminée.

L'initié baissa la tête avec modestie. Qu'un destin particulier l'attendît, qu'une forme de mission lui fût confiée un jour, cela aussi, il l'avait toujours su.

– Tu es allé au catéchisme ?

– Je suis protestant.

– As-tu étudié la Bible dans ta jeunesse ?

– Oui…

– Que sais-tu de Satan ?

Greenwood déglutit. Une telle question, posée dans l'un des sanctuaires de la Raison, qui plus est par un homme dont la réputation intellectuelle n'était plus à faire, aurait pu être incongrue. Elle était en réalité inévitable.

– Un ange merveilleux, répondit-il finalement, le plus lumineux d'entre tous, qui dans un mouvement d'orgueil voulut détrôner l'Éternel…

– Et ?

– Et qui fut, en châtiment, chassé de la demeure du Père, bien avant l'apparition de l'espèce humaine.

– L'espèce humaine, ces « singes qui parlent »…

– C'est ainsi que Satan désignait les hommes.

– Exactement. L'Adversaire n'a jamais vraiment porté l'Homme dans son cœur. Mais dis-moi, Ronald, ne t'es-tu jamais posé la question ?

– Laquelle ?

– Celle que devrait se poser l'humanité entière et qu'elle s'acharne pourtant à ignorer.

– Quelle question, maître ?

– Si Satan a été chassé du Ciel…

Kidman continua d'une voix à peine audible. Et Greenwood vit soudain clair. Il comprit que jamais plus il ne connaîtrait la paix.

Pas avant que les temps ne viennent.

82

Grottes de Qumran.
Mer Morte.
07 h 44.

Une bête dépeçant sa proie !

La vision de cauchemar le percuta dès son entrée dans la grotte : Julie gisait au sol, inerte, les bras en croix dans une mare de sang.

Agrippé à elle, allongé sur son corps, remuant lentement la tête et les épaules, l'Assassin semblait se repaître de ses chairs.

Daniel se jeta sur eux avec un cri de haine.

Mais au moment où il culbuta l'Assassin… mollement, sans un son, celui-ci s'affaissa sur le côté et roula sur le sol sablonneux. Sa veste de survêtement noir, déchiquetée au cœur, laissa échapper un bouillon écarlate.

Sa bouche était figée dans un rictus stupéfait et ses yeux, deux plaies brûlées par l'impact des balles, pleuraient des larmes de sang.

La lionne avait triomphé.

Daniel arracha ses lunettes thermiques et passa les bras sous le torse de la jeune femme qu'il couvrit de baisers.

Julie lâcha son arme et balbutia quelques mots.

Cherchant avec affolement des traces de blessures sur ses vêtements maculés du sang de l'Assassin, Daniel écarta les cheveux de la jeune femme et colla son oreille sur ses lèvres.

Julie posa la main sur son dos puissant et, ouvrant les paupières, murmura :

– Dan… vous m'étouffez…

83

Monastère de Qumran.
Mer Morte.
08 h 03.

Mickaël offrit un t-shirt kaki à Julie. Deux soldates blondes comme les blés, dans le périmètre bouclé par les voitures de police, lui firent paravent afin qu'elle puisse se changer.

Autour d'eux, klaxonnant à tout va, un camion de produits maraîchers et des cars de touristes attendaient que le barrage soit levé au pied du site de Qumran.

Le Colonel, Daniel et deux autres uniformes étaient penchés sur le cadavre de l'Assassin, que l'équipe d'intervention venait d'extraire de la grotte. Une cinquantaine d'hommes en armes, accourus par les airs et la route, patrouillaient le secteur.

– Pas un type du Hamas…, commenta laconiquement le Colonel en lustrant son crâne.

– Non, pas un Arabe, confirma un officier en faisant pivoter la tête du mort qu'il tenait par le menton, du bout de ses doigts gantés de latex.

Il fit descendre la fermeture éclair et découvrit la gaine translucide que portait l'Assassin. L'hémoglobine ne l'avait pas imbibée et, d'un simple passage de son gant chirurgical, l'officier en nettoya le revêtement synthétique.

Sous la membrane souple et transparente, un tissage de fils et de circuits électroniques entourait un disque de métal aux reflets argentés.

– Bon Dieu ! Qu'est-ce que c'est que ce truc ?

– Peu importe ! asséna le Colonel, sans quitter des yeux l'engin qui ressemblait à une méduse high-tech. Vous me récupérez ça fissa et très... heu... délicatement. On décolle dans cinq minutes chrono. Je vous laisse opérer, maestro, moi je dois rendre compte, ajouta-t-il en rebroussant chemin vers l'Apache dont les pales venaient seulement de s'arrêter.

Daniel jeta un dernier regard à la dépouille de l'Assassin et alla rejoindre Julie.

Après avoir avalé le thé glacé qu'une soldate lui avait tendu dans un thermos chromé, elle dévorait avec appétit un sandwich à la dinde et aux pickles, garni de salade iceberg.

– La lionne avait les crocs ?

La bouche pleine, Julie hocha la tête. Elle proposa une bouchée à Daniel, qui l'accepta volontiers. Il garda sa main dans la sienne, se serra contre elle et chuchota :

– Nous sommes hors de danger, mais pas votre père...

Julie avalait tant bien que mal, en s'efforçant de ne pas s'étrangler. L'approche de Daniel lui avait laissé imaginer tout autre chose.

– Mais le tueur est mort..., rétorqua-t-elle à voix basse.

– Oui. Et votre père toujours entre les mains de... d'on ne sait qui. Notre délicat ami de l'ascenseur était censé vous capturer pour vous faire parler, et vous utiliser pour faire craquer le professeur, dans l'hypothèse où vous seriez incapable d'apporter les renseignements désirés – c'est-à-dire de leur indiquer l'*endroit* qu'il aurait trouvé.

– C'était notre hypothèse, je m'en souviens..., fit la jeune femme en s'appuyant sur le capot de l'un des véhicules des forces israéliennes.

– Et elle reste valable. Quand les commanditaires du tueur apprendront sa neutralisation, ils n'auront donc plus qu'une option : faire parler Victor Normandy. Par tous les moyens.

D'un bond, Julie se remit sur ses pieds.

– Conclusion, il faut reprendre la chasse. Maintenant.

Daniel approuva d'un signe de la tête. Et lui désigna d'un discret mouvement de menton une voiture banalisée garée sur le bas-côté de la route.

– Le moment est-il bienvenu pour un interminable débriefing avec les services de renseignement, puis avec la police, puis... ?

– Non ! l'interrompit Julie, qui venait de comprendre l'idée. J'ai horreur des paperasseries !

Le Colonel rendit le casque à l'officier radio et s'éloigna de l'hélicoptère. La hiérarchie était satisfaite.

Comme toujours, se rengorgea-t-il.

Et même bien davantage que satisfaite : soulagée.

Dans l'après-midi, une fois officiellement désamorcé ce que le Premier ministre avait appelé l'« *atomic device* », les silos se refermeraient et les sous-marins nucléaires israéliens regagneraient le large.

Le concert des nations pourrait alors reprendre ses querelles, ses échanges de marchandises et d'e-mails, ses Coupes du monde et ses Expositions universelles, sans jamais soupçonner que plusieurs heures durant elles avaient été au bord de l'Apocalypse.

Car l'État hébreu n'aurait jamais accepté une frappe atomique sur son sol. La riposte aurait été tous azimuts. Et cette fois-ci, quel que fût leur nouveau visage, les Romains auraient péri jusqu'au dernier.

Massada ne tomberait pas une seconde fois. Il n'y aurait pas de nouvel Holocauste : le plus vieux peuple de la terre ne disparaîtrait pas en laissant survivre ses bourreaux.

Au moment où l'un de ses *wonderkids* venait à sa rencontre, Cohen aperçut, à l'autre extrémité du cercle des véhicules, Daniel qui ouvrait en douce la portière d'une voiture.

Il fit comme si de rien n'était et accorda toute son attention au jeune officier qui brandissait sa tablette informatique.

– Les résultats des premières analyses, l'informa son subordonné en pointant l'écran tactile.

– Vas-y.

– Ethnie mésopotamienne. Perse, sans doute. Ou Azéri. La trentaine. Machine de guerre : musculature surdéveloppée, non par le fitness mais par l'exercice. Soixante-deux cicatrices de plus de trois millimètres sur le corps.

– Dis-moi ! siffla le Colonel.

– Le décès a été provoqué par la perforation de la boîte crânienne par deux balles provenant de l'une de nos armes de service. Une troisième, la première tirée en fait, a déchiré les poumons, ratant de peu le cœur. Mais cela n'a pas été suffisant pour le mettre K.-O. Les analyses ADN seront disponibles dans le quart d'heure.

– Parfait, commenta Cohen. Sa ceinture doit être acheminée sur-le-champ : tu prends l'Apache et vous rentrez à Tel-Aviv.

– À vos ordres ! Mais…

– Mais ?

– Notre client était aussi couvert de tatouages sur le torse et les épaules. Esther les a photographiés et les a aussitôt transmis à notre correspondant de l'université de…

– Je sais. Et alors ?

– On vient d'avoir la réponse, hésita-t-il en faisant glisser les fenêtres sur l'écran de sa tablette. Plutôt déroutant. Les tatouages correspondraient à ceux d'une secte disparue depuis plusieurs siècles : la secte des Assassins d'Alamut, en Iran.

Le Colonel feignit l'étonnement et le félicita aussitôt d'une petite tape sur l'épaule :

– Si même les fantômes se mettent au terrorisme, maintenant…

Au loin, la voiture banalisée s'éloignait déjà, avec Julie et Daniel à son bord. Mickaël vint se placer près de Cohen et la regarda filer.

Son supérieur devina son appréhension.

– C'est le meilleur d'entre nous, murmura-t-il. Faisons-lui confiance…

Puis il contempla le ciel d'une incommensurable pureté et sourit pour la première fois depuis longtemps : la lumière était partout.

84

Gehinnom.
Jérusalem.
08 h 40.

Cette fois-ci, ils n'avaient pu échapper aux embouteillages. Le trafic avait été fluide jusqu'à l'approche de Jérusalem. Mais au moment de bifurquer vers le sud, en direction des jardins de la Paix, un flot de véhicules avait commencé à obstruer la route bordée de terres brûlées.

Alors que leur voiture, une Peugeot 308 marine, était immobilisée, un scooter s'arrêta à leur hauteur. Trois Arabes étaient juchés dessus : le conducteur, un petit bonhomme émacié et chauve, et deux adolescents qui devaient être ses fils. L'un d'eux fit signe à Julie en montrant de gros melons qu'ils transportaient.

– Combien ? demanda-t-elle en faisant coulisser la vitre.

Le gamin la dévisagea. La voiture était flambant neuve mais ses passagers ne payaient pas de mine. Il adapta son prix :

– *One dollar !*

Julie lui tendit un billet et, tandis que la circulation reprenait, lui fit couper le melon en quartiers – ce qui eut le don d'exaspérer le chauffeur du camion qui les suivait.

Une fois Julie en possession de sa marchandise, Daniel appuya sur l'accélérateur et s'engagea dans la file de gauche. Arrivés à un carrefour où Arabes accroupis et soldats israéliens faisaient du stop, il prit à gauche, laissant derrière eux la Vieille Ville dont on apercevait les remparts sous le soleil matinal.

– Ça commence ici, fit-il en refusant une part de melon.

– L'enfer ? demanda Julie, la bouche ruisselante de jus.

– L'enfer, nous y sommes plongés depuis hier, il me semble, ironisa Daniel. Ce que la Bible désigne comme la vallée de la Géhenne, au sud de Jérusalem, débute ici. Vous voyez, les temps ont bien changé...

Le paysage, en effet, n'avait rien d'infernal. Une fois dépassés les *Beit Shalom Garden* – les jardins de la Maison de la paix –, de petites collines se succédaient, couvertes de quartiers résidentiels et de pelouses grasses, ou bien dénuées de constructions mais plantées de hauts cyprès et d'oliviers tordus par les siècles.

– Résumons-nous, proposa Julie en jetant par la fenêtre les restes du melon. Mon père a été enlevé parce qu'il avait localisé un *lieu* dont l'importance est telle que des gens sont prêts à tuer pour en connaître l'emplacement.

Daniel opina du chef.

– Francs-maçons, services secrets, chrétiens, juifs, musulmans avancent des explications contradictoires, mais tous concordent sur un point : la découverte de cet *endroit* aurait des conséquences cataclysmiques.

Daniel s'arrêta à un feu. Le long de la voie, un muret de grosses pierres protégeait une prairie persillée de rochers.

– D'après Ibrahim Alush, la lanière de cuir qu'il a découverte dans sa jeunesse à Qumran contient le plan d'accès à ce *lieu* énigmatique. Pour déchiffrer cette lanière, selon le père Tassa, il nous faut la scytale qui aurait été en possession de Peter Hegel.

Daniel redémarra sans respecter la priorité et un pick-up faillit les emboutir. Ignorant les klaxons furibonds, il accéléra.

– L'archéologue allemand, perdu dans son délire de persécution, ne nous a donné qu'un indice : sa demeure serait en enfer.

Or il se trouve qu'il a acquis une maison dans la vallée de Gehinnom, autrement dit la Géhenne.

– Et nous y sommes, compléta Daniel en jetant un œil au GPS de son mobile. Derrière ce mamelon pelé, nous devrions la trouver.

– Si, comme je l'espère, poursuivit Julie, la scytale y est encore, nous connaîtrons la nature et la localisation du lieu en question…

– Exact.

– Mais saura-t-on pour autant où est détenu papa ?

– Peut-être, peut-être pas…, soupira Daniel. Mais au moins posséderons-nous une monnaie d'échange. Ce qui ne sera pas négligeable.

Il contourna d'anciens caveaux à flanc de colline, semblables à celui de Joseph d'Arimathie où Jésus avait été enseveli après la crucifixion – seule note lugubre dans un paysage lumineux et verdoyant.

– Nous y voilà, dit-il en garant la Peugeot dans une impasse fleurie où s'alignaient plusieurs villas cossues. Celle de Peter Hegel, qui se dressait tout à droite, ressemblait à une maison scandinave, faite de bois clair et de larges baies vitrées.

En détachant sa ceinture, Julie fut frappée par le décalage vertigineux entre ce décor et ce qui agitait l'esprit de Lee, Hegel, Tassa et consorts. Lui revinrent en mémoire les avertissements de l'universitaire allemand et ceux de Jennifer.

Satan.

Le secret de Dieu.

Elle chassa ces pensées. Elle devait garder la tête froide. Se conduire rationnellement et dénicher l'endroit où était détenu son père, voilà ce qui seul lui importait. Le psychopathe lancé à leur poursuite était bel et bien mort. Elle n'avait plus rien à craindre, sinon pour le professeur Normandy.

Pour lui, elle se sentait prête à tout.

Pour lui, elle avait tué.

Daniel claqua sa portière et s'avança sur la pelouse bien entretenue de la villa. La boîte aux lettres débordait de courrier.

Ils empruntèrent le chemin dallé jusqu'à la porte. Comme ils pouvaient s'y attendre, elle était verrouillée.

Daniel entreprit d'inspecter le porche afin de dénicher une clé. Sans succès. Il regarda Julie et lui fit un clin d'œil.

– Après le blasphème et l'homicide, chère Parisienne, est-ce qu'il vous serait agréable de violer un autre des Dix Commandements ?

S'assurant que nulle âme ne se trouvait dans les parages, ils contournèrent discrètement la villa, brisèrent la vitre d'une fenêtre et entamèrent leur premier cambriolage.

85

Villa de Peter Hegel.
Jérusalem sud.
08 h 58.

L'intérieur de Hegel était digne de Capharnaüm. Des piles d'ouvrages, de notes, de revues meublaient les pièces, recouvraient les tables et s'amoncelaient jusque dans la cuisine.

Daniel s'installa dans le séjour, à la recherche d'un indice. Des brochures d'histoire et des livres annotés, des journaux européens en pagaille, mais aucun ordinateur ni agenda. Rien qui fût susceptible de les éclairer. Dans la pièce voisine, qui faisait office de chambre, Julie furetait sans plus de succès au milieu des archives de l'Allemand. Elle fit le tour de la maison puis rejoignit son compagnon.

– Il n'y a pas d'étage ni, apparemment, de cave. S'il y a quelque chose à trouver, c'est donc dans cet océan de papier..., soupira-t-elle.

Daniel lui tendit un gros volume poussiéreux.

– Plus rapide qu'une commande sur Amazon.com ! plaisanta-t-il. Voilà ce que vous désiriez.

C'était un manuel de guématrie. De guématrie mystique.

Julie bouscula une pile de livres, qui se renversa sur le carrelage, et se laissa choir sur un canapé de velours tapissé de vieux journaux. Elle en feuilleta les premières pages tandis que Daniel continuait sa fouille.

« *La Guematria est une méthode d'exégèse biblique établissant une correspondance entre les lettres, mots et versets de la Torah d'une part, et des nombres d'autre part. Elle permet d'ouvrir de nouveaux horizons dans la compréhension du texte. Le mot "guematria" est un jeu de mots basé sur les racines de* geometria *et de* gramma-metria, *la mesure des lettres de l'alphabet. Ce système a installé des équivalences entre les mots de valeurs numériques identiques.* »

Elle referma le volume et se releva avec lassitude. Elle inspecta les murs de cette pièce pauvrement meublée, se demandant où, à la place de Hegel, elle aurait pu dissimuler la scytale.

Daniel revint dans le salon avec une pile d'ouvrages aux reliures anciennes.

– Le pauvre vieux était vraiment passé de l'autre côté, dit-il en présentant les livres à Julie. Écoutez un peu cela : un *Grand Dictionnaire infernal* (1871), signé d'un dénommé Pigué, un *Jugum ferreum Luciferi* (1676) d'un certain Gomez, sans oublier un *Flagellum daemonum* (1580) de Girolamo Menghi, et une Bible satanique... Il y en a des centaines de la même eau !

– Une Bible satanique ? s'étonna Julie, qui avait conservé en main le manuel de guématrie.

– Oui, vous savez, c'est le livre de ce cinglé californien, publié en...

Il consulta la jaquette.

– En 1969. Auteur : Anton LaVey, fondateur de l'Église de Satan. C'est un ensemble de règles et de rites censés rythmer la vie du parfait adorateur de Lucifer. C'était l'époque de la contre-culture : tout ce qui pouvait choquer l'Amérique puritaine trouvait un public. Mais LaVey ne s'inspirait pas uniquement de la libération sexuelle et des marottes hippies. C'était un admirateur d'Adolf Hitler.

– Charmant garçon...

– Il a proclamé la fondation de son Église satanique le 30 avril 1966, soit le jour anniversaire de la mort du Führer. Chez ces toqués, ce genre de chose compte. Ses derniers adeptes attendaient du reste la fin du monde le 6 juin 2006.

– Le 6/6/6 ?

– Tout juste ! Mais, bien sûr, il ne s'est rien passé de spécial ce jour-là. Pas plus, d'ailleurs, qu'au cours de l'année 2012.

Daniel déposa avec précaution les vieux grimoires et le pamphlet sur le sol. Il frotta ses mains poussiéreuses.

– On continue l'exploration ?

Julie acquiesça et ils se dirigèrent dans le couloir menant à la cuisine.

À quelques kilomètres de là, dans un coin de la Ruche, le Colonel écoutait Mickaël lui résumer la proposition du Vatican.

Il donna son accord. Puis il s'en alla vers son bureau, impatient de tenir informé son ami et allié, le Maître.

86

Villa de Peter Hegel.
Jérusalem sud.
09 h 05.

– Produits ménagers, aspirateur, serpillières et balais ! dit Julie en claquant la porte du placard dans le couloir.

Daniel retint son bras.

– Avez-vous bien regardé autour de nous ? demanda-t-il.

– Comment cela ?

– Les vitres sont rendues opaques par la crasse, une couche de poussière a tout recouvert et la maison est dans un désordre indescriptible…

Daniel rouvrit la porte et appuya sur l'interrupteur du réduit. Il pénétra dans le placard, déplaça deux balais et, d'un geste brusque, vida une étagère des sprays et flacons neufs qui y étaient rangés. Il frappa la cloison.

Elle rendit un son creux. Il fit passer sa paume sous l'étagère, puis sous celle d'en dessous.

– Ce placard ne sert pas seulement à entreposer des détergents…

Après quelques tâtonnements, ses doigts rencontrèrent une sorte de molette qu'il actionna. Dans un déclic, le panneau de bois pivota vers l'arrière, découvrant un passage.

La jeune femme saisit une lampe de poche suspendue à un crochet, l'alluma et la tendit à Daniel.

Une volée de marches plongeait dans le noir.

– Brillant, Watson ! souffla-t-elle.

L'escalier en colimaçon les conduisit dans une minuscule pièce aux murs de béton, d'une dizaine de mètres carrés tout au plus.

Une odeur de renfermé les saisit à la gorge.

Il y avait là pour tout meuble un petit lit de camp et des crémaillères de fer garnies de conserves et de sachets de thé, de riz et de céréales. Au pied du lit, des packs de sodas, du lait lyophilisé et une sérieuse trousse de pharmacie. À gauche, adossés à un groupe électrogène dont la diode clignotait, deux fusils automatiques attendaient leur heure.

– Eh bien ! siffla Julie en pressant l'interrupteur, en voilà un qui ne se préparait pas une retraite paisible !

– Les Allemands, c'est plus fort qu'eux : les bunkers, ils adorent ! glissa Daniel.

– Très fin.

– Oh ! ça va... Après ce qu'ils nous ont fait, avons-nous au moins le droit de nous venger par quelques sarcasmes ?

Julie ne répliqua rien et inspecta les étagères. Daniel se mit à genoux et jeta un œil sous le lit.

– Holmes, vous allez encore bondir de joie !

Il déplaça la couche, qui ne pesait presque rien, et Julie aperçut, scellée dans le mur de béton, la porte d'un coffre-fort.

Elle s'accroupit à son tour pendant que Daniel explorait le mécanisme d'ouverture. À leur grand étonnement, la porte en acier blindé s'ouvrit d'une seule pression.

À l'intérieur, une autre porte, en titane celle-ci, dotée d'un clavier numérique et d'un écran à cristaux liquides, protégeait le contenu du coffre.

– Que fait-on ? interrogea Julie.

– Vous avez un bâton de dynamite dans votre vanity case ? Non. Alors, on tente de deviner la combinaison.

À peine eut-il effleuré une touche – celle du chiffre huit – qu'un bip retentit.

L'écran s'alluma.

Et indiqua en rouge fluorescent :

`Soixante.`

– Qu'est-ce que... ? commença Julie avant que sa voix ne s'étrangle.

`Cinquante-neuf.`

– Un compte à rebours, murmura Daniel d'une voix lugubre.

`Cinquante-huit.`

– Mais nous ne savons même pas combien de chiffres il faut entrer ! dit Julie.

`Cinquante-six.`

– Non, et dans moins d'une minute, le coffre va probablement se verrouiller définitivement...

`Cinquante-trois.`

Daniel réfléchit rapidement : Hegel avait environ quatre-vingts ans, donc il avait dû voir le jour en... Il composa hâtivement une suite de quatre chiffres.

Nouveau signal sonore.

L'écran s'éteignit.

– Du premier coup ? s'étonna Julie.

Puis l'écran afficha une nouvelle information :

`Charge activée.`

Puis :

`Quarante-trois.`

– On déguerpit d'ici ! hurla Daniel.

Trop tard.

Ils n'avaient pas même esquissé un geste qu'un rideau blindé tomba du plafond et obstrua l'entrée de l'abri bétonné.

Julie se précipita sur la paroi de métal et frappa dessus de toutes ses forces. Rien à faire.

Ni poignée ni serrure.

Ils étaient faits comme des rats.

`Quarante.`

– Ok, lâcha Daniel en avalant sa salive. Le compte à rebours n'est pas destiné à protéger le coffre, mais à pulvériser d'éventuels cambrioleurs. Mieux : chaque fausse combinaison ampute de dix secondes le temps restant…

Julie vint se jeter à ses côtés.

– L'année de l'achat de la maison ! suggéra-t-elle dans un cri.

Daniel entra « 1989 ».

Le décompte fut suspendu à trente-sept.

Les chiffres s'effacèrent de nouveau.

L'espace d'une seconde qui leur sembla durer une éternité, ils fixèrent l'écran en priant d'avoir fait le bon choix.

Puis le compte à rebours reprit :

`Vingt-sept.`

87

Mont Moriah.
Pays de Canaan.
Époque inconnue.

Le jeune homme au teint brun et à la chevelure drue, les bras chargés de boisseaux, pieds nus et vêtu d'un simple pagne de lin, rattrapa son père, qui gravissait péniblement le mont désert, dans les premières lueurs de l'aube.

– Mon père ! cria-t-il à trois enjambées du vieil homme à l'auguste barbe.

Ce dernier se retourna lentement, tenant à la main une sorte de lanterne où couvaient quelques braises.

– Me voici, mon fils ! répondit-il d'une voix hésitante.

– Nous avons le feu, et nous avons le bois, dit le jeune Hébreu en prenant position près du patriarche. Mais où est l'agneau pour l'holocauste ?

Abraham détourna les yeux. Il contempla la vallée éclairée par le jour naissant et porta le regard au-delà, sur la trouée brûlée qui remontait au loin de la mer Morte.

– Dieu y pourvoira Lui-même, murmura-t-il.

Puis il reprit l'ascension, suivi par son fils, étonné mais confiant.

Le ciel avait pris les couleurs de l'ardoise, des nuages sombres avaient accouru et formaient une nuée entre le soleil et la terre.

Le parfum des oliviers et des térébinthes s'était évanoui. L'air était sec et immobile.

Comment peut-Il me demander cela ?

Le vieillard ne pouvait contenir les larmes qui coulaient sur ses joues. Le bras pendant le long du corps, il tenait le poignard au manche de corne et à la lame de bronze qui avait appartenu à ses ancêtres en la cité d'Ur.

Pourquoi ?

Il avait tout enduré pour son Dieu et tout accepté pour Lui. La fuite et l'exil. Le reniement et la destruction des idoles. La guerre et la faim. Les humiliations de Pharaon et le harcèlement des païens.

Pourquoi devait-il à présent offrir en holocauste la vie de ce fils unique, ce fils qu'il n'espérait plus et que l'Éternel, dans Son infinie bonté, avait néanmoins accordé à Sarah dont les cheveux étaient blanchis par les années ?

Et pourquoi ici ?

Abraham se tenait au sommet de la montagne que le Seigneur lui avait indiquée, et qu'il allait devoir *consacrer* – puisque *Moriah* serait désormais et son nom et sa signification – par le plus terrible des sacrifices que l'on pût demander à un père : immoler la chair de sa chair.

L'avenir de son sang.

Un moment, les paupières closes, il songea à porter la lame dans son propre sein. Ainsi, Dieu connaîtrait son dévouement et son fils Isaac vivrait.

Mais ce n'était pas là ce que lui avait prescrit Celui qui règne dans le Ciel. Il raffermit son esprit et fit taire les lamentations de son cœur. Ses doigts se crispèrent autour du manche en ivoire.

Quand il leva le poignard, il entendit Isaac prier d'une voix étouffée.

– Amen..., dit-il en abaissant l'arme vers la gorge de son fils.

Il se passa alors un prodige, qui lui fit suspendre son geste.

Fendant l'espace, un halo lumineux vint à eux. Une voix bienveillante, aux intonations féminines mais puissantes comme le tonnerre, s'éleva alors :

– Abraham ! Abraham !

– Me voici ! répondit le vieillard en lâchant le poignard.

– L'Éternel a vu et l'Éternel a dit : « Épargne l'enfant ! »

Le patriarche tomba à genoux, front contre front face à Isaac, qui lui offrit le plus magnifique des sourires.

D'un petit bêlement, un bouc surgit à leurs côtés et les regarda sans plus bouger.

Dieu avait pourvu.

La montagne qui devait être purifiée par un sacrifice le serait. Mais nul homme n'aurait à en payer le prix.

Assisté d'Isaac, il offrit en holocauste la bête.

Après l'avoir rituellement mise à mort, il en retrancha les graisses que son fils déposa sur le bûcher qui crépitait.

Il s'en éleva un fumet noir et savoureux, dont l'odeur fut agréable à l'Éternel.

Par la sincérité de sa foi, parce qu'il s'était montré déterminé à offrir plus que sa vie en sacrifice, mais les vies qu'engendrerait sa descendance, Abraham venait sans le savoir de sanctifier le mont Moriah, qui deviendrait des générations plus tard le mont du Temple.

Il venait aussi d'entamer une lutte à mort contre l'Ennemi – une lutte qui allait perdurer jusqu'à nos jours.

88

Villa de Peter Hegel.
Jérusalem sud.
09 h 09.

– Satan ! cria Julie en brandissant le manuel de guématrie.

`Vingt-six.`

– Quoi !? fit Daniel, l'air ahuri.

– Qu'est-ce qui obsédait Hegel ? Qu'est-ce qui les fascine tous, depuis le début ? poursuivit-elle en feuilletant nerveusement l'ouvrage.

`Vingt-cinq.`

– Voilà, j'y suis ! dit-elle en tapant du doigt la table des correspondances entre l'alphabet hébraïque et les valeurs numériques. Comment écrivez-vous Satan en hébreu ?

`Vingt-trois.`

– *Satan*, répondit mécaniquement Daniel, *shin, têt* et *noun sophite*...

Julie parcourut de l'index la table et livra la combinaison :

– 300, 9 et... 700 !

– Ce qui fait 1 009. Vous êtes certaine de vous ?

– Oui ! bluffa Julie.

`Dix-neuf.`

Daniel tapa les quatre chiffres sur le clavier.

Le compte à rebours marqua une nouvelle pause.

L'écran s'obscurcit.

Julie et Daniel étaient proches de la syncope.
Puis une sonnerie déchira le silence.
Mauvaise réponse.
Et dix secondes de pénalité.
Comme une sentence de mort, le compte à rebours reprit :
`Huit.`

89

Lieu indéterminé.
Jérusalem.
Au même instant.

Comme jadis, et comme toujours, le Maître était seul.

Hier le Reich avait failli, et l'ordre noir n'avait pas su précipiter l'avènement des Ténèbres. Les Fils de la Lumière l'avaient finalement emporté.

Et aujourd'hui, tout recommençait. L'Assassin, qui devait être l'arme absolue, le faucon sur son poing, avait été exécuté par les fils d'Abraham.

Comme jadis, et comme toujours, le Maître ne devrait compter que sur lui-même.

La *Clé* était désormais entre les mains de ses adversaires, mais il lui restait encore une carte à jouer.

Victor Normandy.

Le Maître avait épargné jusque-là le vieil archéologue, car il le savait à bout de forces. Une séance de torture prolongée et le Français aurait rendu l'âme sans avoir révélé son secret.

Le secret de Dieu.

Dans sa jeunesse, le Maître avait assisté – et participé à l'occasion avec un sadisme qui faisait frémir ses aînés – aux interrogatoires des résistants tombés entre les mains de la Gestapo. À Lyon et à Prague, il avait appris l'art de faire parler les plus courageux des hommes. Mais il arrivait que certains d'entre eux gardent les lèvres obstinément closes, jusqu'à l'arrêt cardiaque provoqué par la torture. La faiblesse du corps venait alors suppléer la détermination de l'esprit et libérer le prisonnier. Les nazis considéraient toujours cela comme un échec, mais un échec relatif : il leur suffirait d'aller plonger leurs mains ensanglantées dans le large vivier des opposants au Nouvel Ordre Européen et l'erreur serait réparée. D'autres parleraient à coup sûr.

Mais, en cette heure décisive, le Maître n'avait qu'un seul prisonnier à sa disposition. Que celui-ci vienne à expirer sous les coups et il resterait privé de l'information indispensable à la réussite de son entreprise. Il ne saurait jamais *où* il devrait frapper afin que le Chaos submerge la Création.

S'il échouait ici, à Jérusalem, tout serait perdu. Car ce n'était pas ses amis, de l'autre côté du détroit d'Ormuz, qui seraient à même de reprendre le flambeau. Leur tyrannie vacillait déjà, contestée par un peuple de haute culture exaspéré par les privations et les provocations d'un pouvoir devenu fou. Et un matin, il le savait bien, des avions décolleraient d'Israël, d'Afghanistan, d'Ouzbékistan et des porte-avions américains sur l'océan Indien pour ensevelir la dictature de Téhéran sous un déluge de bombes.

Ainsi qu'il l'avait prophétisé, c'était cette nuit ou jamais.

C'était cette nuit que le monde devait finir.

Cette nuit que les Fils des Ténèbres devaient prendre leur revanche sur la *Nuit maudite*.

Le Maître se leva avec difficulté et fit quelques pas dans la pièce plongée dans le noir.

Le découragement était un état qu'il ignorait. La haine était trop forte en lui pour qu'il s'abandonne à une telle faiblesse.

Le découragement, voilà qui était tout juste bon pour ces chiens de chrétiens dans l'arène aux lions, pour ces misérables musulmans écrasés par leurs despotes, tout juste bon pour ces mères juives, rasées et dénudées, auxquelles on arrachait leurs nourrissons à l'entrée des douches…

Le Maître était seul, comme toujours ?

Quelle importance…

Quand il fuyait dans les forêts de Germanie, l'armée Rouge à ses trousses, avait-il désespéré ?

Quand, à l'entrée des villages autrichiens, sans égard pour sa jeunesse et son uniforme en lambeaux, les paysans, hier encore adorateurs fanatiques du Führer, lui avaient lancé des cailloux pour le chasser, avait-il désespéré ?

Quand, des années durant, des Juifs vengeurs avaient sillonné les cinq continents à la recherche de ses semblables et avaient été près de le démasquer, avait-il seulement tremblé ?

Il ouvrit la porte et se dirigea vers la cave, une sacoche de cuir bruni à la main. Victor Normandy allait parler.

La pince, les ongles : personne n'y résistait.

90

Villa de Peter Hegel.
Jérusalem sud.
09 h 10.

Le sang lui cognant les tempes, Daniel pensa à ses frères, Simon et Mickaël, qu'il ne reverrait plus. Son cœur se serra.

Que n'avait-il écouté son père, sur son lit de mort, quand il leur avait rappelé l'antique sagesse des Patriarches : « Que le soleil jamais ne se couche sur vos disputes ! Pardonnez et soyez pardonnés... »

À peine avait-il adressé la parole à son cadet ces dernières heures, après des mois de brouille, et il allait mourir sans avoir pris dans ses bras le jeune Simon, qui était au loin, en Italie.

`Sept.`

Il dévisagea Julie, qui demeurait hypnotisée par l'ouvrage consacré aux secrets de la guématrie.

Avait-il pris le temps de lui dire, à elle aussi, combien il l'estimait ? Et peut-être combien il l'aimait déjà...

`Six.`

Il ferma les yeux et fit le vide dans son esprit.

`Cinq.`

Comme les pères de ses pères, il invoqua Celui qu'il avait sa vie durant négligé. Il pria en silence, avec des mots depuis longtemps oubliés, Celui qui avait si rarement et si chichement protégé Son peuple, Celui qui s'était tu à Auschwitz, Celui qui ne répondait jamais aux suppliques des mortels…

Les poings crispés à en saigner, le visage tordu par l'angoisse, il pria.

`Quatre.`

Le coffre-fort de titane émit soudain une sonnerie plus forte que les précédentes.

`Trois…`

C'était la fin.

– Tu m'emmèneras à la plage ? murmura Julie en laissant choir le livre à ses pieds.

Daniel rouvrit les yeux. Des larmes de rage et de bonheur en coulèrent.

`Deux…`

– Oui, petite lionne…, dit-il, la voix brisée.

– Eh bien ! Promis, c'est promis ! s'écria Julie avec détermination en tendant la main sur le clavier.

`Un…`

En un éclair, elle composa un nombre d'une main secouée par les tremblements.

Un nombre de trois chiffres.

Trois chiffres identiques.

Les cristaux liquides disparurent.

Le silence.

Naturellement, pensa Daniel, ce n'était qu'un répit. L'écran allait se rallumer. Et la pièce s'enflammer.

Aux derniers instants de son existence, dit-on, tout le passé d'un homme défile devant lui.

Mensonge.

Quand vient l'heure de la mort, ce sont tous les souvenirs que l'on ne s'est pas faits, tout ce qui restait encore à vivre, tous les bonheurs que l'on ne goûterait jamais – les enfants, une maison, des baisers ardents entre amoureux vieillissants… – qui viennent vous narguer.

Le coffre ne fit plus aucun bruit.

La porte de titane s'ouvrit lentement.

91

La Ruche. Lieu indéterminé.
Jérusalem.
09 h 11.

Ibrahim Alush donna une longue et chaleureuse accolade à Ronald Greenwood. Près d'eux, achevant les branchements nécessaires à la vidéoconférence qui allait se tenir dans le bureau aux stores baissés du Colonel, Mickaël jeta un œil aux deux hommes, aussi dissemblables que possible. Grand et svelte, Greenwood était un sexagénaire séduisant dans son impeccable costume bleu aux rayures groseille. Rasé de près, le teint frais, il sentait bon la lavande anglaise. Alush, petit et ventripotent octogénaire, était élégant lui aussi, dans son complet croisé un peu daté. Mais il avait les traits las, la barbe naissante et les yeux pochés par la fatigue.

– C'est bon..., fit Mike en se redressant, à l'intention du Colonel qui se tenait les bras croisés près de la fenêtre, l'air soucieux. Il ne restera plus qu'à régler, le cas échéant, les caméras une fois que vous aurez pris place. Chacun de vous apparaîtra dans une fenêtre spécifique, votre correspondant vous verra donc tous simultanément.

– Parfait, répondit calmement le Colonel.

Il s'approcha de son plan de travail, sur lequel son équipe avait installé un écran de soixante pouces affublé de trois webcams. Puis il fit un pas vers Alush, dernier arrivé, et le prit à son tour dans ses bras.

– *Salam aleikhum*, murmura Cohen.

– *Shalom aleichem*, répondit Alush.

Ils se regardèrent avec intensité. Et affection. Il y avait entre ces hommes bien davantage que de l'amitié. Quelque chose qui s'apparentait à une fraternité d'armes. Le Colonel posa la main sur l'épaule du petit vieillard et lui désigna une chaise pliante.

– Tu m'excuseras, Ibrahim, mais l'intendance militaire n'a pas tes goûts. Ni tes moyens ! J'espère que tu ne seras pas trop mal installé...

– Oh ! Tu sais, moi..., dit Alush en s'asseyant et en constatant que ses cuisses dodues tenaient à peine sur le siège, ça m'ira très, très bien...

Ronald eut un petit air amusé et prit place à sa gauche.

– Si vous avez besoin de moi..., indiqua Mike qui s'apprêtait à quitter la pièce.

– Tu peux rester dans le couloir ? lui demanda son supérieur.

– Ok, patron.

– En cas de... heu... problème technique, on ne sait jamais, précisa Cohen. J'ai déjà du mal à envoyer un e-mail..., ajouta-t-il avec malice en empoignant la dernière chaise libre.

– Place aux jeunes..., soupira Ibrahim avec philosophie. Nous nous faisons vieux.

– Ce n'est pourtant pas le moment de mollir, camarades ! dit Greenwood.

– Bien. Nous sommes au complet, annonça le Colonel.

Il marqua une pause. Et les trois hommes eurent la même pensée : non, ils n'étaient pas exactement au complet. Manquait le père Mario Tassa. L'un des tout derniers Gardiens, et qui n'avait pas la moitié de leur âge.

Ils observèrent un silence assez pesant, que le Colonel interrompit d'une voix enrouée :

– Vous êtes prêts ? Je lance la communication ?

– Vas-y..., acquiesça le maçon, approuvé par un mouvement de menton de l'antiquaire.

Cohen déplaça la souris et cliqua sur l'icône que Mickaël avait placée dans le coin gauche de l'écran. Celui-ci s'éclaira instantanément.

Au bout d'une dizaine de secondes, un message clignota :

`Connexion cryptée requise`

Le militaire pressa sur « Ok ».

Une image floue trembla devant eux. Puis se dessinèrent plus nettement les contours d'un homme brun de type méditerranéen, exceptionnellement beau, âgé de trente ans tout au plus, qui portait un costume sombre et une calotte de velours noir.

– Mon colonel...

– Comment va Rome ? fit Cohen en guise de salutations.

Le jeune homme répondit d'une simple inclinaison de la tête.

– Mes amis, je vous présente Simon Sasson, le frère de Mickaël et de Daniel. Il est notre attaché... heu... culturel auprès du Vatican.

Alush et Greenwood saluèrent silencieusement leur interlocuteur, un sourire entendu aux lèvres.

– Alors, Simon, tout est en place de ton côté ? Tu nous vois tous correctement sur ton poste ?

Ce dernier confirma d'un pouce levé.

– Bien, bien... Toi qui as tes entrées à la Curie, sais-tu ce que va nous dire le grand prêtre des catholiques ?

Simon sembla chercher ses mots.

Au moment où il allait se décider à parler, il détourna soudain le visage : on entendait distinctement, depuis l'Italie, des pas résonner sur les dalles des galeries du Vatican.

– Ils arrivent, dit Simon. Je laisse au Saint-Père la primeur de ses révélations.

Il s'écarta un peu, avant de lâcher à voix basse :

– Mais j'espère que vous êtes tous bien assis…

92

Villa de Peter Hegel.
Jérusalem sud.
09 h 12.

Effondrée contre le mur de béton, Julie réprimait un rire nerveux. Daniel, encore tétanisé, ne disait mot.

Dans un chuintement, le volet blindé qui condamnait la sortie de l'abri commença à se relever.

Julie s'essuya les yeux en reniflant, puis se remit debout vaille que vaille. Son compagnon l'aurait volontiers imitée, mais ses jambes demeuraient coupées par la frayeur. Il passa la paume sur ses cheveux et inspira bruyamment : jamais une goulée d'air ne lui avait paru plus suave.

C'est alors que Julie se précipita vers l'escalier.

– Une urgence ! glapit-elle en disparaissant à l'étage.

Daniel sourit et se releva, non sans peine. Son corps tremblait toujours. La mort les avait frôlés. Il s'en était fallu de peu.

D'une seconde.

Il s'approcha du coffre afin d'en inspecter le contenu. Sa main trouva une enveloppe de format courrier et un objet oblong, froid et dur.

La scytale.

Il la retira et la leva pour l'examiner à la clarté de l'ampoule. C'était un bâton de pierre vert d'eau, pareille à celles utilisées au néolithique par les chasseurs pour fabriquer leurs haches.

Elle était en relativement bon état, chacune de ses arêtes lisse et exempte de défaut. Il constata cependant que la scytale était légèrement biseautée, presque torsadée à l'une de ses extrémités.

La condition sine qua non, se souvint-il, pour qu'elle ne corresponde qu'à un texte – et à un seul – et qu'aucune autre ne puisse lui être substituée dans le cadre du décryptage du message auquel elle était destinée. Restait à espérer que la lanière de cuir, dûment huilée, ait conservé sa forme d'origine et que les siècles ne l'aient pas distendue ou rabougrie. Sinon, l'*ordinateur* serait incapable de lire le *disque*.

Il fourra l'enveloppe dans sa poche et se dirigea vers l'escalier afin de rejoindre Julie.

Arrivé au niveau d'habitation, il la vit sortir en trombe de la salle de bains, le visage encore ruisselant d'eau fraîche.

– Alors ? Qu'y avait-il dans le coffre ?

– Une enveloppe et... ça, répondit-il, tout sourire, en lui tendant la scytale.

– Magnifique !

Elle l'admira comme s'il s'agissait d'une relique sacrée, puis la serra dans son poing à la manière d'un bâton de maréchal d'Empire.

– Nous allons voir ce qu'elle a dans le ventre... Mais pas ici, souffla-t-elle, les traits redevenus anxieux. J'aimerais autant qu'on file de cette maison sans délai.

– *Andiamo !*

Ils longèrent le couloir, traversèrent le séjour sans un regard pour les montagnes de livres et de journaux. Une fois à la porte, Daniel se retourna vers elle.

– Comment avez-vous deviné le code ? l'interrogea-t-il en manipulant le verrou d'acier.

– Élémentaire !

Les rayons du soleil cueillirent Julie sur le perron. Elle en goûta la caresse, rassérénée, puis reprit sa marche à ses côtés sur le chemin de pavés blancs.

– Alors ?

– Hegel était obnubilé par les Fils des Ténèbres, le Diable et autres délicates créatures, expliqua-t-elle.

– Et ?

– Et il était, d'autre part, féru de guématrie, selon Jennifer Lee.

Ils arrivèrent à la Peugeot, dont la carrosserie brillait sous le soleil.

– Nous avons parié sur le terme « Satan », converti de l'hébreu en nombres. Pari perdu.

– Ça, je crois que je m'en souviendrai même au plus fort de mon Alzheimer ! dit en riant Daniel en ouvrant sa portière.

– En fait, nous n'étions pas très loin. Il s'agissait bien du Démon, qui avait dévoré l'esprit du pauvre bonhomme, et il fallait bel et bien entrer la *valeur* de son nom.

Daniel boucla sa ceinture et mit le contact.

– Comment avez-vous trouvé sans passer par moi ? Vous ne parlez pas hébreu…

– Il m'a suffi d'avoir des yeux et des oreilles. Et un peu de mémoire.

Elle chercha instinctivement ses lunettes, puis se souvint en gémissant qu'elles gisaient en mille morceaux près de Qumran.

– « Celui qui a des oreilles, qu'il entende… », reprit-elle en fixant le profil de Daniel, qui faisait marche arrière.

– Julie, une explication est censée éclairer…

– J'ai reçu de mon père une solide éducation classique, et notamment biblique. Dans l'Évangile de Matthieu, il est dit : « Celui qui a des oreilles… »

– « … qu'il entende », ok !

– Peter Hegel nous a donné en réalité toutes les informations pour arriver jusqu'à la scytale, expliqua-t-elle en posant le bâton de pierre sur ses genoux.

– « Ma demeure est en enfer ! »

– Voilà pour le lieu : il fallait par conséquent aller la chercher chez lui.

– Mais le code ?

– Le code ? finassa-t-elle.

– Oui ! Comment l'avez-vous deviné ?

– Je ne l'ai pas deviné, je l'ai lu.

Concentré sur sa manœuvre, Daniel réfléchit un instant en tournant le volant. Puis il accéléra vers la sortie de l'impasse résidentielle.

– Vous l'avez *lu* ?

– Hegel avait tout fait pour. Les murs de sa cellule, Dan…

– Bien sûr ! *Vav*, *vav*, *vav*…

– Les trois traits, oui. Et qui, d'après la table de guématrie de l'ouvrage que j'avais heureusement descendu avec moi, correspondaient à…

– À… ?

– … 666, murmura-t-elle. « C'est ici qu'il faut de la sagesse, récita-t-elle à mi-voix, en puisant dans ses souvenirs de catéchisme. Que celui qui a l'intelligence calcule le nombre de la Bête. Car c'est un nombre d'homme, et son nombre est six cent soixante-six. » Apocalypse selon Jean.

Daniel resta coi.

– On n'en sort pas, Dan. Satan, encore et toujours…

93

Saint des Saints.
Jérusalem.
An 70.

Les cris emplissaient le Temple en feu. Les soldats romains, qui s'étaient saoulés pour accomplir l'horrible besogne, massacraient à présent les prêtres jusque dans la seconde cour du sanctuaire.

Au milieu des flammes, le Grand Prêtre, vêtu de son pectoral de pierres précieuses, distribuait ses ultimes ordres :

– Repliez-vous à l'intérieur ! Ne vous battez pas sur le parvis ! Repliez-vous !

Mais, dans la panique générale, rares furent ceux qui l'entendirent.

Il prit entre ses mains les pans de sa tunique immaculée et courut jusqu'au Saint des Saints. Deux prêtres armés de dagues, tremblant de tous leurs membres, l'attendaient devant la pièce sacrée.

– Faites-vous tuer sur place, mais empêchez-les d'entrer le plus longtemps possible ! cria-t-il.

Avant de pénétrer dans le lieu interdit aux fidèles, et que seul le Grand Prêtre pouvait visiter une fois l'an, il jeta un regard en arrière. Les poutres enflammées du portique extérieur commençaient à s'effondrer parmi des colonnes de fumée noire. Les voiles du Temple étaient partout mangés par le feu, qui brunissait les murs et démultipliait les hurlements.

Il s'engouffra dans le *Debir*, pièce sainte entre toutes, et écarta d'un geste décidé le Tabernacle, priant que Dieu lui pardonne ce sacrilège.

Étincelant dans la pénombre, le chandelier d'or aux sept branches se dressait dans la lueur incertaine de la lampe d'huile consacrée – une lampe qui ne devait jamais cesser d'éclairer la demeure de l'Éternel.

Le sol de la pièce octogonale était jonché de fagots de bois et de paille.

Il s'avança près de l'autel et baisa les rouleaux de la Loi qui reposaient sur l'angle droit. Puis il commença sa dernière prière.

– Béni sois-tu, Seigneur, Roi du monde et...

La soldatesque vociférante venait d'envahir le dernier carré du Temple. Il n'y avait plus un instant à perdre. Il suspendit son imploration et contourna l'autel.

L'ouvrage avait été bien fait : on ne distinguait plus rien de l'aménagement antérieur. L'escalier était désormais invisible.

À quelques pas de lui, les deux derniers défenseurs du Saint des Saints engagèrent le combat avec les Romains. Les gémissements de leur agonie lui firent comprendre qu'il n'avait plus que quelques secondes.

Il renversa alors la lampe à huile sur le bois et la paille. Une langue de feu grimpa aussitôt dans la salle et incendia le Tabernacle.

Dans la fournaise, il eut encore le temps de retirer la tablette de la poche de sa robe et se mit à genoux. Ignorant la douleur, il saisit un morceau de bois incandescent, le gratta sur le sol de pierre pour l'éteindre et y traça rapidement un dessin.

Un légionnaire bondit devant lui en rugissant, le glaive prêt à s'abattre.

– Veux-tu devenir riche ? demanda calmement le Grand Prêtre en se relevant, le dos tourné.

Le soldat marqua un temps d'arrêt, stupéfait par la fermeté avec laquelle l'Hébreu s'était adressé à lui, alors que sa tunique sacerdotale prenait feu.

Le Grand Prêtre roula la tablette dans son châle et la lui tendit.

– Titus m'a fait une promesse. Donne-lui ceci et il te couvrira d'or...

Hésitant, le Romain s'empara de la plaque légère en baissant la garde. Un curieux dessin y figurait une scène pour lui incompréhensible.

Le Grand Prêtre, transformé en torche vivante, le bouscula et se jeta hors du Saint des Saints.

– Ton Empire sera effacé de la terre pour ce crime, Vespasien ! hurla-t-il en disparaissant dans un tourbillon de fumée.

94

Quartier du Parlement.
Jérusalem.
09 h 31.

– Déçue ? interrogea Daniel, alors qu'il freinait à un feu rouge, au sud de la Vieille Ville.

– On le serait à moins, répondit Julie, les doigts crispés sur la feuille de vélin qu'elle venait de sortir de l'enveloppe trouvée dans le coffre-fort de Peter Hegel.

Le soleil montait dans le ciel et avec lui la température dans l'habitacle de la voiture. Le front en sueur, elle plia le document, le posa sur le tableau de bord et noua son t-shirt juste sous son nombril.

– En même temps, reprit-elle, je suis soulagée. Il ne s'agissait donc que de cela… Ces fables religieuses avaient fini par nous monter à la tête. Les Fils des Ténèbres *versus* les Fils de la Lumière, tu parles ! L'explication est beaucoup plus prosaïque, et c'est tant mieux.

Le feu passa au vert et Daniel redémarra. Ils progressaient lentement vers l'ouest, dans les faubourgs résidentiels de Jérusalem. Les collines verdoyantes de Gehinnom et leurs vestiges de pierre avaient fait place à un paysage urbain dense qui n'évoquait plus rien de biblique.

– Nous serons bientôt à court d'essence, indiqua Daniel. On va devoir s'arrêter quelque part.

Julie essuya les perles de sueur sur son front et fit mine de se recoiffer dans le rétroviseur. Elle déplia à nouveau la feuille d'épais papier gris. Sous une reproduction d'un bas-relief du Colisée de Rome, où des captifs hébreux portaient le chandelier du Temple vers l'arc de triomphe de Vespasien, on pouvait lire une sorte d'inventaire d'objets précieux.

Le trésor du Temple.

– La shopping list d'Indiana Jones ! ironisa-t-elle. La *menora* en or, pour débuter, qui devait valoir une fortune à l'époque, mais n'équivaudrait plus aujourd'hui qu'à une ou deux heures de transactions sur le marché international de l'or.

Daniel opina, l'air songeur, en les dirigeant vers la zone boisée du Parlement où ils s'étaient rendus la veille.

– La mention des soixante cachettes, continua-t-elle, susceptibles, selon les rouleaux de la mer Morte, de dissimuler ce trésor depuis la destruction de Jérusalem par Titus en l'an 70.

– Ce qui signifie que notre universitaire allemand a eu accès à l'ensemble des rouleaux de Qumran, ceux détenus par les chrétiens comme ceux des Israéliens. Plutôt déroutant, non ?

La jeune Française ne répondit pas. Elle regardait sans la voir la façade de pierre ocre du luxueux hôtel King David devant lequel ils passaient à présent, remontant vers le nord-ouest. Puis elle poursuivit sa lecture :

– « La coiffe de soie orientale du Grand Prêtre et la couronne d'or qui la ceignait. De la vaisselle d'or et d'argent pour le culte, un brasero à encens serti de joyaux, des ciboires de métal précieux… » Autant de reliques qui pourraient se trouver dans la basilique Saint-Pierre ! Je n'avais jamais réalisé à quel point le judaïsme était proche, dans le moindre détail, du christianisme.

– Ou l'inverse, objecta Daniel en amorçant un virage vers la gauche, en direction du sanctuaire du Livre.

– Ou l'inverse ! confirma Julie. Vous avez raison : chronologiquement, il est plus correct de dire que c'est le christianisme qui ressemble au judaïsme. Mais il y a quelque chose qui m'étonne dans cette liste.

– Quoi donc ?

– Elle semble assez complète, mais il manque… Tenez : sont également mentionnés les deux épaulettes du Grand Prêtre, sa tunique sacerdotale et ses parements, ainsi que l'*ephod* et le pectoral aux douze pierres…

– Oui, c'est ce que veut la tradition : une pierre précieuse pour chacune des douze tribus d'Israël.

– Soit la sardoine pour les descendants d'Aaron, et pour les autres tribus, l'onyx, la topaze, l'émeraude, l'escarboucle, le saphir, le diamant, l'opale, l'agate, l'améthyste, la chrysolithe et le jaspe.

– De quoi réjouir n'importe quel bijoutier d'Anvers !

– Sans doute, Dan, mais pas de quoi le rendre vraiment riche. Et encore moins pousser quiconque à tuer !

– Ne sous-estimez pas la valeur symbolique de ces objets aux yeux de certains religieux…

Près du monastère de la Croix, en vue du musée, il gara la voiture sous la ramure d'un acacia, un peu à l'écart de la circulation.

– Qu'est-ce qui vous chiffonne, alors ?

– Il n'y est fait aucune mention de l'Arche d'Alliance.

Les paumes sur le volant, Daniel réfléchit en contemplant le dôme fuselé du Sanctuaire du Livre, qui émergeait au-dessus des arbres.

– On s'accorde à penser que l'Arche ne s'est jamais trouvée dans le second Temple, fit-il au bout d'un moment. Le Temple qu'Hérode a relevé sur l'emplacement de celui de Salomon ne l'aurait jamais abritée. Peut-être a-t-elle disparu au moment de la première destruction, peut-être a-t-elle été emportée par les déportés à Babylone au VIe siècle… ou peut-être n'a-t-elle jamais quitté les souterrains du Temple. Nul ne le sait.

– Et si mon père avait trouvé l'*endroit* où elle est encore ensevelie ? L'*endroit* que tous semblent chercher ?

Daniel secoua la tête et lui fit remarquer avec aménité :

– Vous parliez à l'instant d'Indiana Jones ?

– Je ne dis pas que j'y crois moi-même, mais il suffit que d'autres croient à l'existence de l'Arche, qui contient les restes de la parole divine, les Dix Commandements, texte sacré pour plus de trois milliards d'êtres humains. Voilà qui expliquerait que l'on soit prêt à tout pour mettre la main dessus !

– Vous pensez réellement que cela puisse être le motif des ravisseurs ?

Daniel avait posé la question d'un ton dubitatif. Et sa compagne n'était pas loin de partager son scepticisme.

– Un point semble néanmoins acquis : il n'y a rien de surnaturel là-dessous.

Daniel acquiesça en silence.

– Plutôt une histoire de gros sous…

– Ou de politique, compléta-t-il.

– Ce qui reviendrait à donner raison à Greenwood… et à Rosenberg.

– Comment cela ? s'offusqua-t-il.

– L'un et l'autre ont émis l'hypothèse que ceux qui détiennent mon père sont à la recherche d'un *lieu* de grande importance religieuse, mais que leurs objectifs sont nettement plus… terre à terre.

– Soit. Mais, tout à fait entre nous, que ferions-nous d'un tel trésor si nous le découvrions ? Sa valeur marchande serait certes considérable, mais toute théorique : le trésor du Temple serait impossible à monnayer sans attirer l'attention du Département des œuvres d'art volées d'Interpol, sans compter les demandes de restitution que l'État d'Israël ne manquerait pas de formuler. Je ne suis pas expert en trésors archéologiques ; ce que je sais, en revanche, c'est qu'il y aurait plus d'argent à se faire en provoquant un krach boursier ou en déposant le brevet de la voiture à oxygène qu'en consacrant sa vie à courir après un trésor dont on a perdu toute trace depuis vingt siècles.

– Vous avez raison, soupira Julie.

Elle tenta de visualiser son père. Où pouvait-il être ?

Et dans quel état, mon Dieu ?

Elle passa la main sur ses yeux et rangea la liste dans sa poche.

– Reste la piste politique...

– Celle de votre *ami* Rosenberg, maugréa Daniel.

Par délicatesse, Julie s'abstint de tout commentaire. Daniel savait parfaitement ce que cela signifierait si le vieillard somnolent avait vu juste. Dans ce cas, Victor Normandy ne serait le captif ni d'adorateurs de Satan ni de fanatiques islamistes, mais d'extrémistes prêts à tout pour rebâtir le troisième Temple sur l'esplanade des Mosquées et, donc, pour récupérer les antiques objets de culte disparus dans l'incendie romain.

Des extrémistes juifs.

Les paupières baissées, Daniel se mordit les lèvres.

De tels jusqu'au-boutistes existaient bel et bien. Ils poussaient leurs ramifications dans l'armée et jusque dans les services de renseignement israéliens.

Le sourire énigmatique du Colonel lui traversa alors l'esprit.

95

Lieu indéterminé.
Jérusalem.
09 h 44.

L'os du nez craqua comme du carton.

Victor Normandy se recroquevilla en gémissant. Il n'avait plus la force de crier. Ses mains ensanglantées, dont la plupart des ongles avaient été arrachés, étaient liées dans son dos et rien ne pouvait protéger son visage tuméfié des coups que lui portait le Maître.

La cave empestait une odeur âcre. Un mélange d'air vicié, d'urine et de transpiration.

Le parfum de la peur, savoura le Maître.

Il asséna au vieil archéologue un nouveau coup, encore plus violent que le précédent, de la pointe de son godillot noir.

L'arcade sourcilière du professeur éclata, inondant le pauvre vieillard d'une nappe de sang. Puis le Maître le frappa à la poitrine, enfonça plusieurs côtes du prisonnier qui poussa un râle avant de s'évanouir, la bouche ouverte dans la terre battue.

– Tu fais une petite pause, Victor ? ricana le tortionnaire.

L'archéologue demeurait inerte, baignant dans son sang et ses larmes. Le Maître s'approcha alors et déboutonna son pantalon. Puis il se soulagea sur lui.

– De quoi te rafraîchir, mon ami... Te rafraîchir les idées !

Comme le vieil homme ne bougeait plus, il lui saisit le poignet, cherchant son pouls, avant de le relâcher sans ménagement.

– Allons, Victor ! Tu vis encore...

Il se redressa péniblement. Son corps n'avait plus la souplesse d'antan. Ni sa vigueur. Mais la force, à ses yeux, consistait simplement à *être* le plus fort. Derrière un fusil ou face à un prisonnier pieds et poings liés. Il n'y avait aucune éthique au combat. Aucune règle. Seule comptait la domination.

Malheur aux faibles.

– Ne fais pas la fillette, Victor... Tu n'es pas mort.

Du bout de son godillot luisant d'hémoglobine, le Maître fit bouger les dents qui tenaient encore aux gencives du captif. La douleur, telle une lame incandescente, stria la mâchoire de l'archéologue. Il ouvrit avec difficulté son œil encore valide.

– Nous allons faire simple, court et, si possible, de bon goût, persifla le Maître.

Brillant de haine, l'œil de Normandy se leva jusqu'au visage du bourreau.

– Es-tu enfin décidé à parler ?

La paupière se rabaissa. Victor Normandy ne céderait pas.

– C'est vraiment un des traits de votre caractère, à vous, les Fils de la Lumière, que je ne comprends pas, susurra le Maître sur un ton vipérin. Car, au final, vous semblez beaucoup plus jouir de la douleur que nous autres, Fils des Ténèbres. Si nous adorons la force et pratiquons la violence, c'est pour ne jamais être du côté des victimes, vieil imbécile...

Normandy chuchota quelque chose. Le Maître écrasa sa rotule endolorie.

– Parle plus fort !

– Berlin, crétin..., répéta le professeur d'une voix exténuée.

– Ah ! J'aime ton audace, fit le Maître dans un rire fielleux. Oui, c'est vrai : à Berlin, jadis, nous avons pris une sacrée dérouillée ! Mais c'est si loin déjà... Parlons plutôt du présent, mon cher Victor.

Il se baissa et plaça sous le regard du vieil homme le passeport ouvert de sa fille.

– Tu reconnais cette petite catin ?

Le visage du prisonnier se contracta.

– Tu as exactement six secondes pour me dire *où*. Pas une de plus. Si tu t'acharnes à garder le silence, naturellement, je te tuerai. Ensuite, après que mes amis palestiniens qui la détiennent l'auront copieusement violée et mutilée, je m'occuperai de ta petite Julie. Alors, qu'as-tu à me dire, Victor ?

96

Sanctuaire du Livre. Parking.
Jérusalem.
09 h 56.

Alors qu'ils s'apprêtaient à quitter la voiture que Daniel venait de garer sur le parking du musée, Julie se courba aussi soudainement que violemment sur son siège.

– Que se passe-t-il ?

– Rien, souffla Julie, pliée de douleur. Un pressentiment…

Daniel n'eut pas besoin de davantage d'explications.

– Ne perdons pas de temps, petite lionne ! Il s'agit de retrouver votre père et il n'est pas question d'échouer !

D'une caresse sur la main, Julie le remercia pour ces paroles réconfortantes. Puis elle détacha sa ceinture et ouvrit la portière, le poing serré sur la scytale.

Quelques minutes auparavant, après s'être épuisés en conjectures au sujet de la liste des trésors du Temple, ils avaient entrepris d'insérer le *disque* dans l'*ordinateur*. De lire le message gravé sur la lanière en l'enroulant autour du bâton. Mais la fébrilité de Julie, la chaleur croissante et le brouhaha du trafic, ajoutés à leur position inconfortable dans le véhicule, avaient rendu impossible l'opération.

La lanière, pourtant fort bien conservée, glissait le long de la scytale de pierre verte, et Julie n'arrivait pas à la maintenir pour en rendre possible le déchiffrage. Il leur fallait un lieu calme.

Sa veste au bout de l'index, jetée négligemment sur son dos, Daniel claqua la portière.

– Vous pensez que l'un d'entre eux nous dupe ? demanda-t-elle en faisant le tour de la Peugeot pour le rejoindre.

Elle plissa les yeux. Le soleil brillait avec force dans l'azur. Daniel prit une profonde inspiration, humant avec plaisir les odeurs d'eucalyptus que dégageait un massif proche d'eux.

– À l'évidence…, lâcha-t-il.

– Mais qui ? Ronald Greenwood, le maître maçon ?

– Je ne saurais dire. Il m'a effectivement paru un peu exalté pour un libre penseur… Cependant, s'il avait voulu s'emparer de vous, ou simplement nous liquider, il avait tout loisir de le faire au musée Rockefeller.

Tandis qu'ils avançaient vers l'entrée du Sanctuaire du Livre, Julie suggéra avec hésitation un autre nom :

– Votre colonel, alors ?

– Je ne crois pas. Là encore, il nous tenait à sa merci. Et puis, il aurait pu faire passer la maison de Hegel au peigne fin. La scytale serait par conséquent entre ses mains et non dans la vôtre.

Tout en marchant, Julie jeta un œil à la scytale.

– Peut-être ont-ils mal fouillé la maison ?

Pour toute réponse, Daniel eut une moue ironique. Mais une appréhension lui vint. Si Cohen pratiquait un double jeu, leur situation deviendrait franchement intenable.

Que pourraient-ils face à des services secrets que l'on comptait parmi les plus redoutables de la planète ? Ils étaient au cœur d'un État sur-militarisé et riche d'un réseau de start-up technologiques qui ne cédait la première place qu'à la Silicon Valley.

Un agent ? un drone ? qui pouvait dire ce qui viendrait les faucher sans même qu'ils aient le temps de s'en apercevoir ?

Des mystiques manipulant des militaires, sur leur propre territoire : le pire des scénarios possible.

Parvenus devant la guérite de sécurité, ils eurent la bonne surprise de retrouver Ilan, qui consacrait ses heures supplémentaires à une revue de football.

– On prend goût à la culture, les amoureux ? plaisanta-t-il.

– Nous en aurons pour dix minutes, indiqua Daniel d'un ton martial.

– Ok, chef, ok..., obtempéra le gardien, vexé de s'être fait rembarrer.

Il jeta le journal sur son tabouret et sortit, trousseau de clés en main.

Sans un remerciement pour son ancien subordonné, Daniel entraîna une nouvelle fois sa compagne dans l'enceinte. Ils suivirent le même chemin que la veille ; une fois dans le musée, ils se dirigèrent vers l'une des alcôves où des incunables étaient proposés à l'édification des visiteurs.

Daniel désigna la vitrine de l'une des tables d'exposition.

– Ici, ce sera parfait, dit-il en guettant les va-et-vient des tout premiers touristes de la journée.

Julie plaça délicatement le bâton de Plutarque sur le verre éclairé par des halogènes et fouilla la poche de son jean à la recherche de la lanière de cuir. Elle la déroula avec précaution et commença l'opération.

Avec des gestes lents et précis, elle entortilla la lanière de cuir centimètre après centimètre, tour après tour, sur la scytale.

Le dos tourné, Daniel surveillait les alentours en cogitant.

Ils veulent reconstruire le Temple !

L'hypothèse prenait forme dans son esprit. Et elle lui donnait la chair de poule. Persuadés d'œuvrer pour une cause divine, leurs mystérieux ennemis ne reculeraient devant aucun crime pour parvenir à leurs fins. Et s'ils réussissaient, s'ils bâtissaient un nouveau Temple après avoir rasé les mosquées des conquérants musulmans, alors la région s'embraserait immédiatement – et après elle, de Karachi à Washington, le monde entier.

L'Apocalypse.

Julie le tira de ses réflexions.

– Ce n'est pas simple ! Pouvez-vous m'aider ?

– Bien sûr, fit-il en pivotant vers elle et en se penchant sur la vitrine.

– Bloquez les deux extrémités du bâton, s'il vous plaît, je vais le faire tourner au fur et à mesure…

Leurs mains étaient fébriles. Ils durent s'y reprendre à deux reprises tant la manœuvre exigeait une dextérité d'orfèvre.

Puis la lanière fut en place, et les lettres dans leur ordre d'origine :

קדש הקדשים

– Voilà ! triompha sourdement Julie. Que lisez-vous ?

Daniel blêmit.

L'espace d'une seconde, elle imagina que le nouveau texte n'avait pas plus de signification que le précédent et que leur tentative de décodage avait échoué.

– Que lisez-vous, Dan ? insista-t-elle d'une voix angoissée.

Daniel parcourait le message venu du fond des âges, comme s'il n'arrivait pas à croire ce qui était inscrit sous ses yeux. Il baissa les paupières, déglutit, puis se décida à donner satisfaction à Julie.

– *Kodesh haKodashim*, murmura-t-il.

– Ce qui signifie ?

– Le Saint des Saints…

Julie resta perplexe quelques secondes. Le Saint des Saints était la partie la plus sacrée du Temple, un endroit où aucun homme ne pouvait pénétrer, sous peine d'être foudroyé par la colère divine. Aucun, le Grand Prêtre excepté, et encore, une fois l'an.

Mais il n'y avait plus ni Temple ni Grand Prêtre. Le message codé laissé il y a deux mille ans par le Christ, à en croire Alush, indiquait donc un endroit dont il ne restait plus *rien*.

– Donc ? balbutia-t-elle.

– Un simple texte mystique, rédigé par un Juif qui espérait en la résurrection de son royaume… au moment précis où Rome allait le détruire de fond en comble.

Il lui fit face, l'air renfrogné.

– Mais que certains cinglés, parmi nos contemporains, pourraient bien prendre au sérieux.

Julie eut une expression d'impuissance.

– Je ne comprends pas…

– C'est, au choix, l'expression d'un espoir, une promesse prophétique ou un ordre. Il faut relever le Saint des Saints. Ériger un troisième Temple. Fût-ce au prix d'une guerre mondiale.

97

La Ruche. Lieu indéterminé.
Jérusalem.
Au même moment.

L'homme avait dû être jadis d'une carrure plutôt athlétique. Mais il apparaissait désormais voûté, flottant presque dans sa soutane blanche – blanche comme sa calotte de soie moirée qui coiffait ses cheveux argentés. Seuls ses yeux, d'un bleu intense, disaient la ferveur qui l'animait.

– Très Saint-Père, salua le Colonel d'une voix respectueuse, les Gardiens de Jérusalem sont à votre écoute.

Le Pape les dévisagea l'un après l'autre de son visage marmoréen. Puis il esquissa un sourire.

– Je vous salue, mes fils, commença-t-il. Encore que l'expression ne soit pas forcément adéquate, n'est-ce pas, mon cher Cohen ?

Ce dernier eut un imperceptible sourire, exempt de toute ironie. Plutôt une réaction à une ancienne, très ancienne complicité.

– Je suis à ma façon un *Cohen*, moi aussi, poursuivit le souverain pontife d'une voix ferme et douce, teintée d'un accent germanique. Mais votre peuple, Colonel, je ne l'oublie pas, est notre aîné dans la foi. Le peuple de notre Seigneur et Sauveur…

Alush et Greenwood écoutaient avec gravité.

– Mes fils, répéta le Pape. De la sainte Église, vous l'êtes peut-être également à votre manière, Ronald, Fils de la Lumière et estimable berger des maçons d'Amérique du Nord. Vous et nous aurons trop longtemps vécu dans le malentendu.

Ronald Greenwood approuva en silence, la gorge nouée.

– Et vous, Ibrahim Alush, vénérable Gardien des clés du Saint-Sépulcre, qui adorez le même Dieu et reconnaissez Abraham pour ancêtre.

L'antiquaire, qui déplorait comme à l'accoutumée que son grand âge le rende excessivement émotif, eut les larmes aux yeux.

Tout allait se jouer maintenant. Et pour les siècles des siècles.

– Tous les Gardiens sont donc là, ajouta le Saint-Père en baissant la voix. Excepté Tassa.

Un silence s'installa.

– Prions pour l'âme de ce valeureux jeune homme, voulez-vous ?

Ibrahim Alush ferma les yeux, serrant avec dévotion son chapelet d'ambre. Cohen se couvrit le crâne de la main avec respect et, retrouvant les prières de sa jeunesse, récita intérieurement le *Kaddish*. Seul Greenwood garda les yeux ouverts. Il pensa au jeune prêtre et médita sur la destinée de chaque existence, sur le mystère qui nous attendait tous après le trépas.

Plusieurs minutes passèrent avant que le Pape ne relève le front de ses mains jointes, où brillait l'Anneau du Pêcheur.

– Les temps approchent, mes fils. Vous avez traversé les âges. Les meilleurs d'entre vous, génération après génération, ont conservé le *secret* du Seigneur. Le secret qu'Il n'avait pas jugé bon de révéler à une humanité encore à l'enfance. Plus d'une fois, les Gardiens qui vous ont précédés ont empêché que le monde ne bascule dans le chaos. Les Fils de la Lumière n'ont pas disparu avec le sac de Qumran et la destruction du Temple. Mais les Fils des Ténèbres non plus, hélas… Et les temps approchent.

Il marqua une pause en observant leur réaction.

– Votre Sainteté…, osa le Colonel.

Le Pape eut un large sourire.

– Oui, c'est une curiosité propre au peuple de Jésus, des bavards légendaires qui exigent néanmoins, quand l'heure de l'action a sonné, que l'on aille directement aux faits. Un peuple philosophe qui n'oublie pas d'être pragmatique.

Cohen approuva d'un mouvement de la tête, tout en se demandant comment interpréter la remarque de ce Pape né allemand.

– La bataille finale entre les Ténèbres et nous vient de débuter, reprit la voix auguste. Le *lieu* a été découvert, n'est-ce pas ?

– Pas exactement, intervint Greenwood, mais cela ne saurait tarder.

Le Saint-Père se tut une fois encore.

– Avez-vous pris toutes les dispositions utiles ? demanda-t-il finalement au Colonel.

– Affirmatif ! répondit ce dernier, regrettant aussitôt l'emploi d'une expression qui trahissait son militaire. Dès la localisation certaine, nous interviendrons avec le soutien de l'armée. La sanctuarisation du… heu… *site* sera immédiate, absolue, définitive. Une équipe scientifique est prête à agir à tout moment. Elle comprend en outre des représentants de toutes nos… heu… confessions, ajouta-t-il en hasardant un regard vers ses voisins. Et, bien sûr, une fois le *lieu* sanctuarisé, nous…

– … prierons avec plus de ferveur que jamais, trancha le Pape.

– Voilà.

– Or donc, reprit le chef du Vatican, si nous en sommes là, je me dois de vous confesser quelque chose de la plus haute importance.

Une *confession* du Pape ? Ses interlocuteurs furent étonnés par le choix du terme.

– Mais auparavant, je dois m'assurer d'une chose…

– Dites, souffla le Colonel, intrigué au plus haut point.

– Cette conversation n'aura jamais eu lieu, n'est-ce pas ?

– C'est l'évidence même.

– Ni enregistrement ni script, Colonel ?

– Vous avez ma parole.

– Venant d'un homme tel que vous, cela me suffira amplement, dit le Pape en plaçant les mains sous son menton.

Puis il se pencha vers l'écran, donnant l'impression qu'il allait le traverser et les rejoindre dans le bureau.

– Vous n'êtes pas seuls, mes fils, et vous le savez, reprit-il. Au moment même où je vous parle, les Fils des Ténèbres sont à l'œuvre. À Jérusalem.

Alush contracta violemment les doigts sur son chapelet.

– Nous avons ici, cher Cohen, nos propres services de renseignement. Et s'ils n'ont pas la prétention d'égaler les vôtres, ils excellent néanmoins dans leur mission de vigilance. Nous avons identifié le Maître de leur ordre. Et je vais à présent vous révéler son identité.

Les mâchoires de Greenwood se crispèrent.

Le Pape articula lentement chacun des mots qu'il prononça ensuite :

– Tout a commencé quand, à l'adolescence, je fus enrôlé de force dans leur machine de guerre. Oui, tout a commencé en un âge sombre, quand je fus contraint d'intégrer les Jeunesses hitlériennes…

98

Sanctuaire du Livre.
Jérusalem.
10 h 08.

Prostrée, Julie était agenouillée à l'ombre, à l'angle du musée du Livre. Elle bougea à peine lorsque Daniel revint, une canette de soda dans chaque main.

– Perrier ? Fanta ?

Elle tendit le bras sans choisir. Daniel lui donna la plus sucrée des deux boissons.

La jeune femme pressa avec volupté la canette glacée sur son front brûlant, puis la fit délicatement rouler sur ses joues.

– J'ai réfléchi, dit Daniel en s'accroupissant à ses côtés. Et je ne crois pas du tout que nous ayons fait chou blanc.

Le décapsulage du Fanta lui répondit.

– Qu'avons-nous à ce stade ? Le nom du *lieu* après lequel cavalent nos amis, nos presque amis, nos faux amis et nos ennemis.

– Et qui n'existe plus, soupira Julie après deux gorgées revigorantes. Le Saint des Saints.

– Exact. Et de surcroît, une liste des objets liturgiques du Temple, c'est-à-dire des reliques plus ou moins mythiques qui n'ont cessé d'enflammer les imaginations depuis les débuts de la chrétienté...

– Et ?

– J'ai l'intuition, Julie, que cette liste n'est qu'un leurre. Un de plus : la liste n'est que la troisième porte du coffre-fort !

– Qu'est-ce à dire ?

– Vous imaginez Tassa ou Hegel, croyants sincères, se mettre dans un tel état pour quelques bibelots en or et une douzaine de pierres précieuses ? Ou Greenwood et Cohen se focaliser sur des artéfacts dont la valeur ne doit pas dépasser un pour cent du capital de Facebook ?

D'un mouvement du coude, Julie aspira les dernières gouttes de sa boisson orange fluo.

– Poursuivez.

– Le professeur Normandy n'est pas un chasseur de trésors. Vous me l'avez confirmé : l'argent ne l'intéresse pas. La liste n'a, à mon avis, qu'une fonction : égarer d'éventuels curieux. L'or, l'argent, le butin : ils s'en fichent ! À leurs yeux, seul importe le *lieu*.

– Et nous en connaissons maintenant le nom, c'est le Saint des Saints, l'endroit où était censé se manifester l'Éternel, au cœur de la demeure qu'Il avait ordonné qu'on Lui bâtisse au sommet de Jérusalem.

– Oui.

– Ok, Dan. Mais sauf à inventer dans la matinée une machine à remonter le temps, je nous vois mal aller fouiller le Saint des Saints, détruit il y a deux mille ans.

– Nous n'aurons pas besoin d'un tel gadget, dit-il en se relevant. Ce brave garçon devrait nous suffire…

À une vingtaine de mètres, débarrassé de son uniforme de service, Ilan se dirigeait vers eux, vêtu d'un short jaune et d'une chemisette à rayures vertes du plus bel effet. Il leur fit signe de la main en s'approchant.

– Hello, les tourtereaux !

Daniel s'adressa à lui sur un ton nettement plus cordial que celui qu'il avait jugé bon d'employer quelques instants plus tôt.

– Tu rentres ?

– Oh oui ! répondit Ilan avec un sourire satisfait. J'ai enchaîné trois rondes, je suis carbonisé. Mais bon…

– Il faut bien payer les traites.

Ilan éclata de rire.

– Pas d'autre solution, si je veux la paix à la maison !

Lui prenant le bras, Daniel l'interrogea sur un ton de conspirateur :

– Dis-moi, Ilan, le rôdeur que vous avez failli coincer il y a quelques jours…

– Oui ?

– Tu m'as dit hier qu'il n'avait rien volé ?

– Non, rien.

– Ni rien dégradé ?

– Pas que l'on sache. Il a été surpris au milieu de la cour principale par le gros Barak, qui faisait une ronde avec son chien. Mais tu penses bien, cette baleine, dont les falafels sont la seule passion, a été incapable de l'intercepter. Et pourtant…

– Pourtant ?

– Le type était plutôt facile à courser. Barak aurait d'ailleurs pu lâcher son chien, mais il ne le fait jamais. C'est déjà une épreuve olympique pour lui de l'attraper chaque matin dans le chenil !

– Pourquoi dis-tu que l'intrus aurait été facile à intercepter ?

– C'était un vieux ! Un bonhomme qui traînait la patte… Je me demande même comment il a pu s'échapper. Il devait parfaitement connaître le musée et ses jardins.

Julie sursauta.

Un vieux ?

– Où avez-vous dit qu'il était quand vous l'avez repéré ?

Le vigile se tourna et indiqua la cour centrale, séparée d'eux par un muret de gros moellons, où une foule de touristes s'agglutinaient sous le soleil.

– Là-bas, dans la maquette.
– Dans la maquette..., répéta fiévreusement Julie.
– Enfin, je dirais plutôt *sur* la maquette, corrigea Ilan.
Daniel et Julie se concertèrent du regard. La jeune femme venait de comprendre l'intuition qu'avait eue son compagnon.
– Amusant, conclut Dan d'un air détaché. Eh bien, bon repos !
Après une parodie de salut militaire, Ilan les quitta et s'éloigna d'un pas las et bruyant.
– Alors, Julie ?
– Admirable, Watson ! Tout simplement admirable !
Dans ses yeux, l'espoir était revenu.
D'un mouvement, elle lui donna le signal.
La course continuait.

99

Mont Moriah.
Jérusalem.
xe siècle avant J.-C.

Le ciel était bas, et le soleil, en pâlissant, avait vu la nuit sur la terre. Hiram Abi brisa la galette encore chaude et en porta un copieux morceau à sa bouche. Devant lui, au pied du mont où s'élevait le Temple voulu par Salomon, les ouvriers faisaient la queue devant les cahutes de l'intendance : c'était jour de paye.

Appuyé à la balustrade du mur d'enceinte, tournant le dos au Saint des Saints, Hiram plongea la main dans le panier de jonc qu'on lui avait porté pour la collation. Il trempa son pain dans une purée de pois et d'huile d'olive, relevée de curcuma et de poivre noir. Tout en mangeant avec appétit, il regardait le défilé des apprentis et des compagnons venus des quatre coins du monde.

Il y avait là des Phéniciens, qui travaillaient le bois comme aucun autre peuple, des Égyptiens, qui faisaient d'habiles contremaîtres et de bons géomètres, de solides Crétois et des Moabites rompus aux travaux de force, et bien d'autres encore. Les Hébreux, eux, avaient déjà quitté la place. Ils avaient été payés les premiers, non pas par privilège – Salomon le sage avait expressément interdit que les étrangers fussent moins bien traités que ses sujets – mais parce que le crépuscule commençait, avec l'apparition des trois premières étoiles, la célébration du shabbat, ainsi que l'ordonnait le quatrième commandement.

À en croire les uns, l'architecte du Temple était juif ; selon les autres, c'était un enfant de Tyr, distingué pour ses talents inégalés de bâtisseur. Issu d'une famille aux sangs mêlés, Hiram se considérait tantôt comme fils d'Israël, tantôt comme fils du nord, et cela lui conférait une souplesse utile dans ses relations avec les uns comme avec les autres. S'il révérait les lois de Moïse, il ne pratiquait aucun culte.

Et ce soir-là, en conséquence, il ne partagerait pas le festin offert à la cour en l'honneur de la sublime Makéda, reine de Saba, venue d'Afrique chargée d'or et d'énigmes pour faire la conquête du successeur de David – et qui avait été conquise par lui.

Savourant le spectacle apaisé du crépuscule sur la cité sainte, Hiram croqua une olive verte, songeant à l'avancée des travaux et à l'immense satisfaction du souverain.

Sept jours plus tôt, les deux piliers d'airain et leurs chapiteaux d'or fin avaient été placés à l'entrée du sanctuaire. Dans moins d'un mois, les décorations intérieures seraient terminées et les offices pourraient débuter. L'esplanade, aux dimensions cyclopéennes, capable d'accueillir des dizaines de milliers de pèlerins pour les fêtes, était elle aussi en voie d'achèvement. Ce chantier, sans équivalent au monde, avait été mené selon les prescriptions tatillonnes des prêtres – nul matériau impur, nulle pierre qui fût taillée par le fer.

Le jour approchait où l'Éternel aurait sa demeure sur le mont Moriah. Car c'était *là*, et nulle part ailleurs, qu'il convenait d'établir le Saint des Saints.

Hiram se souvint de son premier entretien avec Salomon, et du terrible secret qu'il allait lui confier. Puis de la visite qu'ils avaient fait ensemble, escortés d'une faible garde, près du rocher où Abraham avait lié son propre fils pour l'immoler. Salomon avait alors congédié ses hommes et l'avait entraîné dans une faille, pour le conduire dans les entrailles de la colline que les Hébreux nommaient *Har haMoriah* – le mont Moriah – et qui serait plus tard connu de l'univers comme *Har haBayit* – le mont du Temple.

Pendant sept fois sept nuits, Hiram était resté sans trouver le sommeil. Et depuis, quoique rassuré par les moyens mis à sa disposition, son âme n'avait jamais connu le repos.

Mais bientôt, tout serait fini.

Les Fils de la Lumière prévaudraient.

Il se pencha pour saisir sa gourde de vin de Galilée... et se retourna brusquement : trois hommes avançaient vers lui, leurs outils en main.

Leur présence l'étonna : les ouvriers étant démobilisés, et le Temple interdit d'accès avant qu'il ne soit consacré, ils n'auraient pas dû se trouver là.

Deux d'entre eux étaient de taille moyenne, la peau bistre et les cheveux longs ; le troisième était un géant blafard, au crâne rasé et aux bras velus.

– Salut à toi, Maître ! dit ce dernier, dont l'accent trahissait l'origine étrangère.

– *Shabbat shalom*, répondit Hiram.

Les intrus ricanèrent.

– Nous ne sommes pas hébreux, répondit le géant.

– Que faites-vous alors en ces lieux ? Vous ne devriez pas...

– Nous avons pensé que l'occasion de te trouver seul, ici, nous permettrait de nous entretenir en confiance avec toi, ô fils de Tyr !

– Revenez demain, dit Hiram en se retournant vers la ville.

Le terrible coup de marteau que lui porta sur l'épaule l'un des acolytes le fit vaciller.

Il les dévisagea, l'air stupéfait.

– Êtes-vous fous ?

Devant lui se tenait l'un des deux hommes trapus. Celui au teint hâve, qui le dépassait presque d'une coudée, écarta son complice.

– Excuse ces manières, Maître, mais nous sommes gens de Chaldée, et notre façon de parlementer est quelque peu différente de celle qui a cours au royaume des Hébreux.

Hiram recula d'un pas, la main sur sa clavicule démise. Il n'était pas armé et les rares soldats de service en cette veillée religieuse devaient se trouver à plusieurs centaines de mètres.

– Que voulez-vous ?

– Nous n'en voulons ni à tes richesses ni à ta personne, Maître..., répondit le géant. Nous désirons quelque chose qui ne pèse rien et qu'en nous donnant tu conserveras pourtant.

Hiram resta pétrifié : ce n'étaient pas là des ouvriers éméchés. Leurs yeux cernés de noir, aux pupilles dilatées, ne le lâchaient pas.

– Nous voulons un mot, Hiram, un seul. Et tu auras la vie sauve.

– Comment..., balbutia l'architecte.

– Nous voulons connaître le secret du roi Salomon. Le *lieu*.

– J'ignore ce dont..., commença l'architecte, avant de pousser un cri quand la toise du géant lui lacéra la face.

Il tomba à genoux, suffocant, les mains sur son visage ensanglanté.

– Une dernière fois, Hiram, fils de chien, *où* est-ce ?

Attendant le coup fatal, l'ami de Salomon répondit dans un ultime rugissement :

– Jamais, pourceaux ! Je ne vous le dirai jamais !

Le troisième homme s'approcha alors et le poignarda de son piolet, l'enfonçant profondément dans son dos.

Sans un bruit, sans une plainte, Hiram s'écroula.

– Emportez le corps..., chuchota le géant, après avoir craché sur le cadavre.

100

Musée d'Israël. Esplanade de la Maquette.
Jérusalem.
10 h 11.

Ils se faufilèrent au milieu d'un groupe de touristes chinois, crucifix au cou, qui écoutaient religieusement leur interprète conter la vie quotidienne sous Hérode.

– Je ne savais pas qu'il y avait autant de catholiques en Chine…, remarqua Daniel à voix basse, accoudé à la rampe de fer qui entourait la maquette.

Julie se posta à sa gauche et fit comme si elle découvrait elle aussi pour la première fois la reconstitution de plâtre et de bois qui s'étendait, en plein air, sur plusieurs centaines de mètres carrés.

– Des dizaines de millions, répondit-elle dans un chuchotement. Certains estiment que leur nombre a déjà dépassé les cent millions, des protestants pour la plupart, et que, dans une ou deux générations, la Chine aura imité la Corée du Sud en basculant dans le christianisme.

– Voilà qui chagrinera les copains de feu Ben Laden !

Julie haussa les épaules en souriant, mais se rembrunit presque aussitôt.

– Il y a beaucoup trop de visiteurs, Dan.

– Vous préféreriez que nous attendions la fermeture comme… Victor ?

La jeune femme refusa de la tête. Chaque heure leur était comptée. Chaque minute. Il fallait agir vite.

– De toute façon, lui glissa Daniel à l'oreille, il nous faut du matériel… Venez !

Ils s'éloignèrent vers le petit escalier qui menait aux jardins et se dirigèrent vers un baraquement en préfabriqué, affecté à la réfection des sculptures d'art moderne que l'on pouvait admirer dans les jardins surplombant le musée.

– Au fait, Watson, comment avez-vous eu l'illumination ?

– En entendant deux filles, devant moi dans la file à la cafétéria, qui discutaient d'un bar branché.

Ils vérifièrent que personne ne prêtait attention à eux et firent le tour du baraquement.

– Un bar branché ?

– Exact, fit Daniel en s'approchant d'un tas de sacs de ciment empilés, contre lesquels étaient rangés quelques outils de chantier. Il y avait là une jolie blonde racontant à sa copine rousse – un top model, à mon avis… – sa soirée au Prague, un endroit *hype* de la rue Allenby.

– Passionnant.

Il s'empara d'un burin en acier long comme un tibia.

– Voilà qui fera l'affaire, dit-il. Reste à éloigner la foule… Une idée ?

– Appelez Mickaël et demandez-lui de simuler une alerte à la *bombe*, dit-elle en détachant le dernier mot.

Avant d'ajouter sur un ton quelque peu sarcastique :

– Je parle d'un faux attentat, naturellement, pas de vos copines de la cafétéria.

Daniel leva les yeux au ciel.

– Nous sommes en Israël, Julie ! Si nous déclenchons une alerte à la bombe, ce n'est pas seulement la police que nous aurons sur le dos en un temps record, mais des unités antiterroristes et l'armée, qui bouclera immédiatement le quartier. Une autre idée ?

Ils s'assirent sur la pelouse pour réfléchir.

– Le Prague, disiez-vous…

– Oui. Cela m'a fait penser à un voisin, quand j'étais gamin. Un vieil ours né à Prague, un veuf qui nous racontait la vie des Juifs en Tchécoslovaquie avant l'arrivée des nazis. Mes frères et moi, nous adorions ses histoires de ghetto, de Golem, du cimetière bosselé derrière la synagogue. Le monde d'hier, en somme…

Un gardien passa devant eux, les mains croisées dans le dos, sans leur prêter attention. Julie remarqua cependant que, contrairement à ses collègues du Louvre, il portait une arme à la ceinture.

– Et en entendant ces filles, j'ai songé qu'il était curieux que deux Israéliennes parlent de faire la fête au Prague quand, pour nous, Prague n'est plus qu'un lointain souvenir.

Julie hocha la tête.

– Et voilà comment vous est venue l'idée : il est des lieux disparus qui ont été ressuscités sous une autre forme…

– Ajoutez à cela l'épisode du visiteur nocturne, et l'hypothèse devenait crédible.

Un zéphyr leur apporta un bref moment de fraîcheur et le parfum d'un citronnier.

– Je vais faire un malaise, annonça calmement Julie.

– Ça ne va pas ?

– Mieux que jamais ! Mais je vais feindre un évanouissement et attirer l'attention sur moi. Le personnel du musée distrait, vous aurez quelques secondes pour agir.

– Ça marche ! souffla-t-il.

Il redescendit les marches de pierre et vint se placer devant la maquette. Face au Saint des Saints, dont le revêtement doré étincelait sous le soleil, il attendit.

Julie avait filé dans son dos.

Il jeta un regard anxieux aux guichets : plusieurs classes d'écoliers arrivaient. Des cars de tours opérateurs manœuvraient sur le parking. Dans quelques minutes, la cour serait bondée. Et il serait impossible de passer à l'action.

Soudain, il y eut une exclamation de l'autre côté de la maquette, près de l'entrée.

Plusieurs touristes appelèrent au secours et les deux gardiens présents à l'extérieur du musée se précipitèrent vers une jeune femme tombée au sol.

Daniel écarquilla les yeux en apercevant Julie, secouée de spasmes comme si elle était en proie à une crise d'épilepsie.

– Je suis médecin ! intervint un Américain. Il faut la transporter à l'intérieur ! *Now !*

Saisie par les gardiens et le touriste, Julie fut bientôt évacuée vers le bâtiment central.

La masse des visiteurs s'était regroupée autour de la scène, désertant pour un instant la ville miniature.

C'était le moment ou jamais.

Sans hésiter, Daniel sauta par-dessus la rambarde et, tel un géant, enjamba la vallée du Cédron. Avant que quiconque ne l'eût remarqué, il avait atterri sur l'esplanade du Temple sacré.

Il s'inclina sur le Saint des Saints et remarqua aussitôt que l'une de ses façades, celle cachée au public, avait été grossièrement recollée. Mais alors qu'il levait son burin pour fracasser la maquette, une adolescente moulée dans un t-shirt floqué à l'effigie d'Obama poussa un cri en le pointant du doigt.

Un à un, les touristes tournèrent la tête vers lui.

Une poussée d'adrénaline envahit Daniel.

Il ferma les yeux puis frappa.

Et frappa encore.

Le Saint des Saints vola en éclats, sans offrir la moindre résistance. Le toit en stuc se brisa sans bruit, tandis que les deux colonnes se détachaient et tombaient chacune de son côté.

Le demeure de l'Éternel gisait à ses pieds. En mille morceaux.

Daniel lâcha l'outil et dissipa d'un revers de main le petit nuage de plâtre qui s'élevait devant lui.

Il lui fallait agir comme l'éclair : plusieurs hommes, laissant femmes et enfants derrière eux, s'approchaient, l'air scandalisé. Quant aux gardiens, ils ne tarderaient pas à accourir.

Il se pencha en toussant sur les décombres et plongea la main pour en écarter les débris.

Oubliant une seconde la situation, il explosa de joie : un paquet en chiffon avait été logé dans la maquette.

Il le prit et sauta de l'esplanade du Temple pour traverser la maquette, laissant ses poursuivants interdits. Le temps qu'ils se décident à commettre le sacrilège qui consistait à piétiner, eux aussi, la cité de Dieu, Daniel avait déjà atteint l'autre extrémité de la ville.

Une main sur la rampe de fer, il vola par-dessus et fila vers les jardins.

Dans son dos, l'aboiement d'un chien et les cris d'un gardien lui firent accélérer sa course. Puis l'alarme du musée retentit alors qu'il gagnait les premiers bosquets.

Pressant le paquet contre sa poitrine, il traversa à toute allure la pelouse de la colline en direction des œuvres d'art moderne. Si le professeur Normandy les avait semés l'autre nuit, il pourrait y arriver, lui aussi.

Sans se retourner, il courut jusqu'à la grande sculpture de quatre lettres rouillées, qui proclamait « LOVE », et fonça vers les bosquets.

Le cœur près d'exploser, trempé de sueur, il plongea dans la verdure tête la première, et disparut.

101

Quartiers nord.
Jérusalem.
10 h 14.

– Mike ! hurla le Colonel en sortant de son bureau comme un ouragan.

Le jeune officier, qui jouait sur son téléphone portable, nonchalamment adossé au mur, sursauta et rangea son appareil en se mettant au garde-à-vous.

– Tu localises cet individu, ordonna Cohen en lui tendant un Post-it. Je réunis une équipe. Intervention immédiate. Tu as deux minutes.

– Ok !

Le Colonel planta ses yeux dans les siens.

– Tu savais, toi, que Rudolf Hoess, le fondateur d'Auschwitz, avait fait ses classes à Jérusalem ? Et qu'il y avait eu, tout près d'ici, un centre des Jeunesses hitlériennes avant guerre ?

Il le dépassa sans plus d'explications et, tandis que Greenwood et Alush sortaient du bureau, le visage défait, il fila vers la Ruche. Mickaël lui emboîta le pas et alla s'installer à un poste de recherche.

En quelques secondes, il obtint les informations qu'il désirait. Un listing de communications téléphoniques défila sur l'écran translucide. Il entra le code du service et le logiciel pénétra le système de l'opérateur mobile CellCom.

L'abonnement avait été souscrit par une société d'importation de confiseries. Une raison sociale innocente : mauvais signe. Sur la carte interactive, des centaines de points rouges localisaient les endroits d'où avaient été passées les communications les plus récentes.

Derrière lui, sans qu'il leur prête attention, Ibrahim Alush, soutenu par Ronald Greenwood, trottait laborieusement vers le sas de sortie, le dos voûté comme s'il venait d'apprendre l'imminence de la fin du monde.

Mickaël appuya de l'index sur la plus importante concentration d'appels émis, au cœur de Jérusalem, puis zooma des doigts sur l'écran translucide.

La Vieille Ville.

Il agrandit encore la zone et nota mentalement l'adresse. Autour de lui, l'agitation devenait générale. Le Colonel passait un gilet pare-balles en distribuant ses ordres.

– Ça y est, chef. C'est aux abords des remparts, coin nord-ouest.

– Parfait ! On prend les voitures.

Cohen vérifia le chargeur de son Desert Eagle 50 et le rangea vigoureusement dans son holster.

– Équipe-toi. Gilet, arme, et va au poste de Tamar : qu'un nanodrone nous soutienne !

Alors que Mickaël allait s'exécuter, il le retint par le bras.

– Des nouvelles de ton frère ?

– Aucune.

– Il nous reste encore une chance de lui sauver la mise. Appelle-le. Qu'il ne bouge pas. Il se terre jusqu'à notre feu vert. Compris ?

– Compris. Mais…

Le Colonel, grimaçant d'impatience, leva un sourcil.

– Mais quoi ?

Mickaël connaissait ce signe annonciateur d'une probable colère. La curiosité fut plus forte malgré tout.

– Qui allons-nous intercepter ?

– Le Diable, Mike. Le Diable…

102

Abords du musée des Sciences.
Jérusalem.
10 h 35.

Trois doigts sur le volant, Julie fouillait fébrilement l'espace de rangement à la droite du siège conducteur, dans l'espoir d'y trouver un téléphone ou quoi que ce soit d'autre qui pût l'aider. Mais le véhicule « emprunté » aux services du Colonel était absolument vide.

Elle pila alors que le feu passait au rouge, au croisement des routes à la sortie de la zone des musées. La haute façade de la Knesset, frappée par la lumière blanche du soleil, barrait l'horizon.

Où allait-elle récupérer Daniel ?

Plus d'un quart d'heure s'était écoulé depuis sa fuite à travers les jardins d'art moderne. Il avait pu parcourir une grande distance pendant ce laps de temps – restait à deviner la direction…

Elle avait eu un mal fou, de son côté, à convaincre l'équipe de secouristes que, miraculeusement rétablie, elle n'avait nul besoin d'être transférée à l'hôpital Herzog. Ses médicaments se trouvaient à l'hôtel, avait-elle prétendu. Il lui avait fallu parlementer plusieurs minutes encore avant de les convaincre qu'elle pouvait y retourner sans escorte – et qu'elle était en état de conduire. Une décharge juridique griffonnée et solennellement remise à ses sauveurs, elle avait galopé jusqu'au parking et était partie à la recherche de son compagnon.

Son esprit s'échauffait. Quelle direction prendrait-elle ?

Ils n'étaient pas même convenus d'un lieu de rendez-vous.

Lamentable, se désola-t-elle.

Julie n'avait par conséquent aucun moyen d'entrer en contact avec Daniel, ni la moindre idée de l'endroit où il se trouvait à présent. L'aspect positif de la situation, pensa-t-elle pour se réconforter, c'était que son compagnon avait réussi dans son entreprise. Un coup d'œil avant de quitter le Sanctuaire du Livre l'avait rassurée : Daniel avait *visité* le Saint des Saints.

Mais l'opération avait-elle été fructueuse ? Leur intuition avait-elle été confirmée par une quelconque découverte ? Le Saint des Saints, ou du moins sa reconstitution en stuc, avait-il le moindre secret à leur livrer qui soit en mesure de les guider vers le lieu de détention de son père ?

Le feu passa au vert et elle redémarra au pas, scrutant les abords de la route bordée de cyprès et de sapins.

Tout semblait calme : nul véhicule de police en vue, aucun barrage. Les autorités du musée d'Israël et du Sanctuaire du Livre avaient dû mettre l'incident sur le compte d'un acte de vandalisme isolé.

Ne restait plus qu'à cueillir Daniel.

Julie hésitait entre plusieurs options, sans pouvoir décider laquelle s'avérerait la plus judicieuse : retourner au parking ? continuer à tourner en rond ? se diriger vers Kfar Shaul, le Centre psychiatrique situé à quelques centaines de mètres ?

Elle se déporta sur la file de droite et ralentit.

Qu'aurait-elle fait à sa place ? Où serait-elle allée chercher refuge ?

Les pneus crissèrent en mordant le trottoir.

Elle coupa le contact.

Réfléchis, ma fille...

Daniel allait probablement joindre son frère Mickaël, lequel pourrait aisément localiser leur véhicule.

Elle chassa la sueur de son front : et si Daniel avait été capturé ? Leur cavale depuis la veille aurait alors été vaine. Il leur faudrait s'expliquer, et s'en remettre à la police officielle.

Julie apaisa autant qu'elle le put sa respiration, avant de faire le vide dans son esprit.

Ne rien faire plutôt que faire n'importe quoi...

Elle sursauta quand on frappa à la vitre côté passager.

Les cheveux maculés de gazon et de feuilles, un bel homme brun à la coupe de César lui souriait, la chemise déchirée et un chiffon de tissu gris roulé en boule dans la main.

– « Paris est petit pour ceux qui s'aiment... », chantonna-t-il, tandis qu'elle faisait descendre la vitre.

– Mot de passe correct, répondit-elle, pince-sans-rire. Vous pouvez monter.

Daniel s'engouffra dans la voiture. Son pantalon était en lambeaux. Il n'avait plus de veste.

Il la couva du regard. Puis il lui montra sa trouvaille.

– Qu'est-ce que c'est ? demanda-t-elle, soudain au comble de l'excitation.

– Aucune idée, mais...

Elle attendit la suite.

– Démarrez. Ce n'est pas le moment d'attirer l'attention.

– Direction ? interrogea-t-elle en mettant le contact.

Daniel inspira profondément.

– Le mur des Lamentations.

103

Mont Nébo.
Actuelle Jordanie.
Époque indéterminée.

Et il lui fut donné de voir tout le pays : de Galaad jusqu'à Dan, tout Nephtali, les terres d'Ephraïm et de Manassé, celles de Juda jusqu'à la grande mer du couchant, les rives du Jourdain, les oasis verdoyantes de Jéricho et les palmiers jusqu'à Zoar.

Mais il lui fut interdit d'y pénétrer.

La terre que l'Éternel avait promise à la descendance d'Abraham, Moïse ne la foulerait pas de ses pieds.

Appuyé à son bâton, il attendit de voir s'évanouir dans les reflets dansants de chaleur et de lumière les dernières caravanes de son peuple, que guidait désormais Josué.

Longtemps après que le dernier Hébreu eut disparu, Moïse s'affaissa contre l'un des rochers, contemplant la nuit qui descendait sur le mont Nébo.

Autour de lui, toute une faune nocturne sortait de ses refuges, bousculait ses maisons de cailloux et de brindilles ; des chiens sauvages hurlaient déjà dans l'obscurité.

Il roula son manteau et attendit.

De tous les hommes, il avait été le seul à voir face à face le Seigneur. Et c'était pour cela qu'Il n'avait pas permis qu'en ce jour Moïse descendît en Terre promise : sa personne, irradiant la présence de Dieu, était devenue sainte, elle aussi, et Il refusait qu'elle pût être confrontée à l'Abomination.

Oui, Moïse savait…

Moïse connaissait le secret que son Dieu lui avait confié au Sinaï. Peu après que la langue de feu eut fini de graver sur la pierre les Dix Commandements, destinés à sanctifier le peuple élu et à en faire Son armée, l'Éternel lui avait révélé la vérité.

Le secret de la Nuit maudite.

Le secret de toutes choses.

Le secret qu'auraient à connaître plus tard Salomon et son ami Hiram, le secret qui ébranlerait Jésus et le conduirait au sacrifice.

Moïse savait et Moïse avait contemplé la face du Tout-Puissant.

Son chemin s'arrêterait donc ici, à l'écart de ses enfants, à l'orée de son pays. Sauvé des eaux, il serait dissipé au milieu des sables.

Il sourit amèrement.

L'Éternel avait tant demandé, tant exigé…

Moïse songea à ceux au cœur pur qui allaient s'installer dans les vallées, à l'occident du Jourdain, à ceux qui planteraient la Tente de Réunion sur le mont Moriah, au centre du pays, à ceux qui en garderaient les frontières.

Les enfants d'Israël quittant le désert pensaient être arrivés au terme de leurs tribulations, quand leur combat ne faisait que commencer ; ils espéraient un pays où couleraient le lait et le miel, quand c'était le sel et le soufre qui les attendaient.

Au loin, sous la clarté lunaire, la mer Morte étincelait comme les restes d'une armure céleste.

Il voulut se relever mais les forces lui manquèrent.

Entre deux blocs de pierre, un chien du désert l'observa un instant, avant de déguerpir en gémissant.

Moïse sentit monter une dernière fois la colère : pourquoi ne l'avait-Il pas laissé leur montrer la voie, le *lieu*, et les exhorter à bâtir le Temple sans plus attendre ?

Il voulut parler, s'adresser à Celui qui résidait dans les nuées, mais ses lèvres restèrent scellées.

Puis sa tête dodelina et sa crinière d'argent s'affaissa doucement sur sa poitrine.

Un temps et un temps passèrent.

Telle une étoile se dilatant, un halo bleuté et scintillant descendit alors sur lui. Et ainsi qu'il avait été annoncé, un *baiser de Dieu* le prit.

Quand il revint, curieux et enhardi, le chien sauvage s'approcha de l'endroit où Moïse s'était tenu quelques instants auparavant. De la truffe, il toucha son bâton puis renifla son manteau vide, tombé sur ses sandales.

Loin de là, dans les plaines de Canaan, tout un peuple réuni autour des feux de camp fêtait sa libération, chantait le bonheur d'être dans sa nouvelle patrie et louait les bienfaits de l'Éternel.

Jamais dans l'histoire des hommes, une armée n'avait eu aussi peu conscience des siècles de guerre qui s'ouvraient devant elle.

104

Quartier Mamila.
Jérusalem.
10 h 51.

– Vous vous décidez à me montrer ce que vous cachez dans ce vilain chiffon, oui ou non ? demanda Julie, rendue nerveuse par la circulation à l'approche des remparts de la cité de David.

– Plus tard, répondit laconiquement Daniel, le téléphone rivé à l'oreille. Mike a appelé. Nous devons nous planquer, ajouta-t-il tout en continuant d'écouter sa messagerie.

Prise dans les embouteillages, leur voiture était coincée au beau milieu de la rue Jaffa, entre la poste centrale de Jérusalem et le quartier général de la police.

– Pourquoi ? demanda Julie.

– Je ne sais pas. Mais c'était clairement un ordre provenant du Colonel...

Julie dodelina de la tête, étourdie par la chaleur.

– Ils n'ont aucune nouvelle, de leur côté ?

– Je l'ignore, mais je crois qu'ils sont passés à l'action. Pour de bon.

Une voiture déboîta devant eux, leur ouvrant le passage. Julie écrasa l'accélérateur.

– Trouvons un coin tranquille pour nous garer.

Elle acquiesça d'un hochement de tête plein de lassitude.

– Le tueur est mort, reprit-elle en tournant vers la rue du

Roi-Salomon. Il faut donc à présent démasquer ses commanditaires...

– Ce ne sera pas la partie la plus simple, ne comptez pas sur eux pour se manifester. Ils ne veulent ni rançon ni publicité.

– Vous avez une idée de leur identité ?

– Mike a mentionné un « Maître », le chef de leur ordre, hésita Daniel en lui désignant une impasse entre deux bâtiments, juste avant l'avenue qui filait au musée Rockefeller.

En deux temps, trois mouvements, Julie engagea la Peugeot dans la voie sans issue et la gara en marche arrière.

Daniel demeurait obstinément silencieux.

– Dan, que cachait le Saint des Saints ? murmura-t-elle en coupant le contact.

105

Porte dorée.
Jérusalem.
Au même instant.

Bien sûr, ce n'était pas son Luger d'origine, mais le nouveau modèle était tout de même fiable.

Les Allemands avaient trahi, ils étaient devenus un peuple démocrate et pacifiste – le Maître fut pris de dégoût à cette seule pensée... – et leur ancienne Chancelière ne manquait jamais de célébrer « les valeurs judéo-chrétiennes ».

Oui, les Allemands avaient trahi, mais ils savaient encore fabriquer des armes à feu.

– Devant la porte du Fumier ? demanda le chauffeur du taxi, un musulman maigrichon aux traits creusés par la misère.

– Oui, mon ami, souffla le Maître en arabe. J'ai rendez-vous sur le parking qui fait face au quartier des *Yahoud*.

La vieille Mercedes avançait laborieusement, ralentie par les touristes et les carrioles des marchands. Ils venaient de laisser derrière eux le musée Rockefeller et longeaient une pompe à essence décrépite où nul client ne venait déranger les deux ânes qui somnolaient sous un soleil écrasant.

Ce n'était pas son arme de jadis. Et c'était dommage : elle aurait pu encore faire voler en éclats quelques cervelles.

Le Maître la tâta discrètement dans sa poche, puis rabaissa sa capuche, sous le regard incrédule du chauffeur en nage qui l'observait dans le rétroviseur.

Il leur fallut encore dix longues minutes avant de parvenir à destination. Le taxi se faufila entre deux cars et vint s'immobiliser dans leur ombre.

– Sept shekels, fit l'Arabe en arrêtant le compteur.

– Nous allons patienter ici un moment, répondit le Maître en lui tendant un billet de cinquante dollars. Je compte sur ta discrétion.

– À ce prix, je serai muet comme un mort !

– J'y compte bien, chuchota le Maître, avant de placer le canon du Luger sur sa nuque. J'y compte bien…

106

Quartier Morasha.
Jérusalem.
10 h 59.

Le tissu qui avait servi d'enveloppe était en coton de facture récente – sans doute un chiffon de ménage ou un torchon.

Daniel déballa le paquet posé sur ses cuisses, avec des gestes empreints de déférence. Le tissu entièrement déplié, une petite plaque d'argile vierge apparut sous leurs yeux.

Il la retourna doucement et la contempla.

– Tracé au charbon de bois…, remarqua Julie en détaillant le dessin aux traits grossiers.

– Par votre père ?

Julie se pencha, passa le bout du doigt sur le rebord de l'argile, en caressa la surface puis hocha la tête en signe de dénégation.

– Improbable. L'objet est ancien. Période antique, pour le moins.

Elle prit quelques secondes de plus pour réfléchir, tandis que Daniel gardait les yeux rivés sur le dessin, dont il ne comprenait pas la signification.

– Il serait aisé d'en déterminer la date. Si c'est bien une gravure d'époque – et je le crois, car j'imagine mal mon père gribouiller sur une pièce archéologique –, le charbon permettrait une datation au carbone 14 assez précise.

– Mais alors, fit Daniel sans relever les yeux, cela représente quoi ?

La jeune femme resta sans répondre, insensible au bruit de la circulation, l'esprit absorbé par la scène qu'une main inconnue avait apposée sur l'argile.

– À première vue, on dirait une bâtisse en feu, dit-elle. Couronnée de flammes…

– Ce ne sont pas des flammes qui ont été dessinées au-dessus de l'édifice, objecta Daniel. On dirait plutôt quelque chose… Ou *quelqu'un.*

Plissant les yeux, Julie tenta d'imaginer ce que pouvait figurer la forme tracée en haut de la plaquette.

– Premier constat, dit-elle, notre artiste vivait soit à une époque préhistorique, soit…

Elle sursauta.

Collé à sa vitre, un enfant à la peau cuivrée souriant de toutes ses dents, le regard plein d'espoir, lui présentait un plateau d'osier chargé de jasmin. D'un geste brusque, que souligna une grimace hostile, Daniel le fit déguerpir. Puis il se tourna vers elle.

– Soit ?

– Soit il a dessiné cela à la va-vite.

Daniel eut une moue approbatrice.

– Ce qui ne nous renseigne cependant pas sur la signification de ce… Enfin, j'ai un peu de mal à imaginer que nous ayons couru aussi frénétiquement après un simple fusain !

– Deuxième constat, poursuivit Julie en s'animant, la construction ressemble à s'y méprendre au Temple de Jérusalem.

– Schématiquement.

– Si le croquis a été fait dans l'urgence, Dan, c'est compréhensible. Regardez mieux : la forme cubique et les deux…

– … piliers, souffla-t-il. Yakin et Boaz : vous avez raison.

– Les deux piliers qui soutenaient le sanctuaire et que les francs-maçons ont repris dans toutes leurs loges.

– Ce qui démontre que l'auteur de cette « œuvre d'art » connaissait les fouilles récentes ayant permis aux scientifiques de restituer l'apparence vraisemblable du Temple d'Hérode.

– Voilà qui m'étonnerait fort. Les découvertes qui ont rendu possible une telle reconstitution, illustrée ou en 3D comme la maquette du musée, remontent à la fin du XXe siècle.

– Alors ?

– Envisageons une autre hypothèse…

– Laquelle ? interrogea Daniel.

Tendant les mains, Julie réclama muettement la plaque d'argile. Daniel la lui déposa dans les paumes. Elle ne pesait presque rien. Julie la posa à son tour sur ses jambes, calée entre ses doigts, et murmura d'une voix songeuse :

– Vous souvenez-vous de ce que Greenwood nous a dit au sujet de Mahomet et d'un ange ?

– Parfaitement : la tradition musulmane veut que le Prophète ait été transporté en songe jusqu'à Jérusalem par l'archange Gabriel.

– Eh bien, fit Julie en tapotant la gravure, voilà notre ange, non ?

Daniel examina la partie supérieure du dessin.

– À la rigueur, concéda-t-il.

– Pas convaincu ?

– Pas vraiment, non. Et ce, pour une raison simple : si cette plaquette est aussi ancienne que vous l'estimez, comment aurait-on pu y représenter une scène bien plus tardive, c'est-à-dire postérieure à l'apparition de l'islam ?

Julie lui accorda un sourire plein de malice.

– D'où mon hypothèse…

– Qui est ?

Elle jeta un rapide coup d'œil à travers la lunette arrière, en direction des remparts de la Vieille Ville.

– La gravure a été réalisée alors que le Temple existait encore.

107

Ancienne colonie allemande.
Jérusalem.
7 juin 1967.

Fauché par la rafale, l'homme trébucha sur le toit en pente couvert de tuiles brunes et lâcha son fusil, avant de tomber dans le vide. Il s'empala sur les pointes de la grille, puis, les chairs se déchirant, chut mollement sur les pavés de la rue, ses yeux bleus demeurés ouverts.

Abrité derrière le muret du jardin de la maison d'en face, le sergent israélien fit signe à ses hommes que l'assaut était imminent.

Il leur avait fallu plus de deux heures pour déloger les tireurs qui défendaient la villa tenant le carrefour nord-est de la Vieille Ville. La brigade de parachutistes, l'une des premières à fouler le sol de la capitale reconquise, avait perdu deux hommes dans l'engagement, car nul n'aurait pu deviner que cette charmante maison de maître du XIXe de style centre-européen, au jardin entretenu et ouvert sur la rue, était infestée d'ennemis.

Le sergent regarda sa montre dont le verre était fendu. Ils devaient opérer leur jonction avec deux autres brigades devant le mur des Lamentations avant midi. Il lui restait une heure, au grand maximum, pour nettoyer cette dernière poche de francs-tireurs.

Jérusalem était presque entièrement conquise, et les bruits de combats diminuaient d'heure en heure.

Sur un signe de lui – deux doigts joints vers l'avant –, deux de ses plus intrépides soldats avancèrent, courbés, le long du muret jusqu'à la chaussée.

En face, le feu avait cessé de parler.

Les deux Israéliens, mitraillette en main, traversèrent la rue en courant, sous la couverture de leur équipe. L'un d'eux se plaqua contre la grille en fer brun de la villa encerclée, tandis que l'autre s'assurait de la mise hors d'état de nuire du sniper qu'ils avaient délogé du toit. Puis ils pénétrèrent dans le jardin, où gisaient deux autres corps, l'un européen, l'autre arabe.

Dos au mur, de chaque côté du petit perron qui menait à la porte d'entrée en bois entrebâillée, ils s'immobilisèrent enfin. L'un d'eux informa de la tête ses coéquipiers que la voie était libre.

En un instant, surgis de l'angle de la rue et des maisons voisines, ou sortant en rampant de sous une camionnette criblée de balles, une vingtaine d'hommes en uniforme olive, le visage buriné et l'œil ardent, investirent la villa.

À l'intérieur de ce qui avait dû être un hall bourgeois, il ne restait plus rien. Plus de meubles, réduits en copeaux par le mitraillage, plus de lustres ni de lampes, et plus de murs ou presque : les impacts des balles avaient déchiqueté les peintures, percé le crépi et fendu jusqu'au colombage.

Sur le carrelage en damier noir et blanc, une demi-douzaine de corps baignaient dans leur sang. Le sergent les enjamba tour à tour, afin d'examiner leurs visages. Arrivé au dernier, effondré revolver en main près d'une porte en chêne qui ouvrait sur les sous-sols, il lui fit pivoter la tête du bout de son fusil.

Comme la moitié des combattants tombés dans cet accrochage, l'homme était un blond aux yeux bleus.

– Fouillez-les ! ordonna-t-il. Trouvez leurs papiers, je veux savoir d'où viennent ces fils de bâtards !

Mais il ne se faisait guère d'illusions et, naturellement, les recherches furent vaines : des combattants non identifiés.

L'un de ses subordonnés, un brun trapu, suggéra en se relevant :

– Des convertis, peut-être... Certains Européens aiment ça.

Le sergent jeta un œil aux visages des soldats blonds. Que faisaient-ils ici, nom de Dieu ? Pourquoi avaient-ils choisi de se battre, aux dernières heures d'une guerre que le monde entier savait perdue ?

Qu'étaient-ils venus défendre au cœur de Jérusalem ?

– Mettez-moi tous ces salopards à poil ! lâcha-t-il en allumant une Lucky Strike.

Genoux fléchis, il déposa son arme sur le carrelage brisé. Il expira une bouffée et dégrafa le pantalon de l'homme tombé face contre terre.

Il eut une brève hésitation.

Une répugnance.

Il se souvint des pogroms dans le pays de ses parents, où les antisémites contraignaient les hommes à se dénuder sous la neige afin de les confondre. Il se souvint des massacres que les musulmans n'avaient cessé de commettre contre les communautés désarmées de Juifs avant la création de l'État par l'ONU, et particulièrement celui de 1929, au cours desquels on arrachait leurs vêtements aux victimes, afin de s'assurer que l'on n'égorgerait pas un Anglais.

Il déboutonna la braguette du cadavre. Un rapide coup d'œil lui apprit que le mort n'était pas converti à l'islam. Il recouvrit sa nudité.

Pourquoi diable était-il venu mener un dernier baroud d'honneur ici ?

– Aucun des blondinets n'est... heu... circoncis, vint l'informer à voix basse Sam, son adjoint de dix-sept ans, un caractère bien trempé que l'on surnommait ironiquement le « Colonel ».

Le sergent se releva et dévisagea le gamin au crâne déjà presque chauve.

– Tu dis à Isaac de prendre cinq hommes et de sécuriser l'étage. Je fais le sous-sol avec Perez et Zuckerman. Toi et les autres, vous restez ici. Surveillez la rue.

Deux minutes après, les mains sur les hanches, bouche bée, le sergent examinait la grande cave éclairée par les soupiraux où s'activaient ses deux hommes.

– Mais où sommes-nous, bon sang !?

Les murs grossièrement blanchis à la chaux étaient tapissés de portraits de Hitler, de Goebbels, du Grand Mufti de Jérusalem et de drapeaux nazis. Une carte du Grand Reich, datée de 1942, se décollait face à lui.

Le soldat Perez lui présenta un carton de photos jaunies auxquelles il n'accorda qu'une rapide attention : des clichés de jeunes gens en uniforme des *Hitlerjugend*, des jolies filles en plein exercice au grand air, croix gammée au revers de leur chemisier, et ainsi de suite. Le tout sur fond de paysages israéliens.

– Suffit, les gars, on bouge ! On reviendra plus tard…

Ils remontèrent au rez-de-chaussée, réunirent les hommes et reprirent leur marche vers la Vieille Ville.

Tous les hommes de sa brigade irradiaient de bonheur. Dans quelques instants, ils reprendraient possession, au nom de leur peuple, de la cité sainte, alors que leurs ancêtres rêvaient à Pâques, depuis des générations, de revenir « l'an prochain » dans la ville du roi David.

Mais le sergent, lui, était désormais hanté par une question : pourquoi des nazis avaient-ils pris le risque insensé de rester aussi longtemps à Jérusalem ? Et d'y sacrifier leur vie ?

108

Quartier Morasha.
Jérusalem.
11 h 03.

– Vous réalisez ce que cela signifierait ? demanda Daniel après un moment de réflexion.

– Que cette tablette aurait été gravée voilà deux millénaires.

– Ce qui pose tout de même un léger, très léger problème de logique, Julie !

Il détacha sa ceinture, jeta un bref coup d'œil dans l'impasse et se retourna pour lui faire face.

– Si la lanière de cuir remonte bien à l'époque du Christ...

– C'est ce que soutient Ibrahim Alush.

– Laissons l'antiquaire de côté pour l'instant, si vous le voulez bien. Que le message encodé ait été laissé par Jésus lui-même ou par l'un de ses contemporains, peu importe. Attachons-nous à sa datation.

– Ok.

– Bien. Le texte que nous avons décrypté à l'aide de la scytale était : « *Kodesh haKodashim* » et semblait désigner un *lieu*, le Saint des Saints, qui existait encore au temps où le message fut rédigé et transmis à la postérité.

– Indéniablement.

– Tout comme cette esquisse au charbon de bois...

– Probablement, oui.

– Comment expliquez-vous, dans ce cas, que le professeur Normandy ait pris de tels risques pour cacher dans une reconstitution du Temple, à laquelle nous avons songé grâce à la lanière de cuir, une tablette indiquant la direction… du Temple ? Nous tournons en rond, là !

– Peut-être mon père voulait-il cacher un indice à l'endroit auquel aboutiraient ses amis, Hegel et Tassa…

– Ou *vous.*

Julie demeura interdite. Elle passa nerveusement la main dans ses cheveux. Daniel reprit d'un ton catégorique :

– Je pense en effet que votre père connaît l'emplacement du *lieu* que tout le monde aspire à découvrir dans cette histoire de fous, et qu'il le connaît depuis longtemps déjà. Il avait un temps d'avance…

– Dans l'urgence, coupé de ses acolytes, il aurait dissimulé la plaquette d'argile dans la maquette avant d'être enlevé ?

– Parfaitement. Il devait se savoir menacé et la disparition subite de Hegel n'a pu qu'accroître son affolement. Par conséquent, il a dû estimer que la meilleure cache pour sa dernière trouvaille archéologique était le… Saint des Saints !

– Laquelle trouvaille, Dan, représente le Saint des Saints, précisément. C'est un peu alambiqué comme explication, vous avez raison.

– Peut-être pas tant que cela, si vous vous mettez à sa place : lui et ses amis brûlent de localiser le fameux *lieu* qui obnubile tant de monde. Plusieurs scientifiques ont été assassinés, et il le sait. Hegel s'est mystérieusement évanoui. Tassa est mort de peur et il ne tardera pas à être tué, lui aussi. Jennifer Lee est injoignable, perchée sur sa montagne où il n'y a pas de réseau, et de toute façon trop éloignée pour être du moindre secours. Victor ne peut s'en remettre ni au téléphone ni à Internet. Le temps presse, le danger se précise…

Julie opina doucement, une boule dans la gorge.

Ils avançaient sans jamais s'approcher du fin mot de l'énigme. Et, surtout, sans jamais s'approcher du professeur Normandy, pieds et poings liés quelque part près d'eux – peut-être même à quelques mètres de là...

– Je résume : il est informé que son ami antiquaire détient la lanière, que Hegel possède la scytale, mais ils n'ont pas eu le temps de placer ensemble le *disque* dans l'*ordinateur*.

– Tout est allé très vite ces derniers jours, Julie. Le Colonel a établi le calendrier des disparitions et des assassinats : tout concorde. Ils n'ont pas eu le temps de mettre en commun leurs découvertes.

– Donc, pris de court, mon père s'en va loger cette gravure dans une reproduction de l'endroit même qu'elle désigne ?

– Cela peut paraître absurde à première vue. Mais cela devient cohérent si l'on admet que la cachette est en même temps une confirmation : c'est autour du Temple qu'il faut chercher.

Poussant un long soupir, Julie contempla encore le dessin tracé sur le petit bloc d'argile.

Autour.

Dans...

Dessous ?

– Admettons, reprit-elle. Que doit-on voir dans cette scène ? Que représente-t-elle ?

– C'est assez incompréhensible, je l'avoue. Elle devait être forcément plus éloquente pour votre père, dans la mesure où lui et ses proches savaient ce qu'ils cherchaient. Je veux dire : ils savaient pourquoi ils s'étaient mis en quête d'un certain *lieu* à Jérusalem. Nous, nous progressons dans le noir.

– Nous progressons, nous progressons... c'est vite dit ! rechigna Julie.

Daniel reprit la plaquette et l'enroula dans le morceau de tissu. Il la glissa ensuite sous son siège.

– Il nous manque la clé. Depuis le départ. Tant que nous n'aurons pas percé le secret à l'origine de cette affaire, nous serons incapables de saisir la nature exacte de l'*endroit* qu'il nous faut trouver.

– Nous avons pourtant pléthore de choix : l'Arche d'Alliance, le trésor du Temple, un symbole politique…

– Mais une seule certitude : le Temple est au cœur de tout. Et il est à deux pas de nous.

– Il *était*.

– Oui, enfin, vous me comprenez… Encore que… il en subsiste quelques vestiges.

– Des vestiges ?

– Le mur des Lamentations. C'est le dernier pan des remparts de l'ancien Temple, et d'ailleurs sa dénomination historique exacte est : « Mur occidental ». On l'a appelé « Mur des Lamentations » parce que, depuis vingt siècles, il constitue le point de ralliement des Juifs, qui viennent y pleurer la destruction de la demeure sainte.

– Il n'y a donc pas à hésiter puisque…, commença la jeune Française.

La sonnerie du téléphone portable de Daniel l'interrompit. Ce dernier décrocha fébrilement.

– Mike ? répondit-il, avant de s'assombrir.

Julie tenta de deviner à son expression ce qui se passait.

Daniel, le visage fermé, acquiesçait en silence aux instructions que lui donnait son frère cadet.

– Confirmation de l'ordre : on ne bouge plus et on attend, fit-il gravement en raccrochant. Ils sont passés à l'offensive. Nous serons tenus informés en temps réel.

Julie évalua rapidement la situation, le temps déjà perdu, les souffrances de son père détenu quelque part près d'eux.

Sa décision fut immédiate.

Sans crier gare, elle ouvrit la portière, bondit et se mit à courir vers la Vieille Ville.

Daniel s'extirpa lui aussi de la voiture, mais en vain : elle se fondait déjà dans la foule.

– Julie, attendez ! hurla-t-il en suspendant sa course. Julie ! Le Maître, nous savons qui c'est !

109

Mur des Lamentations.
Jérusalem.
Au même moment.

Le monde et ses tourments, voilà longtemps que le vieux et chétif Henry Kubrick avait renoncé à les comprendre. Muré dans la solitude, sourd au possible, il bénissait l'Éternel d'être sorti vivant du camp de Birkenau et venait, chaque jour qui lui était encore alloué, se recueillir au *Kotel* – le mur des Lamentations.

Mais en cette matinée lumineuse, parmi tous ces hommes en noir balançant leur longue barbe au rythme de leurs prières, Kubrick crut à un signe du destin.

Triturant les boutons de sa chemisette, il observait l'un d'entre eux revêtu d'un curieux manteau noir à capuche, affublé d'une kippa en carton – de celles offertes aux visiteurs qui n'avaient pas la leur –, et qui murmurait non loin de lui, sous une broussaille desséchée sortant d'entre les blocs de pierre du Mur.

Le visage de l'inconnu lui sembla familier. Grand, pâle, les yeux clairs, d'un âge voisin du sien, ses traits semblaient empreints d'une féroce jubilation. Oui, Kubrick l'avait sans doute déjà vu quelque part.

Et il se souvint…

Le camp de concentration !

La bouche pâteuse, il tenta de mobiliser sa mémoire

défaillante. Était-ce dans les files des prisonniers, sous la férule des kapos, ou bien lors de la libération par l'armée Rouge ?

Non, cela avait dû être quelque part ailleurs...

Peut-être l'avait-il croisé dans la communauté de Budapest, jadis ? Ou à Vienne, pendant ses études ? Impossible à dire.

Sa face ridée, taillée à la serpe, était cependant gravée dans ses souvenirs. Kubrick maudit son grand âge.

Il fit quelques pas dans sa direction mais se ravisa, hésitant à le déranger en un tel lieu et en un tel instant.

Il vint cependant se placer à sa gauche et s'affaira, ainsi que le voulait la coutume, à rédiger un vœu accompagné d'une louange à l'Éternel sur un morceau de papier, avant de le ficher dans l'une des aspérités du Mur aux pierres monumentales.

Au sommet du Mur, des soldats casqués montaient la garde, l'œil sur l'esplanade des Mosquées. Derrière eux, des grappes de touristes, chrétiens et juifs, prenaient des photos du *Kotel* sans dépasser les barrières séparant curieux et fidèles.

Il s'approcha encore de l'homme qui poursuivait son oraison chuchotée, presque collé à la barrière de bois délimitant l'espace dévolu aux hommes de celui, plus étroit, attribué aux femmes.

Il tendit l'oreille au maximum et entendit.

Secoué d'un frisson, peiné pour son coreligionnaire rendu sans doute fou de douleur, il s'écarta, les larmes aux yeux, et décida de s'éloigner afin de le laisser en paix.

Si Dieu le voulait, il aurait une autre occasion de parler à ce brave homme.

Insensible à la tentative de Kubrick, le Maître, un sourire mauvais aux lèvres, débitait sa litanie sans en ralentir le rythme.

C'était sa prière à lui.

Elle lui conférait force et détermination. Lui rappelait le temps heureux du triomphe et du carnage.

Réciter, ici même, ces quelques mots, parmi ces Juifs haïs, lui procurait une jouissance indicible.

À l'heure où il allait précipiter la victoire des Fils des Ténèbres, le Maître récitait et récitait encore ces noms qui le transportaient d'une joie maléfique :

Auschwitz, Birkenau, Treblinka, Sobibor, Majdanek, Belzec, Chelmno, Auschwitz, Birkenau, Treblinka, Sobibor…

110

Nouvelle Porte.
Jérusalem.
11 h 11.

Le plan était simple quoique risqué.

Julie l'avait échafaudé en un instant, avant de laisser Daniel sur place. Elle avait foi en son compagnon, mais beaucoup moins en l'efficacité de ses proches : quels succès Mickaël et le Colonel avaient-ils remportés depuis que les cadavres s'amoncelaient dans la communauté scientifique ?

Aucun ! songea-t-elle rageusement en fendant la foule des pèlerins près de la Nouvelle Porte.

Qu'avaient-ils anticipé, bardés de leur matériel high-tech, et qu'avaient-ils empêché, forts de leurs services secrets imbattables ?

Rien.

Un à un, les amis de son père étaient morts, les archéologues et les universitaires étrangers accourus en Terre sainte avaient été éliminés ou étaient portés disparus.

Et les Israéliens n'avaient pas la moindre idée de la façon de secourir le professeur Normandy.

Julie stoppa à l'intersection des voies Saint-Francis et Dimitrius, tâchant de se souvenir dans quelle direction elle avait bifurqué la veille en compagnie de Daniel.

Instinctivement, elle était retournée vers la Nouvelle Porte, cette petite encoche dans les remparts majestueux ; de l'endroit où ils s'étaient garés, pourtant, il aurait été plus logique de se diriger vers la porte de Damas – mais Julie suivait son flair.

Autour d'elle, une population nombreuse et bigarrée naviguait en tous sens, attirée par les échoppes de bondieuseries, les marchands de victuailles, les antiquaires proposant d'authentiques souvenirs *made in China*, et le flot des habitants lents et las de la Vieille Ville.

Cramponné à sa canne d'olivier, un Arabe frisant le siècle et plus chiffonné encore que ses vêtements passa devant elle, épargné comme par prodige par la houle environnante.

– Je vous demande pardon…

Le vieillard posa sur elle ses yeux voilés par la cataracte et agita la main comme pour chasser une mouche. Il ne parlait pas anglais – ou n'était pas enclin à répondre aux touristes.

Julie insista pourtant :

– Via Dolorosa ?

L'Arabe la fixa à nouveau.

Il sortit en tremblotant son chapelet aux billes de bois, au bout duquel pendait une petite croix, et lui désigna en souriant la voie qui partait vers la droite.

Julie remercia le chrétien d'un bon sourire et reprit sa marche.

Le plan était simple mais risqué, soit. Mais avait-elle le choix ? Elle n'allait pas obtempérer – « On ne bouge plus ! » – et attendre les bras croisés que les ravisseurs de son père le suppriment. Après tout…

Qui avait fait avancer l'enquête de manière décisive ?

Elle.

Qui avait abattu le tueur lancé à leurs trousses par le Maître ?

Elle.

La Via Dolorosa s'étranglait à l'approche du Saint-Sépulcre, prise entre des maisonnées hautes et rapprochées. Une procession de chrétiens venus du Mexique la bouchait presque complètement, qui suivait une à une les douze stations du Christ lors de sa Passion.

Elle s'efforça ne pas trop les bousculer, distribua des sourires contrits mais se fraya énergiquement un chemin parmi eux.

Quand elle aurait dépassé la placette où Daniel et elle avaient rencontré le père Mario Tassa la veille – il lui semblait que cela remontait déjà à plusieurs mois… –, elle obliquerait vers le sud, en direction du mont du Temple.

Ensuite, calcula-t-elle, guidée par le dôme d'or scintillant de la grande mosquée, elle trouverait son chemin jusqu'au mur des Lamentations. Car c'était bien là qu'elle se rendait.

Et c'était là, elle le sentait, qu'elle trouverait.

Ou qu'elle échouerait.

Si son choix s'avérait judicieux, elle avait un plan : elle ferait savoir aux ravisseurs par n'importe quel moyen – les éditions *online* des journaux locaux ? une déclaration sur le câble ? – qu'elle avait localisé le *lieu* qu'ils recherchaient et qu'elle était prête, en échange de cette information, à négocier la vie de son père.

La lionne accéléra le pas.

111

Désert de Libye.
El-Alamein.
22 octobre 1942.

– Te rends-tu compte de ce que tu me demandes ? répondit après un temps le général Rommel.

Sous la tente balayée par un vent sablonneux, le ronronnement des panzers et des camions semblait lointain. Portés par un air sec et brûlant, leurs effluves de gasoil irritaient la gorge.

Le visiteur ne cilla pas. C'était un Allemand du même âge que le chef de l'Afrikakorps, la cinquantaine, blond, le visage serein. Une croix piquée au col de son uniforme informait de sa qualité : aumônier militaire.

Rommel quitta la caisse de grenades sur laquelle il s'était assis, s'approcha d'une table de fortune – une porte placée sur deux piles de sacs de sable – et se saisit d'une flasque gainée de cuir brun.

– Whisky ?

– Non, Erwin, répondit l'aumônier, tu sais bien que je ne bois pas.

– C'est vrai, fit Rommel en avalant une rasade. Je me souviens qu'à Ulm, tu étais le seul étudiant à ne jamais prendre de cuite !

– Peut-être trouvais-je déjà mon ivresse ailleurs ? fit malicieusement le visiteur.

– Ah ! Ton Dieu ! Ton sacré Dieu… Eh bien, tu as tort, il est excellent ce whisky. Confisqué aux Anglais que nous avons mis en déroute l'année dernière.

– Ils peuvent encore gagner la guerre, Erwin…

Rommel eut un geste d'agacement et reposa la flasque brusquement.

– Si toutefois tu les aides.

– Assez ! s'énerva le général. Je ne sais si c'est le soleil d'Afrique qui te fait perdre la raison, mais ce que tu exiges…

– Considère ma demande, insista l'aumônier.

– Sais-tu comment les Arabes m'appellent depuis que j'ai avalé la moitié de leur monde et atteint les portes de l'Égypte ?

– *Der Wüstenfuchs.*

– Le « Renard du désert », parfaitement ! Et aux yeux de Hitler, une telle réputation, qui suscite l'admiration et la peur chez l'ennemi, couplée à mes récentes victoires, décide de tout : il peut faire de moi son successeur si je défais Montgomery demain à El-Alamein !

Son compatriote lui jeta un regard désolé, avant de baisser la tête.

Rommel s'assit sur la caisse frappée de la croix gammée et passa la main sur sa tonsure.

– Comprends-moi, j'arrive à la fin de ma carrière. Je n'ai été impliqué dans aucune des horreurs du régime. Demain, quand notre Allemagne victorieuse et agrandie proposera la paix aux Américains, je serai un interlocuteur acceptable pour les Occidentaux. Hitler n'est pas éternel…

– Oui, son temps est compté. Il est écrit : « Et il lui fut donné une bouche qui proférait des paroles arrogantes et des blasphèmes ; et il lui fut donné le pouvoir d'agir pendant quarante-deux mois. »

Ils s'observèrent en silence.

Rommel savait ce que son ami de jeunesse pensait de son

ambition, et plus que tout il connaissait son horreur du nazisme – son uniforme n'avait jamais été souillé par le *svastika*.

– Comprends-moi, je t'en prie...

– J'essaye, Erwin.

– Depuis 1941, j'ai fait coup double : j'ai prouvé que les Italiens étaient incapables de gagner seuls la guerre africaine et j'ai fait reculer les Anglais. Le Führer est ravi : Mussolini, son ancien mentor, est réduit au rang de vassal et l'Angleterre sur le point d'être asphyxiée, car le canal de Suez sera bientôt mien !

Un tank, frôlant de trop près la tente, le fit taire un instant. Dehors, les aboiements de la S.S. affectée à la protection (et à la surveillance) du général chassèrent le tankiste maladroit.

– Et ensuite ?

– Tu le sais pertinemment...

– Jérusalem ?

– Jérusalem.

Le visiteur se pencha vers Rommel. Ses bottes craquèrent.

– Motif officiel : couper l'Angleterre de son Empire et faire jonction avec les troupes du Caucase, n'est-ce pas ?

Chassant la sueur de sa nuque, Rommel confirma d'un hochement de la tête.

– Et pourtant, ton Führer te ment, Erwin.

– Comment cela ?

– Son objectif n'est pas la conquête, mais la destruction. Il se moque comme d'une guigne des Allemands, qui ne sont que le fléau dans sa poigne. Ce qu'il désire, c'est accomplir le plus grand carnage de l'histoire. Sais-tu ce qu'ils font aux Juifs en...

– Arrête ! Cela ne me concerne pas !

L'aumônier sourit tristement. Mais il ne lâcha pas prise :

– Tu as raison, revenons à toi, c'est bien plus important. L'objectif de ton maître, ce n'est ni de contrôler les voies maritimes et terrestres de la Couronne, ni de rejoindre les troupes de von Paulus dans le Caucase. Il veut s'emparer de Jérusalem, un point c'est tout.

– Tu recommences ! Mais je t'ai dit que c'était absurde : Jérusalem n'a aucun intérêt stratégique.

– Dans ce cas, dis-moi pourquoi Himmler et ses fanatiques de l'Ordre noir tiennent prête une compagnie S.S. en Grèce, une compagnie chargée d'investir Jérusalem quand tu l'auras encerclée ?

Rommel se redressa, l'air courroucé.

– Le soleil te fait délirer !

– Et pourquoi cette compagnie est constituée exclusivement de S.S. formés au château de Wewelsburg ?

Le chef de l'Afrikakorps resta impassible, mais un frisson parcourut son dos. Comme tous les dignitaires du régime, il avait eu vent de rumeurs sur les projets religieux du sinistre Himmler.

Wewelsburg.

Le repaire de l'ordre suprême de la S.S. en Westphalie, l'endroit où le Reich préparait en secret la relève religieuse qui achèverait de balayer le christianisme, pour lui substituer une religion venue des ténèbres.

Aux commencements du Reich, Himmler et ses runes, ses messes noires, son ordre secret, ses rituels sataniques provoquaient les ricanements des généraux de la Wehrmacht. Puis la peur s'était insinuée : la S.S. s'infiltrait partout, contrôlant tout – et le temps de la terreur avait commencé. Ceux qui prétendaient servir l'Allemagne plus que le Führer, qui continuaient à fréquenter le temple ou l'église, et que rebutaient les projets de génocide qui s'ébruitaient, tous ceux-là avaient été peu à peu écartés, avaient disparu ou connu de regrettables accidents de voiture, de chasse, d'avion…

– Es-tu certain de tes sources ?

– Absolument.

Rommel fixa le drapeau de sa division, au coin duquel un

astre noir, tombant à la renverse, semblait promis à une mer de sang.

La croix gammée.

– Mais si demain je retiens mes coups face aux Anglais, ainsi que tu me le suggères…

– Non, il ne s'agit pas de retenir tes coups, mais de perdre la bataille d'El-Alamein.

– Hitler sera fou de rage ! explosa le général. Il exigera mon retour immédiat et peut-être même mon suicide. Je risque ma peau !

L'aumônier se leva, s'avança et lui posa la main sur l'épaule.

– Et ton âme, Erwin, ton âme, y as-tu jamais pensé ?

Le Renard du désert ne se dégagea pas de l'étreinte familière de son subordonné.

– Et tout cela, dis-tu, pour servir un Dieu… qui n'existe pas.

Le visage du visiteur s'éclaira de satisfaction : amener l'adversaire sur son terrain, c'était l'avoir déjà à moitié vaincu.

– Comment sais-tu que le jour existe, Erwin Rommel ?

– Parce qu'il n'y a nul besoin de théorie fumeuse pour s'en convaincre. Il me suffit de voir la nuit tomber pour comprendre ce qu'est le jour.

L'aumônier accentua encore la pression de ses doigts et reprit dans un chuchotement :

– Alors, sache qu'à Jérusalem, tu connaîtras la nuit…

112

Mur occidental.
Jérusalem.
11 h 22.

Au-delà des portiques de contrôle, Julie aperçut l'esplanade en pente qui menait au mur des Lamentations. Tout l'espace semblait taillé dans une matière identique, une pierre brute et lumineuse qui couvrait la chaussée, les remparts environnants et les hautes bâtisses sur le flanc ouest, abritant les écoles religieuses.

Une jeune femme aux traits adolescents, moulée dans un uniforme de Tsahal, lui fit signe de s'avancer. Elle plaça son détecteur manuel sur son torse, dans son dos, puis le promena le long de son corps et de ses jambes. En se redressant, elle tiqua en apercevant à l'arrière de l'encolure de son t-shirt une petite plaque de métal, semblable à celle des militaires.

Elle s'adressa à Julie en hébreu.

– Désolée, dit-elle. Je ne parle qu'anglais…

– Française ? demanda en riant la soldate, qui avait reconnu l'accent parisien.

Julie confirma d'un petit sourire.

– C'est un cadeau de ton fiancé ? Il est d'ici ? interrogea l'Israélienne en désignant le t-shirt que lui avait donné Mickaël.

Se souvenant de l'épisode de l'aéroport, Julie choisit le plus simple :

– On va se marier.

La soldate soupira d'envie et la laissa franchir les portiques.

Il y avait autour d'elle un grand nombre de touristes qui se préparaient à visiter le lieu saint, vissant leur chapeau, s'humectant les lèvres et la nuque – car il n'y avait au Mur, sous le soleil conquérant, pas la moindre parcelle d'ombre.

Quelques mètres après le contrôle, un groupe de femmes sollicitaient les visiteurs, cherchant à leur vendre pour une somme dérisoire un petit fil rouge à nouer autour du poignet. C'étaient des mères de famille orthodoxes, dont les maris gagnaient peu ou pas leur vie, accaparés par l'étude du Talmud dans les écoles environnantes, et auxquelles il était interdit de mendier. Elles exploitaient donc, l'air accablé sous leur foulard, la jupe tombant jusqu'aux souliers, la coutume remise en vogue par Madonna et les adeptes de la Kabbale *new age*.

Dans l'avion, Daniel lui avait expliqué le principe : on attachait autour de son poignet le bout de fil écarlate en faisant un vœu, lequel était censé s'accomplir au moment où le fil se romprait. Daniel n'avait pas caché son scepticisme, car selon lui, les principes mêmes de son peuple interdisaient de telles superstitions. Il lui avait narré son altercation, quelques années auparavant, en compagnie de ses frères, avec un rabbin qui soutenait mordicus qu'une telle croyance était agréable au Seigneur : le violoniste avait noué le fil rouge devant le barbu catégorique en lui demandant de deviner son vœu. Le religieux avait épuisé en vain toutes les ressources de son imagination, avant de s'avouer vaincu. Sous les rires de ses cadets, il avait alors révélé au rabbin que son vœu était le suivant : que jamais le fil rouge ne se casse. Or tant qu'il ne cassait pas, le vœu – qu'il ne se casse jamais… – ne pouvait se réaliser ; et quand il se casserait, le vœu ne pourrait alors plus se réaliser. Le vieil homme avait planté sur place les jeunes gens en bougonnant, lesquels ne furent pas mécontents d'enseigner à une vieille barbe que l'esprit juif ne se logeait pas toujours là où on l'imaginait.

Julie eut une pensée attendrie pour son compagnon.
Et reprit aussitôt sa marche vers le Mur.

Sur sa droite, au loin, de l'autre côté de la vallée du Cédron, dans une clarté intense, les bulbes des églises orthodoxes rayonnaient sur la colline du mont des Oliviers. Face à elle, le mur des Lamentations s'élevait d'une trentaine de mètres jusqu'au mont, bordé d'arbres. En bas, une foule d'hommes en noir et de Juifs venus du monde entier se pressait contre le dernier mur de soutènement du Temple.

Par où commencer ?

Elle pouvait se rendre au Mur : la seule condition, ainsi qu'elle le comprit en observant le manège des touristes, était d'en respecter les règles – côté femmes, la tête couverte.

Mais après ?

Les blocs qui formaient le Mur n'offraient aucune entrée, même murée. Derrière se trouvait la zone musulmane, interdite aux infidèles et aux femmes.

Elle repéra un guide francophone qui haranguait les membres de son groupe. À tout hasard, elle se joignit à eux.

– Voici le dernier vestige du mur d'enceinte érigé par Hérode il y a deux mille ans, expliquait-il à ses ouailles. D'une longueur d'environ soixante mètres, ce pan n'est que la partie visible de la muraille occidentale d'origine, laquelle faisait près d'un demi-kilomètre.

– Quand a-t-il été détruit ? demanda une petite femme à l'accent canadien chantant.

– Il ne l'a pas été, en vérité : le reste du mur est actuellement situé pour une partie dans le quartier arabe de la ville, utilisé comme quatrième mur par les maisons attenantes, et pour l'autre enterré sur plus de deux cents mètres, la ville étant à flanc de colline. Cette partie souterraine peut être vue en empruntant le tunnel récemment ouvert et dont vous apercevez l'entrée au coin, là-bas. Ce sera la suite de notre visite : nous plongerons dans les profondeurs de l'ancienne Jérusalem.

C'était là.

Julie le comprit aussitôt : s'il y avait quelque chose à comprendre – et à trouver –, c'était là.

Elle s'éloigna lentement, continuant de prêter l'oreille au discours du guide :

– À l'origine, le *Kotel*, ainsi que le nomment les Juifs, n'était pas à proprement parler sacré. Certains historiens envisagent même que c'était le mur par-dessus lequel les prêtres avaient l'habitude de jeter les détritus du Temple. Mais une fois le sanctuaire rasé par les Romains...

– En 70 ! glapit un Français boudiné dans un t-shirt sur lequel se déformait le visage de Hugo Chavez.

– Oui, Julien, en 70. Après la destruction du second Temple, donc, les Hébreux qui n'avaient pas été déportés dans les provinces romaines furent interdits de visite. L'interdiction fut assouplie au cours des siècles suivants, puis arrivèrent les envahisseurs musulmans qui...

– Pas de politique, on avait dit ! interrompit Julien, l'air vigilant et indigné.

– Mais c'est une réalité historique que personne ne... Bref, le mont fut « investi » et des mosquées construites, lesquelles furent un temps transformées en églises par les croisés. Or, aujourd'hui, la seule partie accessible de ce qui fut jadis le rempart du Saint des Saints, c'est le Mur. Avec les souterrains, bien sûr.

Les souterrains : c'était précisément vers eux que se dirigeait Julie.

113

Massada.
Vallée de la mer Morte.
Deux semaines plus tôt.

Les murs prenaient une teinte mandarine à mesure que le soleil déclinait. Il planait dans l'air le doux parfum d'une bougie aux aromates, qui tremblotait sur le sol en terre.

– Ainsi, la jeune Park est catégorique…, murmura Peter Hegel, le regard perdu sur l'étendue grise du lac.

– Absolument, répondit le professeur Normandy, qui se tenait debout dans son dos, chemisette taupe et pantalon brun, les bras croisés devant la stèle frappée de l'étrange étoile de David.

L'Allemand rumina l'information, puis, se frottant les mains sur son costume de lin chiné, il se retourna très lentement et chercha des yeux son vieil ami.

– Où est-elle ?

– Je l'ignore. Son portable est sur messagerie depuis hier. Aux dernières nouvelles, toujours sur le rivage. Côté jordanien. Elle m'a promis de nouveaux prélèvements cette semaine.

– Dieu nous en donne le temps, Victor !

– Que… que veux-tu dire ?

– Il se passe des choses troublantes autour de nous.

– Tu penses à Wang ?

– Notamment.

Il enjamba la stèle et s'approcha de la porte, guettant le retour de Jennifer Lee.

– Je ne voudrais pas inquiéter la petite, souffla-t-il comme pour se justifier. Mais il est vrai que la mort de notre confrère chinois, cette chute inexpliquée à Qumran, et un certain nombre de détails me conduisent à penser que…

Il préféra ne pas poursuivre. Tous deux savaient ce qui les attendait.

Tôt ou tard.

– Tu crois qu'ils sont là ? interrogea le Français. Tu crois qu'ils sont déjà à l'œuvre ?

Hegel baissa la tête.

– Je ressens leur présence.

Puis il leva les yeux vers le professeur Normandy.

– Des silicates, disais-tu ?

– Et en grande quantité, répondit son ami. Des silicates dont la composition est rarissime. Et, pour un échantillon au moins, inconnue.

– Ceux que Park a réussi à identifier dans ses analyses sont tous d'origine…

– Extraterrestre. C'est acquis.

– Nous ne devons néanmoins pas écarter l'hypothèse qu'ils soient des restes de météorites…

– Non, bien sûr. Mais il y a également les relevés le long de la trouée désertique entre le bassin de la mer Morte et Jérusalem, la seule zone de tout le pays que les Israéliens ont été incapables de faire reverdir.

– Il y a certainement une explication géologique, objecta faiblement Hegel.

– Peut-être, mon ami, peut-être. Mais quand on voit les vergers et les palmeraies qu'ils ont fait sortir du désert…

L'universitaire eut un soupir qui finit en un gémissement.

– Les temps approchent, Victor.

– Je le sais.

– J'aurai la scytale dans les jours qui viennent. Un marchand syrien. Prix exorbitant. Mais nous n'avons plus le temps de négocier, n'est-ce pas ?

– Ibrahim rentre de Londres également la semaine prochaine. Nous détiendrons alors et le *disque* et l'*ordinateur.*

– Et nous saurons enfin, conclut Hegel.

À ce moment précis, la voix de Jennifer Lee se fit entendre dans la pièce mitoyenne servant de salle d'étude à l'équipe scientifique qui avait repris les fouilles au sommet de Massada.

La jeune archéologue entra dans ce qui lui tenait lieu de chambre et déclara d'une voix triomphante :

– La récolte est pour bientôt ! Nous aurons sous peu les premières dattes. Vingt siècles après les derniers combattants de la forteresse !

– Magnifique ! se força à répondre Normandy sur un ton enjoué.

Jennifer sentit l'anxiété qui s'était emparée des deux hommes.

– Vous avez de nouveaux éléments ?

– Oui..., commença le professeur.

– Mais qui nécessitent encore réflexion, l'interrompit Hegel pour couper court à toute confidence superflue.

Moins elle en saura, songea-t-il, *moins sa vie sera exposée.*

Lee se planta devant eux, croisant elle aussi les bras.

– Vous emportez la stèle ?

– Non, répondit l'Allemand. Elle reste ici pour l'instant. Nous en révélerons l'existence quand... Eh bien, quand nous aurons réglé certaines questions prioritaires, Jennifer. D'ici là, préparez un mémo : c'est vous qui publierez dans *La Revue archéologique.* Et puis, le *National Geographic* fera un bon complément pour le grand public.

L'air ravi, Jennifer les remercia d'une inclinaison de la tête.

– C'est en effet une pièce unique, commenta Normandy.

Sans en dire davantage, il se plaça au-dessus du bloc et le contempla une dernière fois, bientôt imité par Hegel et la jeune femme.

Les paupières plissées, Lee se remémora alors les propos de ses deux pygmalions, quelques heures plus tôt – et leur stupéfaction :

« La taille comme la gravure sont pré-antiques. Peut-être de l'âge de bronze, avait dit Victor Normandy.

— Le symbole est inconnu, avait commenté Hegel, fasciné. L'origine de l'étoile de David et son explication ?

— Deux triangles qui ne s'emboîtent pas, avait ajouté Normandy, mais qui semblent s'affronter.

— L'un se dressant depuis la terre, avait murmuré Hegel, l'autre chutant… »

114

Mur occidental.
Jérusalem.
11 h 28.

Dans l'angle nord-est de l'esplanade du mur des Lamentations, passé deux fontaines où les pèlerins utilisaient des cruches en plastique pour leurs ablutions, une petite galerie en pierre granuleuse de Jérusalem, visiblement édifiée de fraîche date, courait perpendiculairement aux remparts. Sous ses arcades massives, une longue queue de touristes attendait de pouvoir descendre dans les souterrains mis au jour à la fin du siècle dernier. Plus bas, du même côté, directement au pied du Mur, une large entrée donnait sur une salle voûtée.

Muni d'un ample châle acheté aux vendeuses de fil miraculeux, Julie se couvrit la tête et les épaules, décidant d'explorer d'abord cette salle. Elle dut pour cela emprunter la zone réservée aux hommes – ce qui ne fut pas sans lui valoir immédiatement des regards désapprobateurs ; elle hâta le pas.

Des barbes s'agitèrent bientôt autour d'elle, lui commandant en hébreu, en anglais et en yiddish de rebrousser chemin. Mais personne n'osait la retenir, car pour cela il aurait fallu la *toucher*.

Arrivée dix mètres plus bas, elle aperçut la salle, plongée dans la pénombre : avoisinant dix mètres de hauteur sur trente de profondeur, meublée de quelques modestes tables et de grandes armoires de bois ouvragées où étaient remisés les rouleaux de prière, elle se terminait par un mur de préfabriqué.

Plusieurs hommes sortirent à sa rencontre, l'air farouche, lui faisant signe de quitter l'endroit ; partout autour d'elle, on avait cessé de prier, et l'on s'approchait d'elle.

Elle tourna les talons aussi vite qu'elle le put. D'abord, afin d'éviter de provoquer un incident qui aurait pu conduire à son interpellation ; ensuite, parce qu'elle venait de réaliser sa méprise : la salle n'en était pas une. Au fond, juste avant le mur de fortune, une arche en arrondissait le plafond. La salle où les croyants entreposaient leurs livres de prière était en fait placée sous l'ancien pont qui menait jadis au mont du Temple. Ce n'était pas un tunnel.

Elle regagna la galerie supérieure et se mêla aux visiteurs dans la file d'attente devant l'unique guichet. Son tour arrivé, le caissier l'informa qu'il ne restait de billets que pour les visites de l'après-midi.

Elle s'écarta et réfléchit. De deux choses l'une : ou bien Daniel la laisserait faire, et elle devait mener rapidement ses investigations afin de trouver quelque chose de monnayable avec les ravisseurs de son père ; ou bien alors Daniel avait déjà donné l'alerte et… elle devait faire plus vite encore.

Elle se composa l'expression la plus autoritaire qu'elle put, bouscula quelques touristes étonnés de ses mauvaises manières et parvint jusqu'au garde qui poinçonnait les billets d'accès. Elle lui plaça sous le nez sa carte du Louvre.

– Rendez-vous important. Archéologie. Laissez-moi passer.

L'homme, une grande tige basanée au regard éteint, lui opposa un refus catégorique.

– Ok. Appelez votre manager, décocha-t-elle. Vous allez avoir de gros problèmes, mon garçon. Allez, appelez-le !

Autour d'eux, rendus irritables par une longue attente dans la chaleur, les visiteurs piaillaient d'impatience.

Le garde soupira et s'écarta devant elle.

Julie pénétra dans une petite pièce bondée, où un guide du musée, appuyé à une reconstitution miniature du Temple à l'époque de Jésus, éclairait les touristes sur les galeries qu'ils allaient emprunter.

Elle se faufila par l'étroite ouverture qui menait au niveau inférieur et entama sa descente dans les entrailles de la ville.

Quelques instants plus tard, après avoir avancé tête baissée dans de minuscules couloirs creusés à même la roche, elle accéda à ce qui ressemblait à une vaste grotte où déambulaient des dizaines de visiteurs.

Au milieu de colonnes romaines reconstituées et de blocs provenant du Temple détruit par les troupes de Titus, des galeries partaient en tous sens, soutenues par des étais ; des escaliers de bois montaient et descendaient tout autour de la vaste salle suintante, illuminée par des spots de chantier.

Repérant trois gardes qui surveillaient distraitement les allées et venues, Julie marqua un arrêt. Et se souvint de ce que lui avait dit le père Tassa : « Victor est obnubilé par les grottes, les souterrains, les tunnels… »

Elle en eut le clair pressentiment.

C'était ici.

115

Repaire du Maître.
Jérusalem.
Au même instant.

– Est-il mort ?

Un genou à terre, penché sur le corps du professeur Normandy, Mickaël cherchait en vain son pouls. Les lèvres du vieil homme semblaient définitivement scellées par le sang coagulé.

Sans détourner le regard du supplicié dont il venait de détacher les mains aux ongles arrachés, le frère de Daniel répondit enfin au Colonel :

– Non. Mais il n'en a plus pour longtemps. Ils l'ont massacré...

Son chef, le crâne plus luisant que jamais sous la lampe de la cave, ordonna du menton à ses hommes de remonter.

– Allez me chercher Tova. Qu'elle le fasse immédiatement évacuer vers Saint-Louis !

– L'hôpital chrétien ? s'étonna l'un d'eux en remontant les marches.

– L'hôpital le plus proche ! s'agaça le Colonel.

Mickaël s'approcha du visage de Victor Normandy. Puis il se releva légèrement, cherchant à attirer l'attention de son supérieur.

– Il respire ? demanda ce dernier.

Le jeune homme sourit.

– Mieux que cela : il parle.

Le Colonel s'accroupit près du corps, le cœur serré par le spectacle. La peau de l'archéologue était bleuie par les coups. Son œil droit, poché, ressemblait à un œuf de perdrix. Le nez était quasiment collé à la joue.

– Écoutez..., chuchota Mickaël.

Cohen inclina davantage encore la tête, approcha son oreille du visage du professeur.

– Le Temple... Arrêtez-le !

Dans un geste dont la tendresse étonna Mickaël, le Colonel passa la main sur le front du vieillard pour en dégager les cheveux collés par la sueur et l'hémoglobine.

– Votre fille est en sécurité, Victor, lui dit-il doucement dans un français rocailleux. Nous veillons sur elle.

Une expression d'infini soulagement se dessina sur la face martyrisée de l'archéologue.

– Vous pourrez la voir bientôt, très bientôt..., le rassura-t-il en acceptant la main décharnée que le professeur lui tendait. Tout est fini, à présent.

– Non..., fit Normandy d'une voix presque inaudible.

Il déglutit avec peine, rassembla ses forces, tenta en vain d'ouvrir les paupières, et laissa retomber sa tête.

– Non, rien n'est fini... Les Fils des Ténèbres...

Cohen tressaillit. Ainsi, le père de Julie en savait beaucoup plus qu'il ne l'avait imaginé. Son premier réflexe fut de congédier Mickaël :

– Va nous chercher un peu d'eau. Grouille !

Puis il prit la tête de l'archéologue dans ses mains et, une fois Mickaël hors des lieux, lui répondit en s'exprimant très lentement :

– Oui, professeur, nous savons qu'ils sont là. Nous les traquons.

– Le Temple... Le...

– C'est *là* qu'il faut chercher ?

Le vieil homme mobilisa toute son énergie mais fut incapable de poursuivre. Sa tête retomba entre les mains de l'Israélien.

– Ménagez-vous. Nous allons vous… heu… retaper.

Au prix d'un immense effort, Normandy prononça encore quelques mots :

– Le Maître est…

– Ne vous fatiguez pas, professeur. Nous connaissons son identité. Nous avons déjà intercepté son homme de main et déjoué ses projets d'attentats.

Venue de la rue, la sirène stridente de l'ambulance parvint jusqu'à eux.

L'archéologue plaça fébrilement sa main sur le bras du Colonel.

– Le Temple… Il est au Temple. Arrêtez-le…

– Nous allons l'arrêter, tranquillisez-vous.

Après un dernier sursaut, le corps du vieil homme devint tout mou dans ses bras.

– *L'Astre du matin…*, râla-t-il avant de sombrer dans le néant.

116

Tunnels du Temple.
Jérusalem.
11 h 25.

Dans l'urgence, les choix que l'on doit faire sont toujours décisifs. Ou catastrophiques.

Se détachant de la masse des touristes attroupés autour d'un bassin d'eau verdâtre – une ancienne citerne ? un bain rituel ? –, Julie s'approcha de l'ouverture d'une galerie en coude qu'un cordon interdisait au public.

Les deux gardes s'étaient éloignés pour bavarder. Le troisième rôdait à proximité de Julie, sans lui prêter particulièrement attention.

Si elle se faisait remarquer en tentant de descendre plus bas dans les souterrains du Temple, ils n'auraient aucun mal à l'arrêter. Et tout serait perdu. Car dans la course implacable qu'elle avait entamée avec son ennemi invisible, chaque heure, chaque minute était vitale et déciderait du destin de son père.

Au premier moment d'inattention du gardien, elle se glissa sous le cordon et avança d'un pas dans le corridor de pierre éclairé de veilleuses. Cinq mètres plus loin, elle se heurta à une porte métallisée.

Un boîtier à code en commandait l'ouverture. Elle fit pression sur la porte aux gonds d'acier. En vain.

Elle songea à battre en retraite, mais auparavant, à toutes fins utiles, elle se hasarda à composer les combinaisons qui lui passaient par la tête :

0-0-7-0

L'année de la destruction du Temple.

1-9-4-8

Celle de la renaissance de l'État d'Israël.

1-9-6-7

L'année de la récupération de Jérusalem.

1-9-9-0

La date de l'ouverture au public des tunnels.

À chaque fois, une diode rouge lui répondit négativement.

Elle supputa qu'après un certain nombre d'essais infructueux, une alarme signalerait aux forces de sécurité une tentative d'effraction.

Peut-être étaient-elles déjà alertées ? En chemin pour se saisir d'elle ?

Un courant d'air froid, aux relents moisis, l'enveloppa, la frigorifiant jusqu'à la moelle.

Au-dessus de sa tête, la veilleuse clignota un instant. Elle se tourna et entreprit de regagner la zone autorisée pour…

Non.

Encore une tentative.

Elle revint sur ses pas et entra le code le plus simple du monde, le plus bête et le plus courant.

0-0-0-0

La diode passa au vert et un déclic libéra l'ouverture de la porte blindée.

Julie jeta un œil par-dessus son épaule.

Personne.

Face à elle, à peine éclairé, un escalier descendait en pente raide dans les profondeurs.

Elle s'y engagea. Et, afin de ne pas prendre le risque de se faire repérer, elle ne claqua pas la porte derrière elle, préférant la laisser ouverte. Pressée par le temps, Julie estima son choix judicieux.

Elle ne fut pas la seule.

Quelques secondes seulement après son passage, une ombre se glissait dans son sillage.

117

Grande loge de Memphis.
Washington.
13 mars 1968.

– Allons, succombe donc... Laisse-toi tenter, mon jeune ami..., susurra-t-il encore.

Ronald Greenwood ne pouvait détourner le regard du coffret ouvert devant lui. Un sourire méphistophélique aux lèvres, son généreux menton posé sur son nœud papillon vermillon, Kidman guettait sa victoire.

N'y tenant plus, Greenwood prit un chocolat.

– À la bonne heure ! commenta le sexagénaire d'un ton guilleret. Il faut résister à tout, sauf à la tentation.

De ses petits doigts dodus, il prit deux mignardises, l'une coiffée d'une noix, l'autre d'une datte, et les goba avec l'avidité d'un caméléon. Tout en les dégustant en un gémissement ravi, il trotta vers la grande bibliothèque de merisier en semblant flotter sur l'épaisse moquette.

Il scruta ses rayonnages sans s'y attarder, puis indiqua au jeune initié l'un des fauteuils en vieux cuir.

– Il faut savoir céder à bien des tentations, reprit-il, l'air professoral, en prenant place, et cela afin, l'heure du choix venue, de savoir résister à la tentation suprême : celle qui décidera de la couleur de ton âme.

Formé à l'école maçonnique, Greenwood savait la dilection

qu'avaient ses aînés pour les paraboles. Oublié le *straight to the point* : même de culture anglo-saxonne, et même venant du monde du business, lorsqu'ils s'exprimaient en tant que maçons, leur discours devenait immanquablement ésotérique.

– Mais cette question, maître...

– Allons, Ron, allons ! l'interrompit aussitôt son mentor, gentiment courroucé que son protégé tentât de couper à travers champs plutôt que de suivre la route sinueuse de son propos.

Greenwood n'insista pas.

– Que peux-tu m'apprendre de Jérusalem ? demanda le maître en se pourléchant l'index.

– Rien que tu ne saches déjà...

– Que pourrais-tu expliquer, dans ce cas, à un enfant qui ne connaîtrait rien d'autre que ce qu'en dit la Bible ?

– Ma foi...

– C'est le sujet ! fit Kidman en clignant de l'œil.

– Je lui dirais pour commencer que la ville est considérée comme sainte par les trois monothéismes...

– Par les *quatre*.

Ronald Greenwood écarquilla les yeux.

– Les quatre ?

– Oui, les quatre : un schisme de l'islam, appelé le bahaïsme, né en Iran et mêlant le soufisme à une sorte de christianisme oriental, a fondé son ordre près de Haïfa. Ce n'est certes qu'une petite communauté qui ne rassemble pas plus de sept millions de personnes à travers le monde, mais enfin, il convient de ne pas les oublier.

– Soit. Les quatre monothéismes, donc, et...

– À moins qu'il ne faille ajouter un cinquième monothéisme, fort de millions de fidèles, lui aussi.

D'un geste des mains, Greenwood confessa à nouveau son ignorance.

– Un monothéisme qui révère l'Être suprême et que tu viens

de rejoindre, Ron : la franc-maçonnerie ! Mais je te taquine... Continue.

– Eh bien... pour parer à toute omission, je dirais à notre enfant que *tous* les monothéismes considèrent Jérusalem comme leur point de départ.

– Et d'arrivée... Mais cela, rares sont les initiés qui le savent.

Le jeune maçon attendit quelques secondes que son maître se montrât plus loquace. Comme il restait silencieux, il reprit :

– J'ajouterais que, selon la Bible, le premier événement qui a désigné Jérusalem comme lieu sacré fut la ligature d'Isaac sur le rocher surplombant le mont Moriah.

Avec un sourire énigmatique, Kidman fit non de la tête.

– Au retour en Terre promise, continua en hésitant Greenwood, les Hébreux venant d'Égypte y plantèrent la Tente de Réunion où ils adoraient l'Éternel. Le roi David, bien-aimé de Dieu, eut la révélation qu'il faudrait au même endroit élever le Temple, ce que fit son fils Salomon avec l'aide de Hiram, l'ancêtre mythique des maçons.

Le vieil homme approuva cette fois-ci d'un hochement bienveillant.

– Le Temple fut détruit plusieurs siècles avant notre ère, ses serviteurs déportés à Babylone, puis il fut reconstruit et enfin agrandi par Hérode.

Kidman écoutait avec satisfaction son élève.

– Jésus y prêcha comme jeune rabbin, en chassant à l'occasion ceux qui en dénaturaient la destination par leurs activités blasphématoires, et enfin les Romains le rasèrent en l'an 70.

– Et en rappelant tout cela, tu instruirais fort bien l'enfant. Mais l'histoire ne s'arrête pas là.

– Certes pas..., bluffa Greenwood en se creusant les méninges.

– Il ne faut pas omettre que pour le fondateur de l'islam, Jérusalem fut d'abord la première et la seule ville sainte, vers laquelle étaient orientées ses prières – tout comme, tu l'auras noté, nos loges indiquent l'orient en souvenir du Temple. Un épisode marquant de la vie de Mahomet fut, lors d'un rêve prémonitoire, son transport sur le mont du Temple, où lui furent révélés les prodiges du Paradis, qu'il visita en songe, puis ceux de l'enfer – et il connut, dit-on, l'épouvante au cours de cette initiation au *secret de Dieu*.

Le maître maçon se leva d'un petit bond et s'en alla chercher la boîte de chocolats, demeurée sur son bureau d'acajou.

– Mais, ce faisant, Ron, dit-il en lui tendant le coffret, tu oublierais d'enseigner l'essentiel : pourquoi Jérusalem, la Ville de la Paix, n'a-t-elle jamais connu que la guerre ? Et pourquoi la Ville sainte entre toutes, choisie et élue par Dieu, n'a-t-elle jamais provoqué que la folie et la haine chez les hommes ? Pourquoi ?

118

Tunnels du Temple.
Jérusalem.
11 h 27.

Arrivée en bas de l'escalier de roche, Julie déboucha dans une sorte de caverne longue et basse. Des veilleuses, agrafées tous les deux mètres sur un tube de plastique, dispensaient une lumière artificielle suffisante pour embrasser les lieux d'un seul regard.

La cavité, où rien ne portait trace de la main de l'homme, servait visiblement de base aux travaux menés ailleurs.

Ou plus bas.

Le long de la paroi occidentale flanquée d'une armoire métallique, un panneau de fer posé sur des tréteaux était recouvert de matériel de prospection – casques, gants, outils divers et cordages.

Elle s'en approcha tout en inspectant les confins de la grotte. Deux galeries, semblables à celles aperçues au niveau supérieur, étroites et hautes d'un mètre soixante tout au plus, partaient sur sa gauche – et aucune n'était dotée d'un système d'éclairage. Plus au fond, des planches de construction obstruaient une sorte de puits, devant lequel gisaient pelles, pioches, marteaux-pilons et excavatrices manuelles.

Dispersant d'une main nerveuse le fatras amoncelé sur la table, elle chercha des éléments susceptibles de la guider dans la poursuite de son exploration – plans, croquis, relevé topographique… – mais ne dénicha rien d'utile, pas même une boussole. Elle avisa alors l'armoire de métal et chercha à en forcer le cadenas.

Elle prit un maillet en acier et le coinça dans l'ouverture. D'un coup sec, elle fit sauter la serrure. À son grand étonnement, il n'y avait rien de particulier à l'intérieur, sinon des tenues de chantier.

Pas exactement, en fait.

En les détaillant, Julie réalisa qu'il ne s'agissait pas de combinaisons ordinaires. Blanches, lourdes, surmontées d'une capuche souple avec visière transparente, elles ressemblaient à s'y méprendre aux combinaisons de type NBC que portent les ingénieurs dans les centrales nucléaires ou les unités antiterroristes spécialisées dans les attentats chimiques et bactériologiques. Un masque avec filtre en constituait le museau de science-fiction.

Julie resta perplexe un instant, puis referma l'armoire.

En s'emparant d'une torche, d'un casque à lampe et d'une paire de gants trop grands, elle s'interrogea : existait-il des risques d'émanations toxiques à cette profondeur ? Devait-elle, par précaution, revêtir l'une de ces combinaisons ?

Le temps de trancher la question, elle gagna le puits couvert de planches et le dégagea.

Ce n'était en réalité ni un puits ni exactement un passage – plutôt une galerie en pente faible, large comme deux corps d'homme, sans marches ni rambarde. Et surtout, plongée dans la nuit éternelle.

Elle inspira longuement

Une fois la lampe frontale allumée, elle se coiffa du casque, enfila les gants de chantier et déplaça la dernière pièce de bois au-dessus du trou.

Elle se figea soudain.

Un bruit venu de l'escalier, derrière elle.

Comme un ronronnement électrique…

À pas de loup, elle se dirigea vers les marches, une torche led en main, et écouta en retenant sa respiration.

Aucun son.

Elle attendit encore une poignée de secondes, puis décida d'en avoir le cœur net.

D'un mouvement brusque, elle se plaça face au boyau qui montait vers le niveau ouvert aux touristes et actionna la lampe.

Nulle âme qui vive.

Aussi loin que le faisceau éclairait l'escalier, il n'y avait personne.

Julie éteignit la lampe en rabaissant le bras et soupira de soulagement.

Elle disposait encore d'un peu de temps.

Elle gagna l'orifice qu'elle venait de dégager et s'y engouffra, les jambes tremblantes.

119

Repaire du Maître.
Jérusalem.
Au même moment.

Blême, Daniel écoutait le Colonel l'informer de ce qu'ils venaient de découvrir. Ainsi, ce bâtiment récent à l'allure morne avait été rebâti sur les décombres de l'ancien repaire des Jeunesses hitlériennes de Jérusalem…

À quelques mètres d'eux, sur le trottoir, Mickaël s'assurait du transport du professeur Normandy à l'hôpital le plus proche. Dans l'ambulance, le premier diagnostic avait été « réservé », ainsi que le voulait le jargon médical. Traduction : le vieil archéologue était entre la vie et la mort.

Il eut une pensée pour Julie. Alors même que son père venait d'être libéré, elle était en grand péril.

Mickaël rabattit le clapet de son portable et observa son frère. Il devina à son expression que les révélations de son supérieur le bouleversaient.

Le militaire au crâne de pharaon lui fit signe d'approcher.

– La petite a filé au Mur, Mike. Elle est seule…

Le visage ravagé par l'anxiété, Daniel l'interrogea du regard.

– Ne te bile pas, frérot. La Ruche ne perd jamais un *miel* aussi précieux.

– Notre meilleure… heu… *abeille* est en chasse, confirma le Colonel.

– Comment avez-vous…

– Fais-nous confiance ! coupa le Colonel en lui posant la main sur l'épaule. On ne la perdra pas. Tu m'entends : on ne *la* perdra pas !

Fichant ses yeux dans ceux de Mickaël, il donna ses instructions :

– Primo, tu joins la sécurité militaire du *Kotel* : évacuation immédiate et complète. Compris ?

– Compris.

Cohen se dirigea ensuite vers son véhicule, garé portes ouvertes en travers de la chaussée.

– Secundo : le reste de l'équipe retourne à la Ruche, et toi, tu fais venir un commando du *Shabak* au Mur. Dix minutes chrono. Possible ?

– Cinq minutes suffiront, répondit Mickaël.

– Parfait. Si Julie est localisable, elle doit être interceptée. À tout prix.

– Comment cela : à tout prix ? s'alarma Daniel.

– Elle est têtue, non ? Alors, si nécessaire, injection… heu… anesthésiante, marmonna le Colonel. Compris ?

– Compris…, murmura Mickaël en fuyant le regard de son frère.

– Quant au Maître… Tir à vue.

– Létal ?

– Je m'en tape ! s'échauffa Cohen. On sait déjà tout d'eux. Alors dès identification, on l'abat !

Laissant son subordonné sur place, il s'installa en compagnie de Daniel dans la voiture et ordonna au chauffeur de prendre la direction du mur des Lamentations.

Sans perdre une seconde, Mickaël reprit son téléphone et retransmit les instructions.

La voiture du Colonel, dans un crissement de pneus, fit demi-tour et partit à toute allure vers les remparts de la Vieille Ville.

Daniel, rongé par l'angoisse, gardait le silence. Comment avait-il pu être aussi aveugle ? Il n'avait rien compris, rien anticipé.

Enfoncé dans la banquette arrière, le Colonel était lui aussi d'un mutisme total. Mais pour bien d'autres raisons.

Lui savait que tout finirait ainsi.

Depuis le début.

Et il comptait bien que l'unité d'élite, qui ne manquerait pas d'arriver sur place dans quelques instants, localiserait rapidement le Maître.

Avant de le tuer.

Comme ses semblables, Cohen était un Gardien.

Comme tous ses frères d'armes, il n'avait aucune envie que le Fils des Ténèbres fût interrogé par les services officiels de l'armée.

Le *secret de Dieu* devait demeurer inviolé.

120

Tunnels du Temple.
Jérusalem.
11 h 29.

Avançant à tâtons, mal éclairée par la lampe de son casque, Julie dérapa à plusieurs reprises sur le sol meuble qui se déroulait comme une large spirale dans les entrailles de la terre.

La cinquième fois fut la bonne : elle perdit une ballerine, roula sur elle-même et glissa dans la nuit.

Le casque avait protégé sa tête, mais ses genoux étaient esquintés et elle s'était ouvert l'omoplate droite sur cinq centimètres. Elle contint ses larmes, retira le casque dont l'ampoule était brisée et alluma sa torche. La galerie qui gagnait les profondeurs semblait n'avoir pas de fin.

Elle serra les dents, se débarrassa de son autre ballerine, déchirée de tous côtés, puis des gants trop grands qui la gênaient plus qu'autre chose, et reprit sa descente pieds nus.

Faites d'une pierre friable et couverte de salpêtre, les parois n'offraient pas de prise stable. Ralentie par la crainte d'une nouvelle chute et par ses jambes toujours sur le point de se dérober sous elle, il lui fallut encore dix minutes pour arriver en bas du passage.

Épuisée, apeurée, grelottante, elle s'allongea un instant sur le sol, qui lui parut étonnamment chaud. Elle ferma les yeux, recroquevillée en position fœtale.

À quelle profondeur suis-je ?

La déclivité du tunnel qu'elle venait d'emprunter était faible. Mais aussi lentement qu'elle eût progressé, elle avait parcouru plus de quatre cents mètres le long de la spirale.

Cent mètres, probablement, la séparaient du niveau où elle s'était équipée. Auxquels il convenait d'ajouter le premier escalier parti de la zone touristique – trente mètres ? – et la distance entre celle-ci et l'air libre, soit encore une bonne vingtaine de mètres. Julie calcula rapidement : elle se trouvait à présent entre cent cinquante et deux cents mètres sous la Ville sainte.

Autre constat : elle était seule, sans repères, et sans aucun moyen de communication.

Brillante situation…

Sa blessure la brûlait, ses genoux n'aspiraient plus qu'au repos, et son cœur battait la chamade sous son t-shirt militaire. N'écoutant que sa volonté, elle se releva néanmoins et balaya du faisceau de sa torche les lieux qui l'entouraient.

Recouvert d'une fine couche de poussière, ou peut-être de sable, le sol était constitué de grosses dalles de marbre brut, sans jointures – ou bien alors, estima-t-elle, elles dataient d'une époque si reculée que le temps les avait abrasées.

Elle avait visiblement atteint une salle construite par la main de l'homme : sur les murs, on devinait des fresques rudimentaires gravées dans la roche.

Au premier pas, son pied nu buta sur quelque chose de dur et de froid. Elle poussa un juron, avant d'examiner l'obstacle sur lequel elle venait de se tordre l'orteil.

C'était un projecteur de sol, grand comme un ballon de football, grillagé et cerclé d'acier. Deux câbles en partaient à droite et à gauche. Elle les suivit à l'aide de sa lampe et finit par trouver un interrupteur pédestre, qu'elle actionna.

Elle se trouvait à l'orée d'une salle monumentale, de plusieurs dizaines de mètres de longueur sur une dizaine en largeur, dont le volume lui rappela les couloirs du métro parisien. Les murs, faits d'une pierre brune, noircie à maints endroits et entaillée de tout son long comme si des crochets l'avaient éraflée, étaient décorés à hauteur d'homme de nombreuses fresques.

La salle, presque arrondie, n'avait aucun angle et aucune issue.

La lumière du groupe électrogène, dont le moteur bruissait désormais au bout de la salle, éclairait également ce qui se trouvait derrière elle : un orifice montant vers la surface, qu'on aurait dit ouvert à l'explosif, mais qui était désormais complètement obstrué par un éboulis de rochers monstrueux.

Elle se retourna et avança dans la salle, contemplant le sommet qui s'élevait à une dizaine de mètres au-dessus d'elle. Les dalles étaient tièdes sous ses pieds et la couche de sable rendait sa progression presque agréable.

Elle fixa sa lampe torche à la ceinture de ce qui avait été jadis un jean et s'approcha de l'une des fresques.

Les contours de la scène étaient dénués de finesse, trahissant une maladresse inhabituelle chez un artiste.

La roche, sans en avoir la teinte, avait la consistance du granit, réalisa-t-elle en la frôlant du bout des doigts. Mais cela n'expliquait cependant pas une sculpture aussi approximative.

Ce ne sont pas des décorations...

Elle détailla la fresque qui se déroulait sous ses yeux : un homme de petite stature, entouré d'animaux, naviguait sur une embarcation, près d'échouer sur le flanc d'une montagne. Sous le bateau, des ondes inclinées semblaient indiquer une mer sur le point de se retirer.

Julie passa à la scène suivante.

Le mont y figurait encore, identique au premier de proportions et d'aspect, mais cette fois-ci, c'était une petite troupe de nomades qui le prenait d'assaut, le gravissant à la suite d'un personnage courbé, à la longue barbe frisée.

La jeune femme se déporta lentement vers la fresque qui venait immédiatement après.

Au centre du dessin, aux traits lacunaires eux aussi, se dressait à nouveau la petite montagne. À son sommet, le vieil homme à la barbe mésopotamienne dressait un poignard au-dessus du corps d'un être plus jeune et plus frêle, presque un enfant. Venu des nuées, un faisceau de sept traits, vers lequel le patriarche levait la tête, paraissait arrêter sa main.

Les bras de Julie tombèrent le long de ses flancs.

Ce ne sont pas des décorations mais un récit.

Tout ce qui était advenu, au fil des âges, en ce lieu même.

L'arche de Noé, la fuite d'Abraham, le sacrifice d'Isaac...

Elle se précipita vers la droite, avide d'avoir confirmation de son intuition. Ainsi qu'elle le pressentait, le mont du Temple était encore au centre de la scène. Un Hébreu, qui avait installé sa couche au sommet du mont Moriah, semblait tiré de son sommeil par un songe : une échelle, encombrée de petites créatures ailées la gravissant en tous sens, reliait la terre aux cieux.

L'échelle de Jacob.

Plus loin, une gravure dépeignait un jeune berger, harpe en main, le pied posé sur le corps d'un géant, contemplant le ciel, d'où le même faisceau à sept rayons jaillissait pour frapper le haut de la montagne.

David, vainqueur de Goliath...

Et l'injonction qui lui fut faite par l'Éternel de bâtir le sanctuaire sur le mont Moriah.

Julie laissa glisser son regard vers la sixième fresque, où deux hommes, côte à côte, se tenaient en haut du mont. L'un portait un sceau orné d'une étoile à six branches...

Salomon.

... quand l'autre brandissait une équerre et un compas.

Hiram.

Ainsi, ce n'étaient pas là que des légendes. Tout ce dont il avait été question depuis le début de sa folle course, depuis son arrivée en Terre sainte, tout cela ne relevait pas de l'affabulation mais bel et bien de l'Histoire. Depuis la nuit des temps, ce massif de pierre, que l'on appelait désormais le mont du Temple, avait été au cœur d'une épopée qu'elle n'arrivait pas à qualifier.

Il lui manquait encore l'explication ultime : pourquoi *ici* ? Pourquoi, de Noé à Salomon, du Christ à Mahomet, cette insignifiante montagne avait-elle tenu une telle place, joué un tel rôle ?

Le secret de Dieu...

Julie s'ébroua et recouvra ses esprits. La conservatrice du Louvre devait reprendre le dessus. Ce n'était pas le moment de manquer de lucidité.

Ces fresques ne prouvaient rien de *surnaturel.* Elles n'attestaient qu'une réalité : des millénaires durant, des hommes avaient tenu pour authentiques les récits bibliques.

Un choc l'attendait pourtant : la fresque suivante représentait le Temple, reconnaissable à ses deux piliers si singuliers, érigé sur le mont – mais un Temple en flammes, sur lequel fondait une créature ailée au visage dénué de traits.

Julie allait se pencher sur la gravure si semblable à la plaquette que Daniel avait arrachée à la maquette du musée, quand, sans que rien l'ait annoncée, une voix s'éleva dans son dos, la laissant pétrifiée :

– Jadis, j'ai abattu une fillette qui te ressemblait, Julie. C'était à Auschwitz...

121

Saint-Sépulcre.
Jérusalem.
7 février 1852.

– Mes chers frères..., salua le prêtre grec en pénétrant dans la petite pièce qui faisait office de salle à manger pour les moines de la basilique.

Attablés devant leur soupe, l'air maussade, l'Arménien, le Syriaque, le catholique et l'Éthiopien le saluèrent en retour, silencieusement, sans manifester la moindre cordialité à son égard.

Une pauvre lumière d'hiver, dans laquelle flottaient des odeurs de myrrhe et de cire, tombait de l'unique vitrail, les baignant d'un jour blafard.

Le Grec, lissant machinalement sa barbe grisonnante, prit place à leurs côtés. Il grimaça en découvrant son assiette remplie d'un insipide brouet. Puis il attendit qu'ils l'interrogent.

Mais rien ne vint.

Fanatiquement attachés à leurs particularismes, les représentants des différents ordres chrétiens qui se partageaient la demeure du Christ n'en étaient pas moins devenus d'authentiques *hiérosolymitains*.

Des hommes de la Ville sainte.

Taiseux, patients, madrés.

Ils ne desserrèrent pas les lèvres.

Le prêtre grec maugréa en laissant retomber sa cuillère de bois, avant de se décider à reprendre la parole :

– Nos Églises respectives semblent être parvenues à un accord relatif à notre présence en ces lieux.

L'Arménien se pencha en fronçant les sourcils, tandis que le catholique, l'air indifférent, eut un sourire poli.

– Peut-être seriez-vous désireux d'en connaître les termes ?

C'est alors que l'Éthiopien, drapé de noir, se dressa et frappa de la main sur la lourde table de teck.

– Nous les connaissons déjà ! Nous sommes relégués sur le toit !

Il prit à témoin ses coreligionnaires, ajoutant avec indignation :

– Voilà l'espace qui nous est dévolu : le toit de la chapelle Sainte-Hélène ! Que la honte soit sur…

– Tout doux ! éructa le copte, l'œil charbonneux et la lippe menaçante. Que représentez-vous, après tout ? Quelques âmes venues du pays des sauvages et…

– Comment osez-vous ? s'étrangla l'Éthiopien en contournant la table.

– Silence ! cria le Grec. Silence ou je fais donner la garde ottomane !

La menace produisit son effet.

Tous se calmèrent et replongèrent dans leur mutisme.

Le représentant du Saint-Siège, un franciscain venu de Rouen, retroussa lentement les manches de sa robe de bure et proposa que chacun prie *in petto* afin que l'Esprit-Saint ramène la sérénité dans leurs rangs.

Les religieux firent mine de s'exécuter, non sans continuer à s'épier du coin de l'œil.

Le franciscain exhala un soupir de dépit, mais lui non plus n'avait pas la conscience tout à fait tranquille.

Depuis 1555, son ordre n'avait cessé de se quereller avec les orthodoxes. Rome voulait s'assurer du lieu saint, profitant en cela de l'affaiblissement de l'Église slave, après que Constantinople fut tombée aux mains des Turcs. Pendant trois siècles, à coups d'intrigues et de corruption, ils s'étaient disputés les faveurs de la Sublime Porte, lui arrachant à tour de rôle des *firmans* – ou « décrets » – leur accordant la garde du Saint-Sépulcre.

Cet affrontement entre chrétiens avait parfois dégénéré en véritables pugilats, et il arriva que, sous le regard effaré des soldats ottomans, popes et prêtres s'affrontent à coups de cierges et de crucifix dans l'enceinte même de la basilique. Et s'entretuent.

Cette ville nous rend tous fous, se lamenta intérieurement le Normand.

La honte et la disgrâce dont ils étaient la cause étaient grandes. Les serviteurs du Christ, à quelques mètres de la pierre d'onction, avaient fait couler le sang de leurs propres frères. Ils avaient souillé le cœur de la chrétienté par leurs débordements belliqueux.

Le temps était venu de mettre un terme à ces querelles fratricides qui déshonoraient les Églises d'Orient et d'Occident, les affaiblissant face à l'islam et à des protestants chaque jour plus conquérants.

D'autant que les coptes d'Égypte, les Éthiopiens, les Syriaques s'étaient mis de la partie et revendiquaient, eux aussi, leur part de pouvoir dans le sanctuaire.

– Que stipule l'accord ? demanda au bout d'un moment le prêtre natif d'Alep, que la nervosité avait empêché d'achever sa prière.

– Nous partagerons équitablement le temps et l'espace en ces lieux, répondit posément le Grec.

– Équitablement…, répéta ironiquement le prêtre éthiopien.

– Cela même, mon frère. Nous devons faire montre de sagesse. Nous nous en tiendrons désormais au statu quo que nos supérieurs s'apprêtent à avaliser et à transmettre pour approbation au Sultan.

Il observa leur réaction. Leurs expressions trahissaient un mélange de méfiance et d'espoir – en finir enfin avec ces chicanes quotidiennes !

– Les horaires des prières et des processions seront fixés pour chaque confession et ce, *ad vitam æternam.* Les emplacements, pour les offices comme pour les retraites, obéiront à la même règle : nul n'y dérogera plus jamais. Naturellement, les couloirs seront parties communes, comme certains autres lieux dûment énumérés.

Caressant son nez aquilin, l'Arménien crut bon de préciser :

– Il va sans dire, mon frère, que tout cela ne restera pas à l'état de bonnes paroles, mais sera gravé, signé, enregistré…

– Non, frère Manougian, répliqua le Grec. Bien que nous soyons sur la terre de vos cousins juifs, il n'y aura pas davantage de copies aux contractants, de clauses dérogatoires ou que sais-je encore ! Nous devons apprendre à nous faire confiance. Un engagement irrévocable suffira. Ne sommes-nous pas tous bons chrétiens ?

Une certaine incrédulité se lut sur les visages. L'Éthiopien touillait sa soupe refroidie sans redresser la tête.

Le Syriaque leva les yeux au plafond, mais aucun ange ne passa.

– Notre accord fixera un statu quo. Il sera symbolisé par le respect d'un objet : l'échelle sur la façade, qui sert actuellement aux vitriers, ne bougera plus à l'avenir. Pour les fidèles, elle désignera notre détermination à ne plus modifier d'un *iota* notre accord ; les plus fervents voudront y voir une allusion à l'échelle de Jacob, ou encore à l'ascension de Notre-Seigneur après qu'il eut donné sa bénédiction aux apôtres à Béthanie.

La petite assemblée s'était subitement apaisée, concentrant son attention sur la voix basse du prêtre orthodoxe.

– Pour nous autres, en revanche, elle rappellera éternellement que sous nos pieds mêmes…

Il n'acheva pas, regrettant de s'être laissé emporter par son goût de la palabre.

En principe, chaque ordre ne dépêchait au sanctuaire que des Gardiens. Mais c'était là un sujet tabou, qu'ils n'évoquaient jamais. Peut-être l'un d'entre eux n'était-il pas *initié* ?

Il se signa subrepticement et conclut d'un ton catégorique :

– Et l'une des deux portes du Saint-Sépulcre sera murée. Celle, précisément, qui se trouve sous l'échelle.

122

Hôpital Saint-Louis.
Jérusalem.
11 h 39.

Une anémone funèbre dans un clair-obscur bleuté…

Tel apparut à Mickaël le professeur Normandy, intubé de toutes parts, relié à une dizaine de machines et d'écrans, sur son lit du service des polytraumatisés de l'hôpital Saint-Louis.

Il était seul dans une chambre dont les persiennes étaient baissées et l'air doucement ventilé par un système de climatisation hautement sophistiqué.

Devant la porte, deux policiers montaient la garde, la main sur leur semi-automatique.

Près de son lit, allait et venait, compresses en main, une infirmière jolie comme un cœur dont les gestes précis révélaient un grand professionnalisme.

Mais ce qui le frappa davantage encore, ce fut son sourire.

Victor Normandy souriait.

Ses arcades sourcilières ressemblaient à de la compote, sa bouche n'était qu'une plaie et l'on ne distinguait plus guère ses yeux gonflés au milieu des hématomes qui déformaient son visage – mais il souriait.

Ses mains avaient été bandées après que l'on eut traité ses phalanges mutilées, ses bras et une partie de son torse étaient plâtrés, constellés d'électrodes ; quant au bas de son pauvre corps supplicié, des tubes transparents étaient venus à la rescousse de ses organes endommagés par les sévices qu'il avait endurés. Le professeur Victor Normandy ne tenait plus à la vie que par ces quelques fils, mais il souriait.

Son visage n'était que béatitude.

La morphine, pensa Mickaël en saluant d'un regard l'infirmière.

Il posa les mains sur le rebord du lit, avant de déclipper la feuille de soins. Toutes les fonctions vitales étaient dans un état critique. Sous le patronyme de l'archéologue, le rouge régnait sans partage.

Et pourtant, Normandy souriait.

123

Tunnels du Temple.
Jérusalem.
Au même moment.

Il fit un pas vers elle.

Les projecteurs, qui se trouvaient devant sa haute silhouette, n'éclairaient de leur halo que ses chaussures – des godillots noirs.

– Elle te ressemblait beaucoup : intrépide, arrogante et persuadée d'être protégée par sa bonne étoile.

Julie s'était retournée lentement, cherchant à mettre un visage sur la voix qu'elle croyait reconnaître.

Le Maître demeurait immobile, à cinq mètres d'elle, derrière le feu des lampes.

– Ce qui, à Auschwitz, dénotait un certain optimisme de sa part !

La jeune femme évalua ses chances de fuite.

Nulles.

Le Maître se tenait devant la seule issue de la salle souterraine. Au bout de son bras, qui pendait le long de sa tunique noire, il tenait dans sa main flétrie un revolver dont l'acier scintillait.

– C'était une journée magnifique, la neige était pure, et le soleil n'avait pas osé se montrer..., poursuivit la voix rauque.

– Vous, montrez-vous ! fit Julie en serrant les poings.

– J'arrive, j'arrive..., répondit-il d'un ton sarcastique. Cette petite Juive voulait m'empêcher de terminer à coups de talon un homme qui portait le triangle rose. Une femelle protégeant un efféminé…

Il passa une jambe au-dessus d'un projecteur.

– Voilà bien les valeurs de votre Dieu ! Et…

Il avança encore.

– Et justement, au moment de lui briser le crâne de la crosse de mon fusil, je l'ai interrogée. « Où est ton Dieu aujourd'hui ? Où est-Il, sale Juive ? »

Il venait de dépasser le cercle des projecteurs et marchait vers elle.

Julie eut un hoquet d'horreur.

– Et toi, Julie, qui vas bientôt crever aussi, où se trouve-t-Il ton Dieu aujourd'hui ? Où !? hurla Rosenberg en pointant son arme sur elle.

Les jambes de Julie flageolèrent : le vieux rabbin !

Elle tomba à genoux.

Le Maître accompagna sa chute d'un rire mauvais.

– Parfait ! La position des faibles avant le coup de grâce.

Le cœur de la Française avait cessé de battre. Elle était tétanisée par la peur.

– Oh, oh, tu m'as l'air étonné !

– Vous…, s'étrangla-t-elle.

– Oui, moi. Le vieillard inoffensif, roupillant à moitié pendant qu'on lui parle des malheurs de son ami Normandy. Beau rôle de composition, n'est-ce pas ?

Il fit encore un pas, bras tendu, le canon de son revolver fixé sur elle.

– Ce cher Victor m'a causé tant de soucis, feignit-il de déplorer.

Avant d'ajouter, levant mollement son pied gauche :

– Et il a taché mes chaussures de son sang…

– Ordure ! cria Julie en se relevant subitement.

– Un geste de plus et je t'explose la tête, petite raclure !

Elle recula en tremblant, cherchant de la main, dans son dos, l'appui de la paroi.

– Mais bien heureusement, ce qu'il a refusé de me révéler, c'est toi qui vas me l'apprendre.

– Je ne sais rien... J'étais...

– Tranquillise-toi, mon enfant : tu as fait l'essentiel. Tu m'as mené là où je devais aller.

D'un geste de son arme, il lui donna l'ordre de se détacher du mur et de se diriger vers la dernière fresque.

– Même si je déplore que toi et ton ami ayez tué mon précieux auxiliaire...

– Et confisqué votre bombe ! ajouta crânement Julie.

Le Maître marqua une pause pour la dévisager.

– Intrépide, arrogante et persuadée d'être invulnérable...

– J'ai donné l'alerte. Dans quelques minutes, les forces de l'ordre seront là !

Le vieil homme, dont les yeux brillaient de haine, hocha la tête.

– Évidemment.

Il se rapprocha d'elle.

– Tu ne me duperas pas si aisément, pauvre sotte. Et quand bien même tes amis sionistes seraient en chemin, ils arriveront trop tard. Je vais ouvrir la *Porte*.

– La... porte ?

Le Maître vacilla légèrement, puis, le bras toujours tendu, posa la main sur le mur de pierre.

– Ainsi, vous n'avez pas encore deviné ?

– Deviné quoi ?

– Deviné pourquoi Jérusalem, la soi-disant Ville de la Paix, n'aura jamais été que le théâtre de guerres et le creuset de haines universelles ? Deviné pourquoi la Ville de Dieu n'aura engendré que la folie et le meurtre ?

Il se redressa et baissa son arme.

Il était à deux longueurs d'elle, mais Julie évalua qu'il lui serait impossible de bondir jusqu'à lui sans qu'il ait le temps de la remettre en joue.

– Cette ville n'est pas sainte…, murmura-t-il avec délectation. Elle est maudite ! Jérusalem est maudite !

Julie s'adossa à la fresque, dont elle sentit les reliefs contre son corps.

– Mais quel rapport avec mon père ?

– Le hasard, Julie, le hasard qui fait si mal les choses… Au siècle dernier, déjà, par erreur nous laissâmes filer des physiciens juifs dont nous ignorions la nature des travaux. Le hasard les mena dans leur nouvelle patrie, les États-Unis, et le hasard encore leur attribua des budgets colossaux, et le hasard voulut enfin qu'ils découvrent des armes qui permirent aux démocraties pourries de supplanter le Reich !

Il avait fini sa phrase dans un aboiement guttural.

– Le Reich ? Mais vous êtes…

– Imbécile ! cria-t-il en agitant le Luger. Si tu savais ce qu'il m'en a coûté de me faire passer pour l'un d'*eux* pendant toutes ces années. En Amérique du Sud, d'abord, puis ici ensuite…

– Mais votre ami, votre confident, qui a vous légué la croix gammée…

Le Maître semblait à présent jubiler. Le vieillard prit un instant le dessus sur le criminel.

– *Ach !* Le *svastika* ! Le symbole de la Chute… Un cadeau du Führer. Dans son bureau même. Pour me récompenser d'avoir implanté à Jérusalem une section des *Hitlerjugend.*

Le vertige saisit Julie. Son esprit s'agitait en tous sens. Elle pensait avoir accompli le plus dur lors de sa confrontation avec l'Assassin. Or, maintenant, elle se retrouvait seule avec ce fou sénile, prise au piège sous terre. Sans arme ni la moindre chance d'être secourue.

– Mon père ? redemanda-t-elle en chevrotant.

– Le hasard, te dis-je..., lâcha le Maître d'une voix redevenue implacable. Lui et sa fine équipe ont eu le malheur de toucher au but, alors même que nous, les Fils des Ténèbres, avions décidé de passer à l'action.

– En détruisant Jérusalem ?

– Pas exactement, chère enfant, susurra-t-il en amorçant un demi-cercle dans sa direction. La charge nucléaire n'aurait anéanti que le mur des Lamentations et ses environs : quelques dizaines de milliers de Juifs et d'Arabes, des écoles hébraïques et les mosquées du mont, rien de grave.

– Vous désirez donc provoquer une guerre ?

– Pas celle à laquelle tu penses... La bombe atomique miniaturisée n'était qu'une *Clé*.

Julie rassembla son courage. Poursuivre la discussion, aussi démente fût-elle – la poursuivre le plus longtemps possible...

Une *clé*.

Une *porte*.

Soit.

Gagner du temps...

– Une clé ? Mais destinée à ouvrir quoi ?

– Allons, ne me dis pas que tu n'en as pas idée...

– Vous voulez réduire en cendres les lieux saints ?

– Les lieux saints, comme tu les appelles, ne revêtent aucune importance à nos yeux. Mais tu vas bientôt comprendre.

D'un pas, il fut sur elle et ficha son arme dans ses cheveux.

– Redresse-toi !

Elle obtempéra sans réfléchir.

La sensation glacée du métal sur son crâne la fit sursauter.

– Que vois-tu ?

Elle détourna lentement, très lentement, le regard vers le mur de la grotte.

La dernière fresque.

Celle qu'elle n'avait qu'entraperçue, quelques minutes auparavant. Une créature ailée, le visage aveugle, sombrant sur le Temple.

Le Temple, reconnaissable à ses deux piliers.

– C'est l'entrée. Trouve le moyen de l'actionner.

– Mais...

– Trouve, et trouve vite ! Sinon je t'abats et je réserverai le même sort à ton père ! Alors que si tu te montres docile...

Julie sut, à l'intonation de sa voix, qu'il mentait.

Son père, il l'avait déjà achevé. Et son tour à elle viendrait sous peu.

Elle palpa les contours de la gravure.

Chercha.

Chercha encore.

Les deux piliers étaient recouverts d'une couche différente du reste de la fresque.

De ses ongles, elle en gratta la surface rêche et fragile.

Sous ses yeux incrédules, plaque par plaque, des morceaux d'argile exténués par les siècles s'en détachèrent et tombèrent au sol.

L'opération finie, le Maître et elle contemplèrent les deux piliers du Temple qui scintillaient étrangement dans la pénombre.

L'un était bleu comme la turquoise, l'autre vert comme le jade.

Ils eurent tous deux la même intuition : le Bien et le Mal, ensemble, étaient désormais arrivés au terme de leur quête.

124

Mur des Lamentations.
Jérusalem.
Au même instant.

– Vous n'avez pas le droit ! s'insurgea Julien, le touriste au t-shirt arborant l'effigie de Chavez.

Partout autour d'eux, c'était la panique.

Touristes et fidèles, dans le plus parfait désordre, couraient en toutes directions sous la pression des forces de sécurité, dont l'intervention avait déclenché le chaos.

Près du Mur, quelques religieux refusaient de quitter les lieux, et il fallait les contraindre à obéir tout en ménageant leurs vieux os. Sur le reste de la place, hormis un groupe de Japonais croyant assister à une danse folklorique locale et qui avaient sorti leurs caméscopes, la plupart des visiteurs se précipitaient vers la porte donnant sur le mont des Oliviers. Passé les remparts, des cars affrétés par l'armée les attendaient pour les reconduire vers leurs hôtels.

– C'est illégal ! s'enhardit Julien. Ah ! je comprends à vos manières fascistes la légitime colère internationale contre les... les sionistes !

Le Colonel ne pouvait souffrir ce genre d'olibrius, militant à l'extrême gauche avec des idées d'extrême droite. Avant que ce dernier n'ait fini de dégoiser, il sortit son arme du holster et la plaqua entre les deux yeux du rouspéteur.

– Écoute-moi bien, alter-machin, si tu ne dégages pas d'ici à trois, je t'envoie rejoindre tes copains du Hamas. Un, deux...

Courageux mais pas suicidaire, Julien prit ses jambes à son cou, oubliant dans sa fuite femme et amis.

– Je vous en prie, veuillez évacuer les lieux, leur demanda calmement le Colonel en rengainant son Desert Eagle.

– Qu'est-ce qui se passe ? l'interrogea la femme de Julien en s'apprêtant à partir à son tour.

– Risque d'attentat chimique dans les sous-sols. Nous ne pouvons prendre le moindre risque que des civils soient exposés : désolé pour votre visite...

– Bon courage, dit-elle.

– Bon courage à vous aussi, fit Cohen en désignant son mari du regard, lequel venait de perdre l'une de ses sandales équitables et de s'affaler de tout son long au bout de l'esplanade.

Soudain, venus de la porte de Sion, il y eut comme des barrissements. On eût dit que l'armée d'Hannibal s'apprêtait à investir le mont du Temple.

Le Colonel était satisfait : pour des pachydermes, ils avaient été relativement rapides.

– Qu'est-ce que c'est que ça !? souffla dans sa nuque Daniel, qui revenait de l'entrée des tunnels, d'où les derniers civils étaient exfiltrés.

Passant sous l'arche de pierre en faisant trembler les murs, deux énormes camions-citernes, gris et amples comme des éléphants kenyans, forcèrent l'accès de la place sous les cris des derniers touristes, impressionnés par leur blindage et leurs trompes tubulaires enroulées sur les flancs.

– Ce sont les *liquidateurs*, Dan.

– Les...

Cohen fit volte-face pour s'assurer que le périmètre était sécurisé autour des tunnels.

– Amos Spielberg les dirige, le renseigna-t-il en repérant

l'emplacement où les pachydermes viendraient se garer, à l'angle nord-est du Mur.

– Celui de Tchernobyl ? s'étonna Daniel en lui emboîtant le pas.

– Oui. Il a un peu vieilli depuis 1986, mais il reste le meilleur. Son unité a d'ailleurs été sélectionnée pour la réalisation de l'arche…

– L'arche ? répéta Daniel, de plus en plus dérouté, alors qu'ils approchaient des guichets des souterrains.

D'un vif mouvement de la main, le Colonel fit refluer les soldats et convoqua du menton le responsable des services spéciaux.

– Pas celle à laquelle tu penses, Dan, reprit-il. La communauté internationale a décidé de démanteler le cœur nucléaire de la centrale ukrainienne, et de le faire à l'abri. On va donc construire, avec les Français, les Allemands et les Américains, une sorte de dôme haut comme la statue de la Liberté et lourd comme la tour Eiffel…

– Mais quelle est leur utilité ici ? demanda le jeune homme en crispant les mâchoires.

Cohen avait des valeurs, Daniel était bien placé pour le savoir : ce n'était pas un boucher, et s'il devait faire la guerre, il l'avait toujours faite sans haine. Mais il était également implacable : quand une opération nécessitait des « dégâts collatéraux », si l'enjeu humain le requérait, le Colonel n'était pas du genre à avoir la main qui tremble.

En l'occurrence, tout indiquait qu'il s'apprêtait à ordonner que l'on noie les tunnels du Temple à la manière dont on avait, trois décennies plus tôt, neutralisé le réacteur en fusion de la centrale de Tchernobyl.

Un flot de béton, de sable et de borax.

Un déluge à prise rapide, qui engloutirait tout sur son passage et figerait les souterrains pour l'éternité.

Quid de Julie ? pensa Daniel avec angoisse.

– Toits, ruelles, esplanade des Mosquées : *black out.* Pas de sommations. Et tes soldats dégagent également de la plazza. *Now !*

Le gradé des services spéciaux avait encaissé la rafale d'instructions sans ciller. La large balafre – un souvenir du Liban – qui parcourait son visage s'anima à peine quand il parla :

– Tu restes seul, Sam, avec les *liquidateurs* ?

Le Colonel acquiesça en fermant les paupières. Son interlocuteur ne fit aucun commentaire et s'en alla au pas de course.

– Que vont-ils faire ? insista Daniel, un ton plus haut, en désignant les camions qui se plaçaient devant les accès touristiques.

– Fais-moi confiance.

Alors qu'il s'en allait vers les liquidateurs, Daniel le saisit par le bras, ce que le Colonel n'apprécia guère, à en juger par le regard noir qu'il lui décocha.

– Julie est là-dessous...

– Ta petite Française, nous y tenons autant que toi, murmura Cohen en collant sa face contre la sienne, bien plus que toi sans doute... Je te dis de me faire confiance !

Les yeux du Colonel brillaient à présent d'un éclat singulier. Un guerrier sorti de l'Ancien Testament se dressait devant Daniel.

Il l'entraîna avec lui vers les entrailles de Jérusalem. Là où depuis la nuit des temps, depuis la *Nuit maudite*, gisait le secret qu'avaient dissimulé aux hommes la Bible et les prophètes.

125

Sous le Saint des Saints.
Jérusalem.
11 h 43.

La bouche du canon glissa vers celle de Julie.

Le Maître en suivait le trajet avec un regard de dément. L'extrémité du revolver contourna d'abord le cerne de l'œil gauche, rencontra l'arête du nez, la parcourut lentement jusqu'aux lèvres.

Il força le rempart des dents et pénétra dans la bouche de la jeune femme, déformant sa joue d'une façon obscène.

– Si je n'étais pas si usé, ma belle…, glousssa-t-il, provoquant chez Julie un haut-le-cœur.

Puis, d'un geste sec, l'arme toujours enfoncée dans sa bouche, il la repoussa à bout de bras.

Les crampons de ses godillots firent crisser le sable du sol. Julie eut la sensation que sous ses pieds nus, sous la pierre toujours tiède malgré la profondeur où ils se trouvaient, quelque chose vibrait.

Les yeux gris du faux rabbin la poignardèrent, lui intimant l'ordre de ne pas bouger.

Il se plaça devant la fresque représentant le Temple surmonté d'un ange sans visage. Avec une certaine hésitation, il avança sa main constellée de taches de rouille vers les reliefs de la gravure, mais suspendit son geste.

Ayant perdu tout contrôle de ses membres, proche de la syncope, Julie l'observait détailler les reliefs de la scène biblique.

– La turquoise pour *Boaz*..., marmonna-t-il, comme un archéologue rassemblant ses connaissances devant une découverte inespérée.

Il effleura à peine le second pilier et, toujours à voix basse, ajouta :

– Et le jade pour *Yakin*. Pierre d'Orient, pierre d'Occident.

Sa bouche gercée affichait une certaine satisfaction. Mais Julie lut aussi dans ses yeux une forme de peur.

– *Boaz* et *Yakin*, les deux colonnes du Temple de Salomon, continua-t-il pour lui-même. Les poteaux du supplice de la *Nuit maudite*...

Son bras se raidit et la Française sentit le canon de l'arme dévier brutalement sur ses molaires.

– Un symbole si précieux pour ces chiens de Juifs et de maçons, et pour les chrétiens.

Le Maître resta absorbé par la fresque pendant de longues secondes, cherchant à en percer l'énigme.

– *Boaz* incarnait la force, qui devait Le contraindre, et *Yakin*, la sagesse, qui devait fonder Sa défaite...

Le vieil homme se tut de nouveau.

Et se mit à songer.

À voyager dans le temps.

Dans ses souvenirs.

11 septembre 2001.

Le monde stupéfait.

Le monde des trois religions au bord d'une guerre mondiale, totale, finale.

Les deux tours frappées l'une après l'autre, la Violence supplantant la Force, et la Haine annihilant la Sagesse.

Le tours jumelles du World Trade Center s'effondrant dans les clameurs d'une humanité hagarde.

Nul mieux que lui n'avait compris le choix des nihilistes se réclamant de Ben Laden.

Le choix des cibles.

Nul n'en avait autant savouré le symbole et nourri une aussi rageuse détermination à poursuivre l'œuvre des Fils des Ténèbres.

De nouveau, des hommes à l'âme aussi noire que la sienne se levaient de par le monde.

Le Maître comprit alors que les temps approchaient. Qu'une nouvelle tentative devenait possible.

Il les rassembla.

Les organisa.

Leur assura financement et protection.

Puis ce fut la divine surprise : la prise du pouvoir par une clique satanique dans un grand pays de l'ancienne Mésopotamie.

Une dictature écrasant un peuple pacifique, bernant les religieux et défiant l'univers en annonçant la destruction du royaume infâme – le pays des Hébreux ressuscité après vingt siècles d'exil.

Les temps approchaient, en vérité.

Ceux de la victoire.

Ceux de la revanche.

Ce soir, enfin, après une éternité d'attente, le monde des trois religions allait prendre fin.

Il ne lui restait plus qu'à ouvrir la *Porte*.

Julie tendait l'oreille : quelque part dans les souterrains, un léger grésillement se faisait de nouveau entendre.

Émergeant de ses pensées, sans un regard pour elle, le Maître cracha d'une voix sadique :

– Maintenant, à genoux !

126

Grande loge de Memphis.
Washington.
13 mars 1968.

– Il y a là un mystère, indubitablement.

Piochant sans retenue dans le coffret de chocolats, Jeff Kidman, grand maître de la franc-maçonnerie américaine, écoutait Ronald Greenwood spéculer à voix haute.

– Mais il y a aussi, incontestablement, une explication d'ordre *rationnel.*

Une mignardise suspendue devant ses lèvres gourmandes, le vieux maçon haussa les sourcils en arrondissant les yeux.

– Je suis impatient de la connaître...

– Eh bien, hésita Greenwood en enfonçant ses bottines italiennes dans l'épaisse moquette, on pourrait considérer que si Jérusalem a de tout temps fait perdre la raison aux hommes, si celle que l'on nomme « Ville de la Paix » n'a eu d'autre destin que la guerre et la désolation, c'est tout simplement que, génération après génération, des vagues d'envahisseurs ont brûlé de s'emparer de cette ville parce qu'elle leur paraissait au centre du monde.

– Tout simplement.

Kidman goba le dernier chocolat, non sans esquisser un sourire subtilement ironique.

– Tout simplement ! répéta-t-il en se frottant les mains sur son pantalon de tweed. Suis-je bête : il suffisait d'y penser, Ron ! D'Orient et d'Occident, guerriers et prophètes ont tous désigné Jérusalem parce qu'elle se trouvait au centre de l'épopée humaine.

Ronald confirma timidement, sans se départir de la fâcheuse impression que son aîné le taquinait quelque peu.

– Cela semble logique.

– Logique ? demanda en écho Kidman.

– Quelle autre explication donner au fait que, depuis au moins quatre mille ans, civilisations et religions se déchirent la cité de Dieu comme un trophée ?

– Quelle autre explication ?

Camouflant son exaspération naissante, le jeune initié osa une remarque :

– Pourquoi réponds-tu à mes questions par des questions ?

– Connais-tu, Ron, l'histoire de ce rabbin auquel ses disciples faisaient continûment le même reproche ?

– Non. Mais, là encore, tu viens de...

– « Pourquoi, Rabbi, s'agaçaient-ils, pourquoi réponds-tu toujours à nos questions par des questions ? » Sais-tu quelle fut sa réponse ?

– Non...

– « Et pourquoi pas ? »

Les deux hommes se regardèrent et éclatèrent de rire. Entre frères, la confrontation intellectuelle ne devait connaître qu'une seule borne : l'affection.

– Revenons à Jérusalem, Ron. Quelle autre explication, m'interrogeais-tu, donner à la démence qu'elle provoque depuis les origines ?

– Je n'en vois qu'une : les trois religions la considèrent comme sacrée, et par conséquent elle revêt à leurs yeux un prestige politique et symbolique qui les pousse à se battre pour la contrôler.

– Peut-être. Mais peut-être aussi marches-tu sur la tête...

– Comment cela ?

– Jérusalem obsède les hommes parce qu'elle est au « centre du monde » – c'était bien là ton expression ?

– Absolument.

– Et pourquoi est-elle au centre du monde ? Pourquoi a-t-elle acquis une telle importance aux yeux de l'humanité, une importance qu'aucune autre ville dans l'histoire n'a jamais égalée, que ce soit Rome, Paris, Moscou ou New York ?

Greenwood se frotta un instant le menton. Puis il avança une réponse :

– La raison, je crois, nous est connue : parce que c'est *là* que tous les fondateurs de l'humanité, d'Abraham à Jésus en passant par Salomon, Mahomet et notre cher Hiram, ont décidé de...

– De... ? l'invita à développer le maître, l'œil pétillant.

Le jeune maçon venait de comprendre la faiblesse de son raisonnement.

– Parce que tous, tous sans exception, ont été *attirés* à Jérusalem, admit-il à voix basse.

Jeff Kidman se leva sans le lâcher du regard et enfouit ses mains dans les poches de son gilet.

– Voilà ! conclut-il. Pour comprendre le mystère de Jérusalem, il suffit de renverser l'ordre logique. Ce n'est pas parce que conquérants et messies ont élu Jérusalem que la Cité sainte est devenue centrale dans l'Histoire, mais parce qu'elle était par nature centrale, unique, décisive, que Jérusalem les a tous *aimantés*.

Greenwood fit mine de se lever à son tour, mais d'un geste amical, son maître lui conseilla de rester confortablement lové dans le fauteuil de cuir.

Il alla, une fois encore, contempler ses collections d'ouvrages reliés, sur lesquelles veillait une armée de statuettes de tous les continents. Dans un filet de voix, lui tournant toujours le dos, il reprit le cours de ses explications :

– Il n'y a qu'une façon de percer le mystère qui fonde toutes les religions, Ron. Et je veux parler aussi bien des religions révélées – le judaïsme de mes ancêtres, le catholicisme du Pape, le protestantisme et l'islam… – que des religions, disons, plus philosophiques, telles que notre ordre maçonnique. Pour mettre à jour ce mystère, apparemment demeuré sans réponse depuis des millénaires, il convient de poser la *bonne question.*

– Pourquoi Abraham, Jésus et leurs semblables ont-ils été appelés à Jérusalem ? murmura Ronald.

Kidman pivota lentement.

– Exactement. Que s'est-il passé que nous ignorons, à Jérusalem, pour qu'ils en fassent tous leur… champ de bataille ?

– La Bible et les historiens ne sont pas avares de détails sur les événements, avérés ou mythologiques, qui ont marqué la cité de David.

– Non, mon jeune ami, ils ne nous disent pas *tout.* Il y a là-bas quelque chose que Dieu Lui-même nous a caché.

– Dieu ? sursauta Greenwood.

– Oui, Dieu ! Jérusalem est l'écrin de Son secret.

Il alla jusqu'au fauteuil de Ron et se pencha sur lui, les deux mains posées sur les accoudoirs.

– Un secret plus ancien encore que l'apparition du genre humain…

127

Sous le Saint des Saints.
Jérusalem.
11 h 49.

– Où est ton Dieu, Julie ? Où est-Il en cet instant précis où Il devrait te venir en aide et te délivrer du Mal ?

À genoux, les pieds nus, les mains sur la tête, comment la jeune femme aurait-elle pu répondre, le canon de l'arme du Maître dans la bouche ?

– Ah… Elle aussi est restée sans voix, se souvint le Maître, obnubilé par la fresque dont il cherchait à sonder le mystère.

Penchant la nuque en arrière, Julie cherchait à se dégager du revolver. À son grand étonnement, le Maître la laissa faire.

Mains au sol, la tête dans les épaules et les yeux baissés, elle glissa de quelques centimètres hors de sa portée.

– C'est bien le problème, reprit-il comme pour lui-même. Vous Lui faites confiance et Il vous trahit. Regarde Jésus sur la croix, quand il a enfin découvert la vérité : « Pourquoi m'as-Tu abandonné, Père ? »

L'air navré, il posa les yeux sur le corps tremblant de Julie.

– Mais votre foi est inébranlable, n'est-ce pas ? Devant l'évidence, vous refusez encore d'admettre la vérité : votre Dieu est un menteur. Il vous a toujours menti. Depuis le début.

– Je… je ne suis pas croyante…, balbutia-t-elle, les doigts crispés dans les rainures des dalles de la salle antique.

Dans l'air, elle l'aurait juré, quelque chose vibrait. Et ce n'était pas le groupe électrogène.

Le Maître s'approcha et s'accroupit devant elle, le revolver pendant entre ses jambes tel un sexe meurtrier.

– Tu ne crois donc pas en Dieu ?

Elle secoua nerveusement la tête.

– Tu as tort.

Terrorisée, Julie demeurait immobile.

Où se trouve Daniel ?

Nom de Dieu, que fait-il !?

– Tu as tort, répéta le Maître en retournant à la fresque. Car Dieu existe bel et bien.

Il examina une nouvelle fois les détails de la scène – le Temple, les piliers, l'ange dans le ciel...

Julie nota alors qu'il n'avait pas osé toucher une seule fois la paroi.

Aurait-il peur ?

Et de quoi ?

Inutile de cogiter, se morigéna-t-elle. *Tu n'as pas trente-six cartes à jouer...*

– Je ne crois pas que Dieu existe, osa-t-elle reprendre. Pas plus que le Diable.

Le Maître tourna la tête dans sa direction. Ses yeux étincelaient.

Test concluant.

– Mais si j'ai votre parole que vous épargnerez mon père, alors je peux peut-être vous aider à avancer.

Un sourire carnassier illumina la face du vieillard. Un imperceptible hochement de sa part fit comprendre à la Française qu'il acceptait le marché.

Julie se releva en chancelant. Elle mit un peu d'ordre dans sa crinière, veillant à conserver une certaine distance entre elle et le Maître.

Lui inspirer autant de confiance qu'il serait possible.

L'endormir.

Et, le moment venu, déterminer qui, de la lionne ou du serpent, laisserait sa peau dans les profondeurs de Jérusalem.

– Je résume, fit Julie d'un ton posé, exempt et de panique et d'arrogance. Vous cherchez tous un certain *lieu*.

Le visage du Maître resta impassible.

– Archéologues, Israéliens, musulmans, chrétiens, maçons... Et vous.

Pas davantage de réaction sur la face ridée.

– Tout, absolument tout, ramène au Temple. Or le Temple n'existe plus. Aucune fouille n'a été possible, puisque ses fondations se trouvent actuellement sous l'esplanade des Mosquées et que les autorités musulmanes refusent qu'on en explore le sous-sol.

Les pupilles du Maître ne bougeaient toujours pas.

– Les Juifs, qui sont prodigieusement malins...

Les lèvres du faux rabbin se crispèrent aux commissures.

Encore concluant...

Sa haine surpassait à l'évidence ses capacités de self-control.

– Les Juifs ont contourné l'obstacle et creusé le long de l'ancien mur d'enceinte du Temple. Ils ont dissimulé au public leurs récentes découvertes : ces tunnels qui mènent *sous* le Temple, car nous sommes désormais sous le Saint des Saints ou peu s'en faut, n'est-ce pas ?

– Continue, murmura le Maître.

– Ces fresques résument l'importance du mont Moriah au cours des âges, elles énumèrent les épisodes *légendaires* qui s'y déroulèrent.

Le vieillard serra les maxillaires au mot « légendaires ».

Confirmation.

La haine coulait dans ses veines – et il croyait fermement aux sornettes que l'on prêchait le dimanche à l'église...

– La dernière fresque, devant laquelle nous nous trouvons, est, semble-t-il, celle qui clôt le récit. Ou qui en dit l'essentiel.

Les paupières du Maître clignèrent lentement. Il approuvait.

– Nous pouvons donc raisonnablement penser qu'il s'agit là d'une *porte*.

– Non, corrigea-t-il sans élever la voix. Ce n'est pas la *Porte*. Mais certainement un passage vers les galeries autrefois réservées au Grand Prêtre.

– Au Grand Prêtre ?

– Oui, confirma-t-il d'un ton haletant. Tu sais bien que les Juifs sont de fieffés menteurs, comme leur Dieu ! Le Saint des Saints, cette pièce sacrée dans le Temple où nul n'avait le droit de pénétrer hormis le Grand Prêtre, parce que la présence divine y était constante, ce Saint des Saints n'était qu'un leurre.

– Un leurre...

Le Maître était progressivement gagné par l'exaltation.

– Un escalier en descendait vers les souterrains. Il devait aboutir quelque part par ici, dit-il en pointant les rochers amoncelés derrière eux.

– Vers la salle où était entreposé leur fameux trésor...

– *Nein !* s'exclama le vieux nazi. Encore un mensonge ! Le trésor du Temple tout autant que l'Arche d'Alliance ont disparu lors de la première destruction, au VIe siècle avant... avant...

– Avant Jésus-Christ ?

Le Maître cracha par terre.

Julie sentit qu'il lui fallait revenir à une forme de dialogue plus apaisé. Ne pas le provoquer.

– Quelle que soit la nature du secret caché sous le Temple, nous voici face à l'ultime obstacle qui nous en sépare.

Il acquiesça frénétiquement de la tête.

Julie devait pousser son avantage. Non pour obtenir une clémence qu'elle ne pouvait espérer de la part d'une âme aussi perverse, mais afin de le conforter dans le sentiment de sa reddition absolue.

Elle s'exprima donc avec une candeur feinte :

– Nous sommes bien d'accord : si mon aide est concluante, vous laisserez la vie sauve à mon père ?

Le Maître, à son tour, se composa pour lui répondre un visage de brave et honnête patriarche.

– Nous ne sommes pas obligés d'être ennemis, Julie, tu sais... Je te jure sur mon honneur qu'une fois de l'autre côté, je te laisserai filer. Tu trouveras Victor dans la cave de mon immeuble. Je t'en donnerai la clé. Il a été un peu secoué, mais il va bien, je t'assure.

Julie réprima une montée de bile en entendant le prénom de son père dans la bouche du criminel qui se jouait d'elle.

– Je vous crois, mentit-elle.

– Alors, je t'écoute : à quoi penses-tu ?

Elle plaça ses deux mains sur les piliers de la fresque.

– Turquoise, jade : deux pierres précieuses...

– Semi-précieuses, rectifia le Maître.

– Mais qui ne sont pas sans rappeler celles qui ornaient le pectoral du Grand Prêtre des Hébreux, même si elles n'y figuraient pas.

– Bien, bien...

– Il n'y a dans cette salle que de la roche et du sable. Ces pierres sont donc les décorations les plus précieuses, celles qui devraient en principe inspirer le plus de respect.

Le Maître suivait son raisonnement avec attention. Mais sa main demeurait crispée sur son arme.

– Ce sont donc les derniers motifs que l'on devrait songer à profaner.

– Intéressant...

Julie serra les poings et plia les coudes comme si elle s'apprêtait à décocher un double coup sur la fresque.

– Je peux ?

– Fais donc !

Après une longue et théâtrale inspiration, elle frappa de toutes ses forces contre le pilier de jade, puis heurta violemment celui de turquoise.

Se désolidarisant de leurs socles et de leurs chapiteaux miniatures, les colonnes de pierres précieuses s'enfoncèrent en grinçant dans le mur.

Ils entendirent un bruissement.

De l'eau semblait s'écouler – de l'eau, ou plus exactement du sable.

Un mécanisme vieux comme les pharaons, pensa la jeune conservatrice du musée du Louvre.

Une dizaine de secondes passèrent, rythmées par l'écoulement qui se poursuivait derrière la fresque. Puis la paroi rendit un bruit sourd, puissant, profond, ébranlant les fondations de la salle.

Ils virent le bas de la fresque se déplacer lentement vers l'arrière. Julie porta la main à son visage : une bourrasque pestilentielle s'abattait sur eux.

Le Maître, lui, dilata ses narines et emplit ses poumons de l'air vicié qui les enveloppait désormais.

Les portes du Temple venaient de s'ouvrir devant eux.

128

Tunnels du mur des Lamentations.
Jérusalem.
11 h 52.

– Quelqu'un peut-il ouvrir cette satanée porte ? cria le Colonel en s'acharnant sur la poignée de la porte blindée qui séparait l'étage dévolu aux touristes et les souterrains du Temple, là où progressaient les fouilles cachées au public.

Juste derrière lui, leurs silhouettes se détachant dans la lueur des projecteurs, trois membres du commando d'intervention avancés dans l'alcôve de pierre remuèrent leurs masques à gaz pour répondre par la négative.

– Dan ! hurla-t-il par-dessus leurs épaules pour couvrir le bruit croissant que les équipes faisaient en installant le matériel qui allait bientôt « sécuriser » les tunnels.

Daniel, qui était resté planté au milieu du vaste espace de visite, l'air aussi ahuri qu'inquiet, à tenter de comprendre ce que les hommes en combinaison blanche allaient faire de leurs tuyaux et câbles, releva la tête et répondit à l'appel de son ancien chef.

– Dan, je t'en prie, trouve-moi le responsable du site. Nous devons descendre le plus rapidement possible dans la zone interdite et...

– La zone interdite ?

Cohen se renfrogna.

– Tu comprendras en bas, dit-il en réajustant le masque à gaz qui glissait sur son crâne en sueur. En attendant, il me faut le code de ce sas.

– Tous ceux qui travaillent ici ont été expulsés par vos *ninjas*, répondit Daniel en acceptant le masque que lui tendait l'un des fantômes de Tchernobyl.

Fortement agacé, le Colonel tapa du pied à plusieurs reprises. Puis il opta pour la solution la plus rapide. Repoussant de l'épaule la petite troupe collée à lui dans le passage menant à la porte de fer, il extirpa son Desert Eagle et en vida le chargeur sur le boîtier commandant l'ouverture.

Le fumet de poudre dissipé, une alarme assourdissante envahit les sous-sols, tandis que le boîtier de verrouillage se détachait, pour se balancer lamentablement au bout de quelques fils électriques encore intacts.

La porte, elle, demeura obstinément close.

– Nom de…, s'énerva Cohen.

Dans son dos, les soldats s'écartèrent vivement, laissant le passage à un colosse en treillis, sans masque ni combinaison, tenant par deux arceaux un bélier d'assaut.

Le Colonel se plaqua contre le mur et le géant vint frapper dans sa course la porte qui se gondola dans un bruit mat. Il redoubla son coup, arracha un gond, puis un deuxième. Au quatrième choc, la porte tomba avec fracas dans le vide.

Ils s'avancèrent.

L'escalier, en pente raide, était plongé dans l'obscurité. Le carton du Colonel avait apparemment fait sauter le système d'éclairage. La voix déformée par le filtre électronique de son masque à gaz high-tech, le leader du commando, passant devant le Colonel, lui demanda dans un souffle digne de Dark Vador :

– *License to kill ?*

Le visage fermé du pharaon fut sa seule réponse.

Les membres de l'unité d'élite dévalèrent les marches, leurs lunettes de vision nocturne actionnées, dans le balai des faisceaux rouges des lasers de visée.

Sans attendre son supérieur, alors que l'alarme venait de se taire, Daniel les suivit.

Autorisation de tuer ?

Il ne lui avait pas fallu plus d'une fraction de seconde pour trouver l'ordre effroyablement imprécis.

Mais de tuer qui ?

129

Sous le Saint des Saints.
Jérusalem.
Deux minutes plus tôt.

– C'est donc ici que tout commence…, murmura Julie dans le silence des profondeurs.

Au creux de la paroi, dévoilé par le mécanisme antique niché dans la sculpture, s'ouvrait devant eux un boyau aux teintes étranges, exhalant un air nauséabond.

– Non, c'est ici que tout *finit* ! corrigea le Maître.

Julie sentit la chair de poule couvrir ses bras. Elle décida de feindre la naïveté :

– Vous… vous me laissez partir, à présent ?

Le regard hypnotisé par le mystérieux passage, le vieil homme l'interrogea d'une voix cassée :

– Tu ne désires donc pas savoir ce qui se trouve au-delà ?

Elle se garda bien de lui dire la vérité. Depuis vingt-quatre heures, elle avait eu son compte de divagations, de révélations, de superstitions… Qu'au bout de cette galerie inquiétante se trouvât l'Arche d'Alliance, le trésor du Temple ou même le Code Maya qui annonçait la fin du monde, elle s'en fichait éperdument. Elle n'avait qu'une hâte : déguerpir !

Déguerpir avant que le psychopathe qui la tenait en respect avec son Luger ne comprenne, une fois parvenu au fond de la caverne, que toutes les balivernes sur lesquelles il avait bâti son existence n'avaient que la consistance du vent – et qu'il se venge sur elle.

Partir d'ici, et au plus vite, afin de voler au secours de son père. Le libérer pour l'emprisonner dans ses bras. Lui dire enfin combien elle l'aimait. Balayer les malentendus, rattraper le temps perdu.

– Oh si, bien sûr ! articula-t-elle avec le plus grand sérieux, tandis que ses genoux faiblissaient. Qu'est-ce qui nous attend là-bas, sous le Saint des Saints ?

L'ancien nazi détacha le regard du boyau mis au jour et la fixa. Il avait clairement perçu que la voix de la jeune femme n'avait pas l'accent de la sincérité.

– Ainsi, tu me prends pour un illuminé, n'est-ce pas ?

– Pas... pas du tout...

– Cela n'a plus aucune importance... Puisque pour toi, tout s'arrête ici.

Il la mit en joue.

– Ici et maintenant.

– Mais vous aviez promis...

– Oh ! je suis navré de devoir revenir sur ma parole, fillette. Mais une tâche suprême m'attend désormais. Au bout de ce chemin, que nul n'a plus foulé depuis deux mille ans, se trouve l'Abomination. Et je suis venu pour Elle.

Elle ?

Julie s'effondra sur le sol, la main protégeant son visage que pointait l'arme du Maître.

– Nous attendions ce moment depuis si longtemps..., murmura-t-il, la gorge nouée par l'émotion. Depuis la *Nuit maudite*, où l'ordre du monde a basculé.

Les yeux clos, Julie sentit la bouche du canon se poser sur son front.

– Le monde des trois religions va prendre fin, chuchota-t-il avec hésitation, comme s'il redoutait encore une intervention divine.

Un tonnerre de détonations tomba des étages supérieurs des souterrains.

Aucun doute possible : ils s'attaquaient à la porte blindée que le Maître avait pris soin de refermer, un peu plus tôt, en se faufilant derrière Julie.

– Ainsi, tu disais vrai, sale chienne ! lui jeta-t-il au visage. Ils arrivent !

Sie kommen !

Le Maître avait déjà connu cette situation.

Déjà entendu ce cri de panique.

De Normandie, de Provence, de Poméranie, de partout à la fois : *ils arrivent* !

Alors que la victoire des Fils des Ténèbres était à portée de main, que leurs ennemis héréditaires partaient en cendres dans les fours crématoires, ils étaient arrivés.

Et avaient balayé le Reich.

Mais pas cette fois-ci !

Ce soir, la Lumière s'éteindrait et le règne des Ténèbres commencerait.

Soudain, blessant les tympans, quelque chose comme une onde stridente balaya la caverne. Le réseau des projecteurs cessa de fonctionner et la nuit avala la grotte.

Julie rampa, avec l'espoir de se mettre à l'abri dans un recoin de la salle.

En vain : le Maître avait allumé une puissante torche et était déjà sur elle.

– Veux-tu prier, femelle ? demanda-t-il en la saisissant par les cheveux. Non ? À ta guise…

Un fracas métallique résonna dans toutes les galeries.

« Ils » venaient de faire sauter la porte blindée.

« Ils » descendaient, annoncés par la stridence de l'alarme.

– Si ! J'ai une dernière prière…

– Allez ! cria-t-il en la traînant vers lui.

Elle planta ses yeux dans les siens et lui cracha tout son mépris au visage :

– Je veux que tu crèves !

– Amen…, feula le Maître.

À bout portant, il appuya sur la détente.

La balle sortit du canon dans une gerbe de feu.

130

Palais de la présidence.
Téhéran.
Au même instant.

– Combien sont-ils ? demanda le Président, l'air désemparé, en réajustant sa petite mèche.

– Dans les rues de la seule capitale, deux millions..., répondit le chef de la milice.

Le tyran se prit la tête entre les mains et éclata en sanglots.

Dans son bureau aux fenêtres calfeutrées, où flottait l'âcre et envahissante odeur de la peur, la gêne devenait perceptible. Mais aucun des conjurés n'osa réagir à cette lamentable perte de sang-froid.

– Je fais donner les *Bassidjis* ? demanda au bout d'un moment le responsable de la sécurité en charge de Téhéran.

Répugnant à relever son visage décomposé, le Président ne répondit pas.

Il avait tenu bon, des années durant, et surmonté tous les obstacles – la pression internationale, les sanctions économiques, les révoltes populaires du Maghreb, le gel des comptes bancaires secrets du régime, les assassinats « ciblés » de ses meilleurs ingénieurs nucléaires, les virus informatiques qui avaient suivi Stuxnet et même la désastreuse explosion du complexe Imam Ali, à l'ouest du pays, le repaire de ses missiles longue portée Shahab-3, niché au creux des montagnes de la chaîne de Zagros.

Il avait tenu bon, il avait tenu tête, mais désormais ses nerfs étaient sur le point de lâcher.

L'ambiance devenait pesante.

Devant sa prostration, l'un de ses plus vieux compagnons de route, un homme bien plus âgé que lui, le front bas, la coupe en brosse et le regard dur, bondit soudain de sa chaise et admonesta le chef de l'État :

– Réagis, Mahmoud, réagis donc !

Les petits yeux noirs du Président clignèrent quand il consentit à croiser ceux de son camarade.

– Nous sommes sans nouvelles de Jérusalem, annonça-t-il d'une voix blanche. Sans aucune nouvelle du Maître…

Les dirigeants du régime se concertèrent en silence.

– Laissons-lui encore un peu de temps, suggéra le ministre de la Propagande. Proposons à l'opposition d'ouvrir des négociations, faisons-leur miroiter de nouvelles élections. N'importe quoi, mais gagnons du temps !

Impassible dans son fauteuil, le ministre des Affaires étrangères prit la parole en réajustant ses fines lunettes :

– Il sera difficile, extrêmement difficile, de les berner une seconde fois. Qui plus est, les mollahs marchent désormais avec eux. Ils sont de tous les cortèges. Je crois qu'ils ont compris.

D'un regard inquiet, le Président interrogea alors le responsable des Affaires religieuses. Cramoisi, celui-ci baissa la tête.

Ainsi, le régime était au bord du précipice.

La clique qui tenait le pays – mais pour combien de temps encore ? – n'avait plus à sa disposition qu'une armée démobilisée, dont on savait qu'au premier signe d'affaiblissement donné par l'exécutif, nombre de bataillons fraterniseraient avec la rue.

Et les milices *bassidji*.

Mais que pèseraient ces S.A. persanes si le peuple sentait la libération à portée de main ? Elles seraient balayées, lynchées, exterminées jusqu'à la dernière par des Iraniens qu'elles n'avaient cessé de terroriser depuis des lustres.

Le Président et ses proches n'avaient par conséquent plus qu'un espoir : qu'un champignon nucléaire s'élève au cœur de Jérusalem et que des décombres surgisse leur salut.

Un officier en uniforme noir fit irruption dans le bureau présidentiel, claqua des talons et se dirigea vers le ministre de l'Intérieur afin de lui remettre un pli.

Un sourire affleura sur le visage bistre du tyran.

Nous y voilà ! jubila-t-il.

Le Maître avait réussi : la *Porte* avait été ouverte, la situation allait basculer, la victoire redevenait possible…

Il déchanta aussitôt.

Le chef de la police tourna vers lui un visage décomposé.

– C'est l'ayatollah Abdallah Hussein Khameyni…

– Eh bien, quoi ? hurla le Président en se dressant sur la pointe des pieds. Quoi !?

– Le Guide suprême est mort.

Le Président se laissa retomber sur son fauteuil.

– Il vient d'être trouvé dans ses appartements. Arrêt cardiaque.

Un silence terrible les écrasa tous.

– Entre nous et les hommes de Dieu, murmura l'un des complices du chef de l'État, il n'y a donc désormais plus personne…

De fait, la clameur des défilés commençait à monter jusqu'à eux des larges avenues de la capitale. C'était comme un grondement qui approchait.

Un peuple était en marche, qui s'était levé en une nuit.

– Dis à tes miliciens de tirer dans le tas, décida le Président.

Se tournant vers le chef d'état-major, il ajouta avec une pointe de fiel dans la voix :

– Et toi, fais sortir les troupes des casernes. Ils veulent du sang ? Je vais leur en donner des torrents !

Les deux hommes saluèrent et s'éclipsèrent sans délai.

Le Président s'approcha de la fenêtre centrale, en écarta le rideau de soie verte et jeta un regard apeuré au-dehors.

Quelle ironie ! se lamenta-t-il.

Dire qu'ils avaient choisi le Mal pour ne jamais connaître la défaite...

131

Sous le Saint des Saints.
Jérusalem.
11 h 54.

Julie s'effondra.

Sa tête heurta une dalle – et dans sa bouche, le sang, la bile et la poussière prirent le parfum de la mort.

Un voile blanc passa devant ses yeux. Puis elle sentit une masse s'abattre sur elle dans un gémissement.

Sa cage thoracique faillit imploser sous le choc.

Après une éternité – qui ne dura pas plus d'une seconde –, elle fit rouler sur le côté le corps du Maître, encore agité de violents spasmes.

Son front la brûlait. La balle, déviée au dernier moment, l'avait frôlée, l'entaillant jusqu'à l'os.

Un filet de sang coulait sur ses yeux. Elle l'essuya de la main et s'empara en tremblant de la lampe que le vieillard avait laissé choir.

Une cavalcade retentit au-dessus d'elle.

Elle baigna de lumière le cadavre de Rosenberg. La nuque du Maître était à moitié détachée, trouée en son centre, comme si une langue de feu l'avait transpercée.

Puis elle entendit à nouveau le ronronnement.

Sursautant, elle éclaira la salle en tous sens.

Et elle vit.

À deux mètres du sol, immobile, flottant dans l'air comme un insecte de métal, une coque brillait dans la pénombre.

Un *drone.*

Un engin de guerre, pas plus grand qu'un poing.

Un *nanodrone.*

Elle fit un pas en arrière, avant de comprendre – et de fondre en larmes.

Une *abeille*, envoyée par la Ruche.

Une foule d'images se bousculèrent dans son esprit : Qumran, sa chemise maculée de sang, le t-shirt kaki offert par Mickaël et qu'elle portait encore, la *plaque* militaire qui avait intrigué la soldate au poste de contrôle du Mur…

Ils ne l'avaient donc jamais lâchée.

Jamais abandonnée.

Julie chancela, perdant son sang en abondance.

Devant ses yeux, dont la vue se brouillait, apparurent les pinceaux dansants des lasers rouges.

Elle tomba à genoux, au bord de l'évanouissement, quand les premières exclamations des hommes du commando résonnèrent dans la salle des fresques.

Sa dernière pensée, avant de sombrer, fut qu'elle était sauvée.

Pourtant, son cauchemar ne faisait que commencer.

132

Hôpital Saint-Louis.
Jérusalem.
11 h 56.

Deuxième arrêt cardiaque en moins de dix minutes.

Le chef du service des polytraumatisés, son assistant et l'infirmière se battaient sans relâche pour ramener Victor Normandy à la vie.

Le recours à l'électrochoc avait été écarté – dans son état, la moindre défibrillation serait revenue à sculpter du cristal à la dynamite.

Un massage cardiaque vigoureux et trois injections d'adrénaline, l'aiguille plantée à même le cœur, furent nécessaires pour que l'électrocardiogramme s'anime de nouveau.

Le front couvert de sueur, le médecin se tourna vers la porte et leva un pouce victorieux à l'intention de Mickaël, qui avait suivi l'opération à travers la lucarne vitrée.

Rassuré, ce dernier se précipita à l'extrémité du couloir, où patientaient Ibrahim Alush et Ronald Greenwood.

– Ils l'ont ramené…, leur annonça-t-il à voix basse.

– Allah est grand, soupira l'antiquaire, qui paraissait terriblement vieilli dans son costume froissé.

– Et la médecine n'est pas petite…, ajouta le maître maçon, fidèle à l'adage qui voulait que l'ironie soit la politesse du désespoir.

– Vous voulez boire quelque chose ? Un café ?

– Je veux bien, dit Alush. Avec du sucre, beaucoup de sucre.

– Merci, refusa Greenwood, mais je ne peux rien avaler. Vous ont-ils dit quand son état serait *stabilisé* ?

Secouant la tête de droite à gauche, Mickaël répondit par la négative. Puis, après une brève hésitation, il ouvrit la double porte à hublots et se dirigea vers la cafétéria.

– Tu crois qu'il va s'en sortir ?

– Tant qu'il n'a pas revu sa fille, il tiendra, pronostiqua Ronald. Mais si nous devions lui apprendre une fâcheuse nouvelle...

Ibrahim Alush se voûta davantage encore.

– Alors, nous aurions perdu sur toute la ligne.

Greenwood suivit du regard deux infirmières qui chaloupaient dans les couloirs, rayonnantes et riant à leurs confidences réciproques.

Il se souvint alors d'une conversation ancienne. Une conversation qu'il avait eue jadis avec son mentor, Jeff Kidman, après son initiation à Washington :

« *Tant que nous sommes victorieux, tant que nous repoussons les assauts des Fils des Ténèbres, le monde ne doit rien savoir.*

– Et si, par malheur, nous devions échouer un jour ?

– Eh bien ! Inutile d'informer qui que ce soit : il serait de toute façon déjà trop tard. L'humanité comprendrait au moment même où elle serait sur le point d'être anéantie... »

Les jeunes femmes disparurent et avec elles les somptueux déhanchements qui avaient captivé Greenwood l'espace d'un instant.

Un rayon de soleil vint les caresser, Alush et lui.

Tout bien pesé, songea-t-il, le meilleur des dénouements

serait que le monde puisse, longtemps encore, demeurer dans l'ignorance.

Dans l'ignorance de ce que Dieu avait choisi de lui dissimuler depuis l'aube des temps.

133

Sous le Saint des Saints.
Jérusalem.
11 h 59.

Précédant de peu Daniel, six commandos vêtus de noir déboulèrent dans la grotte où gisaient le Maître et Julie.

Leur leader s'avança avec précaution, posa un genou au sol et fit signe à l'équipe, en levant son poing fermé, d'attendre.

Il coucha son arme, plongea la main dans son sac à dos et en sortit une tablette informatique, dont il déplia l'antenne. Puis, le visage aux aguets, surveillant les corps inanimés, il tapota sur l'écran tactile.

La tablette clignota, avant d'émettre un court signal aigu.

Contrôle terminé.

Atmosphère saine.

D'un nouveau geste, il en informa ses coéquipiers, qui se délestèrent aussitôt de leurs masques à gaz.

De rapides mouvements de la main, le chef du commando leur donna silencieusement ses instructions.

Le premier fila vers le groupe électrogène, que le nanodrone avait neutralisé quelques minutes plus tôt d'une frappe électromagnétique. Il remit en marche le système d'éclairage d'une simple manœuvre et la salle s'illumina.

La lumière revenue dans la cavité, un second s'approcha du

tueur miniaturisé, toujours en suspension, et empoigna son talkie-walkie.

Confirmation lui fut donnée par la Ruche de la mise en veille immédiate de l'*abeille*, dont le ronronnement cessa aussitôt, et qui tomba inanimée dans sa paume avant de disparaître prestement dans sa besace.

Daniel, lui, n'avait toujours pas bougé. Il en attendait impatiemment l'autorisation.

Le chef du commando s'approcha de Julie. Il l'examina rapidement, cherchant à localiser ses blessures et à évaluer son état. Puis il s'agenouilla à ses côtés, faisant crisser le tissu high-tech de sa combinaison semi-blindée, et passa délicatement une main sous la nuque de la jeune femme évanouie.

Daniel observait la scène, au comble de l'angoisse.

Le commando ouvrit l'une des poches latérales de sa manche et en sortit une ampoule aux reflets rubis. Il la brisa entre ses dents et plaça sous les narines de Julie la solution ammoniaquée.

La Française eut un violent soubresaut et ouvrit les yeux, effarée, comme si on venait de la tirer du ventre de sa mère.

Sans la ménager outre mesure, le soldat prépara de sa main libre une compresse sur laquelle il brisa une autre ampoule d'une solution incolore, et la répandit d'autorité sur la blessure frontale.

Julie poussa un cri.

N'y tenant plus, Daniel accourut et vint se placer face au ninja. Ce dernier, croisant son regard furibond, se justifia d'une voix parfaitement calme :

– Antiseptique.

Puis il se releva et les laissa.

Daniel la prit dans ses bras et déposa un baiser sur son front meurtri.

Sans un mot, les yeux dans les yeux, lui frissonnant, elle

grelottante, ils se dirent tendrement toute la joie qu'ils avaient à se retrouver. À se retrouver sains et saufs.

Autour d'eux, cependant, l'heure n'était pas encore au soulagement. Sous la houlette du Colonel, les ingénieurs en combinaison blanche s'activaient à dérouler leurs gigantesques tubes synthétiques jusqu'à l'ouverture pratiquée dans la fresque.

– Tu remontes vérifier que les branchements sont opérationnels au niveau de l'esplanade, commanda Cohen à l'un d'eux, et on commence…

– Qu'allez-vous faire ? lui cria Daniel dans le brouhaha ambiant.

Le Colonel réfléchit un instant et s'avança vers les jeunes gens.

– Heureux de vous récupérer en un seul morceau, mademoiselle Normandy.

– Que vont-ils faire ? insista Daniel.

L'homme au crâne chauve s'inclina vers eux et les couva d'un regard paternel, avant de répondre dans un murmure :

– Ce qu'ils vont faire ? Écrire le mot « Fin » à cette histoire, les enfants, une histoire dont heureusement personne n'aura *jamais* connaissance.

Un commando, les jambes de part et d'autre du corps du Maître, le héla. Le Colonel se contraignit à leur sourire et les quitta.

Il vint se poster au-dessus du vieillard, échangea quelques mots inaudibles avec le ninja, qui s'écarta à reculons. Puis Cohen sortit lentement, très lentement, son Desert Eagle et tira à plusieurs reprises dans le crâne de Rosenberg, le réduisant en bouillie.

À cet instant précis, Julie et Daniel virent apparaître cinq personnages dont la présence en ces lieux leur sembla tout à fait surréaliste.

Ni des militaires ni des liquidateurs, selon toute apparence.

Un prêtre, la face blême, cramponné au crucifix pendant à son cou, ouvrait la marche, suivi d'un imam, les mains crispées jusqu'au sang sur son livre saint, et d'un rabbin au regard ardent. Derrière lui, avançant les yeux fermés, tremblant de toute son âme, un pasteur quitta l'escalier, bientôt rejoint par une femme rousse, la cinquantaine, livide elle aussi, ceinte d'une écharpe frappée de l'équerre et du compas.

Tout s'éclaira alors pour la lionne.

Elle sentit monter en elle une force décuplée, qui revigora chaque fibre de son corps exténué : le mot « Fin », il lui revenait à elle, et à elle seule, de l'écrire.

Et le moment n'était pas encore venu, n'en déplaise au Colonel et à ses liquidateurs à l'allure de spationautes.

Elle glissa un mot à Daniel, se leva d'un bond, puis fonça vers la fresque.

134

Autel des Encens.
Temple de Jérusalem.
332 avant J.-C.

Le Grec se découvrit la tête et replaça lentement le pan de sa tunique sur ses épaules. Il se tourna alors vers le Grand Prêtre.

Les deux hommes se toisèrent un moment.

– À présent que je me suis prosterné devant lui, demanda enfin le Grec, le dieu de ton peuple tiendra-t-il sa promesse ?

L'Hébreu avança d'un pas et parla d'une voix sourde :

– Ce n'est pas *notre* dieu, répondit-il. C'est Dieu. Le seul et unique, béni soit Son nom.

Puis il posa la main sur l'épaule du conquérant.

– Répands la sagesse et la justice, fils de Macédoine, et le Dieu des armées te mènera jusqu'aux confins de l'Asie, puisque tel est ton destin.

Le Grec demeura un instant sans mot dire. À son tour, il posa sa paume sur le bras du Grand Prêtre.

– Sache que ma parole a plus de valeur que l'or. Toi et les tiens pourrez continuer à exercer votre culte sur votre terre. Il y a quelque chose… quelque chose que je ne m'explique pas, qui m'a conduit jusqu'ici, au cœur de votre sanctuaire.

– Nous t'en sommes reconnaissants, murmura simplement le Sadducéen.

Les deux hommes échangèrent un dernier regard.

Puis, l'air pénétré, Alexandre le Grand sortit du Temple.

135

Sous le Saint des Saints.
Jérusalem.
12 h 02.

Ils marquèrent tous un temps d'arrêt quand, après avoir bousculé l'un des hommes en combinaison blanche, Julie fonça tête la première dans l'ouverture de la fresque et disparut dans les ténèbres.

Tous, hormis Daniel.

D'un geste, il s'empara de l'arme du Colonel et la plaqua sur sa tempe.

– Personne ne bouge ! hurla-t-il en les balayant d'un regard déterminé. Vous lui laissez deux minutes, elle revient, et vous pourrez en finir…

– Dan, qu'est-ce qui te prend ? maugréa Cohen sans donner le sentiment d'être impressionné par le coup de force de son protégé.

– Deux minutes ! cria encore Daniel à la cantonade. Deux fois soixante secondes !

Les ingénieurs, dans leurs scaphandres immaculés, s'écartèrent précipitamment de l'escalier, entraînant à leur suite les étranges visiteurs – rabbin, pasteur, curé, imam et maçonne, qui n'en menaient pas large.

Les membres du commando, souples comme des félins, avec mille précautions, armes pointées au sol, se disposèrent en arc de cercle autour du pharaon et du compagnon de Julie.

– Ça suffit…, lui chuchota le Colonel. Tu n'as pas idée de ce qui est en jeu.

– Deux minutes, répéta Daniel sans lâcher des yeux les ombres noires. Deux minutes, pas une seconde de plus, vous pouvez lui accordez cela, non ?

Retenez-les deux minutes.

Telle avait été la supplique de Julie au moment de foncer vers le passage.

– Sans elle, reprit Daniel dont la voix ne tremblait pas, vous n'auriez jamais trouvé ce foutu passage secret, hein ?

– Dan…

– Et sans elle, vous n'auriez jamais stoppé ce cinglé à Qumran, mon Colonel, ni récupéré sa charge nucléaire !

– Calme-toi.

– Sans elle, vous n'auriez pas buté non plus notre ami hitlérien !

Les membres du commando resserrèrent leurs rangs.

Le corps raidi, sans un mouvement de la tête, Cohen tendit la main dans leur direction, leur ordonnant de ne plus faire un pas. Puis, avec un débit rapide et froid, il leur dit dans un hébreu militaire :

– Ancien de chez nous meilleur des meilleurs un geste et je suis et nous sommes tous morts alors immobiles c'est un ordre.

Les ninjas se figèrent.

Leur leader déposa ostensiblement son Uzi sur le sol couvert d'une fine couche de poussière.

Ses troupes l'imitèrent.

Julie s'était engouffrée dans le passage depuis plus de trente secondes.

– Sais-tu ce qu'il y a au bout de ce tunnel, Daniel ?

– Non et, franchement, je m'en tamponne, Colonel ! explosa ce dernier, le canon du Desert Eagle toujours braqué sur sa tempe.

– Dans son état, elle n'a dû faire qu'une vingtaine de mètres dans le noir. Il est encore temps, Daniel…

– Encore temps de quoi ?

– De l'arrêter.

Cohen avait articulé ces derniers mots avec une telle anxiété que Daniel en fut secoué. Il passa cependant outre.

– Laissez-la faire… Elle sera vite de retour et elle ne risque plus rien désormais.

– Vraiment ?

Comme pour lui donner raison, une plainte lugubre s'éleva des profondeurs et franchit la fresque pour monter jusqu'à eux.

136

Mont Horeb.
Désert de Sinaï.
Deux mille ans avant J.-C.

Tu ne tueras point !

Dans l'étroit cirque de pierre, au flanc de la montagne égyptienne, l'air sentait le basalte et le cuivre fondu.

Le ciel n'était que tonnerre.

Prosterné, Moïse regarda la langue de feu quitter le Buisson Ardent pour venir heurter la roche, la fendre et y graver le sixième des Dix Commandements qu'en cette nuit l'Éternel allait donner à Son peuple.

Tu ne tueras point !

Découpés dans les parois aux arêtes saillantes, les deux blocs tremblaient à s'en détacher sous la violence du feu divin qui déchirait l'obscurité.

Le regard de l'ancien prince d'Égypte, soulevé par la joie, écrasé par l'épouvante, passa de l'arbuste qui brûlait sans se consumer aux tables vibrant sous l'écriture de Celui qui n'a pas de nom.

Comme après chacune des précédentes révélations, le silence emplit l'immensité, un silence impérieux – celui de l'Éternel attendant que la voix hésitante de son messager prononce le nouveau commandement dans la langue des hommes.

– Tu ne tueras point ! proclama Moïse, les mains crispées sur le sol poudreux de cette terre sainte.

Puis il inclina la tête, baisa la poussière et écouta.

Tu ne tueras point, Moïse, car ôter la vie à l'une de Mes créatures, ce serait offrir un holocauste au Satan.

Le prophète songea au garde qu'il avait jadis occis à Goshen. Aux morts, aux morts innombrables que son peuple laissait derrière lui, et à ceux qui s'amoncelleraient sur son chemin vers la terre où coulaient le lait et le miel.

La sainteté serait pour les Hébreux une longue épreuve, chaque jour en péril, et qu'il leur faudrait regagner à chaque lune par la ferveur de leur foi en l'Eternel.

– Seigneur, ce ne sont que des hommes, comment empêcherais-je la violence chez Tes enfants ?

Le buisson se gonfla soudain d'un incendie de lumière qui dévora l'espace.

Vous serez saints entre les nations !

Moïse redressa le visage et soutint la Présence qui les avait conduits hors d'Égypte, sortis d'une maison d'esclavage.

Ici, au mont *Horeb* – la montagne de la *Destruction* –, agenouillé devant la plus fragile des créatures vivantes, un arbuste dont un chevreau n'aurait fait qu'une bouchée, il comprit que leur seule arme serait désormais la prière.

Et leur seul bouclier, la foi.

La prière et la foi pour faire la guerre.

Sa guerre.

Tel était le sens, à présent révélé, de l'élection du peuple d'Abraham, d'Isaac et de Jacob.

Pourtant…

Sur les contreforts du massif désertique, la discorde s'était installée parmi les douze tribus.

Au son frénétique des tambourins, hommes et femmes s'adonnaient aux danses païennes tandis qu'on leur forgeait une idole faite d'or : ici même, en ces lieux, en cette nuit, l'Adversaire était à l'œuvre.

S'appuyant sur son bâton de berger, Moïse se releva après que son Seigneur eut gravé le dixième commandement.

Un ultime éclair vint fendre la roche et en desceller les deux blocs de pierre fumante.

Moïse les recueillit avec dévotion au creux de son châle de laine.

Il te faut à présent redescendre car Mon peuple s'est corrompu.

– Je brandirai Ta Loi, ô Seigneur !

Il fit un pas en arrière, sans détourner les yeux de la source éclatante de lumière.

– Nous commencerons de bâtir Ton Temple dès cette nuit, ô Éternel, et le sacerdoce d'Israël ne connaîtra point de répit, murmura-t-il, avant de se figer.

Non, Moïse.

Ma demeure, Je te le dis, tu ne la verras pas, car ce sont les enfants de tes enfants qui l'élèveront sur la terre que Je vous ai promise.

Ce pays où tu les mèneras ne ressemble point au pays d'Égypte, d'où vous êtes sortis.

C'est un pays sur lequel veille l'Éternel, ton Dieu, et qui est constamment sous l'œil du Seigneur, depuis le commencement de l'année jusqu'à sa fin, et pour les siècles.

L'Hébreu pressa les tables encore chaudes sur sa poitrine et, de sa voix bègue, interrogea :

– Mais c'est ici, ô Dieu, que Tu T'es manifesté à nous, pourquoi ne pas nous laisser édifier le saint Temple au Sinaï ?

Mon Temple sera dressé à l'endroit où Abraham Me présenta son premier-né.

Là où Noah fut conduit et sauvé.

En pays de Canaan.

Et en nul autre endroit de la Création, Moïse.

Là, Mes enfants seront des gardiens vigilants.

Je vous ai choisis entre tous non pour M'adorer mais pour mener Ma Guerre.

Entends, Moïse !

Et Moïse entendit.

Comme il avait entendu et empli son âme de chacun des commandements que le feu de Dieu avait écrits sur la paroi de la montagne sacrée.

Tu n'auras point d'autre dieu que Moi, avait ordonné le Très-Haut.

Cela, le peuple le comprendrait aisément. Mais la suite du deuxième commandement, combien de siècles et combien de générations faudrait-il pour que le sens en devienne clair ?

Tu ne te feras point d'idole, ni une image quelconque de ce qui est en haut dans le ciel, ou en bas sur la terre, ou dans les eaux au-dessous de la terre.

De tous les mortels, Moïse était désormais le seul à connaître le secret de l'Éternel.

Le seul à L'avoir connu face à face.

Ou dans les eaux au-dessous de la terre...

D'un mouvement énergique, le Libérateur se releva...

– Qu'il en soit selon Ta volonté, ô Dieu !

... avant de s'incliner respectueusement :

– Tu es notre Souverain et en Toi nous plaçons notre confiance ! *Adonaï Melekh Ne'eman !*

Amen.

137

Grande loge de Memphis.
Washington.
13 mars 1968.

Les mains croisées dans le dos à la manière d'un instituteur, Jeff Kidman tapotait de son front les petits carreaux des fenêtres.

Washington se coulant dans la nuit avait des airs de Rome bucolique – majestueuse et somnolente. Au loin, déviant à peine de la ligne pourpre de l'horizon, le dôme de la Maison Blanche luisait dans le crépuscule.

– Note les nuances..., suggéra-t-il à son jeune frère.

Ronald Greenwood, les mains soutenant avec peine l'immense grimoire relié en chevreau, auscultait plus qu'il ne les lisait les pages de l'ouvrage ésotérique. Le maître maçon avait ouvert l'incunable en son milieu, au commencement d'un chapitre sur la symbolique religieuse. Une gravure aux traits approximatifs, familière et pourtant choquant le regard, illustrait le traité : deux triangles incomplètement unis.

Les deux pages suivantes, d'un même parchemin épais, reproduisaient deux symboles proches – deux *étoiles.*

– La deuxième figure, celle à six branches, me paraît incontestablement être une étoile de David, dit Greenwood, toujours sans parvenir à percer les intentions de son mystagogue.

– Également nommé le Sceau de Salomon, confirma Kidman. Tu remarqueras qu'aux six branches de l'étoile, il convient d'ajouter les six pointes formées par l'entrelacs des pattes. Ce qui, d'un point de vue symbolique, porte à douze le nombre de flèches : une pour chaque tribu du peuple élu. Et au centre, tu l'auras compris, l'hexagone figure le plan du Saint des Saints, lequel calque celui de la *prison.*

Ronald s'efforça de ne pas faire montre de trop d'émotivité. Vu la nervosité de son frère, qui regardait toujours la capitale s'enfoncer dans l'obscurité, il se crut cependant invité à poursuivre :

– L'étoile suivante est aussi connue, mais cependant nettement plus… controversée.

– Pour dire le moins ! lâcha Kidman en se retournant, un ample sourire aux lèvres. Observe-la, puis décris-la-moi.

– Elle n'a que cinq branches, pour commencer, et…

– Et ?

– Et alors que les deux premières étoiles, celle qui semble provenir d'un âge préhistorique tout autant que celle des Hébreux, confrontaient deux triangles, eh bien, l'étoile dite « satanique » les a *fondues*. Rompant l'équilibre des forces ou bien…

– Ou bien ?

– Ou bien trouvant l'harmonie entre les deux principes antagonistes : mâle et femelle, divin et humain, que sais-je ! proposa Greenwood, peu convaincu par sa propre hypothèse.

– Ce n'est pas faux, fit mine d'approuver Kidman tout en s'approchant. Quelques-uns des mouvements hippies que nous voyons fleurir en ce moment, si j'ose dire, reprennent ce symbole de façon inoffensive, en effet. Certains illuminés, y compris au sein de loges fraternelles, se sont risqués eux aussi à jouer avec ce signe maléfique.

Imperceptiblement, la voix et le masque du vieil homme avaient changé. Il n'y avait plus rien de badin dans son ton : à l'évidence, il ne conduisait pas cette conversation pour le simple plaisir de l'érudition.

– Sans compter les sectes lucifériennes qui en ont fait leur emblème, ajouta Ronald en contemplant les cinq branches qui stylisaient la tête de *bouc* – cornes, oreilles, barbiche…

Une lueur aussi fugitive qu'ironique éclaira le visage de Kidman.

– Ils ne comptent pour rien, ceux-là…, commenta-t-il, l'air méprisant. Ce sont des zozos en mal de déguisements et de sensations fortes, qui ne pèsent que le poids de leur mythomanie.

Les authentiques fidèles de Satan ne jouent pas à la dînette ! Ils ne se réunissent pas dans des cimetières pour y organiser des messes noires. Des frissons tout juste bons pour des petits-bourgeois ! Non, les Fils des Ténèbres n'ont qu'un culte : la destruction ; qu'une messe noire : l'Histoire ; qu'un seul terrain de jeux : notre monde. D'ailleurs, quand ils agissent, ils se gardent bien de faire appel aux membres de ces ridicules sectes autoproclamées diaboliques. Les croirais-tu assez sots pour nous apparaître grimés en Dracula d'opérette ou en épave gothique ? Non, les Fils des Ténèbres sont d'une redoutable intelligence. Seule l'action, seul le résultat les intéressent. S'il le fallait – et s'ils le pouvaient –, ils feraient l'un des leurs Pape ! Ils ont servi hier le Reich de Hitler, auquel ils ont imposé son symbole – celui de la *chute d'un astre noir* –, comme aujourd'hui ils poussent l'Empire soviétique à l'Armaggedon nucléaire et comme demain ils gangrèneront la Chine ou bien l'islam…

Kidman avait prononcé ces derniers mots aux accents prophétiques en se laissant tomber dans le Chesterfield de cuir, qui craqua sous son poids.

– Ce pentagramme aurait été également utilisé par les Templiers, ce qui nous ramènerait peut-être à notre sujet.

– Encore des histoires de bonnes femmes…, soupira le maître en chassant l'idée d'un revers de la main. Pourquoi les Templiers ont-ils colonisé à ce point l'imaginaire collectif ? C'est un authentique mystère pour moi ! Car, en définitive, ces moines-soldats tout-puissants, investis de savoirs prétendument redoutables, se sont montrés incapables de conserver leurs rares places fortes du Levant face aux musulmans. Lesquels étaient certainement de fiers guerriers, mais enfin, entre nous, ce n'était ni la horde d'Attila ni la Wehrmacht !

– On raconte pourtant…, osa l'interrompre le jeune maçon.

– Des bêtises ! grommela Kidman. Voilà ce que l'on raconte, des bêtises ! Le mystère des Templiers, leur malédiction, leur trésor : de quoi émoustiller nos scénaristes de Hollywood et inspirer nos romanciers de la côte Est, mais ce ne sont là que des contes ! Il n'y a jamais eu ni secret ni trésor, Ron. Les Templiers constituaient un ordre d'élite, une organisation paramilitaire et hautement qualifiée dans une Europe désagrégée et analphabète. Leurs connaissances des routes marchandes, des réseaux commerciaux et bancaires, leurs liens avec les musulmans et les Juifs, tout autant que leurs solides épées, les ont rendus indispensables à nombre de seigneurs chrétiens. Voilà pourquoi on les a, quelque temps durant, laissés multiplier les commanderies sur le continent. Et quand ils sont devenus trop gênants pour le Pape et le roi de France, fort endetté auprès d'eux, une simple opération de police, le 13 octobre 1307, a suffi à décapiter l'ordre des Templiers à jamais. Où étaient alors leurs superpouvoirs, Ronald, leurs insondables secrets et leur immense trésor ? Nulle part. On les a supprimés comme des Juifs désarmés : une Nuit de Cristal en plein Moyen Âge et rien d'autre !

Il passa nerveusement les doigts sur son front, comme pour tempérer son emportement.

– Les Templiers ont rempli, un temps, le rôle de Gardiens du *secret*, c'est vrai, mais parmi beaucoup d'autres au sein de la chrétienté. Leur postérité doit tout à la soif d'histoires fantastiques. Plutôt qu'une sanglante répression motivée par le pouvoir et l'or, la mémoire populaire a préféré retenir je ne sais quelles sornettes ésotériques. Elle a même fait de la date de leur extermination un objet de superstition encore bien vivace de nos jours : le *vendredi 13* !

Plaçant le poing devant sa petite moustache frisée, il toussota puis fit un signe amical à Ronald en l'incitant à continuer :

– Reviens plutôt à la première gravure, celle que tu qualifies de « préhistorique ».

– Ne l'est-elle pas ? demanda Ronald en tournant la page. Il y a pourtant quelque chose en elle de... d'*avant*...

– D'avant l'Histoire, souffla le maître. Tu vois juste. Et le copiste de ce grimoire unique au monde a fort bien rendu la stèle légendaire, et à ce jour introuvable, dont il s'est inspiré à la suite de générations d'initiés – et qui n'est pas sans rapport, je te prie de le noter, avec notre symbole maçon : le compas et l'équerre, dit-il en tendant l'index vers l'emblème qui figurait au mur sur son écharpe de cérémonie.

« Mais, une fois encore, pose tes jeunes yeux sur ce dessin et dis-moi ce qu'ils découvrent.

Absorbé par l'examen du parchemin, Greenwood se laissa pénétrer de la symbolique qui émanait de la curieuse étoile. Puis il ferma les paupières.

Après quelques instants de méditation, il tressaillit imperceptiblement sur son fauteuil, ce qui ne put échapper au maître de son ordre.

– La Lumière viendrait-elle à toi ?

Greenwood tâcha de maîtriser sa voix et de répondre calmement :

– Elle évoque un refus, une confrontation…

Les yeux de Kidman se mirent à briller.

– La force noire, qui tombe, se heurte à la force blanche, qui se dresse…

D'un moulinet de la main, le vieux maçon l'encouragea à dérouler son raisonnement.

– Les étoiles qui lui succèdent, si l'on retient l'ordre chronologique, semblent symboliser deux conclusions radicalement opposées de cette confrontation entre la force qui chute et celle qui la repousse. L'étoile de David fige le combat, l'équilibre pour ainsi dire : le refus sera éternel. Bloc contre bloc, force contre force, Lumière contre Ténèbres : les croyants ne céderont pas un pouce et la ligne de front ne bougera plus. L'étoile qualifiée de « satanique », elle, au contraire, provoque une métamorphose de la confrontation. Elle n'a plus six branches comme l'étoile sainte, mais cinq. Les deux énergies en présence sont désormais réunies, encastrées, et dansent ensemble. Elles se sont trouvées. Acceptées. Alliées…

Sa phrase achevée, il attendit avec fébrilité la réaction de Kidman.

Ce fut d'abord l'éclat de ses prunelles, qui attestait une admiration naissante. Puis le mouvement de la bouche, le dessin des lèvres, où l'affection se lisait désormais sans réserve.

Ce fut enfin une voix enrouée, presque chevrotante :

– Ronald, nul ne sait quand les temps viendront, et nul ne le saura avant qu'ils n'arrivent…

Il pointa le doigt dans sa direction.

– Mais si, comme je le pressens, tu devais tenir un rôle décisif dans ce qui nous oppose aux Fils des Ténèbres, alors…

Jeff Kidman hésita.

Ce qu'il allait dire pourrait le faire passer pour un fou – ou, plus grave encore, le confondre aux oreilles d'un *traître.*

Il croisa les paumes à plat sur son ventre et ne lâcha plus des yeux son jeune interlocuteur.

– Jérusalem attire les saints et les maudits, les Fils de la Lumière et les rejetons de l'Adversaire, car elle est leur champ de bataille.

Il s'humecta les lèvres.

– Écoute bien ce que je vais te dire, car une fois que tu l'auras entendu, il n'y aura nul retour en arrière possible pour toi, mon frère.

Le regard déterminé de Greenwood lui signifia son accord pour cette ultime initiation.

– Dieu n'a pas élu Jérusalem parce qu'elle était sainte. Elle a, au contraire, été désignée aux croyants parce qu'elle était *maudite* !

Le jeune maçon encaissa la révélation d'abord sans réagir. Mais, après quelques secondes de réflexion, il formula une remarque :

– L'Éternel ne s'est en effet jamais manifesté à Jérusalem. Pourquoi en aurait-Il donc fait Sa capitale ?

D'un hochement de tête, le maître maçon approuva.

– Il s'est présenté à Moïse au Sinaï, par deux fois, et a visité d'autres de Ses envoyés en songe ou par l'intermédiaire d'anges, mais *jamais* à Jérusalem, jamais ! Pourquoi dès lors les a-t-Il tous convoqués ici : Noé, Abraham, Isaac sous le poignard, Jacob et son échelle, David et Salomon, Hiram et Mahomet, et Jésus ? Pourquoi ici et nulle part ailleurs ?

– Parce que Dieu a un secret, un secret absolu au sujet de Jérusalem, un secret que nous enseignent ces trois gravures, fit Greenwood d'une voix sourde, deux doigts sur le grimoire encore ouvert sur ses genoux.

Ils se turent un bref instant, en proie à leurs pensées.

– Si la Ville est devenue sainte, ainsi qu'il est d'usage de l'appeler, reprit Jeff Kidman, c'est parce que Dieu a voulu qu'elle le *devienne*. Il Lui fallait un peuple de prêtres, consacré à la prière et insensible au désespoir. Ce peuple, Il l'a donc choisi parmi les esclaves, en Égypte, et l'a conduit là où Il exigeait que l'on construisît Son sanctuaire. Ses prophètes, Ses saints, Ses hommes et Ses femmes de bonne volonté n'ont jamais cessé de sillonner le vaste monde, fondant des religions, des philosophies, des spiritualités nouvelles, dont le seul et unique but était, tout comme les Dix Commandements, d'élever le cœur de l'espèce humaine, de le blinder pour ainsi dire contre la tentation de se donner à l'Adversaire.

– Le Temple était donc une…

– Une *prison*, Ronald, oui. *Une prison dont les barreaux n'étaient pas de fer mais de prières*, et dont les gardiens n'avaient pour toute arme que la ferveur de leur alliance avec l'Éternel.

Greenwood se leva et fit un pas en direction de son aîné.

– Ce qui veut dire que c'est *là*…

– Oui, c'est *là* que cela a eu lieu à l'aube de l'Histoire, répondit fiévreusement Kidman en s'extirpant à son tour du profond fauteuil de cuir.

Il vint prendre la main du jeune initié. D'une inclinaison de la tête, il lui montra l'un des rayonnages de la bibliothèque, où couraient les trente volumes de l'*Encyclopédie des religions* gainés de cuir safrané.

– Tu pourrais la lire, la relire, tu n'y trouverais pas la réponse.

– La réponse ?

– Quand cela s'est produit, l'humanité n'était encore qu'un *projet*. Mais ce projet – communiquer une part de divin aux « singes parlants » que nous étions alors – fut suffisant pour déclencher une guerre sans précédent à la Cour céleste. Le plus beau et le plus intelligent de tous les anges mena la rébellion contre le Créateur. Il échoua et fut précipité hors des Cieux.

– La légende de Satan chassé du ciel…

– Elle revient dans toutes les civilisations, et tu en trouveras plusieurs récits, accompagnés d'interminables commentaires, sarcastiques ou bien dévots, dans les tomes de notre *Encyclopédie*. Mais ce que tu ne trouveras pas, en revanche, c'est la moindre évocation – que dis-je ! –, la moindre allusion, la plus infime trace à la seule question qui devrait pourtant se poser aux hommes depuis la Chute : *où Satan est-il tombé sur terre ?*

Ronald Greenwood baissa les yeux.

La réponse était évidente.

Les manuels, le catéchisme, les commentaires bibliques : tous la fuyaient.

Mais la réponse était évidente.

Aveuglante.

138

Sous le Saint des Saints.
Jérusalem.
12 h 01.

Ne pas l'avoir envoyée à la mort !

Une fois le cri échappé des entrailles du Temple, c'était le dernier vœu que son esprit dévasté puisse encore formuler.

Sans même qu'il en prît conscience, le Colonel lui avait ôté le Desert Eagle de la main et donné une tape amicale sur la joue.

Devant ses yeux vitreux, s'engouffrant avec furie dans la brèche de la fresque, les commandos noirs, suivis des liquidateurs en combinaison lactée, disparurent entre les deux piliers du Temple.

Les bras ballants, incapable de la moindre réaction, Daniel n'avait plus qu'un espoir.

Ne pas l'avoir envoyée à la mort...

139

Au même endroit.
Jérusalem.
Quelques battements de cœur plus tôt.

Le silence, d'abord.

Un silence immédiat, total, ahurissant tout autour d'elle – à commencer par celui de son propre corps quand elle se redressa après avoir plongé au creux de la fresque du Temple

Le sable et les gravillons retombèrent de ses mains sur le sol de terre sans le moindre son.

Quelque chose, ici, attirait le bruit, l'aspirait, l'effaçait.

Julie fit un pas, hésitante, sans un regard en arrière, où la salle aux fresques se devinait, une dizaine de mètres en amont.

Elle avait roulé comme dans un songe, jusqu'au cœur du boyau où ses oreilles à l'ouïe abolie semblaient devenues inutiles.

Le silence puis, presque aussitôt, la violence des *odeurs.*

Ses narines se révulsèrent en inspirant les remugles qu'exhalait la grotte – des odeurs où l'enchantement rivalisait avec la puanteur.

Urine sucrée.

Violette.

Miel et charogne.

Elle plaqua instinctivement la paume de sa main sur son nez.

La galerie descendait en pente douce, obliquant à sa gauche, et il était impossible d'en deviner l'issue.

Les parois avaient une couleur sombre, sale, presque glaireuse. Ce n'était pas exactement de la terre, ni vraiment de la roche, mais un amas brûlé et moite exhalant un parfum soufré.

Haletante et effarée, Julie avança à pas comptés dans la galerie en courbe sans oser toutefois poser les doigts sur les murs. Puis elle se figea.

Et sentit son cœur près de défaillir…

Par quel prodige voyait-elle dans les ténèbres ?

Il n'y avait en ces lieux malsains aucune source de clarté, pourtant, une luminosité d'ardoise, venue de nulle part, montrait la voie.

Refusant d'écouter ses jambes qui ployaient sous elle, elle fit encore quelques pas.

Ses lèvres étaient asséchées par la peur.

Son larynx, pétrifié.

Ses poumons, comme broyés.

Et son corps, trempé de sueur.

Soudain, ses sens s'affolèrent.

Elle eut envie d'alcool – d'un remontant pour surmonter la terreur qui la faisait chavirer.

À boire !

Elle eut envie de Daniel – qu'il la protège et la prenne, ici, maintenant, bestialement.

Qu'il vienne !

Elle pensa qu'une fois son père mort, mort une bonne fois pour toutes, elle ne connaîtrait plus l'angoisse – et n'aurait plus à se soucier des remords liés au passé.

Qu'il crève !

Julie ne s'appartenait plus et les pensées les plus folles, les plus tordues, les plus perverses, l'assaillaient pour faire basculer son esprit aux lisières de la démence. Les membres désarticulés, elle progressait malgré tout vers les profondeurs de la montagne sacrée.

Quelques pas encore et elle fut en bas de la galerie dont émanait une présence irrésistible.

À bout de forces, à bout de nerfs, les yeux fixés à terre, elle déboucha sur une vaste caverne nimbée de vapeurs méphitiques, au sommet en cône et au centre de laquelle se profilait une sorte de fosse de forme octogonale. Le sol paraissait avoir été carbonisé par une déflagration atomique.

Liquéfiée de peur, le cœur comme arraché à ses artères, elle leva les yeux.

Et elle Le vit.

Silencieux et immobile, Il se trouvait devant elle.

En majesté, Il se tenait au milieu de la fosse, la face inclinée vers elle.

Julie hurla de toute son âme.

140

Demeure d'Esdras.
Jérusalem.
IVe siècle avant J.-C.

Comment es-tu tombé des cieux,
Astre du matin, fils de l'aurore ?
Comment as-tu été jeté sur terre,
Toi qui vassalisais les nations ?

Toi qui disais en ton cœur : « Je gagnerai le Ciel ;
Au-dessus des étoiles de Dieu, j'érigerai mon trône ;
Je m'assiérai sur la montagne de l'alliance ;
Je monterai aux nuées et serai semblable au Très-Haut ! »

Le vénérable Esdras, l'homme qu'Artaxerxès, roi de Perse, avait renvoyé à Jérusalem afin qu'après leur long exil les Israélites reprennent leur sacerdoce, le vénérable Esdras posa son regard sur le copiste qui se tenait devant lui.

C'était un jeune homme frêle, aux prunelles ardentes, vêtu d'une modeste tunique de laine, l'un des volontaires accourus lorsque la nouvelle s'était répandue en Terre sainte du retour d'Esdras et des deux cent cinquante Lévites pour relever le culte dédié à l'Éternel. Venu de Samarie, il avait travaillé à la copie du livre d'Isaïe sans ménager ses yeux ni ses forces ; son maître d'atelier l'avait congratulé pour le résultat frisant la perfection ;

il attendait à présent l'approbation du maître de la communauté.

Depuis des jours, on s'affairait en la demeure d'Esdras. Les uns fabriquaient de l'encre, les autres des parchemins ; les plus habiles recopiaient les textes anciens, les plus érudits procédaient à leur classement. Mais c'était à Esdras qu'avait échu la mission de valider ce qui allait devenir le texte le plus lu de tous les temps : *la sainte Bible.*

C'était lui, et lui seul, que le destin avait choisi pour fixer une fois pour toutes le texte canonique des fidèles de Moïse et, par-delà les siècles, des trois religions.

Codifier la Bible.

À jamais.

Le jeune copiste, debout devant sa chaise de cuir et de bois, tremblant comme s'il s'était tenu devant un juge, les doigts crispés sur les pans de sa tunique élimée, attendait le verdict du patriarche.

Esdras soupira et reprit sa lecture :

Et te voilà précipité dans les profondeurs de l'abîme !
Dans ta chute, les étoiles t'ont blessé comme des lances,
La terre des hommes t'a frappé comme la masse,
Sous toi le lac s'est changé en étendue de soufre.

Et te voilà rampant, antique serpent,
Sous la lune, gémissant jusqu'à la Moriah,
Fuyant la colère du Très-Haut et la lumière des cieux,
Te glissant dans les entrailles de la montagne.

L'Éternel avait proclamé à la cour céleste :
« Voici, l'homme est devenu comme l'un de nous,
Pour la connaissance du Bien et du Mal.
De nous il sera béni. »

Sans lever les yeux du parchemin, indifférent à la respiration anxieuse du copiste, Esdras passa la main sur sa longue barbe argentée. Il avait obligation d'aider le peuple de Dieu à tout recommencer : plus de Temple, plus de rouleaux, plus de patrie…

Tout était à refaire pour redevenir digne de l'*alliance* – et pour poursuivre la guerre contre l'Adversaire.

La veille, au crépuscule, des Lévites venus de Perse à ses côtés, il avait choisi cent vingt sages afin de former le grand conseil – qui deviendrait un jour le Sanhédrin.

Et ce jour-là, alors que la fatigue d'une nouvelle nuit sans repos pesait sur ses vieux os, il devait prendre une décision sans précédent.

Une décision qui allait changer le cours de l'Histoire…

Censurer la Bible.

Un tel sacrilège, nul mieux que lui le savait, était passible de la peine de mort. Mais révéler à tous le *secret de Dieu* eût été un crime plus grand encore.

Dans leur ferveur – sinon leur candeur… –, leurs ancêtres avaient tout dit de la Chute du Satan, à l'aube des temps, en terre de Canaan ; du lac transformé en mer morte par le souffle et les larmes du Démon ; du refuge qu'il avait trouvé au creux de la montagne où se dresserait bien plus tard Jérusalem ; tout dit aussi de la décision de l'Éternel de l'y tenir emprisonné, d'y mener Son peuple de prêtres, de leur y faire bâtir Son Temple, et de cacher à jamais cette terrible vérité aux hommes afin de ne les point effrayer.

Que jamais ils ne sachent que le sol qu'ils foulaient était maudit, et que Satan se tenait dans les entrailles mêmes de Jérusalem, la Cité sainte !

– Excellent travail, dit-il au copiste de sa voix grave, mais je vais devoir te demander d'y porter une modification…

Et sans plus d'explications, il entreprit d'achever en silence la lecture d'un texte dont il connaissait chaque mot par cœur, et dont chaque mot trahissait le *secret de Dieu* :

Excitant les Eloyonim contre les mortels,
Tu as défié le Très-Haut, et exigé l'extermination
« des singes auxquels Il a donné la parole,
Et la stature droite, privilège des Anges ! ».

Pour t'être détourné de Sa Face,
Astre du matin, fils de l'aurore,
Pour t'être rebellé contre l'Éternel
Par cette nuit maudite tu fus jeté sur terre.

Te voilà enchaîné pour les siècles
Dans les entrailles du mont sacré ;
Leurs prières seront tes liens
Et Sa demeure, ta prison.

Se pinçant les lèvres, Esdras laissa sa main retomber avec lassitude sur ses genoux.

La Nuit maudite...

Les Fils des Ténèbres ne l'oublieraient jamais.

Ils œuvreraient à leur revanche jusqu'à ce que les temps viennent. Et que leur Seigneur le Malin soit enfin libéré de sa prison, sous le Temple de Jérusalem.

Esdras poussa à nouveau un ample soupir. Sa mission était claire : préserver à tout prix le *secret.* Le jour venu, paraissant devant le Seigneur, il en répondrait. Mais pour l'heure, sa main ne tremblerait pas : le secret resterait scellé.

Les mortels ne devaient jamais rien soupçonner.

– Approche, mon fils, intima-t-il au copiste.

Celui-ci se précipita à ses genoux et écouta.

Esdras, du tranchant de l'ongle de son auriculaire, barra d'une encoche à peine visible les versets qui narraient la révolte de Satan et sa Chute en Terre sainte.

– Cela sera ôté de la copie finale, murmura-t-il impérieusement au jeune homme agenouillé devant lui. Tu en répondras sur ta vie et sur celle de ta famille.

141

Puits des Âmes.
Jérusalem.
12 h 02.

Non…

Oubliez tout ce que vous pensiez savoir de Satan, car en vérité Il ne ressemble à rien de ce que vous imaginiez.

Ni cornes ni pieds crochus.

Ni naseaux fumants ni dents pointues.

Avant que ne débute l'âge des Hommes, Il était le plus beau d'entre les anges. Mais Satan n'est désormais plus qu'une beauté fanée, flétrie, souillée – par Sa propre haine, par Son seul ressentiment.

En suspension au creux de la fosse où Il trouva refuge après la Chute, Il vaque au-dessus d'un cloaque, emprisonné entre deux piliers de lumière, qui jadis se prolongeaient au-dessus de la surface par ceux du Temple – Jakin et Boaz – et aux cieux par la garde vigilante de Gabriel et de Michel.

Autour de Lui crépitent comme au *Shéol* des flammes noires, des flammes qui brûlent et blessent sans réchauffer ni éclairer.

Depuis la *Nuit maudite*, Il est suspendu ici, dans les entrailles de Jérusalem – la cité où, inlassablement, les fidèles de Dieu viennent renforcer et renouveler les barreaux de Sa prison de leurs prières et de leur allégeance au Dieu d'Abraham.

Quand la ferveur des hommes s'atténue, quand leur espoir et leur foi s'amenuisent, alors les colonnes de lumière s'estompent et Son pouvoir croît.

Il redevient pour un temps le *Prince du monde.*

Mais oubliez Ses pièges et Ses tentations, car le *Satan* n'a qu'une seule force – et cette force, *c'est vous.*

Vous et vos peurs.

Vos hésitations.

Vos trahisons.

Vos renoncements et votre manie de blâmer votre prochain.

Il suggère, certes, Il insinue, mais ne peut violenter ceux qui conservent le cœur pur.

De Son crâne démesuré, telles des radiations, les mauvais penchants émettent et diffusent de par le monde.

Plus Ses fidèles approchent et L'adorent, plus Sa puissance augmente ; plus ils souillent la Création de leurs crimes, plus Son emprise gagne de nouvelles âmes.

Mais sans votre consentement, Il n'est plus rien.

Plus rien qu'un ange déchu.

Un ange des ténèbres à la peau diaphane, couleur de cendre, sous laquelle rampent de noires veines charriant un sang de boue.

Haut comme un géant, efflanqué, deux ailes grises et flétries dans le dos, Satan a la couleur du néant.

Mais le plus frappant, pour qui doit Le connaître, est Son visage.

Une face sans traits.

Ni nez.

Un visage privé de bouche, d'oreilles – et sans yeux.

Un front bombé, étiré, rejoignant un crâne immense et oblong, s'étirant vers l'arrière de la nuque comme le manche d'un poignard.

De Satan, oubliez ce que vous pensiez savoir : Il n'est en rien la créature sensuelle et lubrique que l'on s'est plu à vous dépeindre, quand l'humanité à son enfance avait besoin de contes saisissants.

Satan n'a aucun sens, ne connaît aucune jouissance.

Satan n'a point de sexe non plus.

Il n'a rien pour dire, donner ou féconder ; rien pour le Verbe et rien pour l'Amour.

Satan n'est qu'un esprit qui méprise les sentiments et les sensations, ces cordes subtiles qui relient le corps des mortels à la Création, en chantent la fragile splendeur.

Satan est une haine à l'état pur.

Une haine éternelle contre le monde de Dieu, une haine absolue contre la race des hommes.

C'est alors que, liquéfiée de peur, le cœur comme arraché à ses artères, les veines corrodées par l'épouvante, Julie leva les yeux vers le centre de la caverne où Il se tenait, silencieux et immobile, flottant entre les deux piliers de lumière, la face inclinée vers elle.

Puis Il lui parla.

142

Parvis du Temple.
Jérusalem.
An 32.

Le jeune rabbin vint se placer près de la femme en pleurs.

Face à eux, à quelques pas, les vieux barbons, l'air courroucé, serraient de gros cailloux dans leurs mains.

Yéshua s'agenouilla et, dans la couche de sable qui couvrait l'esplanade, traça du doigt un mot.

Lekh !

« Pars ! »

Puis Jésus se releva et les défia d'une voix puissante :

– Que celui d'entre vous qui n'a jamais péché lui jette la première pierre !

Les vieillards, qui un instant plus tôt se réjouissaient à l'idée de lapider une femme de mauvaise vie, vacillèrent, échangeant des regards hésitants. L'un d'eux laissa choir son silex et tourna les talons. Les autres demeurèrent interdits.

C'est alors que Jésus se pencha à nouveau, fixant de son regard ardent les dalles du parvis comme s'il en fouillait les profondeurs, là où se tenait l'Adversaire.

Puis il écrivit un second mot :

Satan...

« Pars, Satan ! »

L'un après l'autre, les justiciers déguerpirent en abandonnant leurs pierres.

Jésus se redressa, le visage rayonnant.

Il venait de proclamer le premier *Vade retro Satanas* de l'Histoire.

143

Puits des Âmes.
Jérusalem.
12 h 03.

Comment, en de telles circonstances, faire la part entre les secondes et les siècles ?

Ne pas prendre de risques, c'est prendre le pire de tous.

Depuis combien de temps la troupe vêtue de noir des ninjas du Colonel et leurs acolytes liquidateurs, d'une blancheur immaculée, s'étaient-ils engouffrés à travers la muraille pour aller à la rescousse de Julie ?

Cinq secondes ? Dix siècles ?

Ne pas prendre de risques...

Daniel s'ébroua, sortant avec peine de la torpeur qui l'avait envahi au moment où le cri de son amie était monté des profondeurs du Temple.

Sur sa droite, ne lui prêtant plus aucune attention, des soldats aux allures d'insectes avec leur masque NBC fixaient les tubes épais introduits par les liquidateurs dans la béance de la fresque.

Cohen avait disparu. Les autres avec lui.

Depuis combien de temps exactement ?

... c'est prendre le pire de tous.

Jamais, au grand jamais, durant ses années d'opérations spéciales dans les forces antiterroristes, il n'avait connu une telle défaillance.

Une telle absence.

Une décharge d'adrénaline irrigua son organisme.

Le temps de l'action.

La voix de son père, la voix auguste d'un mourant entouré de ses fils... Ses leçons, ses conseils – et son avertissement afin que se prolongent leurs jours sur terre : « Mes fils, il arrivera que vous soyez soumis à des épreuves décisives. Quand ces jours viendront, et ils viendront, sachez que ne pas prendre de risques, c'est prendre le pire de tous ! »

Daniel inspira profondément, serra les poings, reprit le contrôle de ses membres. Puis ce fut une avalanche d'images et de sensations : la voiture explosant sous l'impact du missile, cette fille gauche et attirante à l'aéroport parisien, un déluge de feu dans la tour Dizengoff, Massada sous le soleil, l'arrivée inexorable de la mort dans la *panic room* de Hegel, l'ordre gêné de Cohen – *« License to kill ! »* –, le rictus de l'Assassin, se superposant au faciès haineux de Rosenberg – et le cri de Julie.

L'appel au secours de Julie.

Non, pas Julie !

Ne pas prendre de risques ?

Cela n'avait jamais été le genre du violoniste.

Soulevé par une force que décuplait l'angoisse, Daniel se précipita à son tour entre les deux piliers enfoncés de turquoise et de jade qui encadraient sur la fresque l'entrée du Temple légendaire.

La seconde suivante, il roulait-boulait et dévalait la sente ténébreuse qui menait à la Fosse.

La mystérieuse clarté, la danse des parfums nauséabonds et enchanteurs, le silence anormal : rien ne sut le ralentir.

Pas Julie !

En un instant, il arriva à l'entrée de la caverne, où l'attendait un spectacle défiant l'imagination.

Comme pétrifiés, les commandos et les liquidateurs étaient disposés en rond autour des deux pylônes de lumière faiblissante. Des statues noires et blanches, immobiles et impuissantes, entourant une créature couleur mercure, aux ailes flétries et à la carcasse décharnée, le visage sans traits incliné vers Julie, qui rampait dans sa direction.

À genoux, le visage crispé par la rage et l'impuissance, les bras inertes, le Colonel contemplait la jeune femme qui allait se donner au sombre Seigneur.

D'une inclinaison furtive de son crâne oblong, Satan fixa Daniel. Puis une onde d'une violence inouïe lui parcourut le cerveau.

Ses dents mordirent ses lèvres au sang. Le goût ferreux qui envahit sa bouche l'arracha à l'envoûtement naissant.

Qu'opposer à la haine ?

Pas elle…

Daniel asséna un violent coup de pied sur la rotule de l'un des ninjas en hurlant :

– *Go !*

Ce qui eut la vertu de réanimer le militaire et ses comparses, qui redressèrent leurs armes.

Dans la foulée, Daniel bondit jusqu'aux abords de la Fosse où crépitaient des flammes noires et se jeta sur Julie. Il la pressa contre lui, l'entraînant en arrière.

L'Ange de la Désolation émit alors une fréquence stridente qui déchira les tympans de tous les mortels présents.

Mais Daniel n'en avait cure. Il l'ignorait, mais il bénéficiait à cet instant du plus puissant des boucliers face à l'Ennemi.

Il l'ignorait, mais l'Amour le protégeait désormais de l'Adversaire comme, en des temps immémoriaux, il avait protégé Abraham, Moïse et Jésus.

L'amour…

Les deux piliers brillèrent avec une intensité accrue et le Prince des Ténèbres fut violemment tiré en arrière.

Toute Son énergie était à présent dirigée vers Daniel.

Contre Daniel.

– Inutile ! s'entendit crier ce dernier.

Aidé de Cohen, soudain revenu à lui, le visage décoloré par la peur, il releva Julie et la prit sur son dos afin de la remonter hors de la caverne maudite.

Puis, tandis que les commandos reculaient, armes à la main, et que les liquidateurs activaient fébrilement le système d'ensevelissement, Daniel fixa avec détermination Satan et clama :

– L'Éternel est mon seul Seigneur et en Lui, je place ma confiance !

Amen !

Dans la nuit de Jérusalem, dans les entrailles de la ville où depuis toujours le Bien et le Mal menaient leur combat, l'Adversaire pressentit qu'Il allait à nouveau connaître la défaite.

144

Même endroit.
Jérusalem.
12 h 05.

Tout bien considéré, pensa Amos Spielberg, travailler sous la menace d'une déflagration atomique imminente était plutôt cool.

Plutôt cool, comparé à ce que devaient subir ici, sous les fondations du Temple de Jérusalem, son équipe de liquidateurs et lui-même, sous l'emprise infernale de Satan.

Prêtant main-forte à l'un des scaphandriers, qui chancelait sous la violence effroyable des ondes que l'Ennemi déchaînait dans la grotte, Spielberg songea encore à Tchernobyl, où il avait laissé nombre de ses hommes et une part de sa santé. Mais rien, vraiment rien, ne pouvait égaler la tourmente dans laquelle ils étaient pris en cet instant décisif pour le genre humain.

Toutes les ressources psychologiques du Seigneur des Ténèbres étaient à présent focalisées sur les hommes en blanc afin de les empêcher de procéder à l'installation de leur matériel – matériel dont l'Ange sans face avait parfaitement compris la finalité : noyer la Fosse dans un agglomérat si compact que Ses forces de projection vers le monde extérieur en seraient considérablement affaiblies, et les appels de Ses fidèles réduits à néant.

Deux des commandos du Colonel avaient fui de la caverne en hurlant, abandonnant leurs armes au sol.

L'un des liquidateurs, fléchissant comme une plante morte, avait glissé à terre pour ne plus bouger.

Amos Spielberg évalua rapidement la situation.

Cohen, Daniel et leur protégée étaient désormais hors d'atteinte, remontant vers la surface.

Des ninjas, seuls quatre hommes demeuraient à ses côtés, vaille que vaille – mais combien de temps encore leur psychisme résisterait-il ? Lequel, le premier, céderait-il à la panique et se...

Le chef des liquidateurs fut arraché à ses calculs par la rafale d'un semi-automatique.

L'un des commandos en noir venait d'ouvrir le feu sur les liquidateurs, en tuant deux sur le coup.

Amos Spielberg n'hésita pas. Il dégaina son arme de service et, à bout pourtant, abattit d'une balle en pleine tête le ninja qui s'était laissé subjuguer par Satan.

Dans l'espoir de faire gagner encore quelques précieuses secondes à ses derniers hommes, il vint se planter devant les deux piliers de lumière et pria à haute voix, provoquant un haut-le-corps chez l'Ange de cendre.

Mais le répit fut de courte durée. Une force inouïe, inconnue, invincible, s'empara de lui et – alors que, dans son dos, s'élevait la voix du rabbin, descendant des Sadducéens, en une mélopée immémoriale – son bras retourna le revolver contre lui pour faire exploser sa boîte crânienne.

À la suite du rabbin, le curé, le pasteur, l'imam et la maîtresse maçonne venaient de pénétrer dans la grotte et s'approchaient de la Fosse, les yeux écarquillés. Chacun à sa manière, dans son idiome, priait d'une voix fervente et renouvelait son allégeance au seul Seigneur dans Lequel il plaçait sa confiance et son espoir – *Amen.*

Dans un sursaut frénétique, Celui qui n'avait ni yeux ni bouche concentra ses assauts contre le petit groupe de religieux.

Un filet de sang s'échappa des narines de la femme.

L'imam, sans interrompre son acte de foi, tomba à genoux et vomit.

Le curé fut plaqué contre la paroi de la caverne comme si une main immense l'avait projeté en arrière.

Le rabbin, à bout de forces, s'affaissa, tête dans la poussière du lieu maudit, mais redressa aussitôt son visage, le regard plus brillant encore, et reprit son chant liturgique.

Le dernier liquidateur venait de disparaître dans la galerie, courant vers la salle des fresques.

Les énormes tubes commençaient à libérer autour de la Fosse leur contenu grisâtre.

Dans quelques instants, les lieux seraient submergés.

Ensevelis.

Et la prison, ainsi qu'il avait été prophétisé, serait scellée.

Pour mille ans.

145

Porte de David.
Jérusalem.
12 h 13.

Tout paraissait normal dans les ruelles de la cité trois fois sainte : allées et venues de touristes nez en l'air et de commerçants à peine étonnés de la brusquerie avec laquelle un petit groupe de militaires exfiltrait deux civils exténués vers les remparts.

Mais *là-bas*, à en croire la radio, c'était le *chaos.*

Poussée pieds nus par ses gardes du corps dans la limousine noire aux vitres teintées, ce fut Julie qui entendit la première à la radio la voix haut perchée du correspondant de la BBC en Iran : la capitale perse était aux mains des émeutiers. Daniel la rejoignant sur la banquette arrière du véhicule banalisé, elle lui fit signe de prêter l'oreille : la foule venait de prendre le ministère de l'Intérieur avec l'aide d'un régiment de soldats, qui avait fraternisé avec les manifestants.

– À l'hôpital, indiqua l'officier en prenant place aux côtés du chauffeur.

Julie tourna la tête vers lui.

Nul besoin de traduction. Elle avait compris et un frisson d'allégresse la parcourut : son père était encore en vie.

À Téhéran, la dictature, elle, était à l'agonie.

146

Puits des Âmes.
Jérusalem.
Sept minutes plus tôt.

Ils étaient condamnés et ne l'ignoraient point.

L'un après l'autre, les religieux, dernières sentinelles de Dieu autour de la Fosse, vacillaient sous la violence des assauts démoniaques. Mais leur présence, leur résistance, et plus que tout l'ardeur de leur foi qui s'exprimait par leurs prières, avaient repoussé Satan, l'avaient neutralisé le temps que les profanes accomplissent leur tâche.

Redescendu dans la grotte où la pestilence l'avait emporté sur les effluves tentateurs, Cohen fixait les fils électriques dans les charges de plastic disposées tout le long du boyau.

En branchant le dernier, tout en bas de la sente, il ne put s'empêcher de regarder une dernière fois la scène infernale qui se déroulait dans les entrailles de la Ville sainte : Satan s'agitant fou de rage, emprisonné entre les deux colonnes de lumière, désormais aveuglante, tandis que les émissaires religieux, dont les corps étaient déjà pris par l'agrégat jusqu'aux cuisses, psalmodiaient leurs *Vade retro*.

Les tubes déversaient des milliers de mètres cubes d'un mélange à prise rapide – du béton, du sable et du borax. Dans quelques secondes, ils le savaient et l'avaient accepté, les religieux seraient noyés dans le flot.

Au moment même où il allait quitter les lieux, le Colonel se figea en entendant le protestant, les yeux fermés, le visage décomposé, lancer une dernière incantation avant de perdre connaissance :

– « Je vis un Ange descendre du ciel, ayant en main la clé de l'Abîme, ainsi qu'une énorme chaîne. Il maîtrisa le dragon, l'antique serpent Satan, et l'enchaîna pour mille ans. Il le jeta dans l'Abîme, tira sur lui les verrous... »

Puis il se courba et son cœur lâcha.

D'un bond, le Colonel gravit la pente, passa dans la béance de la fresque et fit signe à l'un de ses subordonnés qui l'attendait, accroupi, les doigts crispés sur une télécommande militaire.

La déflagration ébranla la montagne elle-même.

Dans un fracas monumental, les murs tremblèrent et des pans de roche, par blocs entiers, s'éboulèrent jusqu'à obstruer complètement le passage qui menait à la Fosse.

– On remonte ! cria à ses troupes le Colonel, un fois assuré du succès du dynamitage, en se précipitant à travers un nuage de poussière.

Il s'interdit de penser au sort des religieux, en bas – à leur *martyre*.

Une fois à la surface, le Colonel appela Mickaël, qui faisait les cent pas sous les arcades.

– Julie ? interrogea-t-il.

– En route vers l'hôpital. Avec Dan.

Cohen soupira.

Pour la première fois de sa vie, peut-être, il se sentit vieilli, usé, à court d'énergie.

Dans un geste fort peu militaire, Mickaël le prit par le bras.

– C'est fini, maintenant...

– Pas tout à fait, murmura son supérieur. Tu dois encore contacter Benaym, au service de presse, qu'il se mette d'accord avec...

– … avec les autorités musulmanes du Haram El-Sharif, pour pondre un communiqué expliquant à l'opinion que, faute d'accord entre les parties, toutes les fouilles seront définitivement gelées autour et *sous* le mont du Temple, acheva Mickaël d'une voix ferme et rassurante.

– C'est déjà fait ?

– Oui, chef.

– Alors, tu as raison, tout est fini maintenant.

147

Hôpital Saint-Louis.
Jérusalem.
12 h 33.

Une légère odeur d'éther, rassurante et familière, flottait dans la chambre d'hôpital aux reflets bleutés.

Assise au bord du lit, pieds nus et décoiffée, les yeux cernés, Julie Normandy caressait les mèches de cheveux qui dépassaient des bandages de son père.

- Tu ressembles enfin à une momie..., chuchota-t-elle en contenant ses larmes.

– Le rêve d'une vie, plaisanta le miraculé dans un filet de voix.

Daniel, qui avait été le dernier à s'éclipser de la chambre, ferma discrètement la porte, pour aller rejoindre dans le couloir son frère, en conciliabule avec Ronald Greenwood, Ibrahim Alush et le Colonel.

À présent, Victor contemplait Julie et Julie contemplait Victor.

La tendresse retissait leurs liens en silence.

Mais pas le silence d'avant, ce silence empoisonné par les malentendus, lourd de reproches.

Au terme de tant de dangers, au cours desquels Julie avait frôlé la mort, avant de La rencontrer en personne, au fond de la Fosse, ce silence-là était de ceux qui servent d'écrin à l'amour.

– J'ai perdu ton téléphone, s'excusa Julie sur un ton de petite fille.

– Celui que tu m'avais…

– … offert, oui.

– Il t'a un peu aidé alors ?

– Dès que j'ai été assez intelligente pour en deviner le code…

Il ferma les yeux, serra sa main bandée autour de celle de sa fille, et soupira tel un bienheureux.

La date de naissance de sa femme…

– Elle serait fière de moi, dit-elle en levant le menton vers le ciel.

Son père eut un petit rire.

– Mais elle l'*est*, fille de peu de foi !

La jeune femme, entre rire et larmes, se pencha vers son père intubé de toutes parts pour l'étreindre.

Ils restèrent ainsi de longues minutes.

Ce fut le docteur qui vint interrompre leurs retrouvailles : il fallait à présent laisser le vieil archéologue se reposer, reprendre quelques forces avant son transfert vers un établissement de Tel-Aviv spécialisé dans la convalescence des victimes d'attentats.

Julie se détacha à regret de son père.

Mais, au moment où elle allait se relever, la main du professeur Normandy se contracta autour de la sienne. De l'un de ses doigts mutilés, il lui demanda d'approcher l'oreille de sa bouche.

– Tu… L'as vu ?

Julie fut prise d'une violente nausée : l'Ange sans face venait de surgir dans son esprit.

Elle se souvint de Ses paroles, les entendit encore, ignobles et envoûtantes, qui l'avaient conduite à ramper vers Lui en signe d'allégeance.

Pour, de sa pureté, nourrir Sa noirceur.

Et Le libérer.

Or, sans Daniel…

– Oui, chuchota-t-elle avec difficulté. Je L'ai vu.

Victor insista muettement. Le scientifique comme le catholique brûlait d'en savoir plus.

– Il a perdu et Il le sait. C'est un triste Seigneur. Seul, lamentablement seul…

Le professeur Normandy baissa les paupières.

Ce que les prophètes d'Israël et son Christ lui avaient appris afflua en son cœur et le submergea de compassion.

Les yeux fermés, il pleura à chaudes larmes.

Des larmes pour le vaincu.

Des larmes pour Satan.

148

Hôpital Saint-Louis.
Jérusalem.
12 h 44.

À la manière d'un chevalier baisant la main de sa dame, Ronald Greenwood posa délicatement ses lèvres sur la main de Julie. Puis, dans un souffle, l'élégant sexagénaire lui glissa :

– Sans vous, nous étions perdus. Vous nous avez tous sauvés. Tous.

Le maître maçon et représentant de l'ONU avait insisté sur le dernier mot.

Tous.

Au bout du couloir, pris dans les rayons de soleil qui traversaient les fenêtres de l'hôpital, la jeune conservatrice du Louvre pouvait apercevoir Alush, Cohen, ainsi que Daniel et son frère, qui inclina respectueusement la tête dans sa direction.

– Mais je crois…, reprit Greenwood.

Julie revint à ses yeux cobalt et à son sourire enjôleur.

– Je crois que nous vous devons encore quelques explications, lui susurra-t-il.

– Pour m'avoir *tous* menti, *tous* sans exception ? C'est bien possible…

Le maçon reçut la pique avec fair-play.

– Il nous était difficile de procéder autrement, dit-il, donnant à son regard une expression de cocker. Nous auriez-vous suivis si, de but en blanc, nous vous avions déclaré : « Julie, votre père a découvert le lieu de la chute de... hem, hem... et des forces occultes se sont emparées de lui pour qu'il révèle la localisation de ce lieu. Leur but, ma chère enfant, libérer leur sombre Seigneur et précipiter la fin des temps. L'Apocalypse ! »

Il passa son bras sous celui de la jeune Française, l'entraînant à l'autre extrémité du couloir.

– Franchement, mademoiselle, minauda-t-il, où cela nous aurait-il menés ? À l'asile ?

Elle ne put réprimer un sourire affligé.

– Mais nous y sommes allés, Ron, dit-elle. Pour y trouver ce pauvre Hegel.

– Je sais, Julie, je sais...

Parvenus au bout du corridor, ils avancèrent sous une rotonde déserte, aux murs en pierre claire et aux hautes baies vitrées. Greenwood s'immobilisa face à elle et la prit par les avant-bras.

– Ce soir, tout le monde devra avoir oublié cette histoire. Celui que vous avez traqué sans le savoir, débusqué sans le vouloir et auquel vous avez miraculeusement tenu tête, Celui-là est emmuré pour *mille ans.*

– Et ses adeptes ?

– Ils ne cesseront de se multiplier, comme toujours. Mais ils seront plus isolés que jamais, et nous pourrons plus facilement contrecarrer leur influence néfaste sur la marche du monde.

– Mais tout de même..., commença Julie, avant de chanceler.

Ronald la retint fermement.

– Vous allez avoir besoin de repos.

– Oh ! oui..., souffla-t-elle en se ressaisissant. Quarante-huit heures de sommeil, au minimum ! Mais...

– Mais ?

– Pourquoi les fidèles de Sat...

– Évitons de prononcer Son nom, la coupa Greenwood, un sourire crispé aux lèvres. Il pourrait croire qu'on L'appelle.

– D'accord.

Julie passa la main sur son front et reformula sa question :

– Pourquoi sont-ils passés à l'action maintenant ? Parce que les gens ne vont plus à l'église et que cela aurait renforcé leur… Seigneur ?

– N'oubliez pas que vous parlez à un franc-maçon, rétorqua Greenwood, l'air moqueur. Alors l'église, le temple, la pagode… Quelle importance, du moment que l'on aime et que l'on espère ?

– Or donc ?

– Pour vous éclairer, il me faut revenir au fonctionnement même de Sa prison : que les hommes désespèrent et Ses entraves se relâchent.

Après avoir jeté un coup d'œil furtif par-dessus son épaule, il continua à voix basse :

– Prenez la Grande Guerre…

– Celle de 14-18 ?

– Exactement. Ce fut une terrible boucherie. Une absurde boucherie, au lendemain de laquelle le monde sombra dans l'accablement. L'effondrement moral fut complet. Résultat : une nation aussi civilisée que l'Allemagne de Goethe et de Kant se donna à Hitler, ce suppôt de… hum… de *qui* vous savez. Et la France comme l'Angleterre, pays courageux et vigilants, ne trouvèrent pas le moindre ressort pour intervenir avant que les portes des Enfers ne vomissent Ses légions sur la terre.

– Mais aujourd'hui, le mal progresse-t-il toujours ? J'ai plutôt le sentiment que l'humanité suit la bonne route. En matière d'aide aux pauvres, aux malades, aux femmes, le Bien a tout de même fait de sérieux progrès depuis la chute du nazisme en 1945, non ?

– Incontestablement. Mais dans le même temps, il y a aussi moins d'amour dans le monde, et moins de prières. Nous sacrifions tous, en paroles, au respect de l'autre mais, dans les faits, c'est à un repli complet sur soi que nous assistons. Les liens entre les hommes se défont. Ceux avec le Créateur aussi. L'humanité tient un discours sans cesse plus fraternel – s'insurgeant contre le racisme, la guerre, le sexisme… – mais elle pratique de moins en moins la charité, la bonté, l'amour en un mot. Elle croit pouvoir jouir devant ses écrans 3D tactiles interactifs, mais elle se désagrège. Jamais la religion, mot qui vient du latin *religere* et signifie « relier », n'a été aussi faible sous nos cieux. Les parents eux-mêmes abandonnent leurs enfants à leurs consoles de jeux vidéo et à leurs sites si peu « sociaux ». La vérité est que chaque individu est de plus en plus seul, et de plus en plus exposé…

– À la tentation du Mal ? anticipa Julie.

– Là encore, il faut se défier des représentations du Moyen Âge. Celui que nous avons enchaîné, Julie, n'apparaît jamais aux hommes en tendant un contrat proposant d'acheter leur âme. Il se contente de guetter le désespoir. Une fois la porte ouverte, Il s'y faufile et pervertit le libre arbitre de chacun. Et alors, le mensonge, le vol, le meurtre deviennent des solutions acceptables…

– Quand Hitler ravageait le monde, pourquoi n'a-t-Il pas réussi à se défaire de Ses liens et à quitter Sa prison sous Jérusalem ? C'était le moment ou jamais de fouler la terre à la tête de Ses troupes, non ?

– Au contraire ! s'anima Greenwood. C'était le moment le plus défavorable pour Lui. Dites-vous bien qu'avec le règne de Hitler, l'espoir est revenu !

– Pardon ? s'étrangla Julie.

– Imaginez Londres sous l'enfer des V2, les Américains jurant sur la Bible de libérer le Vieux Continent, et au cœur des forêts d'Ukraine, les Juifs priant leur Dieu – ou encore les paysans français ravitaillant la Résistance : partout sur la planète, l'abomination du IIIe Reich a provoqué un sursaut. Ressuscité la volonté d'en découdre avec les Fils des Ténèbres. La nuit était là, les hommes se sont à nouveau mis à rêver de l'aube.

– Je n'avais jamais considéré cela sous cet angle…

– Et pourtant ! Voyez l'après-guerre, quelle formidable période de l'histoire humaine ! Une des plus belles pages s'est alors écrite : création de l'ONU, multiplication des programmes sanitaires et des campagnes de vaccination, proclamation d'une charte universelle des droits de l'homme, décolonisation, émancipation des femmes, partage plus équitable des richesses au sein des sociétés américaine et européennes…

– Soit, fit Julie, un brin songeuse. Mais tout cela n'a pas duré…

– C'est vrai. Mais tout n'a pas été perdu non plus. Le Bien progresse, mais sa base s'effrite en raison même de ses succès : les hommes perdent leur ferveur et sombrent dans la déprime, une déprime qu'ils imaginent pouvoir compenser par la consommation. Quelle erreur ! Résultat : la foi du genre humain s'amenuise à nouveau, et avec elle, les chaînes de lumière qui entravent l'Adversaire. Il en a toujours été ainsi. Le Temple de Salomon fonctionnait comme un verrou apposé sur la grotte maudite. Et les Perses, les Babyloniens, les Romains, déjà, entreprirent de profaner Jérusalem afin de libérer Celui qui leur promettait l'empire universel. Mais à présent, c'est fini, Julie. Tout est fini. Nous aurons la paix. Pour longtemps… Pour mille ans.

149

Plage Frishman.
Tel-Aviv.
Mardi 14 septembre – 14 h 00.

Le soleil, enfin !

Le jean relevé jusqu'aux genoux, Julie marchait sur le rivage de la Méditerranée, goûtant le sac et le ressac de chaque vague sur ses jambes.

Haut dans le ciel, chaud et brûlant monarque dans l'immensité d'azur, le soleil dorait sa peau, l'aveuglait de lumière, lui rappelant le triomphe de la vie.

Sur sa gauche, à perte de vue, les hôtels dressaient leurs tours et leurs façades criardes.

La plage était bondée de familles campant autour de leurs paniers, des enfants couraient en tous sens en piaillant, tandis que des adolescents assez fiers d'eux déambulaient, l'œil pétillant, sous le regard blasé de jeunes beautés en bikini, une main sur le front pour se protéger de la luminosité, l'autre agrippée à leur BlackBerry.

Et un nombre invraisemblable de tandems jouaient au tennis de plage, rythmant le va-et-vient de l'eau des plic-ploc que faisaient leurs balles de résine sur les raquettes de bois.

Julie s'arrêta, évita une balle, et se retourna.

Daniel lui souriait.

– Les mâles qui tiennent leurs promesses : *turn off* ou..., commença-t-il.

– *Turn on !* s'écria-t-elle en se plaquant contre lui.
– Eh bien, j'avais promis de vous emmener à la plage et...
Elle le fit taire.
À sa manière.

150

Hôtel King David.
Jérusalem.
19 h 06.

Rien ne vaut le calme *après* la tempête.

Confortablement allongé sur un transatlantique de wengé, la tête levée vers les premières étoiles, le Colonel expira une bouffée de son gargantuesque havane – un Montecristo Especial A.

Assis à ses côtés, le dos droit et l'air béat, Ibrahim Alush, qui avait reçu le même présent de la part de Ronald Greenwood mais avait renoncé à le fumer, regardait la voûte céleste tirer son drap sur la Vieille Ville.

Un serveur en livrée vint renouveler leur piña colada.

– Monsieur le Conseiller spécial auprès du Secrétariat général de l'ONU, dit-il avec componction en changeant le cendrier du Colonel, vous fait dire qu'il vous rejoindra dans quelques instants.

Les deux hommes échangèrent un regard. Puis un sourire.

– Il a des journalistes et des diplomates à traiter là-haut, dit Alush sur un ton badin en désignant les terrasses du palace où la Conférence sur la mer Morte battait son plein.

– Oh, oui…, gloussa Cohen. Des questions épineuses, des sujets importants !

– L'avenir du monde…, soupira gentiment l'antiquaire en considérant son cigare télescopique.

Ils retournèrent à leurs pensées.

La ville semblait paisible à leurs pieds. Une ville au crépuscule, fidèle à sa légende – celle d'une cité *trois fois sainte.*

Et pourtant, dès le lendemain à deux rues de là, peut-être même dans ces jardins, ou bien dans une mosquée ou une école rabbinique, des hommes mourraient pour quelques arpents de terre, quelques morceaux de pierre.

Ainsi, il en irait comme il en avait toujours été à Jérusalem : les hommes assassineraient leurs frères au nom de Dieu.

Jérusalem nous rend tous fous, songea Cohen en faisant rougir la braise de son havane. *Mais qu'importe ? L'essentiel est désormais préservé.*

Il se réjouit à la perspective de ce qui les attendait : incidents quotidiens, provocations des uns, attentats des autres, soulèvements, répression, guerres probables…

La routine ! Rien de bien grave, à présent que la Bête a été enchaînée.

Comme s'il lisait dans ses pensées, Ibrahim Alush s'étira et dit d'une voix quelque peu grisée par l'alcool :

– Vois-tu, Sam, parfois, j'échangerais volontiers la satisfaction d'avoir été choisi comme Gardien, détenteur de cet effroyable secret, avec le réconfort que tout le monde – et je dis bien tout le monde ! – soit mobilisé dans notre combat. Que nous ne soyons plus seuls à savoir…

Le Colonel acquiesça d'une mimique éloquente. Il allait prononcer des paroles inspirées lorsque, précédé d'un baume de lavande et de gomina fraîche, Ronald Greenwood les rejoignit, une coupe de champagne à la main.

– Messieurs, fit-il d'une voix enjouée, il me faut vous poser une question de la plus haute importance.

Ibrahim Alush leva nerveusement le menton – son vieil organisme avait eu son compte d'émotions fortes depuis vingt-quatre heures. Le Colonel, l'air impassible, aboucha son *puro.*

Le maître maçon s'accroupit, posa la main sur l'épaule d'Alush et demanda :

– Répondez-moi sans détour, *gentlemen*, comment trouvez-vous ces cigares ?

Le vieux musulman haussa les épaules, un peu vexé, tandis que l'Israélien grogna de plaisir :

– Une preuve à eux seuls de l'existence de Dieu !

– Justement. À Son propos..., chuchota le diplomate en sortant de sa poche une dépêche AFP qu'il tendit à ses compagnons. Que fait-on ?

Ibrahim Alush la parcourut en en marmottant le contenu et Cohen y lança un bref coup d'œil.

– Je ne suis pas sûr de bien comprendre la teneur de l'information, dit le petit antiquaire en relevant les yeux vers Greenwood.

– La société californienne Google annonce qu'elle va entreprendre la numérisation complète des manuscrits de la mer Morte.

– Et qu'elle va les rendre intégralement publics, ajouta Cohen dans un nuage de fumée.

– Mais alors, s'inquiéta à mi-voix Alush, bientôt ils auront tous en main les... les moyens de tout deviner.

Ronald Greenwood rempocha la dépêche et attendit la réaction du Colonel.

– Ne panique pas, fit ce dernier. Ce que nous avons emmuré sous nos pieds pour mille ans était tout de même d'un autre acabit, Ibrahim...

Alush opina en pâlissant.

– Alors, dis-toi bien que Google ne sera en mesure de numériser que ce que nous lui laisserons numériser, lâcha Cohen d'un ton martial. C'est-à-dire tout, sauf les rouleaux les plus importants. Sans compter que le dernier de l'époque a été incinéré...

Le vieil Oriental retrouva des couleurs.

– Bien sûr, bien sûr...

– Et le secret de Dieu demeurera caché à jamais, ajouta Cohen. À jamais.

– Amen ! conclut Greenwood.

– Amen ! communièrent-ils.

Après avoir laissé passer un instant, en faisant tinter le cristal de sa coupe contre le verre de son voisin, Ronald Greenwood proposa un toast :

– Puisque, à la fin des fins, tout est bien qui finit bien, buvons à notre ami...

D'un même geste plein de solennité, les trois hommes tendirent leurs verres.

– Au prompt rétablissement de Victor ! salua Ibrahim.

– À Victor ! dirent Ron et Cohen.

Et c'est ainsi que le Juif, le musulman et le maçon burent à la santé de leur ami, compagnon et frère d'armes chrétien.

Une brise légère rafraîchissait l'air.

Les senteurs suaves des orangers, des eucalyptus et des bougainvilliers dansaient dans l'air.

Au loin, sur les terrasses, quelques rires de femmes s'envolaient dans le ciel comme des hirondelles.

La nuit était douce.

Apaisante.

Et donnait plus que jamais raison au Colonel : rien ne vaut le calme après la tempête.

Épilogue

Centre de surveillance sismologique.
Jérusalem.
14 septembre - 07 h 24.

- Urgent -

Séisme moyenne intensité observé 0706 GMT vallée mer Morte / risque imminent séisme région Jérusalem / amplitude > 8 échelle de Richter / ébranlement majeur prévisible des structures souterraines / Stop.

« Après quoi, Il sera relâché pour quelque temps »...

Apocalypse (XX, 3)

Pour aller plus loin

La véritable signification du mot « Amen » ? Une branche des Jeunesses hitlériennes jadis au cœur de Jérusalem ? L'obsession du Temple dans la franc-maçonnerie ? L'énigme de la mer Morte ? Un centre psychiatrique à Kfar Shaul pour soigner les « prophètes » ? La terreur de Napoléon à l'idée d'entrer à Jérusalem ? L'étymologie déconcertante du nom même de la Cité de Dieu ? Le refus obstiné du Vatican de s'installer en Terre sainte, y compris à l'époque des royaumes francs ? Ce qui a réellement été découvert sous le Temple à la fin du XXe siècle ? Le mystère de l'échelle et de la porte murée du Saint-Sépulcre ? L'interdiction faite au musée du Livre par les autorités israéliennes d'exposer l'intégralité des manuscrits de Qumran ?

Pour approfondir toutes ces questions (et bien d'autres…), rendez-vous sur :

www.davidemton.com

et sur :

facebook.com/davidemton

Remerciements

Au terme de cette première aventure, toute ma gratitude va à mes deux fils, pour la joie qu'ils mettent dans le monde – et, ici, particulièrement à mon premier-né pour ses hypothèses ahurissantes et ses questions à coller le caramel ; à mon ami Jean-Luc Allouche, pour sa bienveillante érudition et son accueil, jadis, en Terre sainte ; à Gadh Charbit, qui me conseilla un soir à Jérusalem, entre deux reportages, de faire de ma fable – Jérusalem comme lieu de la *Chute* – un roman ; à Hannah, pour ses encouragements et ses coups de volant, notamment, qui firent forte impression en Israël ; à Gérard de Cortanze, mon éditeur chez Albin Michel, ainsi qu'à Carole Bluchetin, Charlotte Lefèvre et Maëlle Guillaud ; à Francis Esménard, enfin, qui me doit toujours un havane.

Composition Nord Compo
Impression CPI Bussière en janvier 2012
à Saint-Amand-Montrond (Cher)
Éditions Albin Michel
22, rue Huyghens, 75014 Paris
www.albin-michel.fr

ISBN : 978-2-226-23846-7
N° d'édition : 19941/01. – N° d'impression : 114188/4.
Dépôt légal : février 2012.
Imprimé en France.